中国地方社会科学院学术精品文库 · 浙江系列

中国地方社会科学院学术精品文库·浙江系列

宋韵文化研究

Research on the Charm of Song Dynasty

● 张宏敏 / 编著

社会科学文献出版社
SOCIAL SCIENCES ACADEMIC PRESS (CHINA)

※本书系浙江省哲学社会科学领军人才培育专项课题“浙学的创造性转化和创新性发展研究”（编号：21QNYC02ZD）阶段性研究成果

※本书由浙江省省级社会科学学术著作出版资金资助出版

打造精品　勇攀“一流”

《中国地方社会科学院学术精品文库·浙江系列》序

光阴荏苒，浙江省社会科学院与社会科学文献出版社合力打造的《中国地方社会科学院学术精品文库·浙江系列》（以下简称《浙江系列》）已经迈上了新的台阶，可谓洋洋大观。从全省范围看，单一科研机构资助本单位科研人员出版学术专著，持续时间之长、出版体量之大，都是首屈一指的。这既凝聚了我院科研人员的心血智慧，也闪烁着社会科学文献出版社同志们的汗水结晶。回首十年，《浙江系列》为我院形成立足浙江、研究浙江的学科建设特色打造了高端的传播平台，为我院走出一条贴近实际、贴近决策的智库建设之路奠定了坚实的学术基础，成为我院多出成果、快出成果的主要载体。

立足浙江、研究浙江是最大的亮点

浙江是文献之邦，名家辈出，大师林立，是中国历史文化版图上的巍巍重镇；浙江又是改革开放的排头兵，很多关系全局的新经验、新问题、新办法都源自浙江。从一定程度上说，在不少文化领域，浙江的高度就代表了全国的高度；在不少问题对策上，浙江的经验最终都升华为全国的经验。因此，立足浙江、研究浙江成为我院智库建设和学科建设的一大亮点。《浙江系列》自策划启动之日起，就把为省委、省政府决策服务和研究浙江历史文化作为重中之重。十年来，《浙江系列》涉猎领域包括经济、哲学、社会、文学、历史、法律、政治七大一级学科，覆盖范围不可谓不广；研究对象上至史前时代，下至21世纪，跨度不可谓不大。但立足浙江、研究浙江的主线一以贯之，毫不动摇，为繁荣浙江省哲学社会科学事业积累了丰富的学术储备。

贴近实际、贴近决策是最大的特色

学科建设与智库建设双轮驱动，是地方社会科学院的必由之路，打造区域性的思想库与智囊团，是地方社会科学院理性的自我定位。《浙江系列》诞生十年来，推出了一大批关注浙江现实，积极为省委、省政府决策提供参考的力作，主题涉及民营企业发展、市场经济体系与法制建设、土地征收、党内监督、社会分层、流动人口、妇女儿童保护等重点、热点、难点问题。这些研究坚持求真务实的态度、全面历史的视角、扎实可靠的论证，既有细致入微、客观真实的经验观察，也有基于顶层设计和学科理论框架的理性反思，从而为"短、平、快"的智库报告和决策咨询提供了坚实的理论基础和可靠的科学论证，为建设物质富裕、精神富有的现代化浙江贡献了自己的绵薄之力。

多出成果、出好成果是最大的收获

众所周知，著书立说是学者成熟的标志；出版专著，是学者研究成果的阶段性总结，更是学术研究成果传播、转化的最基本形式。进入20世纪90年代以来，我国出现了学术专著出版极端困难的情况，尤其是基础理论著作出版难、青年科研人员出版难的矛盾特别突出。为了缓解这一矛盾和压力，在中共浙江省委宣传部、浙江省财政厅的关心支持下，我院于2001年设立了浙江省省级社会科学院优秀学术专著出版专项资金，从2004年开始，《浙江系列》成为使用这一出版资助的主渠道。同时，社会科学文献出版社高度重视、精诚协作，为我院科研人员学术专著出版提供了畅通的渠道、严谨专业的编辑力量、权威高效的书稿评审程序，从而加速了科研成果的出版速度。十年来，我院一半左右科研人员都出版了专著，很多青年科研人员入院两三年就拿出了专著，一批专著获得了省政府奖。可以说，《浙江系列》已经成为浙江省社会科学院多出成果、快出成果的重要载体。

打造精品、勇攀“一流”是最大的愿景

2012 年，省委、省政府为我院确立了建设“一流省级社科院”的总体战略目标。今后，我们将坚持“贴近实际、贴近决策、贴近学术前沿”的科研理念，继续坚持智库建设与学科建设“双轮驱动”，加快实施“科研立院、人才兴院、创新强院、开放办院”的发展战略，努力在 2020 年年底总体上进入国内一流省级社会科学院的行列。

根据新形势、新任务，《浙江系列》要在牢牢把握高标准的学术品质不放松的前提下，进一步优化评审程序，突出学术水准第一的评价标准；进一步把好编校质量关，提高出版印刷质量；进一步改革配套激励措施，鼓励科研人员将最好的代表作放在《浙江系列》出版。希望通过上述努力，能够涌现一批在全国学术界有较大影响力的学术精品力作，把《浙江系列》打造成荟萃精品力作的传世丛书。

是为序。

张伟斌

2013 年 10 月

目　　录

引 言

江南一枕钱塘水，宋韵千年入梦来。

中华文化源远流长，宋韵文化是具有中国气派和浙江辨识度的重要文化标识。宋韵文化以独有的精神气质和深厚的历史底蕴，表现出历久弥新的生命力、自信自强的创造力。南宋以杭州为都城，历史和现实交汇出独特韵味。千年来，浙江的经济、文化、艺术、生活、城市建设等都烙上了宋韵的印记，并影响至今。

对于“宋韵文化”作为浙江历史文化标识、“南宋文化”作为浙江文化金名片，可以溯源到习近平在浙江工作期间对杭州“南宋文化”的重视。2003 年 7 月 10 日，习近平在浙江省委十一届四次全会上作报告时的插话中指出：“南宋时，杭州成为全国的政治、经济、文化中心。”[①] 2004 年 9 月 29 日，习近平在听取杭州市有关工作汇报时的讲话中强调：“杭州是国家首批命名的历史文化名城，是中国七大古都之一，历史源远流长，文化积淀深厚，有良渚文化、吴越文化、南宋文化等……这些珍贵的历史文化遗产是杭州的‘根’与‘魂’。”[②] 2005

---

① 习近平：《干在实处 走在前列——推进浙江新发展的思考与实践》，中共中央党校出版社，2006，第 316 页。

② 习近平：《干在实处 走在前列——推进浙江新发展的思考与实践》，中共中央党校出版社，2006，第 477 页。

年8月，习近平在浙江文化研究工程指导委员会全体会议上的讲话中要求开展“浙江南宋史”等浙江特殊历史阶段的研究。[①] 2006年2月，习近平在《浙江日报》上发表的《与时俱进的浙江精神》一文中就指出：“南宋定都杭州以后，风云际会，政治调整、经济更新、文化重建等各种要素的整合，将两浙地区的社会整体发展提升到了全国的最高水平，并在这个基础上造就了各领域的人才精英群体。”[②] 2006年5月，习近平在《浙江文化研究工程成果文库总序》一文中对宋代浙江籍历史文化名人的理论特质予以点评，认为胡则的“为官一任、造福一方”、岳飞的“精忠报国”、沈括的“博学多识、精研深究”、陈亮与叶适的“经世致用”等，“都展示了浙江深厚的文化底蕴，凝聚了浙江人民求真务实的创造精神”[③]。“悠久深厚、意韵丰富的浙江文化传统，是历史赐予我们的宝贵财富，也是我们开拓未来的丰富资源和不竭动力。”[④]

2016年杭州承办G20峰会，习近平对作为一座历史文化名城和创新活力之城的杭州，更是在国际场合多次隆重推介。2015年11月16日，习近平在二十国集团领导人第十次峰会工作午宴上关于中国主办2016年峰会的发言中向国际友人介绍：“杭州是历史文化名城，也是创新活力之城，相信2016年峰会将给大家呈现一种历史和现实交汇的独特韵味。”[⑤] 2015年11月30日，习近平就二十国集团领导人第十一

① 习近平：《在浙江文化研究工程指导委员会全体会议上的讲话》，载《浙江文化研究工程概览》（一），研究出版社，2006，第7页。

② 习近平：《与时俱进的浙江精神》，《浙江日报》2006年2月5日，第1版。

③ 习近平：《浙江文化研究工程成果文库总序》，载《浙江文化研究工程概览》（一），研究出版社，2006，第2页。

④ 习近平：《浙江文化研究工程成果文库总序》，载《浙江文化研究工程概览》（一），研究出版社，2006，第2页。

⑤《习近平在二十国集团领导人峰会工作午宴上关于中国主办2016年峰会的发言》，《人民日报》2015年11月17日。

次峰会发表的致辞中指出："杭州是一座历史名城，也是一座创新之城，既充满浓郁的中华文化韵味，也拥有面向世界的宽广视野。"① 2016年9月3日，习近平主席在二十国集团工商峰会（B20）开幕式上的主旨演讲中说："杭州是中国的一个历史文化重镇和商贸中心。千百年来，从白居易到苏东坡，从西湖到大运河，杭州的悠久历史和文化传说引人入胜。……杭州也是生态文明之都，山明水秀，晴好雨奇，浸透着江南韵味，凝结着世代匠心。我曾在浙江工作了6个年头，熟悉这里的山水草木、风土人情，参与和见证了这里的发展。"② 2016年9月4日，习近平主席在二十国集团领导人杭州峰会上的开幕辞中再次指出："去年11月，我在安塔利亚向大家介绍，上有天堂，下有苏杭，相信杭州峰会将给大家呈现一种历史和现实交汇的独特韵味。今天，当时的邀请已经变成现实。"③

2020年9月21日，时任浙江省委书记袁家军在浙江文化研究工程实施十五周年座谈会暨省文化研究工程指导委员会会议上的讲话中要求："要擦亮一批文化标识，大力推进宋韵文化传承发展中心建设，让南宋文化这张浙江文化金名片更加深入人心、走向世界。"④ 2021年8月31日召开的浙江省委文化工作会议强调："在打造以宋韵文化为代表的浙江历史文化金名片上不断取得新突破，抓研究、抓传播、抓转化，做足特色、放大优势，传承好浙江优秀传统文化的精神内核。"⑤

---

① 习近平：《习近平就2016年二十国集团峰会发表致辞》，《人民日报》2015年12月1日。

② 习近平：《中国发展新起点 全球增长新蓝图——在二十国集团工商峰会开幕式上的主旨演讲》，《人民日报》2016年9月5日。

③ 《习近平：构建创新、活力、联动、包容的世界经济——在二十国集团领导人杭州峰会上的开幕辞（2016年9月4日，杭州）》，《人民日报》2016年9月5日。

④ 《"强省""树人"！省委书记袁家军谈书写"重要窗口"文化新篇章》，转引自浙江省社科联，2020年9月22日。

⑤ 袁家军：《加快打造新时代文化高地 为高质量发展建设共同富裕示范区注入强大文化力量》，浙江在线，2021年8月31日。

自2020年9月21日时任浙江省委书记袁家军在浙江文化研究工程实施15周年座谈会上明确提出“宋韵文化”的概念以及在2021年8月31日召开的浙江省委文化工作会议上作出对“打造以宋韵文化为代表的浙江历史文化金名片”的强调以来，在全省上下各级党委、政府、政协尤其是宣传文旅部门、高校科研机构学者的共同努力下，经过一段时间的舆论宣传、推介展示与学术研究，“宋韵文化”这张具有浙江辨识度的历史文化金名片在省内外学界、业界已有一定的知名度。

本书从浙江省域层面对“宋韵文化”的舆论宣传与推介展示，“宋韵文化”学术理论研究的新进展，浙江省内各地市（县区）的宋韵文化挖掘、宣传与研究动态等三个维度，对浙江省内关于宋韵文化宣传、研究的现状及最新进展予以全面综述，并对推动“宋韵文化”深入研究、传播、转化提出四条建议。最终得出结论：今天的浙江提倡“宋韵文化”的研究传承，与杭州作为一座历史文化名城，亦即一座创新活力之城，所呈现出来的“一种历史和现实交汇的独特韵味”有密切关联。在中国特色社会主义进入新时代，浙江高质量发展建设共同富裕示范区的今天，充分挖掘“宋韵文化”这一登峰造极的两宋文明的内涵与外延，进一步做深做实有关“宋韵文化”的“传承弘扬”与“活化利用”两篇文章，努力将浙江建设成新时代文化高地和在全国有较大影响的文明高地，借此推动中华传统文化的创造性转化和创新性发展，对于建设中华民族现代文明有着重要的学术价值与典范意义。

最后，本书把笔者近作《理学：宋韵文化的思想形态》一文作为“附录”。

第一章
浙江省域层面对“宋韵文化”的舆论宣传与推介展示

近年来，浙江省域层面对“宋韵文化”的舆论宣传与推介展示主要体现在以下 15 个方面：浙江省委主要负责人讲话及省委、省政府文件对“建设宋韵文化传承展示中心”及“开展宋韵文化研究传承”的要求；2022 年参加浙江省两会的人大代表、政协委员热议“宋韵文化”；浙江省委宣传部，杭州市委、市政府，绍兴市委、市政府联合主办“宋韵文化节”；浙江省人民政府新闻办公室召开“宋韵文化研究成果新闻发布会”；浙江省举行“宋韵文化传世工程推进会”并制定出台《宋韵文化传承发展和南宋品牌塑造三年行动计划（2021 年—2023 年）暨中长期目标》；《浙江日报》、浙江在线、浙江宣传、《钱江晚报》策划“宋韵文化”系列宣传报道；浙江省委宣传部主办“浙江省首届‘悦读宋韵节’”并发布首张“宋韵书单”；浙江省委宣传部主办、浙江古籍出版社和浙江大学宋学研究中心联合承办“宋学大讲堂”；央视春晚节目《只此青绿》《忆江南》完美呈现“宋韵文化”；浙江卫视创新性地将“宋韵”元素融入综艺晚会、纪录片、短视频等节目；浙江省文化和旅游厅、浙江日报报业集团、浙江省文学艺术界联合会发起举办“发现和培育宋韵文化区域传承案例活动”；浙江省文学艺术界联合会策划主办“宋韵今辉”系列活动；浙江省博物馆策划实施“宋韵千年——百馆联动展”；浙江省文化馆、浙江大学艺术与考古学院联合启动“‘百生进百馆’宋韵文化专题活动”；浙江古籍出版社、止观书局共同打造“两宋浙刻丛刊”。

一　浙江省委主要负责人讲话及省委、省政府文件对“建设宋韵文化传承展示中心”及“开展宋韵文化研究传承”的要求

2020 年 9 月 21 日，时任浙江省委书记袁家军在浙江文化研究工程实施十五周年座谈会暨省文化研究工程指导委员会会议上的讲话中指出：“要擦亮一批文化标识，大力推进宋韵文化传承发展中心建设，让南宋文化这张浙江文化金名片更加深入人心、走向世界。”①

2020 年 11 月 19 日，浙江省委十四届八次全会通过的《中共浙江省委关于制定浙江省国民经济和社会发展第十四个五年规划和二〇三五年远景目标的建议》要求：“深入推进大运河文化带和浙东唐诗之路、钱塘江诗路、瓯江山水诗路文化带建设，打造文明之源大遗址保护群、世界文化遗产群、宋韵文化传承展示中心，深入挖掘提炼‘浙学’文化深厚内涵，振兴非遗记忆，推动越剧申报世界非物质文化遗产，打造传统文化传承发展样板区。”②

2021 年 6 月，袁家军在浙江省委十四届九次全会上的讲话中，对如何落实“着力打造精神文明高地”，提出了“建设宋韵文化传承展

---

① 《“强省”“树人”！省委书记袁家军谈书写“重要窗口”文化新篇章》，转引自浙江省社科联，2020 年 9 月 22 日。

② 《中共浙江省委关于制定浙江省国民经济和社会发展第十四个五年规划和二〇三五年远景目标的建议》，《浙江日报》2020 年 11 月 23 日。

示中心，持续擦亮浙江文化金名片”的要求。[①]

2021年7月，《浙江高质量发展建设共同富裕示范区实施方案（2021—2025年）》发布，要求“深入实施文化研究工程，解码浙江文化基因，推进浙东学派、永嘉学派、阳明心学、南孔儒学、和合文化等创新转化，建设宋韵文化传承展示中心，开展当代浙江思想史研究，编纂浙江文库，系统提升浙学品牌影响”[②]。

2021年8月26日，袁家军在浙江省委宣传部会同省委办公厅调研处开展宋韵文化专题调研并充分听取专家意见基础上所形成的调研报告上批示：“从思想、制度、经济、社会、百姓生活、文学艺术、建筑、宗教等方面全面、立体研究阐述宋韵文化，更准确理解其精髓，把握其历史意义和时代价值。”[③]

2021年8月31日，袁家军在浙江省委文化工作会议上的讲话中要求“在打造以宋韵文化为代表的浙江历史文化金名片上取得新突破”，明确指出：“宋韵文化作为中华优秀传统文化的重要组成部分，是具有中国气派和浙江辨识度的重要文化标识。要做足特色、放大优势，传承好浙江优秀传统文化的精神内核，特别要实施‘宋韵文化传世工程’，形成宋韵文化挖掘、保护、提升、研究、传承的工作体系，高水平推进创造性转化、创新性发展，让千年宋韵在新时代‘流动’起来、‘传承’下去，形成展示‘重要窗口’独特韵味、文化浙江建设成果的鲜明标识。一要抓研究。‘跳出南宋看南宋、跳出浙江看南宋’，从思想、制度、经济、社会、百姓生活、文学艺术、建筑、宗

① 《以浙江先行先试为全国实现共同富裕探路！浙江省委这样部署》，转引自浙江社科网，2021年7月18日。

② 《浙江高质量发展建设共同富裕示范区实施方案（2021—2025年）》，浙江新闻客户端，2021年7月19日。

③ 内部资料，请勿转引。

教等方面全方位立体化系统性研究阐述宋韵文化，准确把握其文化精髓、历史意义和时代价值，组织提炼‘宋韵’的核心特征。二要抓传播。积极做好南宋皇城遗址综合保护，加快德寿宫遗址保护展示项目暨南宋博物院一期建设，谋划建设‘宋韵文化博物馆’，打造一批彰显宋韵文化、具有浙江气派的地标建筑，探索宋韵文化国际化传播的有效途径，打造面向世界、面向未来、面向大众、面向现代化的宋韵文化传承展示中心。三要抓转化。传承好深深烙印在浙江人身上的文化基因，做好浙东学派、永嘉学派、金华学派等的新时代传承，积极打造具有浙江特色的标志性南宋文化品牌、文旅融合品牌，持续扩大影响力和穿透力。传承宋韵文化是一件关乎未来的大事、要事，是与全省各地各部门都密切相关的事；不仅要抓好南宋遗址的保护，而且要充分展现宋韵文化的时代价值；不能单纯地从经济发展的视角去推进，更要站在赓续中华文脉的高度去推进。各地都要深度挖掘当地的文化特色，打造独特文化金名片，展示浙江文化的魅力。”①

2021 年 9 月 16 日，《中共浙江省委关于加快推进新时代文化浙江工程的意见》指出：“实施‘宋韵文化传世工程’，系统开展宋韵文化研究传承和南宋文化品牌塑造，从思想、制度、经济、社会、百姓生活、文学艺术、建筑和宗教等方面，展现多元包容、百工竞巧、追求卓越、风雅精致的宋韵文化气象。整体推进南宋皇城遗址综合保护，加快德寿宫遗址保护展示项目暨南宋博物院一期、南宋皇城遗址公园、绍兴宋六陵考古遗址公园、梅城千年古城复兴等建设，谋划建设宋韵文化博物馆，高水平办好南宋文化节，打造面向世界、面向未来、

① 袁家军：《为高质量发展建设共同富裕示范区注入强大文化力量》，《今日浙江》2021 年第 17 期，第 14—15 页。

面向大众、面向现代化的宋韵文化传承展示中心。”①

2022年6月20日，袁家军在中国共产党浙江省第十五次代表大会上的报告中要求：“打造新时代文化艺术标识。深化新时代文艺精品创优工程，建设之江艺术长廊，提升大运河国家文化公园、四条诗路文化带能级，实施‘宋韵文化传世工程’，推进上山、河姆渡、良渚等文明之源大遗址群和温州宋元码头遗址等海上丝绸之路遗址保护利用，提升阳明文化、和合文化、黄帝文化、大禹文化、南孔文化、吴越文化以及浙学等优秀传统文化影响力，做好非物质文化遗产传承保护，打造文博强省。”②

2022年7月29日，经浙江省第十三届人民代表大会常务委员会第三十七次会议通过，自2022年10月1日起施行的《浙江省哲学社会科学工作促进条例》（浙江省第十三届人民代表大会常务委员会第73号公告）第十一条指出：“本省实施文化研究工程，开展浙江历史文化和当代发展研究，加强以红色根脉为核心的革命文化、浙江精神为主题的社会主义先进文化、宋韵文化等为标识的优秀传统文化研究，形成原创性、标志性文化研究成果。”③

2022年12月19日，中国共产党浙江省第十五届委员会第二次全体会议通过的《中共浙江省委关于全面学习贯彻党的二十大精神　忠实践行“八八战略”坚定捍卫“两个确立”坚决做到“两个维护”　以“两个先行”打造“重要窗口”奋力谱写中国式现代化浙江篇章的决

① 《中共浙江省委关于加快推进新时代文化浙江工程的意见》（浙委发〔2021〕34号）的相关解读，参阅《让文化成为最富魅力、最吸引人、最具辨识度的标识——五问新时代文化浙江工程》，浙江新闻客户端，2021年9月30日。

② 袁家军：《忠实践行“八八战略”　坚决做到“两个维护”　在高质量发展中奋力推进中国特色社会主义共同富裕先行和省域现代化先行——在中国共产党浙江省第十五次代表大会上的报告（2022年6月20日）》，《浙江日报》2022年6月27日。

③ 《浙江省哲学社会科学工作促进条例》，《浙江日报》2022年8月16日。

定》要求:“谋划打造中华文明浙江标识行动,全面实施‘宋韵文化传世工程’,办好‘宋韵文化高峰论坛’,加强‘历代绘画大系’宣传研究利用,擦亮优秀传统文化标识。”[①]

2022年12月31日,浙江省委办公厅印发《关于高水平建设哲学社会科学强省的意见》通知,其中要求“深入实施宋韵文化研究计划”:“聚焦思想、制度、经济、社会、百姓生活、文学艺术、建筑、宗教等文化形态,系统研究宋韵文化的精神内核、形态特征、历史价值和当代意义。加强宋韵文化文献资料整理与研究,开展思想流派、目录类书、中医文献、书法绘画、丝绸瓷器、建筑景观遗存等的整理研究。”

2023年1月12日,浙江省省长王浩在浙江省第十四届人民代表大会第一次会议上做政府工作报告,其中在“2022年和过去五年工作回顾”部分指出“‘宋韵文化传世工程’深入推进,德寿宫暨南宋博物馆建成开放,杭州国家版本馆建成开馆”;在“今后五年发展的总体要求和目标任务”部分要求“推进文化强省建设,打造新时代文化高地。实施‘文化基因解码工程’和中华文明浙江标识行动,大力弘扬红船精神、浙江精神,深化上山、河姆渡、良渚等文明之源大遗址群保护利用,深入研究挖掘宋韵文化、阳明文化、和合文化等浙江特色文化内涵,加强越剧、昆曲、婺剧等传统艺术保护传承”;在“2023年发展目标和重点工作”部分强调“深入实施‘宋韵文化传世工程’,启动南宋皇城遗址综保项目”。[②]

---

① 《中共浙江省委关于全面学习贯彻党的二十大精神　忠实践行“八八战略”坚定捍卫“两个确立”坚决做到“两个维护”　以“两个先行”打造“重要窗口”奋力谱写中国式现代化浙江篇章的决定(2022年12月19日中国共产党浙江省第十五届委员会第二次全体会议通过)》,《浙江日报》2022年12月27日。

② 王浩:《政府工作报告　2023年1月12日在浙江省第十四届人民代表大会第一次会议上》,《浙江日报》2023年1月18日。

2023年8月28日下午，浙江省委书记易炼红在杭州调研文化传承发展工作，强调要深入学习贯彻习近平总书记关于文化建设的重要论述精神，进一步增强文化自觉、坚定文化自信，持之以恒铸文化之魂、强文化之基、兴文化之业，传承好弘扬好中华优秀传统文化这一瑰宝，做深做实“传承弘扬”和“活化利用”两篇文章，加快打造浙江文化新名片、新品牌，加快建设高水平文化强省、新时代文化高地，为浙江省坚定不移深入实施“八八战略”，在推进共同富裕和中国式现代化建设中发挥示范引领作用提供强有力的文化支撑，为建设文化强国、建设中华民族现代文明作出更大贡献、展现浙江担当。南宋德寿宫遗址博物馆是浙江省宋韵文化传承和展示的重要载体。易炼红考察重华殿正殿展区和遗址区、慈福宫及其苑囿遗址，了解遗址开发及保护、宋韵文化传承与展示、博物馆开放及公共服务等情况。他指出，南宋德寿宫遗址充分彰显杭州厚重的历史文化底蕴，要深化文化遗存挖掘、整理、研究，进一步厚植文化底蕴，充分满足市民游客需求，更好展现中华优秀传统文化的永恒魅力和当代价值。①

2023年11月3日，浙江省委书记易炼红在浙江省委十五届四次全会上的报告中有“千年宋韵”的提法：“浙江是中华文明的重要发祥地和中国革命红船起航地，有着万年上山、七千年河姆渡、五千年良渚、千年宋韵、百年红船的深厚底蕴，有责任有条件在建设中华民族现代文明上探索新经验、展现新作为。”②

---

① 《易炼红在杭调研文化传承发展工作时强调　做深做实“传承弘扬”“活化利用”两篇文章 加快打造浙江文化新名片新品牌》，《浙江日报》2023年8月29日。

② 易炼红：《深入学习贯彻习近平总书记考察浙江重要讲话精神　在奋力推进中国式现代化新征程上勇当先行者谱写新篇章》，《今日浙江》2023年第21期。

二 2022年参加浙江省两会的人大代表、政协委员热议“宋韵文化”

2022年1月，浙江省政府工作报告提出，要“加快浙江文化标识建设，系统开展宋韵文化研究传承和南宋文化品牌塑造”①。参加浙江省两会的人大代表、政协委员②，也在热议“宋韵文化”。

省人大代表、宁波市文化旅游研究院副院长王晓菁手中的政府工作报告上，“加快浙江文化标识建设，系统开展宋韵文化研究传承和南宋文化品牌塑造”这句话被她重点圈了出来。在王晓菁看来，宋韵之韵是一种文化精神和审美品格。“宋韵其实一直镌刻在我们的文化基因中，对如今城市气质的塑造、城市精神的形成都有着影响。”她说，作为一名艺术工作者，就是要去发掘其中蕴含的文人风骨、历史故事，用多样化的艺术手段进行传播，让两宋时期的精神得以延续，让传承下来的宋代遗迹更具灵气，让更多人能对宋韵有所了解和感悟。③

宋韵文化是什么？其基本内涵需要提炼。省政协委员、中国美术学院建筑艺术学院院长王澍认为，宋韵文化，代表了中华五千年文化审美的一个高峰，是新时代中国文化软实力的“金名片”，也是浙江的“金名片”。全国很多地方重视宋韵文化保护传承，浙江在此有独特优势，一定要打造好宋韵文化品牌。④ 省政协委员、民建省委会副主委陈桂秋建议成立宋韵文化多学科跨领域研究联盟，邀请来自学术

① 《2022年浙江省政府工作报告》，浙江新闻客户端，2022年1月24日。

② 2022年1月17日至1月21日，浙江省十三届人大六次会议在杭州召开；1月16日至1月20日，浙江省政协十二届五次会议在杭州召开。

③ 《代表委员为打造宋韵文化大IP建言献策 让千年宋韵动起来美起来》，《浙江日报》2022年1月20日。

④ 《省政协委员、中国美院建筑艺术学院院长王澍：打造好宋韵文化“金名片”》，浙江新闻客户端，2022年1月17日。

研究、文物保护、产业发展、媒体传播等领域的海内外宋文化专家、艺术家和传承人，就宋韵文化的内涵、特质、范畴、时空界定和传播开展多学科研究，提炼出宋韵文化的核心要义、精神特质、文化价值及对当前的时代意义。推出系列宋韵文化研究课题，组织相关领域专家，进一步加强对宋韵文化内涵的研究，建构与完善宋韵文化传承创新的框架体系，系统梳理宋韵文化资源类型及特色，系统规划安排分步实施保护、开发和研究工作。深入挖掘宋韵文化资源，在科学保护和传承弘扬相结合的前提下，深入推动宋韵文化创造性转化、创新性发展，通过影视传媒、互联网等载体，以故事力活化资源，凸显文化特色。开展宋韵文化主题创意设计大赛，研发宋宴茶点、宋制汉服、宋风家具等，推出一批宋韵生活风的文创优品。通过创意策划和市场运作，形成宋韵文化主导的产业链和相关文化产业集群，推动宋韵文化资源向文化产业转变。对宋韵文化资源进行筛选整合，重构南宋宫廷园林、民间坊巷的历史风貌，提升改造利用好杭州清河坊历史街区、南宋德寿宫遗址、衢州孔庙等规模性南宋历史文化的重要载体，形成具有影响力的宋韵文化集聚区。建设以宋韵文化为主题的新业态购物中心，为消费者提供高品质的体验环境和体验经历。[①] 省政协委员、浙江图书馆党委副书记徐洁指出，宋韵文化源远流长，新时代的我们该如何触摸宋韵文化内核，并让它融入当下的生活？阅读是一种有效的方式，收集整理研究宋刻本更是一场直接深入的心灵交流。在数字技术广泛应用的今天，希望通过更多先进的科技手段，使存世宋代浙刻图书都能“回家”。宋代是我国雕版印刷术发展的巅峰期，自北宋以来，杭州就是全国的文化出版中心，宋版书也不仅仅是一种书，它从经济、科技、文化等层面，展示了盛大的时代气象。以杭州刻书为

① 《传承宋韵文化，政协委员献良策》，《联谊报》2022 年 1 月 19 日。

代表的宋代浙江刻书，纸墨俱佳，刊印精良，很多图书可以当作艺术品来鉴赏。令人痛心的是，出于各种原因，目前存世的宋刻浙本在省内基本上无存。宋刻浙本不藏于浙江省，这不能不说是浙江文化遗存的一大缺憾，建议通过数字化等现代科技手段复制还原，集中保存、展示，让存世的宋刻浙本图书回到“浙”里。另外，浙江现存较多宋代文化古迹和遗址，有杭州城内的皇城遗址、德寿宫遗址，宁波保国寺建筑，绍兴南宋六陵，玉环盐业遗址等，从都城坐落、建筑式样、日常生活、文化活动等诸多方面反映了宋代先民的生活场景，拉近了今人与历史的距离，对我们理解浙江精神的发展、文化基因的构建有很大的助益。目前，在文旅融合的过程中，各个遗存点的开发相对孤立。建议进行顶层设计，寻找各个遗存点之间的关联，通过科学规划，穿珠成链，形成可开展深度人文旅游的线路，发挥宋代文化点的集聚效应，进一步展现浙江宋韵芳华。①

如何让宋韵文化进入寻常百姓家？这也是浙江省政协委员关注的话题。省政协委员、浙江音乐学院教授郑培钦认为，推动宋韵文化传承，关键在于让宋韵融入当下，进入寻常百姓家。宋韵文化不应局限于文人雅士的感受，还应突出“士”和家国情怀。杭州有着著名的岳庙。“精忠报国”无论在哪个时代，都是耳熟能详的。我们要加强对这方面的挖掘。而借助丝绸、文化名人等民众熟知的元素，创作系列文艺精品，能扩大宋韵文化的覆盖面。省政协委员、赛丽正宏集团董事长夏赛丽的省政协提案与宋韵文化相关，她提出要把宋韵文化变成沉浸式、可体验的场景，用外在的标志物来提升民众共识。可以大型公共雕塑为引子，推出宋文化题材电视节目、书籍和主题文化展等。博物馆应安排常设性的宋文化主题展，各地可开发宋韵文创产品，恢

① 《传承宋韵文化，政协委员献良策》，《联谊报》2022 年 1 月 19 日。

复宋代食品、舞蹈、音乐、服装等。当前，浙江众多南宋古迹大部分深埋地下，长久以来缺乏具有代表性和可供观瞻的建筑景观来进行空间叙事，浙江各地可选择性地恢复一些宋代景观。省政协委员、致公党杭州市委会副主委郑攀认为，在传播宋韵文化的道路上，要做好文旅交融的文章。可借鉴横店影视城《走进电影》沉浸式演艺手法，让观众穿上宋朝服装，在杭州南宋御街每一个有故事的节点演出，串联起完整的景区。千年宋韵“飞入寻常百姓家”，不仅要做好各界的交融，还要创新传播形式，让人可感受、可传播。可运用文旅平台，形成系列“宋韵浙江”文化旅游体验线路。通过数字技术，重新构建“两浙路”甚至中国的三维交通路线，使人们在旅游过程中感受当年的文化胜景。[①] 省政协委员、衢州市政协文化文史和学习委员会副主任（兼）孔令立作为孔子第76世孙，长期关注宋韵文化的流动与传承。他认为，衢州南孔文化是宋韵文化的重要组成部分。宋韵文化内涵丰富，各地根据历史文化渊源、地域个性资源等进行深化研究，才能为后续的转化活化工作提供基础。杭州是南宋皇城遗址所在地，绍兴有宋六陵、陆游等文化资源，衢州则是南孔圣地，需要进行内涵挖掘、精义阐发，才能立足特色、精准发展。对于品牌培育，融合很重要。2018年，衢州发布“南孔圣地·衢州有礼”城市品牌，打造“一座最有礼的城市”，不仅让崇学重教、诗礼传家的文化风尚润泽百姓，还通过开展丰富的国内外交流活动，让更多人了解南孔文化、感知衢州城市品格。而擦亮宋韵文化IP，需立足地域特色，要遵循“深化、转化、活化、品牌化”的逻辑链条，进行“一盘棋”谋划。[②] 省政协

① 《宋韵文化如何进入寻常百姓家？政协委员提炼关键词：交融与创新》，中新网，2022年1月20日。

② 《代表委员为打造宋韵文化大IP建言献策　让千年宋韵动起来美起来》，《浙江日报》2022年1月20日。

委员，浙江华策影视集团创始人、董事长赵依芳也认为，如何传承好宋韵文化，让宋韵文化“飞入寻常百姓家”，值得深思。结合调研来看，数字化赋能、影视作品展现、文旅融合发展等方式，是传承宋韵文化的有效途径。要充分用好现有宋韵文化资源，构建区域性“园区型”文化产业集群，探索建立“宋韵村”“宋韵小镇”“宋韵文化体验馆”等场所。利用杭州宋代文物遗址，打造“宋韵文化旅游一条线”，突出强化宋韵文化聚合体系，为宋韵文化传承注入新动能。要适应时代、培根铸魂，通过务实举措进一步挖掘浙江省内的宋韵文化元素，激发宋韵文化活力，高质量实施好“宋韵文化传世工程”，系统开展好宋韵文化研究传承和南宋文化品牌塑造，切实以文化之力赋能发展之路。构建完善“宋韵文化+”生态体系，重点围绕宋韵文化拓展研究、提升内涵、赓续传承、融入时代等方面开展工作。在影视作品拍摄中，强调精神内核和文化气质，注重服化道和置景，努力打造一批具有浙江辨识度的精品力作，充分展现宋韵文化之美。积极探索宋韵文化与数字科技融合，建设沉浸式宋韵文化体验中心、影视场景打卡点等。设计宋韵文化标识形成统一品牌，努力打造宋韵文化标识，让宋韵文化“飞入寻常百姓家”。①

多位有海外背景的浙江省政协委员呼吁，浙籍侨胞应争当宋韵文化宣传“小喇叭”。省政协委员、浙江省侨联副主席周松一认为，宋韵是具备浙江辨识度的中华优秀传统文化，理应向国际传播。有200多万浙籍侨胞，分布在全球180多个国家和地区，可以为优秀文化的传播争当“小喇叭”。省政协委员、法国华商会会长卓旭光建议，在中华文明五千年长河中，宋代以“文雅”著称，在“琴、器、书、画”上造诣颇深。正因为宋韵文化具有“高度”，所以不仅可以出版

① 《传承宋韵文化，政协委员献良策》，《联谊报》2022年1月19日。

英、法等外国语言文字的宋韵文化相关出版物，还可以在国际平台开展宋韵文化走向世界活动，让外国人士走近宋韵文化。省政协委员、意大利中国和平统一促进会创会会长刘光华建议，宋韵文化的国际传播应该全省一盘棋进行，统筹协调好涉侨部门及宣传系统，并建议宣传部门制定资料，向海外统一传播。浙江省政协委员戚山山认为，浙江在传播宋韵文化时，要挖掘出更富有现代价值的精神内涵，用符合新形势的语言向世界“转译”好宋韵文化。①

2022 年 7 月 13 日，浙江省政协“打造宋韵文化”专题重点提案调研座谈会在杭州举行。在 2022 年 1 月召开的省政协十二届五次会议上，民建省委会提交的第 49 号提案、省政协委员陈敏提交的第 139 号提案和省政协委员夏赛丽提交的第 351 号提案，共同组成“打造宋韵文化”专题重点提案，从提炼宋韵文化基本内涵、打造宋韵文化系列品牌、数智赋能宋韵文化建设、促进宋韵文化的传播和国际化等方面提出建议。座谈会上，提案主办单位浙江省委宣传部介绍了“宋韵文化传世工程”推进情况，指出，目前浙江省正重点围绕“寻宋”“探宋”“赏宋”“游宋”“阅宋”“传宋”主题，综合实施推进 6 项重点工程。会办单位省财政厅、省文旅厅等作补充介绍。提案者、有关专家为进一步打造宋韵文化金名片建言献策。浙江省政协副主席陈小平出席并讲话，要求主会办单位要继续深化提案办理，政协持续跟踪，合力做好提案办理的“下半篇文章”。要提高站位、形成共识、凝聚合力，深刻认识宋韵文化在推进全域文化繁荣、全民精神富有中的意义。要深化对宋韵文化的创造性转化与创新性发展，打造一批经得起时间考验的宋韵文化特色标识和文化精品。要把政府“有形之手”与

① 《浙江政协委员呼吁浙籍侨胞争当宋韵文化宣传“小喇叭”》，中国新闻网，2022 年 1 月 21 日。

市场“无形之手”有机结合起来，完善政策保障、动员全社会力量参与宋韵文化传承。要加强数字赋能，提升宋韵文化国际影响力。会前，陈小平率调研组实地走访了南宋皇城遗址、南宋遗址陈列馆、德寿宫遗址保护展示项目等，详细了解宋韵文化的保护开发情况。①

2022 年 10 月 27 日，浙江省政协专题重点提案“打造宋韵文化”办理协商座谈会在杭州举行。时任浙江省委宣传部部长王纲、省政协副主席陈小平出席并讲话。座谈会上，主办单位省委宣传部详细介绍提案办理情况及具体答复意见：研究编制《宋韵文化传世工程实施方案》；不断深化南宋临安城、宋六陵、瓷窑址等两宋代表性遗存的发掘保护；成功举办首届“宋韵文化节”，开展宋韵文化惠民活动 4500 余场，惠及人群 140 万余人次；完成 217 项宋韵重点文化元素基因解码工作，建成浙江省文化基因库——宋韵文化子库。会办单位省财政厅、省文化和旅游厅等作补充发言。提案单位对提案办理过程和结果表示满意，并进一步提出意见建议。

王纲对“打造宋韵文化”专题重点提案给予充分肯定。他说，宋韵文化作为中华优秀传统文化的重要组成部分，是具有中国气派和浙江辨识度的重要文化标识。要深入学习贯彻党的二十大精神，认真落实习近平总书记关于文化工作的重要论述，大力实施“宋韵文化传世工程”，打造宋韵文化金名片，在研究阐释上构建大体系、在谋划推进上有大格局、在项目载体上有大手笔、在工作推动上形成大合力，坚持创造性转化、创新性发展，为浙江高水平推进文化强省建设、打造新时代文化高地，铸就社会主义文化新辉煌作出新贡献。陈小平表示，该提案站位高、有价值，办理效果好，协商有深度，形成了传承

① 《打造宋韵文化金名片！省政协开展专题重点提案调研座谈》，浙江政协同心苑，2022 年 7 月 13 日。

弘扬宋韵文化的强大合力。下一步，希望提案单位和主会办单位把办理落实提案建议的热情转化为推进我省文化建设的强大动力。省政协将持续建言助推、深入调研，努力为高质量做好宋韵文化保护和展示工作，让千年宋韵在新时代“流动”起来“传承”下去贡献智慧和力量。[①]

2023年1月6日，浙江省政协十二届五次会议以来的35个方面的优秀提案受到通报表扬。其中有“打造宋韵文化专题”提案，分别是：民建省委会的“关于做强宋韵文化品牌，打造浙江历史文化金名片的建议”，陈敏的“关于加快打造浙江宋韵文化金名片的建议”，夏赛丽的“关于浙江省定位宋文化，打造以宋韵文化为代表历史文化名片的建议”。[②] 针对“打造宋韵文化”专题提案提出的问题和建议，由浙江省委宣传部牵头成立了宋韵文化传世工程指导委员会，进一步加强宋韵文化研究人才队伍建设，推进宋代遗址考古挖掘和保护活化。

三　浙江省委宣传部，杭州市委、市政府，绍兴市委、市政府联合主办“宋韵文化节”

为助力实施“宋韵文化传世工程”，已连续举办五届的“南宋文化节”从2021年起升格为“宋韵文化节”，由浙江省委宣传部，杭州市委、市政府，绍兴市委、市政府联合主办。

（一）首届宋韵文化节

2021年10月29日晚，以“宋韵最杭州”为主题的“首届宋韵文化节”开幕式在杭州市上城区钱江新城城市阳台举行。开幕式包括了歌舞表演、“宋风物语”非遗大观园在内的一系列活动，本届宋韵文

① 《打造宋韵文化金名片！省政协专题重点提案办理协商会召开》，浙江政协同心苑，2022年10月28日。

② 《共35方面！省政协优秀提案名单发布》，浙江政协同心苑，2023年1月11日。

化节将依托杭州丰富的南宋历史资源，推出丰富多彩的宋韵文化主题活动，擦亮杭州“南宋古都”的城市品牌。①

“宋韵最杭州”主题晚会以南宋诗词为线索，以宋时三大发明为呈现主体，给现场观众带来了“现代科技+文艺表演”的沉浸式舞台演出，着力展现千年宋韵的创造性转化、创新性发展，展现新时代浙江和杭州的发展成就与人民的幸福美好生活。“宋风物语”非遗（文创）大观园里的非遗市集邀请到杭州和绍兴的诸多非遗大师参与，包括6个国家级、省级非遗展位，30个杭州非遗展位，20个文创展位，6个非遗手作以及18家绍兴展位，共80个展位。市民游客除了到市集淘非遗产品、文创产品，还可观看非遗演艺类项目表演。

“首届宋韵文化节”以钱江新城、清河坊历史街区、湖滨步行街、皋亭山景区等为主要展示空间，开展全方位、多视觉、多样化的宋韵文化主题活动，营造“宋韵满杭城”的氛围；围绕“挖掘、传承、演绎、体验”等内容，开展全方位、多视觉、多样化的活动。活动内容主要包括“7个1、2场会、N个系列活动”，即：一场开幕式主题晚会、一场主题灯光秀、一场悦读节、一场宋画展、一届杭式生活节、一届陆游诗歌节、一场宋韵研究成果发布会、两个研讨会、N个系列活动，让市民群众和游客直观感受宋韵文化的无穷魅力。② 总之，作为“宋韵文化传世工程”的重要篇章，“宋韵文化节”将宋韵文化的精髓转化成可观、可感、可参与、可分享的全民活动，有利于进一步推动文化基因解码、提高公众的文化认同感、提升浙江和杭州的文化软实力，让千年宋韵在新时代“流动”起来、“传承”下去。

① 《“宋韵最杭州”首届宋韵文化节开幕》，新华网，2021年10月30日。

② 《今晚，“宋韵最杭州”2021宋韵文化节开幕！杭城进入“宋韵时间”》，钱江晚报·小时新闻，2021年10月29日。

（二）2022 宋韵文化节

2022 年 11 月 18 日，以“宋韵今辉”为主题的“2022 宋韵文化节开幕暨南宋德寿宫遗址博物馆开馆仪式”正式启动。杭州市委书记刘捷和时任浙江省委宣传部部长王纲为南宋德寿宫遗址博物馆揭牌并启动“2022 宋韵文化节”。开幕仪式打造“古今交融”的数字虚拟沉浸式宋韵空间，凝练宋韵视觉元素，展现 800 年前的宋代都城繁华景象，创新活化“宋代刻书”“国音希声”“百工竞巧”等宋韵标识，阐述南宋德寿宫遗址博物馆建设历程①。

与此同时，以南宋德寿宫遗址博物馆为核心展示区，同步举办宋韵雅集、艺术展示、数字展陈等活动。以“德寿集珍，锦绣重华——宋代文物珍品展”为主题的特展在德寿宫精彩亮相，该展取意南宋赵希鹄《洞天清禄集》，通过“艺术鉴藏”与“设计美学”的视角，反映南宋皇室及士人收藏艺术的“清、雅、古、奇”四个美学范畴，借宋代文物之美，加深大众对宋韵文化的理解与认识。这也是南宋德寿宫遗址博物馆开馆后迎来的第一个重磅特展。②

“2022 宋韵文化节”由浙江省委宣传部、浙江省文化和旅游厅、浙江省文学艺术界联合会、浙江省社会科学界联合会，杭州市委、市政府，温州市委、市政府，绍兴市委、市政府，衢州市委、市政府，台州市委、市政府共同主办，杭州市委宣传部、温州市委宣传部、绍兴市委宣传部、衢州市委宣传部、台州市委宣传部、中国美术学院、浙江音乐学院承办。活动延续至 12 月底，其间重磅推出五大主体活动，分别是：“一场汇聚国内外顶尖专家的宋画研讨”——宋画之韵研讨会、“一台宋韵主题的国内首创大型交响音画”——大型民族交

① 关于德寿宫的来龙去脉，请参阅周华诚《德寿宫八百年》，浙江人民出版社，2022。

② 《德寿宫开馆啦！2022 宋韵文化节开幕》，杭州网，2022 年 11 月 19 日。

响音乐《宋韵·华章》、“一个面向大众的主题阅读节”——2022 悦读宋韵节、“一个面向全球的宋韵主题 IP 创意大赛”——2022“梦溪杯”宋韵文化 IP 转化大赛、“一个集聚南宋大家名作的艺术大展”——“宋韵今辉”艺术特展。此外，还将举办系列配套活动。[①] 兹择要简述。

1.“一场汇聚国内外顶尖专家的宋画研讨”——宋画之韵研讨会

2022 年 11 月 20 日，由浙江省委宣传部、浙江省社会科学界联合会、浙江大学、浙江省社会科学院和中国美术学院联合主办的 2022 宋韵文化节主体活动之“宋画之韵研讨会”在杭州召开。来自省内外的专家学者以及新闻媒体记者共计百余人以线上、线下的方式参加研讨会。

浙江省委宣传部常务副部长来颖杰出席会议并致辞。浙江省社科联党组书记、副主席郭华巍，副主席谢利根，浙江大学副校长何莲珍，浙江省社会科学院副院长陶建钟，中国美术学院副院长沈浩，浙江省文联书记处书记余旭红，浙江省文物局原局长鲍贤伦，浙大城市学院校长罗卫东等领导出席会议，会议由郭华巍主持。来颖杰认为，以学术视野解读宋画的艺术形态、审美风格和社会价值，深入探究以宋画为代表的中国绘画艺术背后所蕴含的中华优秀传统文化基因，既有理论价值，又具现实意义。来颖杰充分肯定了一年多来实施“宋韵文化传世工程”所取得的显著成效，指出宋韵文化的业界认同度、品牌知名度、群众感知度都得到了显著提升，全省上下传承弘扬宋韵文化的氛围日益浓厚。来颖杰强调，要结合习总书记关于中华优秀传统文化工作的重要论述、党的二十大关于传承弘扬中华优秀传统文化工作重要部署，不断挖掘、提升、研究、传承、弘扬宋韵文化及其当代价值。来颖杰要求社科界的专家学者要勇于担当作为，以高度的文化自信和

① 《2022 宋韵文化节正式开幕》，中国青年网，2022 年 11 月 18 日。

文化自觉，肩负起宋韵文化传承弘扬和转化创新的历史责任，进一步擦亮“宋韵文化”金名片，为浙江加快推进“宋韵文化传世工程”作出积极贡献，为浙江争创现代化和共同富裕先行提供更多的理论支持与实践指导。

会上，北京故宫博物院王连起研究员作了“‘文物南迁’的宋画”的主旨发言，针对故宫南迁文物，运到台湾的宋画的真伪鉴定和研究阐释作出了新的判断和解读；北京故宫博物院余辉研究员作了“李唐的被俘经历与他绘画题材的重要变化”的主旨发言，通过分析《采薇图》卷、《胡笳十八拍图》册、《晋文公复国图》卷和现实题材《雪天运粮图》等作品，探讨了画家李唐在北宋南宋易代之际迸发出来的爱国激情和艺术睿智；浙江大学陈野教授作了“浅释南宋宫廷绘画的国家意志与文化权力——以高孝两朝为例”的主旨发言，通过对包括帝王、皇室成员和宫廷画师等所作宫廷绘画具有的不同于文人画和民间绘画的特质的提炼，依循图像—历史—文化的渐进路径，从国家意志和文化权力角度阐释其意义，探索绘画艺术图像具有的深层次文化建构功能。

与会的专家学者围绕“盛世修典——《宋画全集》研究”主题进行了深入的对话交流，从学术史视野角度探讨《宋画全集》编纂对于宋史研究的意义、对于国家典籍整理的意义，论述《宋画全集》编纂的学术方位与价值，以及由此构建的学术平台的未来拓展等话题；围绕“澄怀大观——两宋绘画本体研究”主题，对宋代绘画本体进行多角度深层次的探讨，对宋画的笔墨气韵、画家传派及其所蕴含的审美品位与价值坚守等内容进行了深入的剖析和阐释；围绕“境涵万象——两宋绘画中的生活世界研究”主题展开了跨学科的对话与交流，认为绘画既是艺术作品，也是具有意义深度的观念产物，具有多重功能和价值，应加强对宋画当中蕴含的自然、社会、经济、精神和文化等丰富意蕴的考察和研究。

与会专家学者一致认为，中国古代绘画艺术作品，数量众多，文本丰富，蕴含着中华文明历史演进的发展轨迹和丰富印迹，更在哲学思辨的境界里升华凝练。而宋代的绘画极为丰富地包含了中国绘画的诸多特质：格物致理、内外合一的旨归，对物象和笔墨的统一把握，以及对于丹青之外理趣的超越追求等。《宋画全集》作为中国艺术史上第一部断代集成式的绘画全集，具有开拓性的意义，它对于宋代绘画、宋代历史、宋代文化的研究，具有非常重要的史料价值和艺术价值，是不可或缺、无法替代的宋代历史文化图像文献。

会议期间，“解读宋画——新闻媒体记者见面会”同步举行。中国美术学院中国书画鉴赏研究中心主任吴敢教授、浙江大学陈野教授、浙江大春传媒有限公司董事长赵群伟等3位宋画研究领域的专家和传播传媒行业人士，分别围绕宋画的审美与价值、宋画中折射出的两宋社会多样面相，以及宋画艺术普及等主题，用通俗易懂的大众化语言解读宋画前世今生、本质内涵及其蕴含的社会万象、时代价值，并回答了记者提问。媒体记者见面会在推广普及宋画知识，传授品汇宋画的技能方法，增强大众鉴赏宋画能力，提升大众宋韵文化涵养等方面产生了积极意义。①

---

① 《宋画之韵研讨会在杭州召开》，浙江省社科联，2022年11月20日。2022年12月，由浙江省文旅厅、浙江大学主办，中国驻比利时大使馆和欧盟亚洲中心协办的“文明的光旅：中国历代绘画大系之宋画欧盟特展”在比利时布鲁塞尔开幕。本次展览分为“人物市井·社会经济的切片”“花鸟·飞跃的生命”“山水·外化的精神世界”等3个板块。展览现场同时有丰富的中国传统文化互动活动，包括VR山水观影，花艺、香道、茶道、活字印刷术和拓印等宋式文化体验区，将浙江宋韵文化与“中国历代绘画大系”《宋画全集》精彩融合，带给欧洲民众一场鲜活生动的宋韵文化盛宴。据悉，参加本次展览的百余件精品宋画全部来自历时17年编纂的“中国历代绘画大系”之《宋画全集》高精度打样稿。作为目前最完整的宋画图像文献宝库，它是浙江与海内外100多家知名博物馆、大学、文化机构等诚挚合作的成果。

2.“一台宋韵主题的国内首创大型交响音画”——大型民族交响音乐《宋韵·华章》

2022年11月20日晚，由浙江省委宣传部、浙江省文化和旅游厅、浙江省文学艺术界联合会指导，浙江音乐学院、浙江省音乐家协会主办，并入选文化和旅游部2022—2023年度“时代交响”创作扶持计划的国内首部以宋韵主题为创作动机的大型民族交响音乐作品《宋韵·华章》，在浙江音乐学院大剧院上演。

《宋韵·华章》重新挖掘整合了宋画、宋词、宋乐、宋学等最具代表性的宋代文化元素，从音乐的独特角度对“宋韵”进行深度解读和全新诠释；创新形成以对宋韵文化理念的诠释为明线、以对新时代的讴歌为暗线的“双层结构”，呈现出一部礼赞时代的大型民族音乐“华章”；作品还突破了传统的音乐会模式，以沉浸式的舞台呈现、高科技的音画效果展示宋韵美学，力求将音乐艺术与视觉艺术完美结合。作品力图呈现中国民族音乐的最佳表达，既有宋韵的风格延续，又有创新的艺术语汇；既聚焦民族、承续传统，更放眼世界、面向未来，从而使观众获得一次贯通古今的视听盛宴。①

演出总负责人、浙江音乐学院院长王瑞教授认为，仔细看演出的名称《宋韵·华章》，这中间有一个点，就是为了彰显两种意思——“宋韵”，是要挖掘优秀的传统文化；“华章”，是要守正创新，表达新时代下对未来的憧憬。如此，《宋韵·华章》创新形成了一明一暗、一主一辅两条线索，对宋韵文化理念的诠释是明线、对新时代的讴歌是暗线，以此构成跨越千年的时空轴线，让宋韵的“叙事”与华章的“抒怀”交替渗透，互成音乐语境，重塑了一部词画媲美、乐理筑美、

① 《〈宋韵·华章〉共赴一场“宋韵”极致美学视听盛宴!》，“浙江音乐学院”微信公众号，2022年11月15日。

意境大美、人文恒美的大型民族音乐精品力作。[①]

3.“一个面向大众的主题阅读节”——2022悦读宋韵节

2022年11月25日，由浙江省委宣传部主办，浙江大学艺术与考古博物馆、钱江晚报、浙江古籍出版社、浙江大学图书馆、浙江大学出版社承办的“百代标程——悦读宋韵”专题展在浙江大学艺术与考古博物馆开展。此次专题展是“2022宋韵文化节”的主体活动之一“2022悦读宋韵节”的一个重要组成部分。展览分为“千年丹青”“刻古传今”“翰墨流芳”三大板块，集中展示了“中国历代绘画大系”收录的部分宋画调色打样稿、即将出版的《淳化阁帖绍兴国子监本》《浙江图书馆藏淳化阁帖刻石》样稿、宋刻本古籍实物、明清影宋刻本抄本，以及“两宋浙刻丛刊”中已出版的成品和待出版的样张等共计300多件展品。

2022年11月27日，由浙江省委宣传部主办，浙江大学艺术与考古博物馆、钱江晚报、浙江古籍出版社、浙江大学图书馆承办的“2022悦读宋韵节”在浙江图书馆启幕。悦读宋韵节是“一个面向大众的主题阅读节”，其围绕阅读主题推出了一系列线上线下活动。启动仪式现场，“百代标程——悦读宋韵”专题展、2022宋韵书单、“寻宋江南打卡地图”一一亮相，同时还有宋词飞花令、三行诗大赛等一系列互动活动登场。

“百代标程——悦读宋韵”专题展以“千年丹青”“刻古传今”“翰墨流芳”为主线，呈现了宋刻、宋画中蕴含的思想、经济、社会、制度、百姓生活、文学艺术、建筑、宗教等诸多方面内容。两个宋刻本的“翘楚”，《资治通鉴纲目》（庐陵本）和《唐女郎鱼玄机诗》

① 《以民乐为笔　〈宋韵·华章〉写下不一般的音画交响》，浙江新闻客户端，2022年11月20日。

（两宋浙刻丛刊）在“刻古传今”单元展出，前者是浙江大学图书馆“镇馆之宝”，后者则让传奇的“宋刻本”在当代重光。

此外，启动仪式上也公布了“2022 宋韵书单”，其中包括《大宋开国》《宋代中国的改革：王安石及其新政》《宋代士人阶层的女性》《苏轼十讲》《宋代文学十讲》《宋诗鉴赏》《德寿宫八百年》《读墓：南宋的墓葬与礼俗》《在田野间看见宋朝》《南宋建筑史》等 10 本书籍。这张书单内容丰富，既满足了专业研究的需要，也照顾了大众的阅读兴趣。随后，启动仪式上还发布了“寻宋江南打卡地图”，其中囊括了栖霞寺舍利塔、沧浪亭、梦溪园、六和塔、保国寺大殿等经典景点。此外，“2022 悦读宋韵节”后续还将邀请 10 位省内相关宋学专家，结合“百代标程”展相关内容开展系列讲座。[①]

4.“一个面向全球的宋韵主题 IP 创意大赛”——2022“梦溪杯”宋韵文化 IP[②] 转化大赛

2022 年 11 月 18 日至 2023 年 2 月 3 日，为推动宋韵文化创造性转化和创新性发展，深入挖掘宋韵文化中的历史意义、精神内核和时代价值，让千年宋韵在新时代“流动”起来、“传承”下去，首届“梦溪杯”宋韵文化 IP 转化大赛举行。“梦溪杯”宋韵文化 IP 转化大赛以创新设计为核心，以市场为导向，进行文化创意产品的创新设计与再造，深度呈现宋韵文化与当代设计的交融，打造宋韵文化创新转化新名片。

“类别设置”共 4 种：

（1）“宋・礼：浙江好礼”，以传统文化为脉络，彰显东方美学的特质，聚焦地域风情、宋韵文化特色等内容；包含城市礼品、器物包

---

① 《沉浸式体验宋韵文化 2022 悦读宋韵节在浙图启动》，天目新闻，2022 年 11 月 27 日。

② IP 系网络流行用语，指成名文创产品，下同。

装、时尚服饰、文教娱乐、餐饮器皿等领域的产品及服务。

（2）“宋·潮：精致生活”，以日常生活为脉络，彰显精致风雅的特质，聚焦绿色低碳、科艺智能等内容；包含家用电器、电子数码、运动休闲、办公用品等领域的产品及服务。

（3）“宋·风：视觉盛宴”，聚焦经典媒介及数字媒介的 IP 转化；包含海报设计、VI/标志/字体设计、书籍及出版物设计、信息设计、数字形象设计、动画短片、游戏设计等视觉创意。

（4）“宋·艺：文艺创作”，聚焦弘扬文化传承、传播正向价值观的文艺作品；包含舞台剧、影视动漫、歌曲、舞蹈等文艺作品、剧本策划。[①]

2023 年 4 月 28 日，首届“梦溪杯”宋韵文化 IP 转化大赛颁奖典礼系列活动顺利举办。

5.“一个集聚南宋大家名作的艺术大展”——“宋韵今辉”艺术特展

2023 年 3 月 18 日至 4 月 16 日，由浙江省委宣传部、浙江省文联、浙江省文旅厅、浙江省教育厅、浙江省文物局，杭州市委、市政府和中国美术学院联合主办，中国美术学院美术馆、浙江省博物馆承办的“宋韵今辉”艺术特展向世人揭开了它的“神秘面纱”。[②]

“宋韵今辉”艺术特展作为年度超级大展，以展览集群的形式呈现，分为五个主题展，彼此呼应，相互映照，共同展现宋韵书画绵延千年的传承与创新。

“湖山揽胜——宋韵江南书画艺术”作为核心展览，共展出宋元明清传世书画 37 件（组），系统呈现了从宋、元、明、清到近现代江

① 《2022“梦溪杯”宋韵文化 IP 转化大赛》，设计竞赛网，2022 年 12 月 10 日。

② 受疫情影响，2022 年的“宋韵今辉”艺术特展推迟到 2023 年举办。

南地区的千年宋韵书画艺术文脉。其中最受瞩目的当数南宋四大家“李刘马夏”的真迹，即李唐的《濠梁秋水图》、刘松年的《四景山水图》、马远的《松寿图》、夏圭的《烟岫林居图》等，皆是宋韵江南书画艺术的经典之作。全国各大博物馆的珍贵馆藏齐齐亮相，如郭熙《溪山行旅图》是云南省博物馆书画类藏品的镇馆之宝，尚属首次出馆展出；藏于安徽徽州历史博物馆的翟院深《雪山归猎图》气象万千；来自浙江省博物馆的黄公望《富春山居图（剩山图）》，堪称元画最热门 IP。展览中有多幅作品，描绘的都是西湖的人文山水。“西湖的晨昏四季各有风华，其文脉底蕴传承千年，滋养了一代代艺术家的创作。”作为本次展览总策展人，余旭红介绍说，历代画家以西湖为母题，基于各自不同的人生境遇与生活体验，创作出不同类型、不同意境的作品，这正是“宋韵今辉”所呈现的独特气象。

“宋韵今辉”面向的是历史，立足的是当代，指向的是未来。在这条生生不息的文化基链中，黄宾虹和潘天寿是两座高峰。“夜山钩古——黄宾虹的宋画研究及其传承”与“立最高峰——潘天寿的常变之道”两个主题展览，呈现了两位大师如何回应传统、别开生面。“含英咀华——绘通中西的国美油画”板块则以林风眠、赵无极等延及当代具象表现绘画的油画作品，表现融汇中西的深厚脉络；“典垂百代——两宋书画传习展”以中国美术学院师生的书画临摹作业，呈现不同时期学院教学中对宋代书画的传习。

为了文物保护和观众体验，美术馆严格控制场馆人流量，每天观展预约人数最多 5000 名。然而近一个月来，几乎每天预约全满，最后几天的预约票几乎提前一周售罄。除了白天的日场，美术馆还专门在周末开设了 8 次夜场，给观众带来了别样的观展体验。“宋韵今辉”艺术特展的总观展人数达 15 万人次。对“宋韵文化传世工程”而言，

“宋韵今辉”艺术特展更像是长卷中的一抹亮色。随着这轴长卷被绘上越来越丰富的色彩，如“宋韵今辉”艺术特展这样的亮色，会越来越多，在浙江人的文化生活里，宋韵文化将会扮演更多彩、更重要的角色。[①]

此外，在“2022宋韵文化节”期间，浙江省各地也陆续开展了系列精彩活动，推动宋韵文化走向大众、走进生活。台州黄岩将举办“华夏衣裳·宋韵时尚”2022年全国宋韵服装时尚设计大赛[②]；温州将举办永嘉学派当下价值学术研讨会，深入挖掘研讨永嘉学派的内涵意义、文化精髓。宋韵文化节，正在成为具有全国知名度和影响力的宋韵文化节庆品牌，真正推动千年宋韵在新时代“流动”起来、“传承”下去。

（三）2023宋韵文化节

伴着空灵婉约的古琴曲《流水》，在书法史一座高峰——宋代书法的展览展出地，一段跨越千年寻觅知音的旅程正式开启。2023年9月17日，2023宋韵文化节启动暨“意造大观——宋代书法及影响”特展开展仪式在浙江美术馆正式举行。

2023宋韵文化节以“宋韵今辉”为总体理念，联合杭州市、宁波市、湖州市、嘉兴市、绍兴市、台州市等地共同举办，重点突出了“七大主体活动”，分别是：“一个展示宋代书法名家真迹作品的宋代

---

① 《浙江杭州：“宋韵今辉”艺术特展开展》，人民网·浙江频道，2023年3月18日。《“宋韵今辉”艺术特展昨落下帷幕，总观展人数达15万人次——悠悠八百年，从宋画中读懂宋韵》，浙江在线，2023年4月17日。

② 2022年11月22日晚，作为“2022宋韵文化节”的活动之一，“华夏衣裳·宋韵时尚”2022全国宋韵服装时尚设计大赛决赛暨颁奖典礼在杭州举行。本次大赛以“新生”为主题，以台州黄岩赵伯沄墓出土的76件丝绸织物为灵感来源，通过服装设计这一桥梁，深度挖掘黄岩“宋服”的历史人文价值，将传统文化运用现代手法进行表现，实现宋韵文化在创造中传承、在创新中发展。浙江省社科联党组书记、副主席郭华巍出席活动，并为有关获奖选手颁奖。（信息来源于《全国宋韵服装时尚设计大赛决赛在杭举行》，浙江省社科联，2022年11月26日。）

书法特展”——“意造大观——宋代书法及影响”特展开幕式、“一场活化宋画经典作品的宋韵文化品牌演出”——“月圆展卷华灯上”宋韵主题舞蹈节目、“一个面向全球的宋韵主题 IP 创意大赛”——2023“梦溪杯”宋韵文化创新大赛、“一个面向大众的主题阅读节”——2023 悦读宋韵节、“一个集观赏性、趣味性、互动性于一体的诗词文化全民体验活动”——“品宋词、传宋韵”浙江诗词大会（2023）系列活动、“一场聚焦宋代代表性诗人陆游的诗歌节”——2023 陆游文化节暨中国（绍兴）“放翁杯”全国诗词大赛颁奖典礼、“一个融通传统与现代的服装设计赛事”——第二届全国宋韵服装时尚设计大赛。[①]

1. “一个展示宋代书法名家真迹作品的宋代书法特展”——“意造大观——宋代书法及影响”特展开幕式

2023 年 9 月 17 日开展的“意造大观——宋代书法及影响”特展汇集了国内各博物馆两宋书法真迹及受宋人书法影响的历代名家精品，展示“尚意”书风艺术之美，挖掘“尚意”书风的时代内涵，探究历代书法艺术家与杭州的翰墨情怀，宣传杭州城市的历史文化形象，向国际友人及广大观众展示中国书法经典魅力，弘扬中华传统文化，彰显文化自信。展览分“我书意造”“贞珉萃英”“布濩流衍”三个板块。

展出作品有传世黄庭坚、米芾、蔡襄法帖，宋拓苏轼书法、陆游代表作诗卷、张即之书册、赵孟頫真迹等宋元书法名作，汇集宋元书法名作名篇，领略两宋“尚意”书风的艺术风貌，展览持续至 2023 年 10 月 13 日。中国文联副主席、西泠印社副社长兼秘书长陈振濂认为，此次“意造大观”特展的举办本身，也体现了“意造”的理念。一方面，展

① 《一段跨越千年觅知音的旅程！2023 宋韵文化节七大活动亮相》，浙江在线，2023 年 9 月 18 日。

览是以美术馆的视觉艺术视角来解读博物馆的藏品，具有跨界和学科交叉的创意；另一方面，浙江美术馆在亚运期间举办的展览群，使得“东方智慧”的现代化解读与传统书法艺术经典得以相互映照，别有意趣。[①]

2. “一场活化宋画经典作品的宋韵文化品牌演出”——“月圆展卷华灯上”宋韵主题舞蹈节目

该项目通过女子古典群舞的艺术形式，展现宋人结伴出行观灯夜游的场景。前期将精心创排舞蹈，制作推出一个3—5分钟的短视频，在电视大屏端和Z视介、抖音、小红书等小屏端强势推出、循环播放。后期将在南宋德寿宫遗址博物馆线下演出，不断打磨提升节目质量，争取在各类重要演出和文艺活动中表演展示，打造成互动性强、观赏性强、传播性强的宋韵主题品牌节目。[②]

3. “一个面向全球的宋韵主题IP创意大赛”——2023“梦溪杯”宋韵文化创新大赛

2023年11月29日下午，2023“梦溪杯”宋韵文化创新大赛颁奖典礼在杭州市湖滨步行街举办，大赛成果展同步开启。本届大赛旨在以产业培育为支撑，以市场需求为导向，以创新创意为核心，以传播推广为主线，征集宋韵文化作品产品，形成宋韵文创资源库，持续挖掘宋韵文化中的历史意义、精神内核和时代价值，打造“宋韵今辉”城市文创品牌，让宋韵文化在产业中积淀，在市场中流动，在创新中传承，在传播中弘扬。

大赛共设立“宋·风”“宋·物”“宋·创”三大竞赛单元。其中“宋·风”单元征集宋韵主题的短视频作品、动漫作品、游戏作

① 《一段跨越千年觅知音的旅程！2023宋韵文化节七大活动亮相》，浙江在线，2023年9月18日。

② 《一段跨越千年觅知音的旅程！2023宋韵文化节七大活动亮相》，浙江在线，2023年9月18日。

品、电影电视剧、纪录片、综艺节目、舞台剧目、各类型剧本、文学作品等文艺作品；作品提交形式：以视频、文字脚本、图文等形式投稿。“宋·物”单元征集宋韵主题的文创周边、城市礼品、器物包装、美妆服饰、家居用品、文具产品、生活用品、娱乐设备、运动器具、餐饮器皿等领域的作品；作品提交形式：以实物投稿。“宋·创”单元征集宋韵主题的街区设计、景观设计、建筑设计、服装设计、创意设计、海报设计、AIGC 设计、IP 形象设计等设计方案。

据悉，此次大赛于 2023 年 8 月 25 日正式开放作品征集，2023 年 10 月 25 日收官，共收到来自英国、美国、日本、韩国、泰国、新加坡等国家和中国香港、中国澳门等地区的 6496 组系列设计作品。1000 余家社会企业，以及清华大学、浙江大学、中国美术学院、澳门科技大学等 270 余所院校，参与大赛投稿。①

4. “一个面向大众的主题阅读节”——2023 悦读宋韵节

2023 年 11 月 1 日，“吟宋古今”2023 悦读宋韵节在浙江图书馆之江馆开幕。本届悦读宋韵节以“吟宋古今”为主题，通过一系列注重沉浸式体验的活动，带领观众穿越古今。启动仪式现场，揭晓了第三张“宋韵书单”、发起了“今音诵古韵·宋词吟诵”短视频征集活动、发布了“云游临安·寻宋诗词地图”联动打卡活动、预告了“钱塘送书郎·宋词 Citywalk”② 送书活动，同时举行了“宋学大讲堂”第八讲等系列活动。

2023 年的“宋韵书单”推选由潮新闻和浙江省社科联共同发起，在专家学者和“浙里·悦读”读书会联盟成员推荐的基础上，还邀请更多年轻人一起参与，推选出他们喜爱的、以“宋韵”为主题的图书。最终经由读者投票、资深宋史研究专家审定，一共选出 10 本“宋

① 《2023“梦溪杯”宋韵文化创新大赛颁奖典礼暨成果展开幕》，上城发布，2023 年 12 月 1 日。

② Citywalk 是网络流行语，通常翻译为“城市漫游”。

韵”主题图书，组成2023年的宋韵书单：《苏东坡和他的世界》《天地放翁——陆游传》《北宋晚期的政治体制与政治文化》《宋史职官志补正》《士人走向民间》《宋宴》《宋式艺术生活》《宋代文人书画评鉴》《宋史三部曲》《国音承祚——宋六陵考古成果》。

5. “一个集观赏性、趣味性、互动性于一体的诗词文化全民体验活动”——“品宋词、传宋韵”浙江诗词大会（2023）系列活动

2023年10月30日，“浙江诗词大会”（2023）总决赛暨颁奖典礼在浙江省湖州市吴兴区举行。从全国20余个省份10万余参赛选手中晋级的决赛选手，通过为期两天的线下多轮比拼，决出最终奖项。

“浙江诗词大会”（2023）的主题为“品宋词、传宋韵”。湖州被誉为“宋词之州”，唐代诗人张志和在湖州吴兴开启填词之风，创作了“西塞山前白鹭飞，桃花流水鳜鱼肥”的名句；吴兴埭溪的清代学者朱祖谋编订出版《宋词三百首》风行海内，是至今最好的普及性宋词选本。中国诗词大会第五季冠军彭敏与本届“浙江诗词大会”诗词竞答大赛冠军进行了“宋韵花字”飞花令表演赛，双方你来我往，联动观众助力，鏖战近百轮。活动现场同步举行了“浙江诗词大会”好书推荐展览和“宋词之州”湖州词史展，诗词吟诵专家与湖州学生代表分别进行了诗词节目表演。[①]

6. “一场聚焦宋代代表性诗人陆游的诗歌节”——2023陆游文化节暨中国（绍兴）“放翁杯”全国诗词大赛颁奖典礼

2023年11月4日，2023陆游文化节开幕式暨中国（绍兴）“放翁杯”全国诗词大赛颁奖典礼在绍兴市越城区举行。作为越城宋代著名历史文化名人，陆游是中国古代诗歌存世第一人，更是风骨壮士、爱

① 《品味诗意宋韵“浙江诗词大会”（2023）总决赛收官》，中国青年报客户端，2023年10月30日。

国典范，在他存世的9300多首诗歌中，忠心报国之作众多，直至临终他还写下荡气回肠的《示儿》，寄望于子孙后代延续爱国之心。“一心报国存风骨，诗词万首泽千秋”，更是对南宋爱国诗人陆游的高度概括。

为传承弘扬陆游诗词文化与爱国爱民精神，2023年的陆游文化节含金量大幅提升，其与中华诗词学会合作，联合举办“放翁杯”全国诗词大赛。自8月开赛以来，诗词大赛得到国内外中华传统诗词界人士的广泛关注，总计收到国内外诗人参赛作品4875首，评选出金奖1名、银奖3名、铜奖5名、优秀奖60名。

活动现场还举行了2023中国（绍兴）“放翁杯”全国诗词大赛颁奖典礼和获奖作品诵读、“中华诗词越城创作研究基地”授牌仪式、2023陆游文化节启动仪式、“陆游爱国情怀与身边的爱国主义”和“亘古男儿一放翁”主旨演讲、“陆游爱国诗词的当代价值”主题对话等。

此外，为丰富本届陆游文化节的内涵和内容，节会期间，同时举办“一树梅花一放翁”主题讲座、宋韵艺术生活展等陆游与宋韵文化研究、交流、展示活动，使这场纪念性的文化盛会真正走向了全国，成为展示越城城市魅力的金名片和重要窗口。越城区委宣传部相关负责人说：“接下来，越城区将进一步聚焦千年古城、大运河、宋韵文化等历史文化资源，实施文化铸魂三年行动，开展文商旅融合四季活动，打造更多可观可感可游的文化IP，把越地文化传承好、保护好、利用好。”①

7. “一个融通传统与现代的服装设计赛事”——第二届全国宋韵服装时尚设计大赛

为进一步挖掘浙江台州黄岩“宋服”的历史人文价值，面向海内

① 《千年古城焕发时代新生——2023陆游文化节开幕式在绍兴越城举行》，人民网，2023年11月4日。

外的青年设计创新者，以服装设计为桥梁，通过宣传发动、作品征集、采风设计营、大赛初评、决赛展演等环节，设计制作一批优秀宋韵服装作品，将传统文化与现代时尚相结合，推进成果向产业转化，助力宋韵文化传承和发展、焕发新的时代魅力，2023 年 11 月 4 日晚，“宋韵衣裳·时尚新传”第二届全国宋韵服装时尚设计大赛决赛大秀在台州市黄岩区举行。本次大赛以黄岩赵伯沄墓出土的 76 件丝绸织物为灵感，从众多作品中评选出 23 组作品 71 套服装进入决赛。决赛秀场设置在赵伯沄曾经主持修缮过的、具有 800 多年历史的宋代古桥五洞桥上。①

“2023 宋韵文化节”的配套活动有 7 项。分别是：

（1）宋韵主题篆刻作品展

2023 年 12 月 12 日上午，由西泠印社学术指导，中国印学博物馆主办的杭州市“西湖明珠工程”特殊支持人才人社社科青年人才项目结项汇报展览——“郁郁乎文哉”宋韵主题篆刻展在中国印学博物馆拉开帷幕。②

（2）宋韵雅集非遗展演活动

2023 年 11 月 29 日—12 月 3 日，“为有暗香来——2023 宋韵文化节非遗展示展演活动”在浙江省非物质文化遗产馆举办。活动以展览、活态展示、展演等形式开展，分设“茶香满瓦肆”“墨香润书房”“花香遍琴室”“沉香盈窄袖”4 个板块，展示展演海宁皮影戏、传统制香等 23 个与宋文化相关的非遗项目。

（3）“宋韵千年，浙博行礼”浙博宋韵（2023）系列活动

2023 年 8 月至 11 月，“宋韵千年，浙博行礼”浙博宋韵（2023）

① 《宋桥为台秀宋韵》，《浙江日报》2023 年 11 月 5 日。

② 《“郁郁乎文哉”宋韵主题篆刻展在中国印学博物馆开幕》，潮新闻客户端，2023 年 12 月 13 日。

系列活动在浙江省博物馆举办。活动内容是推出“云游宋韵展”，包括“南宋人的一天”展览，通过高精度数字化采集进行宋代文物线上三维浏览和线下实体展示。结合“浙江一万年”专题展厅，推出“宋韵大家说”活动，邀请业内专家和现场观众就“陶瓷里的宋韵、书画里的宋韵、典籍里的宋韵”等话题进行交流互动。[①]

（4）宋韵今辉生活器物美学展

2023 年 9 月，“宋韵今辉生活器物美学展”在浙江展览馆开展。本次展览展出具有宋韵气质的现当代生活器物 200 余件，涉及饮食器（茶器、酒器）、花器、香器、文房雅器、妆奁服饰、陈设赏器等板块的内容，通过展示丰富的民间工艺的传承、发展及融合创新成果，传承宋之风雅、弘扬宋韵文化，实现民间工艺的创造性转化和创新性发展。

（5）纪念王应麟诞辰 800 周年系列活动

2023 年 12 月 27 日，由浙江省社科联、浙江省社科院、宁波市人民政府指导，中国社会科学出版社、宁波市社科院（社科联）、宁波市委党校、宁波市教育局、宁波市文广旅游局、鄞州区人民政府、海曙区人民政府、浙大宁波理工学院等单位主办的“纪念王应麟诞辰 800 周年暨首届国际蒙学大会”在宁波市鄞州区举行。中共中央党校原副校长黄浩涛，浙江省人大常委会原副主任、浙江省文史馆馆长王永昌，浙江省社科院党委书记、副院长王四清，宁波市委常委宣传部部长金彦等领导、嘉宾以及来自全国各地的近百位专家学者出席。在主旨演讲中，刘跃进、安德明、孙晓、金滢坤等学界名家分别就“王应麟的独特贡献”“表演理论视域中的《三字经》”“关于中国幼儿蒙学教育的思考”“《三字经》中的童蒙教育观念与方法解析”等主题

---

① 《浙江省博物馆携千年宋韵亮相“博博会”》，中国青年报客户端，2022 年 9 月 6 日。

展开精彩论述。[①]

（6）首届天籁阁学术研究会

2023年11月24日，由浙江省美术家协会、嘉兴市委宣传部、浙江大学党委宣传部、嘉兴学院、嘉兴南湖学院主办的以“中国历代绘画大系与天籁阁”为主题的2023首届“天籁阁”学术研讨会在浙江嘉兴开幕。本次研讨会采取了线上线下结合的方式，邀请了7位专家学者，围绕研讨会主题作主旨发言，挖掘中国历代绘画大系与项元汴天籁阁收藏的历史文化意义，赓续历史文脉，加强文化遗产保护，推动优秀传统文化创造性转化和创新性发展。[②]

（7）“苏东坡杯”杭州书法大展

2023年11月17日，由杭州市委宣传部、浙江省书协指导，杭州市文联、杭州市书协主办。第一届“苏东坡杯”杭州书法大展从2022年开始启动，得到了在杭书法家和书法爱好者的积极响应和踊跃投稿，共收到杭州地区的来稿1151件，其中书法作品1088件、篆刻作品63件，数量之多、质量之高，呈现出杭州书法创作的可喜局面。“苏东坡杯”杭州书法大展将每三年举办一次，以打造杭州书法最高奖为目标，以弘扬中国优秀传统书法艺术，彰显杭州人文精神，展示当代杭州书法篆刻艺术水平，推动杭州书法艺术传承和发展为目的。

据悉，苏东坡作为宋代文学家、书法家的杰出代表和引领者，他与杭州有着深厚的渊源：他自谓“居杭积五岁，自意本杭人”，还曾两仕杭州，不仅为钱塘发展奠定了基础，更为杭城书法艺术作出了积极的贡献。杭州作为历史文化名城，金石书画的重镇，与书法有着深厚的渊源。古往今来，在这片土地上名家辈出、大师云集，褚遂良、

---

① 《纪念王应麟诞辰800周年暨首届国际蒙学大会举行》，《宁波日报》2023年12月28日。

② 《2023首届“天籁阁”学术研讨会在浙江嘉兴举行》，新华网浙江，2023年11月24日。

苏轼、贺知章、孙过庭等一大批在文坛、书坛引领一代风气的大家巨擘曾在此诞生或驻足，吴昌硕、沈曾植、李叔同、马一浮、黄宾虹、潘天寿、沙孟海、陆维钊、陆俨少等一代名家巨匠为杭州立起当代书画艺术的高峰。同时，文化繁盛的江南还滋养了开中国书法现代教育之先河的中国美术学院，享誉天下的“第一名社”——西泠印社等。[①]

四 浙江省人民政府新闻办公室召开“宋韵文化研究成果新闻发布会”[②]

2021 年 11 月 4 日，浙江省人民政府新闻办公室召开“宋韵文化研究成果新闻发布会”，浙江省社科联、浙江省社会科学院、杭州市社科联、浙江大学、浙江工业大学等单位相关负责人出席发布会。发布会公布了浙江学者近一年来在宋韵文化研究上取得的六类研究成果。第一类是关于宋韵文化形态特征的初步梳理，主要有浙江省社会科学院组织院内专家学者完成的《宋韵文化简读》等。第二类是关于宋代历史文化的研究成果，主要有浙大城市学院包伟民教授的《陆游的乡村世界》、杭州师范大学张兴武教授的《宋代士人的家学、婚姻与诗文创作》等。第三类是关于宋代历史文化名人事迹、贡献的研究，主要有浙江大学龚延明教授主持的《浙江宋代进士录》、杭州市社会科学院南宋史研究中心主任何忠礼教授的《宋高宗新论》等。第四类是关于宋代浙学研究的成果，主要有浙江工业大学梅新林教授主持的《浙江学术编年·宋代卷》、浙江大学束景南教授的《朱嘉：“性”的救赎之路》、杭州师范大学原副校长何俊教授的《南宋儒学建构》等。第五类是关于宋代文献资料的整理，主要有浙江师范大学黄灵庚教授主

① 《第一届“苏东坡杯”书法大展亮相杭城》，杭州网，2023 年 11 月 19 日。

② 《六类宋韵文化研究成果在杭州发布》，人民网浙江频道，2021 年 11 月 4 日。

编的《北山四先生全书》、台州学院胡正武教授点校的《杜清献公集》等。第六类是关于宋代文学艺术的研究，主要有《吴熊和批校全宋词》，中国美术学院沈浩教授主持、沈乐平教授完成的《浙江书法研究大系·宋代卷》，以及杭州师范大学王中焰教授的《蔡襄书学研究》等。

关于浙江省宋韵文化下一步研究计划，浙江省社科联副主席谢利根表示，宋韵文化研究将从世界史的视野，提炼概括“宋韵文化”的内涵与外延，梳理研究宋韵文化的历史底蕴、地域特色、文明意义，通过对文化发展历史动态的把握，构建宋韵文化的解释体系，加深对宋韵文化精神气韵、形态特征的理解，为更好地传承弘扬宋韵文化提供历史地理坐标和学术理论支撑。浙江社会科学界在传承弘扬宋韵文化工作中担负着研究推广的重要使命，下一步将重点从三方面开展系列研究。①宋韵文化形态系列研究。聚焦思想、制度、经济、社会、百姓生活、文学艺术、建筑、宗教等“八大形态”，系统研究宋韵文化的精神内核、形态特征和历史价值，重点开展宋代思想史、制度史、社会史、艺术史等系列研究。②宋韵文化文献资料整理与研究。对纸质承载、非纸质实物的宋韵文化精华进行整理研究，开展思想流派文献、目录类书文献、中医文献、丝绸瓷器影像、建筑景观遗存等整理研究，探讨宋代文献遗存对现代文明的启发意义。③宋韵文化传承创新研究。围绕宋韵文化创造性转化和创新性发展，深入思考宋韵文化对中华优秀传统文化传承创新和当代发展的意义和价值。[①]

---

① 2021 年 9 月 13 日，为贯彻落实浙江省委关于大力推进宋韵文化研究、传承、转化的重要部署，浙江省社科联组织召开来自省内高校、研究院所和新闻出版机构的 20 余位专家参加的“宋韵文化研究座谈会”。省社科联副主席谢利根出席会议并讲话，与会专家从政治发展、经济建设、社会进步、文化繁荣、艺术传承、制度变迁等宏观层面，结合百姓生活、文学艺术、景观建筑、文物遗存等具体方面，对于全面立体把握宋韵文化，从其文化精髓、历史意义和时代价值角度，就“宋韵”的内涵、外延及核心特征发表了意见。专家们围绕如何实施“宋韵文化传世工程”，让千年宋韵在新时代“流动”起来、“传承”下去，形成展示“重要窗口”独特韵味、文化浙江建设成果的鲜明标识，加强理论研究，展开了充分研讨。

浙江省社科联计划到2025年，基本完成宋韵文化研究工程系列研究布局；到2035年，出版宋韵文化系列研究丛书100部以上，完成宋代主要文献整理，形成较为完整的宋韵文化研究成果体系。在发布会后，还举行了浙江文化研究工程宋韵文化研究“揭榜挂帅”课题签约仪式。

五 浙江省举行“宋韵文化传世工程推进会”并制定出台《宋韵文化传承发展和南宋品牌塑造三年行动计划（2021年—2023年）暨中长期目标》①

2021年11月11日，浙江省举行“宋韵文化传世工程推进会”，围绕实施“宋韵文化传世工程”进行阶段性总结，并部署下一阶段重点工作。

浙江省委宣传部相关负责人介绍，浙江已经建立宋韵文化传承弘扬常态工作机制，通过清单化管理、项目化推进、品牌化打造、平台化运作推进各项工作，取得了一系列阶段性成果。近来，浙江省在推动宋韵文化理论研究升级、加强省域宋代遗存考古挖掘和保护展示、打造宋韵文化品牌、讲好讲活“宋韵故事”等领域都有了较为明显的进步。宋韵文化研究传承，始终绕不开“深化、转化、活化、品牌化”的逻辑链条。围绕宋韵文化挖掘、保护、提升、研究、传承各个环节，“宋韵文化传世工程”以高效精准为目标，正搭建起一套闭环运行体系。

浙江省社科联主要负责人表示，宋韵传世，理论先行。2021年11月4日召开的“宋韵文化研究成果新闻发布会”公布了一年来全省学

① 《增内涵，重活化，强利用，塑品牌让宋韵文化传世流芳》，浙江新闻客户端，2021年11月11日；《浙江：让宋韵文化传世流芳》，《浙江日报》2021年11月12日。

者在宋韵文化研究上取得的研究新成果，共44种86册，包括宋代历史文化研究、宋代浙学、宋韵文化精神实质及形态特征梳理等。下一步，将从宋韵文化形态系列研究、文献资料整理与研究、传承创新研究三个重点方面进行加强。

浙江省文旅厅主要负责人指出，创造性转化，同样是宋韵文化研究传承工作链中的重点环节。与宋韵文化相关的主题旅游景区、酒店、商品等都在加快开发中。省文旅厅还将重点围绕“寻宋”“探宋”“赏宋”“游宋”“阅宋”“传宋”主题，综合实施推进这六项重点工程。

中国美术学院相关负责人指出，该校将联合省文联、省文旅厅、省文物局、浙江省博物馆等，对浙江各大文化机构收藏宋代书画、文物等“镇馆之宝”开展摸底式调研与梳理，并形成“浙江馆藏传世精品特展”。

浙江省委宣传部相关负责人还表示，推进“宋韵文化传世工程”是一项系统工程，需要全省一盘棋，各级各部门协同推进，融入各方资源要素，形成更大合力，让这块浙江文化独特标识的成色更足。为更高质量实施“宋韵文化传世工程”，目前由浙江省委宣传部牵头组建，省文旅厅、省文物局、省社科联等省级有关宣传文化单位及杭州、绍兴等宋韵文化重点地市组成的省市区三级工作专班已经成型，并建立了日常工作联系机制。

据介绍，浙江省已制定《宋韵文化传承发展和南宋品牌塑造三年行动计划（2021年—2023年）暨中长期目标》，部署并实施宋韵文化和南宋文化理论研究、宋代历史文化遗址考古发掘、宋韵文化遗址保护展示、宋韵文化旅游开发、南宋文化品牌塑造、宋韵文化和南宋文化宣传推广等“六大工程”。[①] 下一步，“宋韵文化传世工程”将着重

① 《舒卷有情的诗画魅力》，《浙江日报》2022年6月15日。

聚焦实施一批以德寿宫遗址保护展示暨南宋博物院建设为代表的标志性宋韵文化遗址保护展陈项目，打造一批具有全国乃至国际影响力的宋韵文化活动品牌和演艺品牌，创作一批宋韵主题文艺精品，建设一批彰显宋韵风雅的地标性建筑，推出一批成体系、有价值的宋韵文化研究成果，开发一批独具特色的宋韵文化印记和文旅项目，推出更多标志性成果，让宋韵文化传承发展走向世界。

总之，浙江将在宋韵文化的内涵挖掘、精义阐发上不断深化，在遗址保护、立体呈现上活化展示，在艺术呈现、创新利用上进行转化，在多元宣介、一体打造上塑造品牌，为实现文化共富、精神富有注入来自历史的智慧和力量。

六 《浙江日报》、浙江在线、浙江宣传、《钱江晚报》策划“宋韵文化”系列宣传报道

1.《浙江日报》刊发的“宋韵文化”专题理论文章

2021年9月4日，《浙江日报》推出《让千年宋韵“流动”起来》的纲领性文章：“文化强省之强，在于拥有一批具有鲜明标志性和辨识度的文化名片。千年宋韵文化是浙江最具标志性的文化名片。打造新时代文化高地要求我们，传承发扬好这一文化瑰宝，让千年宋韵在新时代‘流动’起来、‘传承’下去。打造宋韵文化金名片，首先要抓研究，必须从思想、制度、经济、社会、百姓生活、文学艺术、建筑和宗教等方面，全面立体研究阐述宋韵文化，准确把握其文化精髓、历史意义和时代价值，组织提炼‘宋韵’的核心特征。打造宋韵文化金名片，要善于做传播，必须推动宋韵文化标识融入城市规划、城市发展的方方面面，打造一批彰显宋韵文化、具有浙江气派的地标建筑，推动宋韵文化有表述、有展示、有遗址，可见、可感、可传承。

打造宋韵文化金名片，落脚在转化，必须加速各类文化资源与宋韵文化的融合互进，积极打造具有浙江特色的标志性南宋文化品牌、文旅融合品牌，持续扩大影响力和穿透力。”①

2021年9月10日，围绕“如何让宋韵文化成为浙江文化金名片”，《浙江日报》理论部推出对中国宋史研究会会长、中国人民大学历史学院教授包伟民的专访。②

什么是宋韵文化？包伟民认为，认识宋韵文化首先要全面认识宋文化。宋代是我国历史上文化最为发达的朝代。宋韵就是从宋代传承下来的文化底蕴和精神气质，它包括文化、思想、制度、科技、艺术等多个方面。宋文化指的是宋代的文化，宋韵文化则不局限于宋代，它体现了一种积淀、一种渗透、一种传承。“盛唐隆宋”，这个“隆”，主要指的是思想文化方面。对于宋韵文化，人们容易联想到南宋的临安，也就是现在的杭州；但是，谈宋韵文化不能只强调南宋文化，也不能只局限于杭州。北宋无疑是宋文化的奠基时期，杭州作为南宋的行都，是南宋时代宋韵文化的代表。但是宋韵文化并不局限于杭州一地，至少还包括南孔圣地衢州，永嘉、永康等浙东学派发源地。宋代繁荣的经济、文化对后世影响十分深远。以思想领域划时代创新等为标志的“新局面”，奠定了此后近1000年的历史发展基本格局。直到今天，人们的审美观和价值取向仍然受到宋韵的深刻影响，“文治”传统厚植，“白面书生”依然受推崇。浙江要打造精神力量高地，就要做足特色、放大优势，深入挖掘、传承宋韵文化，让千年宋韵在新时代“流动”起来、“传承”下去，形成展示“重要窗口”独特韵味、文化浙江建设成果的鲜明标识。

---

① 《让千年宋韵“流动”起来》，《浙江日报》2021年9月4日。

② 《如何让宋韵文化成为浙江文化金名片：访中国宋史研究会会长、中国人民大学历史学院教授包伟民》，《浙江日报》2021年9月10日。

浙江实施“宋韵文化传世工程”优势何在？包伟民指出，实施“宋韵文化传世工程”，浙江有着得天独厚的优势。第一个优势是浙江全省，尤其是杭州，有着十分丰富的宋代文化遗存。建议将南宋的遗址、遗物保护好、整理好、固化下来，打造一批彰显宋韵文化、具有浙江气派的地标建筑。杭州应该加快德寿宫遗址保护展示项目建设，将众多南宋遗物展示在南宋博物院。像绍兴等地，有很多名人故里等具备很强辨识度的遗存，需要加强保护和挖掘。第二个优势是浙江的研究力量。多年来，省内一些高校院所在宋代史学、文学、哲学研究方面积累了强大的力量。实施“宋韵文化传世工程”，研究是基础，要从思想、制度、经济、社会、文学艺术等方面展开全面立体研究，准确把握宋韵文化精髓、历史意义和时代价值。第三个优势是浙江自实施“八八战略”以来，接续推进文化大省、文化强省、文化浙江等文化发展战略，通过实施浙江文化研究工程等，已经打下了很好的基础；也通过“诗路文化带”建设，在相当程度上积累了类似项目的建设和运营经验。

如何进行宋韵文化研究展示转化？包伟民强调，浙江省委文化工作会议提出“形成宋韵文化挖掘、保护、提升、研究、传承的工作体系”，阐发传统历史文化的意义，首先要做好研究工作，可以从思想学术和技术应用两方面着手。宋朝“人心政俗”之影响于后代者，首推思想学术。通过科举制度形成的士大夫阶层，涌现出一大批政治经济、思想哲学、文学艺术与应用技术方面的优秀人才。中华民族思考形而上的宇宙根本性问题，是从宋学开始的，宋学是对以前儒学发展的一个大跳跃。因此，整个宋文化更加思辨化，思辨化促进各种流派的诞生，可谓百花齐放，包括富有创新精神、倡导“经世致用”的浙东事功学派。浙东事功学派强调实事实功、建功立业，对于浙江精神的形成和浙江经济社会的发展影响深刻，要做好新时代的传承和转化。技术应用方面。作为一个文化高峰时期，宋代根本的基础是农业文明的精致化。宋史研究泰斗邓广铭曾指出，宋文化的成就主要是社会经济发展以及相对宽松的文化政策促成的结果。圩田技术使浙北地区低洼湿地得到深入开发，推动杭州实现“杭越易位”，取代越州（绍兴）成为最繁华之地。农业灌溉、耕种、新品种培育等方面的进步和技术领域的众多发明创造，与相对开放的政治文化共同促使宋代成为中国封建社会最为重要的转折时期。研究成果需要展示，要将宋时两浙路尤其是临安城创造的文明、留下的遗产展示出来、传播开来，这些遗址遗物目前大多作为孤立个案存在，大家难以了解它们真正的价值，关键是要以直观的形式，为这些零星历史信息提供完整的大背景，才能帮助民众真正认识它们、理解它们。可以借助数字技术重现当时临安的城市格局，同时以杭州为中心，重构当时的全国主要交通路线。通过数字技术，重新构建两浙路甚至全国的三维交通路线后，可以逐条开辟旅游路线，使人们在轻快的旅游过程中感受当年的文化胜景，体悟宋韵文化的丰富内涵和时代价值。总之，要通过多种手段把历史生活的大背景告诉人们，帮他们建立一个脑海中的历史文化大背景，从而使宋韵文化“流动”起来、“传承”下去，真正成为浙江历史文化金名片。

2021 年 10 月 11 日，浙江大学陶然教授在《浙江日报》“理论版”发文《从人的层面认识宋韵文化》，认为“宋韵”承载着中国传统文化精华，宋韵文化的核心因素是宋代士大夫群体，浙江更是宋韵文化的重要地理坐标，研究传承宋韵文化要重视其开放性特征。

2021 年 10 月 26 日，浙江省委党校董根洪教授在《浙江日报》“理论版”发文《实施宋韵文化传世工程应处理好六大关系》，指出，科学有效地实施“宋韵文化传世工程”，应厘清和处理好以下六大关系：一是处理好中华文明与宋韵文化的关系；二是处理好精神性宋韵文化与物质性宋韵文化的关系；三是处理好宋韵文化全域性与局域性的关系；四是处理好宋韵文化既有资源与待开发资源的关系；五是处理好宋韵文化社会效益与经济效益的关系；六是处理好宋韵文化继承与创新的关系。

2021 年 11 月 15 日，浙江农林大学徐达教授在《浙江日报》“理论版”发文《推动宋韵文化全面融入我省公共文化体系》，指出，千年宋韵文化是浙江最具标志性的文化名片，解码南宋文化基因，推动宋韵文化全面融入浙江省公共文化体系，重现“风雅处处是平常”的生活美学，对于浙江打造新时代文化高地有着重要的作用。一要全面深化宋韵文化研究传承推广的系统谋划，二要全面加快宋韵文化在公共文化体系中的创造性呈现，三要以供给侧结构性改革为主线赋能宋韵文化产业 IP 化。

2022 年 3 月 14 日，浙江省社会科学院哲学所张宏敏研究员在《浙江日报》“理论版”发文《三个“相结合”推进宋韵文化传播》，指出，进一步推进宋韵文化传播，可从三个“相结合”的维度来把握，分别是“学术传播与大众传播相结合”“省内传播与省外传播相结合”“实物展陈与文创传播相结合”。

2022 年 3 月 21 日，浙江省社会科学院陈野研究员在《浙江日报》“理论版”发文《从实践价值出发推进宋韵文化研究》，对如何进一步推动宋韵文化建设提出五点建议：“在实践需求中拓展研究空间”“在精准定位中把握核心价值”“在历史传承中塑造文化标识”“在追求极致中创造当代精品”“在区域联动中彰显文明成就”。

2022 年 4 月 25 日，杭州师范大学沈松勤教授在《浙江日报》“理论版”发文《宋代文化的意与韵》，指出，宋人极为推崇儒家经典《中庸》，其中“致广大而尽精微，极高明而道中庸”两句话或可用来概括宋代文化的意与韵。宋代文化的意与韵，根植于其独到的理学即哲学。如果说，由各种实践活动构成的历史是一个人的骨骼支架，文学艺术作品是一个人的血脉肌肤，那么哲学就是一个人的大脑与灵魂，也是一个人的精神与信仰所在。宋人虽生于忧患、长于忧患，却善于内省，并在“祖宗家法”的保障下，个性得到了舒展和张扬，乃至通向“极高明”之境界。这是宋代文化更深层的意与韵，也是“致广大”与“尽精微”的根本所在。

2022 年 5 月 30 日，杭州师范大学范立舟教授在《浙江日报》“理论版”发文《两宋文化的现代生命力》，认为，宋代文化与艺术中那种精致、典雅的“韵律”，我们今天可以概称为“宋韵”，它是一个既有历史积淀，又有时代指向的具备丰富内涵的概念集成，它不再是单纯的审美意涵，而是一种广博的人文精神。宋韵的精神意涵，概括地说主要就是三点：包容、自律和平等和谐。

2022 年 7 月 18 日，浙江省委党校马克思主义研究院院长李涛教授在《浙江日报》“理论版”发文《凝聚最基本、最深沉、最持久的力量——充分挖掘宋韵文化的精神价值》，指出，“宋韵文化传世工程”启动以来，浙江各地、各部门在深入摸排宋韵文化物质和非物质资源的基础上，将系统谋划和重点打造相结合、学术研究和文旅推广相结合、大众普及和海外传播相结合，形成了立体化的工作成果。一是深入开展宋韵文化学术研究，推动宋韵文化创新性发展；二是挖掘打造宋韵文化历史遗存，丰富宋韵文化场景应用；三是全面开展宋韵文化普及传播，提升宋韵文化海内外影响力。下一步，浙江应当着重将宋韵文化中所蕴含的精神价值贯穿各项工作始终，助力形成以精神富有为标志的文化发展模式，增强先进文化凝聚力，在共同富裕中实现精神富有，在现代化先行中实现文化先行。一是通过宋韵文化积聚自强不息、奋力创新的共同精神力量，二是通过宋韵文化构建与世界各国的共同文化记忆，三是通过宋韵文化构建适用于民族国家发展的共同心理基础。

2022年8月8日，浙江工商大学美育研究中心钱天国研究员在《浙江日报》“理论版”发文《以宋韵文化助推美育实践》，指出，宋韵文化作为中华优秀传统文化的组成部分，迫切需要在美育教学中得到体现、传承和发展，这就要求加强、改进新时代学校美育工作，打造以宋韵文化涵养的具有浙江辨识度的美育品牌。

2022年8月29日，宁波大学浙东文化研究院龚缨晏教授在《浙江日报》“理论版”发文《从日本宋韵文化遗存看浙江文化国际传播》，认为，今天，日本一些博物馆里依然保存着许多浙江宋代文物珍品。东京国立博物馆、奈良国立博物馆等机构中，收藏着宋代宁波画师绘制的“罗汉图”“十王图”等佛教绘画。这些宝贵文物，是宋韵文化的一个有机组成部分，也是宋韵文化对东亚文明产生重要影响的有力见证。有必要对收藏在日本的浙江宋韵文化遗存进行更加全面的调查和更加深入的研究。同时，开展这个具有开创性意义的调研工作，有利于进一步将宋韵文化打造成浙江新时代文化艺术标识和具有国际影响力的省域文化品牌，助力实现省第十五次党代会报告提出的“加强文化国际传播能力建设，打响省域品牌”的目标要求。

2022年11月14日，浙江省委党校2022第六期中青一班二支部的孙颖、李伟毅、周方涛在《浙江日报》“理论版”发文《让千年宋韵在新时代“传承”下去》，强调“让千年宋韵在新时代‘流动’起来、‘传承’下去”，在实践中，要充分认识宋韵文化的深厚内涵：

①加强文化整理，探寻宋韵文化“精魂”；②宋韵文化的核心特征与时代价值，始终是传承发展的出发点和落脚点；③重现教化场景，塑造宋韵文化“形体”；④开发标志性产品，引领宋韵文化“风尚”；⑤创新工作机制，夯实宋韵文化“地基”。

2023 年 5 月 29 日，浙大城市学院衷鑫恣副教授在《浙江日报》“理论版”发文《宋学研究的新思路：经学的、科学的、平民的》，指出，宋学即宋代学术，一般指儒学，并以程朱理学为结晶。宋世文艺、科技、经济之盛，独擅于古；理学之盛，力挎东亚儒圈。近几年，大众层面热衷宋朝风雅，浙江省提倡宋韵文化也反响不凡。习近平总书记先后考察过的湖南岳麓书院、福建武夷精舍，都是宋学要地。宋学本是宋文化中最深沉的部分，诚然不必太热闹，让群众像围观开封的“清明上河图”景区、杭州的“宋城千古情”表演一样来围观程朱语录，到底不现实，然而对宋学的学术研究和文化讨论确须拓展，而且甚为迫切。既有的哲学、史学进路之外，尚有经学的、科学的、平民的三条新思路。

2. 《浙江日报》“亲历版”推出“寻宋解韵”系列报道

宋朝是中国历史上文明发展的昌盛时期，浙江有着十分丰富的宋代文化遗存。关于宋代，我们了解多少？对于宋文化，我们又怎样让千年宋韵在新时代流动起来、传承下去？2021 年 10 月 11 日起，《浙江日报》“亲历版”连续刊发“寻宋解韵”系列报道，从思想、制度、经济、社会、文学艺术等方面，展示多元包容、百工竞巧、追求卓越、风雅精致的宋韵文化气象。

2021 年 10 月 11 日，“寻宋解韵”的主题是《大宋风骨，激荡家国情怀》，大意是说：宋代，尤其是南宋，是造就爱国志士、英雄人物的时代，激励着人们不惜穷尽一生报效国家、造福黎民。真实的南宋，充满了爱国之情与赤胆忠心，涌现出来的民族英雄与爱国人物有岳飞、韩世忠、陆游、文天祥、张九成等。

2021 年 10 月 12 日，“寻宋解韵”的主题是《诗眼看南宋，乡土韵味长》，大意是说：南宋著名诗人陆游的诗作，包含居处、生计、市场、角色等内容，展现了陆游心目中的“乡村世界”——南宋时期的浙东乡村。其中包含浙东乡村一个中上水平乡居寓公的生活范本，关于士人在乡村的社会角色的某些侧面以及由陆游所感知与描述的当时农村社会的一些其他生活场景。在聚落、麦作、乡市、饮食等方面，陆游的诗作提供了前人未曾注意的历史文化背景和乡村生活细节。

2021 年 10 月 18 日，“寻宋解韵”的主题是《探寻南宋浙东学派的哲思——义利并举 经世致用》，大意是说：宋代是中国文化思想至为繁盛的巅峰期，孕育了中国古代少见的、精致严密的哲学思想体系。以永康学派、永嘉学派等为代表的浙东学派，主张“经世致用、义利并举”的事功思想，与朱熹道学、陆九渊心学鼎足争鸣，描绘出一幅纷繁深至的思想长卷。

2021 年 11 月 3 日，“寻宋解韵”的主题是《江南无双却又屡遭磨难，余音尚存犹待揭开面纱 宋六陵，见证千年家国情怀》，大意是说：南宋绍兴元年（1131），宋哲宗的遗孀孟皇后在流亡途中病故，就近安厝于会稽山余脉的上皇山下。此后 100 多年的时间里，先后有 7 位皇帝和 7 位皇后下葬于此，是为“宋六陵”。对于南宋皇族而言，皇陵的修建方式，关乎他们执政的合法性和延续性，这是他们的“祖宗之法”，即使再不合情理，也不可变更。而对于坚守着半壁江山的人们来说，这也是家国情怀的寄托。

2021 年 11 月 8 日，“寻宋解韵”的主题是《孔氏南迁衢州后，文化的交织和融合徐徐展开 在南孔圣地，探寻儒学文化基因》，大意是说：扎根衢州的孔氏南宗以圣裔身份和大宗风范影响了江南士人和民众；同时，江南社会文化中的积极要素，源源不断地被吸收进孔氏儒家文化，不断丰富和提升其内涵。两者交融最终形成了与时俱进、特色鲜明、以儒家文化为核心的区域文明传承体系。

2021 年 11 月 10 日，“寻宋解韵”的主题是《宋人如何把生意做到全世界？大海上有答案——行走宁波，重温千年航海史诗》，大意是说：在宁波三江口，姚江、奉化江合成甬江奔流向东，这里是“河海联运”的黄金枢纽。两宋时期，得益于这一时期开放的对外政策，这里更是“帆锚如林”“海外杂国贾舶交至”。宋韵之韵，离不开放眼天下的海外贸易。凭借高超的造船技术、先进的航海设备、完备的贸易制度等，宋人将无数载满商货的船只，从中国的港湾开往茫茫大洋，进入东亚、东南亚，航至阿拉伯半岛，甚至到达非洲东海岸。

2021 年 11 月 17 日，“寻宋解韵”的主题是《沈括墓前、道古桥上，我们感受宋人蓬勃的创造力——古代科技发展的璀璨明珠》，大意是说：面对艰难的立国形势，宋人居危思变，于技术上大胆求新。发达的商品经济、繁荣的市民文化，成为各领域科技进步的巨大推力，大量来自民间的科学家活跃在有宋一代的历史舞台。宋韵文化那种巧妙细腻、精益求精的特质，在宋代的科技发明创造中也鲜明地展现出来。

3. “浙江在线”推出“赓续千年文脉　谱写宋韵新章”“宋说四季”等融媒体策划

2021 年 9 月 14 日，为了整合报刊新闻等融媒体资源宣传普及宋韵文化，“浙江在线”推出了“赓续千年文脉　谱写宋韵新章”的网页[①]。其中：“大咖谈传承”栏目收录有郑嘉励的《宋韵到底是哪种韵？考古专家郑嘉励总结八句话》、徐怡涛的《叩开德寿宫门聆听宋韵文

---

① “赓续千年文脉　谱写宋韵新章”专题网页，https://zjnews.zjol.com.cn/202109/t20210914_23088574.shtml。

化》、包伟民的《如何让宋韵文化成为浙江文化金名片》等；“图看别样美”收录有《〈西园雅集图〉里的宋代集会》《穿越千年　一起品味宋韵中秋》《“崇尚自然、不时不食、过亥不餐”　宋人饮食竟如此精致考究》等；“悠悠谱新章”专栏收录有《画龙村打造沉浸式宋韵文化体验空间》《从舌尖到指尖　携宋韵送温情》《一条诗河　十里长街　浙江这两地让千年宋韵“流动”起来》《千年鄞州古村，刻入新时代的宋韵文化名片》《重点项目加速　上城传承千年宋韵》《寻访南宋御街，看南宋文化与潮文化的交融》等专题新闻；“一朝千古情”专栏收录有《世间美好与你环环相扣，杭州这场别致的宋韵婚典，复刻南宋时期新人结婚的排场》《二十载蝶变升级 老街讲出新故事　杭州清河坊历史街区：蕴千年文化　品百味宋韵》《来苏堤感受宋韵文化　苏东坡文化公园提升亮相》《清河坊五大文化工程展宋韵特色》《宋韵在哪里？看看浙江这几件博物馆镇馆之宝　你就会有答案》《南宋西湖断桥上有两对叫“六两半”的风向标是做什么的？听学者为你解读》《南宋皇帝出游的御街是什么样的？来杭州的中山路找答案吧》《发掘20余年只为寻找一个答案：南宋皇城在哪儿》《解码千年宋韵》《杭州城里寻宋韵》《生活里的宋韵：从南宋流淌至今的烟火气》；另有《跟着考古学家“唤醒”一座华美天城》《让千年宋韵“流动”起来》等专题新闻。

2022年3月30日起，“浙江在线”推出《宋说四季》融媒体策划，通过宋画、宋词、宋乐等不同元素走入宋人的春夏秋冬，进一步映照当下的四季繁华。春季启动“春风话宋韵”系列报道，再现千年之前宋人的春日生活。[①] 5月20日，夏暑初临，“夏暑品宋韵”系列报道启动，再现千年之前宋人的夏日生活。[②]

---

① 《春风话宋韵：品味宋人风雅一盏茶沟通古今》，浙江在线，2022年3月30日。

② 《夏暑品宋韵：“面鬼儿”新画脸谱演绎多彩传统文化》，浙江在线，2022年5月20日。

4. “浙江宣传”微信公众号推出的以“宋韵文化”为选题的原创性文案

“浙江宣传”微信公众号作为浙江省委宣传部的官方公众平台，自2022年5月30日创办以来就推出了不少以“宋韵文化”为主题的原创性研究、宣传文案，读者点击率颇高、反响极佳，并在省内外的宣传文化系统产生了一定影响。比如，2022年6月22日推出的《落子宋韵，浙江深思熟虑》，2022年6月26日推出的《从〈梦华录〉里“活”的宋韵想到的》，2022年7月17日推出的《和李清照同登八咏楼》，2022年7月25日推出的《文润阁的宋韵，韵在何处?》，2022年8月12日推出的《宋韵千年怎能不念东坡》，2022年8月13日推出的《王安石在鄞州经历了什么?》，2022年8月16日推出的《有一种宋韵，叫爱国主义》，2022年8月19日推出的《龙泉青瓷吟唱“宋韵今声”》，2022年11月15日推出的《德寿宫的三重天》，2022年11月18日推出的《“宋韵”一年间》，2022年11月27日推出的《三读“宋韵”》，2023年1月8日推出的《鹅湖之会的启示》，2023年2月1日推出的《宋韵怎么站上消费风口》，2023年3月13日推出的《宋词里的春》，2023年5月2日推出的《宋韵何以生清流》，2023年5月10日推出的《当下的宋韵有多少种表情》，2023年6月6日推出的《宋词的文风是怎么改变的》，2023年6月29日推出的《德寿宫如何承载宋韵今辉》，2023年9月19日推出的《在见字如面中读懂宋韵》，2023年9月22日推出的《亚运宣传片里的江南韵》，2023年11月15日推出的《宋词中的“意难平”为何触动人心》，等等。

5.《钱江晚报》推出的“小宋寻宋”“寻宋江南”等系列新闻报道

2021年9月4日起，《钱江晚报》“小时新闻”记者宋浩在《钱江晚报》“人文读本”专栏推出“小宋寻宋”系列。开栏语是：“我是小宋，90后，大学学的是文史专业，山东人，现在是《钱江晚报》‘小时新闻’的文化记者。他是老宋，今年800多岁，老杭州。我知道，杭州是南宋的都城，也知道，宋的气质早就融进了杭州城、杭州人。嗯，我们都姓宋，但我对这个老宋，有些陌生。此前，我对他的所有认识，都来自书本，老宋的脾气怎么样，性格怎么样，书会告诉我吗？真实的历史，永远不会只有一种白纸黑字的答案，亲密接触，跟他打交道——寻宋，我想，这是我认识老宋最好的办法。”2021年9月19日，“小宋寻宋”的策划题目是《沿着宋人的足迹，去凤凰山一探古人的巧思 “月岩望月”的奇观，它在》。2021年10月4日，“小宋寻宋”的策划题目是《孔庙890岁了，南宋时农历八月是它最热闹的时候》。

2021年9月15日，《钱江晚报》刊登浙江省文物考古研究所副所长郑嘉励研究员的专访，并在宋韵文化研究界引起一定社会反响。何谓“宋韵文化”？郑嘉励指出：“我们说的宋韵，包括了南宋和北宋，而浙江的宋韵，自然以南宋历史文化为中心，因为浙江是南宋的政治、经济和文化中心。今天讲宋韵，就要从宋代的历史文化资源中，提炼、汲取出养分，对今天的时代有价值，有正能量，能够鼓舞人心，提升我们的生活品质和境界。”他个人对宋韵的理解有总结八句话：“浩然正气的爱国主义”“以天下为己任的士大夫精神”“经世致用的‘浙学’思想”“放眼天下的海外贸易”“典雅敦厚的士大夫生活美学”“丰富多元的市民生活”“奠定后世审美范式的文化艺术”“以三大发明为代表的科学技术”。[①]

2021年11月30日，《钱江晚报》和《新民晚报》、《扬子晚报》、

---

① 《和最懂宋人的考古专家聊天，他总结出八句话 宋韵到底是哪种韵》，《钱江晚报》2021年9月5日。

《姑苏晚报》，在头版头条、官方微博上宣布，联手推出“待无恙，多来往——长三角四大晚报邀你寻宋江南”的特别策划。[①] 2021 年 12 月 27 日，《钱江晚报》“寻宋江南”专栏发文《浮山差点让苏东坡开条运河，朱熹曾在昙山讲学留有题刻》。

2021 年 12 月 9 日，《新民晚报》“寻宋江南”专栏发文《青浦金泽：在 700 岁古银杏树下探寻“不断云”》。2021 年 12 月 16 日，《新民晚报》“寻宋江南”专栏发文《在上海博物馆里，寻找宋的生活美学》。2021 年 12 月 20 日，《新民晚报》“寻宋江南”专栏发文《龙华塔 一座“活”在当下的古塔》。2022 年 1 月 5 日，《新民晚报》“寻宋江南”专栏发文《静安寺的“前世今生”：千年础石托起闹市古寺》。2022 年 1 月 10 日，《新民晚报》“寻宋江南”专栏发文《他（任仁发）在 700 年前的这一创举，奠定了上海繁荣的环境基础》。

2021 年 12 月 16 日，《扬子晚报》“寻宋江南”栏目发文《北固山上的铁塔 900 岁了，它还是省内唯一的古铁塔》。

2021 年 12 月 4 日，《姑苏晚报》“寻宋江南”栏目发文《苏州吴中区的西山岛，曾经的八大宗族的故事》。2021 年 12 月 6 日，《姑苏晚报》“寻宋江南”栏目发文《四张“寻宋路单”带你探访宋代繁华苏州》。2021 年 12 月 8 日，《姑苏晚报》“寻宋江南”栏目发文《穿越千年，寻塔探幽“醉”江南》。2021 年 12 月 27 日，《姑苏晚报》“寻宋江南”栏目发文《来北桥探寻那些藏在旧尘里的宋韵风雅》。此外，2021 年 12 月 6 日，《苏州日报》“寻宋江南”栏目发文《已经“寻宋”218 处的浙大历史系副教授吴铮强，开出了一份“江南寻宋清单”》。

---

① 《长三角四大晚报融媒体齐出声，网友掀起“线上寻宋”热》，钱江晚报·小时新闻网，2021 年 11 月 30 日。

《钱江晚报》《新民晚报》《扬子晚报》《姑苏晚报》联手推出“待无恙，多来往——长三角四大晚报邀你寻宋江南”特别策划，这也说明宋韵文化在江南长三角文化圈中已经引起一定的社会反响。

七 浙江省委宣传部主办“浙江省首届‘悦读宋韵节’”并发布首张“宋韵书单”

2021年10月30日，为充分挖掘展示宋韵文化价值内涵，传承宋韵文化，打造具有浙江特色的标志性宋韵文化品牌，由浙江省委宣传部主办，杭州市委宣传部、上城区委区政府、浙江图书馆、浙江省新华书店集团有限公司、浙江古籍出版社承办的“浙江省首届‘悦读宋韵节’启动仪式”在浙江图书馆举行。

宋版传续，文脉郁衍。在浙江图书馆一楼展厅，由浙江图书馆与国家图书馆、上海图书馆、南京图书馆及私人藏书家共同推出的一场“宋刻本主题展览”吸引了不少观众。展览展出宋刻本20册，包括《昌黎先生集》《三苏先生文粹》《医说》《小百宋一廛》等，大多为浙刻精品。

阅读是了解宋韵的重要方式之一。“首届‘悦读宋韵节’启动仪式”现场，全国首张“宋韵书单”发布。大屏幕上，一份书目徐徐展开。列入书单的15本书，分别是：邓小南的《宋代文官选任制度诸层面》（修订版，中华书局，2021）；赵冬梅的《大宋之变 1063—1086》（广西师范大学出版社，2020）；政协杭州市上城区委员会编，徐吉军等著《南宋皇城记忆》（杭州出版社，2017）；包伟民、吴铮强的《宋朝简史》（浙江人民出版社，2020）；张邦炜的《两宋王朝史》（郑州大学出版社，2021）；浙江大学中国古代书画研究中心编《宋画全集》（浙江大学出版社，2008）；宋代孟元老的《东京梦华录》（中州古籍出版社，2010；中华书局，2020）；傅伯星的《大宋楼台：图说宋人建筑》（上海古籍出版社，2020）；肖鹏、王兆鹏的《重返宋词现场——宋词可以这样读》（东方出版中心，2021）；虞云国的《水浒寻宋》（上海人民出版社，2020）；吴铮强的《北宋的十一张面孔》（浙江大学出版社，2021）；姜青青的《遇见宋版书》（浙江摄影出版社，2019）；《国家图书馆宋元善本图录》编纂出版委员会编《国家图书馆宋元善本图录》（浙江古籍出版社，2019）；陆一飞编《宋徽宗书画精品集》（西泠印社出版社，2017）；龚延明、祖慧主编《宋代登科总录》（广西师范大学出版社，2014）。这份“宋韵书单”可谓种类丰富、涉猎广泛，既有小说，也有诗词，既有专业大部头，也有通俗小品文，可满足读者的不同需求。据悉，在全国各大出版社的出版人、书店人，专业和大众阅读者的共同推荐下，先产生了“宋韵书单”的65种候选书目；随后经由读者线上投票，再由资深宋史研究学者审定，最终形成首张“宋韵书单”。[①]

另外，在2021年由杭州市上城区文化和广电旅游体育局承办的“宋韵书香”系列活动，作为“浙江省首届悦读宋韵节”主活动板块，分为名家讲座、研学走读、主题阅读分享、生活美学体验4个类别共计14场活动，诸如“宋韵点茶”体验、“赵宋第一家族”名家讲座、“南宋皇城文化游”研学走读、“宋朝果然活色生香”、“古琴音乐文化的特点”音乐分享会等活动，覆盖杭州市上城区14个街道，让宋韵文化在新时代“流动”起来、“传承”下去。[②]

2022年11月27日，由浙江省委宣传部主办，浙江大学艺术与考

---

① 《首届“悦读宋韵节”启幕开启可看可听可触摸的现代宋韵之旅》，浙江在线，2021年10月31日。

② 《遍读全国首张“宋韵书单”杭州上城推“宋韵书架”》，浙江新闻客户端，2021年11月22日。

古博物馆、钱江晚报、浙江古籍出版社、浙江大学图书馆承办的“2022悦读宋韵节”在浙江图书馆启幕，同时公布了“2022宋韵书单”，其中包括《大宋开国》《宋代中国的改革：王安石及其新政》《宋代士人阶层的女性》《苏轼十讲》《宋代文学十讲》《宋诗鉴赏》《德寿宫八百年》《读墓：南宋的墓葬与礼俗》《在田野间看见宋朝》《南宋建筑史》等10本书籍。[①]

八 浙江省委宣传部主办、浙江古籍出版社和浙江大学宋学研究中心联合承办“宋学大讲堂”

按照浙江省委“精心启动实施宋韵文化传世工程”要求，省委宣传部主办、浙江古籍出版社和浙江大学宋学研究中心联合承办“宋学大讲堂”。按照计划，讲堂每年四讲，一季度一讲，邀请中国历史研究院、北京大学历史系、清华大学国学研究院、复旦大学中文系、中山大学历史系、四川大学古籍所等学术机构为后援单位，邀请北京大学博雅讲席教授邓小南、清华大学国学研究院院长教授陈来、中国历史研究院副院长路育松、复旦大学首席教授王水照、中山大学历史学系教授曹家齐、四川大学国际儒学研究院院长舒大刚、美国哈佛大学东亚语言与文明系“查理斯·H. 卡威尔”讲席教授包弼德、日本大阪大学教授平田茂树等海内外一流的宋学研究专家学者为主讲嘉宾，从专业学术的角度，全方位解读、阐释宋代政治思想文化，并力争通过若干年努力，把“宋学大讲堂”构建成具有中国气派和国际影响力的宋学交流传播平台，打造成具有浙江特色的标志性文化品牌，让宋韵文化从浙江走向全国，从国内走向国外。

“宋学大讲堂”固定主持人为浙江大学宋学研究中心学术委员会

① 《沉浸式体验宋韵文化2022悦读宋韵节在浙图启动》，天目新闻，2022年11月27日。

主任龚延明教授。

1. “宋学大讲堂”第一讲

2021 年 10 月 30 日，“宋学大讲堂”第一讲开讲。北京大学人文社科研究院院长邓小南教授以“转型时代：宋代政治文化面面观”为题，从四个方面回答“究竟如何看待宋朝”的问题。第一个方面是“延续与变迁”。宋代在制度、文学、绘画、书法上延续了唐代，在学术思想上又与汉代并称。宋代在对前代延续基础上，又有转型和变化，在各方面发生变革。第二个方面是“生于忧患，长于忧患”。认识宋代，除了赵宋王朝，对于辽、西夏、金等政权也应该纳入视野，宋代政权始终面临着来自北方少数民族政权的威胁。呈现在士大夫身上，就是范仲淹的“先天下之忧而忧”“忧其民”“忧其君”“进亦忧，退亦忧”，是王安石的“内则不能无以社稷为忧，外则不能无惧于夷狄”，是张载的“为万世开太平”。这种忧患意识，伴随了整个政权的 300 多年，对于宋代经济、文化、社会的影响非常深远。第三个方面是宋代的政治导向和政治氛围。宋代政治的核心目标是“稳定”，这对于国内局面相对安定有成功之处。宋代政治的另一个特点是“活力”，在相对宽松的社会环境下，士大夫群体活跃，宋代朝政称得上是历代最开明的。同时，科举制下“寒俊”的崛起，促进了社会流动。总之，“立纪纲”“召和气”是治国施政的重要两端，宽松的政治氛围为士大夫政治的出现提供了空间。第四个方面是社会整体呈现“平民化、世俗化、人文化”。从中唐到宋，社会经历着重要的变迁过程，对这一过程的认识，关系到唐代和宋代历史的基本定位，也关系到对整个中国历史走势的把握。“化”是一个进程，不是一个完成时，而是一个进行时。平民化，指的是相对于贵族制、门阀制度，身份背景淡化，普通家庭出身的民众有了更多的生存发展机遇。世俗化，指俗世生活影响增重，宗教越来越贴近世俗需求。人文化，则指更加尊重人的自身价值，关注人的精神生活状态和教养成长。[①]

2.“宋学大讲堂”第二讲

2022年3月26日，清华大学国学研究院院长陈来教授主讲“宋学大讲堂”第二讲。[②] 讲座以“宋代理学概说”为题，从五个方面对宋代理学做了高屋建瓴的概述。①从社会变迁、文化挑战、价值重建、理论自觉4个方面点明宋代理学兴起的时代背景。②宋代理学的精神追求包括“孔颜乐处”的人生理想、“横渠四句”的社会理想、“民胞物与”的道德理想、“仁者与万物一体”的精神境界，实质上体现了士大夫的新人生理想。③北宋五子（周敦颐、二程、张载、邵雍）和南宋朱（熹）陆（九渊）等是理学发展史上的核心人物。北宋理学的理论建构和南宋理学的理论发展体现为两个问题，构成了宋代理学的发展脉络。北宋二程的时代重点在解决“什么是理”的问题，南宋朱熹、陆九渊的时代重点在解决“如何求理”的问题。而在“如何求理”这个问题上，宋代理学分化为“性即理”（程朱）、“心即理”（二陆）和“事即理”（永嘉学派）三派。④“存天理，去人欲”是一个广为人知也一度被误解的命题，实则宋代理学在思想上是“以理释人”，用“理”来规定人的本性。⑤宋代理学的历史定位可以用“亚近代的文艺复兴”做总结，宋代理学不应被视为封建社会后期没落的意识形态或封建社会走下坡路的观念体现，而是摆脱了中世纪精神的、亚近代的文艺复兴和文化表现，有了这样一个定位，我们对理学可能会有一种平实的、恰当的了解。

---

① 《邓小南“宋学大讲堂”开讲：四个方面认识“转型时代”宋代》，钱江晚报·小时新闻网，2021年11月3日。

② 《“宋学大讲堂”第二讲如期举办，著名哲学史家陈来先生概说宋代理学》，腾讯网，2022年3月26日。

3. “宋学大讲堂”第三讲

2022年10月28日，“宋学大讲堂”第三讲在杭州之江饭店举行。复旦大学中文系主任、中国宋代文学学会副会长朱刚教授担任主讲嘉宾，作了主题为“传奇性与日常化——‘唐宋’视野下的宋代文学”的专题讲座。

朱刚教授从古典文学研究中的“唐宋”视野入手，列举了唐宋之间的一系列文学演变，概括出文学重心由雅转俗的总体趋势，点明“唐宋”视野会影响我们对宋代文学的看法。然而相对静态地对举唐、宋来看，宋代社会具有显著优势，尤其是科举制度的完善为士阶层提供了稳定、常规的上升途径，从而导致文学创作中“传奇性”的消减与“日常化”的显现。基于此，朱刚教授探讨了社会制度的变革如何影响文学的得失，接着以宋代士大夫文人代表苏轼、苏辙与通俗文学人物形象济颠、花和尚为例，阐述宋代文学为超越平庸所做的努力，即对抗主流、坚持己见。最后，朱刚教授总结出在拥有较高生活水准并趋于同质化与模式化的现代生活中，远离众口一词的世界而彰显不屈的个性，是我们应对困境的方式之一，也是研读宋代文学的长远意义。

讲座由浙江大学宋学研究中心学术委员会主任龚延明教授主持。浙江省社科联一级巡视员邵清、杭州宋韵文化研究中心主任应雪林等出席活动。浙江大学社会科学研究院、文学院（筹）、历史学院（筹）、哲学学院（筹），浙江古籍出版社、浙江大学宋学研究中心等相关单位负责人及相关师生参加了讲座。[①]

4. “宋学大讲堂”第四讲

2022年11月27日，“宋学大讲堂”第四讲在浙江图书馆二楼报告厅举行。中央电视台“百家讲坛”特邀主讲人、北京大学历史学系

① 《“宋学大讲堂”第三讲成功举办》，“浙大文科”微信公众号，2022年10月31日。

赵冬梅教授担任主讲嘉宾，作了主题为“华夏群星闪耀时——宋代士大夫的家国情怀”的专题讲座。

赵冬梅教授从苏轼的朋友圈切入，深入浅出地讲述了北宋士大夫如何造就新型的政治形态，又怎样创造出帝制时期儒家政治的最好成绩。苏轼的朋友圈，人才济济。他们怀有家国情怀，具有实干精神，以“修身、齐家、治国、平天下”为理想。比如既是政治领袖又是文坛领袖的欧阳修，“忧其民之忧，以‘不扰’为善政”，把百姓的疾苦作为自己施政的根本关怀，把百姓的认可作为自己的最大政绩。

范仲淹在浙江做官时，遇到杭州饥荒，施行了三大措施，形成独具风格的赈灾模式。顶着被弹劾的压力，半年之后，范仲淹让杭州安稳渡过危机。“像范仲淹这样的人在那个时代，不是一个两个。”赵冬梅教授还介绍了比范仲淹小 15 岁的富弼，在青州饥荒时救活 50 余万人，堪称人类救灾史上的光辉一笔。苏轼在给富弼写的神道碑中称，富弼针对大规模饥荒救灾的方法，传遍天下。总之，宋代士大夫以大局为重、以百姓为本、以天下为公，推动了宋代的文化繁荣、文学艺术繁荣以及社会进步，他们的家国情怀是留给我们的重要遗产，我们的文化自信也在其中。①

5. “宋学大讲堂”第五讲

2023 年 4 月 26 日，“宋学大讲堂”第五讲开讲，由浙江大学教授、宋学研究中心主任陶然主讲“词中有韵两心知——宋词之韵”。讲座指出，宋词之韵，就其根本而言，实为宋人之韵。宋代士大夫的精神世界及其丰富性、复杂性，是宋词之韵的根基。宋代士大夫群体往往融政治、学术、文化精英为一体。但这种宏大的判断和视角，却

---

① 《宋韵到底有多少种读法可读、可行、可赏、可玩、可写、可倾听，昨天启幕的 2022 悦读宋韵节调动起阅读者的所有感官》，《钱江晚报》2022 年 11 月 28 日。

往往容易忽略微观上的丰富性。相对于朝堂之上士大夫的政治化的一面，宋词提供了其生活化的另一面；相对于诗文中士大夫言志抒怀的严肃，宋词提供了其娱乐化的轻松；相对于士大夫雅化的审美倾向，宋词提供了迎合流行性的通俗；而随着词的定位与功能属性的变化，女性的自我表达与性别立场、英雄失志之悲的深层原因等，均可于词中见之。由词以窥人，或许能知心而传心。①

6. “宋学大讲堂”第六讲

2023 年 6 月 29 日，“宋学大讲堂”第六讲在之江饭店宴会厅举行，四川大学国际儒学研究院院长舒大刚教授主讲“诸峰并峙——宋代蜀学的特色与魅力”。舒大刚教授首先介绍了“蜀学”的基本情况，包括概念的界定、源流的梳理以及相关的考古发现等，并指出宋代蜀学是巴蜀蜀学的高光时刻，家族文化的绵延是蜀学的一大特色。随后，舒大刚教授分别从经学、史学、文学、医药、科技等领域详细列举了宋代蜀学的突出成就及其对于中华文明的贡献。最后，舒大刚教授归纳出宋代蜀学的特色，即历史继承性和连续性、创新性、包容性、统一性、和平性等。蜀学这一具有地方特色的学术流派，却在发展过程中以四海九州为背景，以天下一统为攸归，这正是宋代蜀学的魅力所在。讲座尾声，冯国栋院长结合自己的研究补充介绍了宋代“川僧入浙”的现象，提出蜀地文化在与中原文化的互动和对比中形成了自己鲜明的特点。②

7. “宋学大讲堂”第七讲

2023 年 10 月 22 日，“宋学大讲堂”第七讲在之江饭店接见厅举

---

① 《宋学大讲堂——陶然：宋词中的七种“韵”》，《钱江晚报》2023 年 5 月 5 日。

② 《舒大刚：蜀人治经史，皆以四海九州为背景，天下一统为攸归》，“浙江古籍出版社”微信公众号，2023 年 6 月 29 日。

行，中山大学历史学系曹家齐教授主讲“交通形势与两宋国家大计”。[①]

8.“宋学大讲堂”第八讲

2023年11月1日，“宋学大讲堂”第八讲在浙江省图书馆之江新馆举办，美国哈佛大学东亚语言与文明系“查理斯·H. 卡威尔”讲席包弼德（Peter K. Bol）教授主讲“数字人文对宋史研究的贡献——以中国历代人物传记资料库（CBDB）为例”。[②] 据包弼德介绍，许多研究宋代的学者都仰赖文本记录。但在数字人文领域，有两种截然不同的处理文本的方法。一种是文本分析技术，例如根据相似度将文本聚类，从大批量独立文本中推断出共同的主题；另一种方法是从文本记录中提取信息，再将信息整理为“数据”，以便用各种方法对其加以分析和利用。“中国历代人物传记资料库”代表的就是后一种方法。这种处理历史文本的新方法，在年复一年中，建立起多元信息内容“熔于一炉”的庞大数据库，为中国历史研究提供了全新的工具。[③]

九　央视春晚节目《只此青绿》《忆江南》完美呈现“宋韵文化”

2022年1月31日晚，中央广播电视总台《2022年春节联欢晚会》如约与观众见面。创意音舞节目《只此青绿》《忆江南》取材于北宋王希孟的《千里江山图》和元代黄公望的《富春山居图》，进而把“宋韵文化”完美呈现。

黄公望生于宋末，深受宋韵熏陶。王希孟、黄公望笔下的山水，

① 《宋学大讲堂第7讲：交通形势与两宋国家大计》，“浙大文学院”微信公众号，2023年10月11日。

② 《宋学大讲堂第8讲：数字人文对宋史研究的贡献——以中国历代人物传记资料库（CBDB）为例》，“浙大文学院”微信公众号，2023年10月25日。

③ 《浙里·悦读——2023悦读宋韵节开幕！宋韵书单出炉，宋词玩起来……》，“浙江社科”微信公众号，2023年11月2日。

并不全然一派高远清逸，而是在山水间蕴含着村落、楼阁、渔船，蕴含着一个时代的审美典范。在节目中，绿水青山化为曼妙的舞者，层峦叠嶂是高高的发髻与轻盈的身姿；行者、樵夫、渔父怡然自得，垂钓、担柴、行旅与吟诵之中都透露着诗意与仙气。特别是《忆江南》中，以当代文艺大家扮演古代文艺大家，让今人熟悉的两岸影视明星出现在一个画框之中，由俗入雅。平淡间有无限深情，日常生活中蕴藏人生真趣，令人不禁拍手：这就是宋韵的“文艺范”。

把古画转化为文艺节目，是把平面转化为立体，使原本需要想象力介入的二维空间变成了可以直接感知的三维世界。这种转变本身，就是化雅成俗的显现。在这一过程中，宋韵文化的沉浸感也得到了富有技术性的当代表达。而春晚的节目《只此青绿》与《忆江南》就把这种沉浸感淋漓尽致地表达了出来。舞蹈《只此青绿》不但化人为山，以山作人，还把《千里江山图》变为整个演播大厅声光电的山水屏，曲折典雅；《忆江南》更将“家在富春江上”的生存体验通过演员的直接演绎，表现为毫无阻隔感的“诗意地栖居”，使中华美学的韵味扑面而来。其实，人们对宋韵并不陌生，陆游、苏轼的诗词可谓妇孺皆知。那种既熟悉又陌生的感觉，是沉浸式审美体验得以生发的重要缘由。

中华传统美学，不只是挂在墙上的阳春白雪，更是百姓日用浸染其间的生活环境和文化氛围。在宋代，它就是丝绸、茶酒、瓷玉、园林，就是饮食、服饰、花饰、香道，就在普通人的寻常生活之中。今人传承中华传统美学，要紧的也是打造这种富有当代生活气息的“文化”——一种令人愿意长久沉浸其间的文化。

《千里江山图》和《富春山居图》都以“山”和“水”为题，都聚焦江南，都以人同天地和谐共生的景象为表现对象。这是中华美学精神的至高境界，是在雅俗共赏的尘世间另立出一个生态的乌托邦。陶渊明说“死去何所道，托体同山阿”，就是这种生态观的朴素表达。《只此青绿》用人做山体，是古人与自然对话的艺术呈现。辛弃疾说“我见青山多妩媚，料青山见我应如是”，李白说“相看两不厌，只有敬亭山”，都是这种意境的表达。而《忆江南》开篇即说“富春山水非人寰”，更是把自然天地当作超拔于尘世的仙境加以礼赞。它不是“人寰”，却又在“人寰”之中。中国人寄情山水，并不是要避世苦修，求得清誉，而只是打柴钓鱼，看“远山长，云山乱，晓山青”。在这些千姿百态的山水中，体认到“人与自然是生命共同体”。在宋韵文化的表达中，“人与自然是生命共同体”绝不仅是要保护环境那么简单。苏轼任杭州通判，巡查富阳，写下《行香子·过七里濑》，时年三十七岁；陆游结束军旅生涯，返回山阴，路过桐庐，写下《鹊桥仙·一竿风月》，时年四十六岁。要体会人与自然作为生命共同体的那种天人合一之境界，没有相当阅历和积累是不行的。《只此青绿》与《忆江南》以复杂的现代媒介技术为内里，呈现出的却只是简简单单、繁华落尽的姿态、诗词和演技，极富意涵地将宋韵文化于最精美繁复中返璞归真、洗尽铅华的感觉表现了出来。[①]

十　浙江卫视创新性地将“宋韵”元素融入综艺晚会、纪录片、短视频等节目

宋韵文化是最具江南气派和浙江地域特色的文化标识之一。自2021年8月浙江省委文化工作会议召开以来，浙江卫视强化地域优势赋能，萃取优秀传统文化资源，创新性地将“宋韵”元素融入综艺晚会、纪录片、短视频等节目形式，特别创制《“中国好时节”系列晚

① 林玮：《宋韵文化的当代呈现》，《光明日报》2022年2月18日。

会之“春分篇”》，全新打造“宋韵二十四节气”品牌，上线《立春》《雨水》《惊蛰》等系列短视频，创新升级《奔跑吧》《王牌对王牌》等综艺节目，投拍《风从宋朝来》《盛世修典》系列人文纪录片。以接地气、有温度、有深度的节目矩阵，做强宋韵文化品牌，传承浙江优秀传统文化精神内核。

1. 全力以文塑娱，提升综艺品牌，创新话语表达，连接不同圈层

作为拥有较多高传播力电视品牌的主力媒体，浙江卫视长期坚持以精神文化品质追求赋予高传播节目更扎实的忠诚度、价值感和精神气。标杆节目《奔跑吧》第六季拟策划推出“宋韵特辑”，从宋朝思想、经济、百姓生活、文学艺术等方面，展示多元包容、百工竞巧、追求卓越、风雅精致的宋韵文化气象。提升综 N 代节目《王牌对王牌》的文化品位格调，第七季节目重点围绕宋韵文化概念升级改造娱乐化、生活化的表达传播。第一期节目中，王牌家族和嘉宾们集体穿越回宋代，在宋史专家姜鹏、越剧表演艺术家茅威涛等人的带领下，以探寻《千里江山图》的绘画技法作引，结合宋韵文化设计游戏互动、才艺表演，呈现“风雅处处是平常”的宋韵文化体验。于 2022 年第三季度播出的《嗨放派》第二季将宋韵文化与科学相结合，策划推出“模拟宋朝一天生活”“根据古代食谱还原宋朝美食”“宋朝科技发明复刻”等选题，在文化、历史与科技的交汇中，呈现人们心中那份对世界的好奇心、对冒险的向往和对梦想的执着。2022 年 4 月 23 日播出的《追星星的人》第二季第二期节目中，“追星团”成员和飞行嘉宾们登上从“大寒”开往“立春”的春游小火车，穿越二十四节气，感受先哲智慧。在节目中，嘉宾们参观“圭表”、共唱《二十四节气歌》，与观众分享“那些像星星般闪耀的中国骄傲”。

2021 年，浙江卫视频道推出的“宋韵二十四节气”系列短视频，

让宋韵文化和二十四节气走进当下，深度嵌入人民群众生产生活中。同时，频道联动头部节目IP，邀请艺人加盟，通过宋人宋词的“文学之美”，呈现宋朝宋韵的“二十四节气”。系列短视频计划制作24部，扣合每个传统节气时令进行发布。截至目前，该系列短视频已播出完毕，并通过微博、抖音、快手等全网新媒体矩阵传播，总局“视听中国”微博、抖音号、快手号同步发布。该系列短视频得到了社会各界和广大观众的热烈响应，“与周深一起用歌声唤醒惊蛰”单条微博阅读量达463万。该系列短视频实现宋韵文化传播的有效触达，成为“美好中国”战略版图不可或缺的重要组成部分。

2. 坚持“文化强台”，立足“浙江特色”，记录宋韵特色，打造中国气派

浙江卫视秉持“浙派记录”的独特风格和艺术追求，锲而不舍，持续深耕，精心创作宋韵相关主题文化产品，注重宋韵文化的当代价值转化，加深观众对宋韵文化精神气韵、特点的理解，把弘扬传承宋韵文化作为立足浙江特色、体现时代特征、做好中华优秀传统文化传承发展的重要抓手。三集纪录片《盛世修典》以《国宝沉浮》《文脉传承》《百川归海》为分集，被誉为“中国书画的巅峰”的宋朝绘画在其中占有重要的一席之地。纪录片以宋画在宋韵文化建设中发挥的作用来展开叙事，突出展现散落在世界各地的1200余幅宋代传世绘画珍品，借助数字化技术实现历代绘画“回家”的历程。整部纪录片运用古今汇通、论述交融、历史与当下结合、画内故事与画外故事交错的叙事手法，揭示和传播“中国历代绘画大系”工程及国宝名画背后的信息密码，彰显“大系”工程蕴含的浙江特色和中国气派。系列短纪录片《风从宋朝来》寻访各地文博机构和历史遗存，从现存文物和物质遗产中精选100件宋代遗存（涵盖绘画、书法、瓷器、漆器、丝

绸织物、石刻造像、金银器、铜镜、雕版印刷、宋代建筑等多个门类)，展示宋代艺术、文学、建筑、饮食、科技、民俗。系列纪录片计划制作100集，每集5分钟，着力用生动鲜活的文物故事、短小精悍的青春表达，凸显宋韵文化的流动传承。

3. 开掘主题内涵，晚会创新出彩，硬核科技加持，传统文化破壁

《想把我唱给你听——2022浙江卫视跨年晚会》中播出的“宋韵宣传片”，让观众对宋韵文化之美有了更深入的体验。晚会融合了音乐、舞蹈、戏曲等多种艺术形式，通过戏剧性的讲述方式和数字化技术手段，连接历史与当下、物质与精神、现代与古风，把“过去时”转变成“进行时”，实现谈古说今的巧妙挪移。

此外，浙江卫视将二十四节气与“超级晚”矩阵有机融合，推出“中国好时节”系列晚会，唤起观众的节气农耕文化记忆。该系列晚会第一部《中国好时节·春分篇》于春分日（2022年3月20日）当晚播出。晚会以春分节气为“题”，以宋文化为“韵”，创造性地将纪录片叙事风格、电影化质感的视觉和音乐、舞蹈元素融为一体。晚会在浙江省全域实地取景30余处，虚实结合，穿梭古今，展现宋词、宋画、宋瓷、宋茶、宋代织造技艺、海上丝绸之路等宋文化内容，将现代视听技术与宋代简约雅致的审美融合，让“宋韵”成为具有中国气派和浙江辨识度的重要文化标识。此外，2022年春节期间，中国蓝新闻客户端推出互动H5“智能AI换脸新春‘宋’祝福”，把宋朝年味变得看得见、摸得着，让传统年俗文化“破圈”“跨界”传播。

4. “谷小雨”代言，短视频引流，系列晚会再造，凸显平台文化优势

浙江卫视立足新时代和新使命，发挥主流媒体优势，扎根中华优秀传统文化沃土，吸纳各方创作力量，开发宋韵文化“富矿”，创作

更多具有“宋韵”标识的内容精品，探寻高质量传承文化品牌道路。“二十四节气”系列短视频增强文化“引流”新活力——继续创制完成“二十四节气”系列短视频，并在18个相应节气点发布。“中国好时节”系列晚会紧扣传统节日契机传播宋韵文化——浓缩中国智慧的二十四节气，现已渗入现代中国人的衣食住行，幻化成专属于国人的浪漫感和仪式感。“七夕晚会”助力宋韵文化传播升级——“七夕晚会”根植传统民俗，以“传承宋韵文化，讲好中国故事”为核心主题，通过全息投影、AR、360°拍摄手法和“子弹时间”、水下摄影等高科技视听手段，复刻宋代传统文化与民俗，实现内容与技术双向赋能，打造一台古典与现代、传统与科技相映衬的晚会，让宋韵文化走近身边、走进生活、映照现实，实现文化内涵的“强输出”与“软传播”。①

宋韵数字虚拟人“谷小雨”横空出世——在宋韵文化元素与新媒介、新技术手段充分融合基础上，浙江卫视与腾讯互娱知儿团队联合打造推出宋韵文化推广人——谷小雨。该项目于2022年4月20日启动前期预热宣传。2022年6月3日晚，作为浙江卫视宋韵文化的数字推广者，谷小雨联合艺人张韶涵登上浙江卫视音乐节目《天赐的声音》舞台，二“人”以歌会友，在虚实结合的AR舞台上，用一首《但愿人长久》展现对宋韵文化的创新传承。谷小雨和着婉转的歌声轻挪舞步，时而化身宋词的歌者，为世人再现诗词的想象和诗家情怀；时而成为江南千百湖泊的守护者，还原那些关于古典梦境的想象，传颂千百年前关于水的传说。

据悉，作为由浙江省委宣传部指导、浙江广电集团部署，浙江卫视与腾讯互娱知儿联合打造的中国第一位宋韵数字人，谷小雨正是浙

① 《打造文艺精品高地，浙江卫视宋韵品牌文化初探》，新浪网，2022年5月12日。

江卫视对宋韵数字化的一次鲜活实践，让宋韵在1000年后的今天形成了新的气候：谷小雨以宋人的身份穿梭于现代都市中，举手投足间尽是宋人的仪态，用以歌会友的形式，为大众勾勒着那些有关山水花鸟、诗情画意的南宋记忆。谷小雨的出现，连接着数字技术与宋韵工程。在新的时代条件下，浙江卫视持续创新文化传播理念、载体、形式，实现内容与技术的双向赋能，让宋韵文化能够走近身边、走进生活，实现文化内涵的“强输出”与“软传播”，或将构建起宋韵传播“能量场”，最终实现破圈。①

十一　浙江省文化和旅游厅、浙江日报报业集团、浙江省文学艺术界联合会发起举办“发现和培育宋韵文化区域传承案例系列活动”

“发现和培育宋韵文化区域传承案例系列活动”，由浙江省委宣传部指导，浙江省文旅厅、浙江日报集团和浙江省文学艺术界联合会三家单位共同发起主办，由《宣传半月刊》杂志社、省内有关县（市、区）委宣传部、省文联下属协会承办，结合浙江文化基因解码工程中的宋韵元素，采用“画画+采访”的形式，以图文、短视频、巡展等方式展现省内县域层面宋韵文化传承的优秀区域案例及项目，挖掘、保护、研究、活化全省各地的宋韵文化资源，并组织由宋韵文化研究专家、媒体记者组成的观察团，对各地的宋韵文化资源进行考察和调研，助力宋韵文化的传承与创新。

1. “发现和培育宋韵文化区域传承案例系列活动”首站走进鄞州

2022年7月21日，以“文化润富·浙里最宋韵”为主题的“发现和培育宋韵文化区域传承案例系列活动”首站走进宁波市鄞州区，在

① 《浙江卫视宋韵文化推广人谷小雨亮相〈天赐的声音〉，与张韶涵上演跨次元合作》，中国蓝新闻，2022年6月3日。

“中国进士第一村”姜山镇走马塘村感受宋韵文化传承，同时启动了“画”说宋韵活动。浙江省委宣传部副部长赵磊，浙江省文旅厅副厅长叶菁，浙江日报报业集团编委、《宣传半月刊》总编辑褚定华，宁波市委宣传部常务副部长徐方，鄞州区领导童丹霞、谢功益等出席活动。

在“发现和培育宋韵文化区域传承案例系列活动暨‘画’说宋韵活动启动仪式”上，知名策划人、音乐制作人、歌手王乐汀及其团队发布了“鄞宋·吟颂”——宋“乐”颂九歌项目。据了解，宋“乐”颂九歌项目将探寻梳理古籍古谱中宋代音韵的蛛丝马迹，将古韵与时尚有机结合，形成新的“流行宋歌”，并以线上线下相结合的传播方式，打开“宋韵大典”新格局，释放“宋韵”发展新空间。

浙江省文旅厅副厅长叶菁表示，宋韵文化标识的建设，需要不断夯实基础、丰富内涵，需要全省各地的宋韵文化资源富集区结合自身的资源特色和辨识度，因地制宜地出力作、出精品。在鄞州举办“发现和培育宋韵文化区域传承案例系列活动”，就是希望借助全社会的力量，共同打造好以鄞州、慈溪、黄岩、武义等为代表的区域性宋韵文化标识，形成一批创造性转化、创新性发展两宋历史文化资源的经典案例。

浙江省委宣传部副部长赵磊表示，宋韵文化是浙江历史文化的金名片之一，在实施“宋韵文化传世工程”过程中，杭州作为“南宋古都”，当仁不让地要担起“挑大梁”的责任，但同时其他地市也都散落着许多宋韵文化元素，需要加强合作，多来往多沟通，早日形成“宋韵文化传世工程”的体系性、标志性成果。赵磊说，希望艺术家在采风过程中，下沉进村，拥抱火热生活，用眼睛去发现美、用手中的笔触去展现美，创作出沾着泥土和露珠的好作品，更好地将各地宋韵文化用生动形象的方式展示出来，形成一批优秀的文艺成果，为宋韵文化建设添砖加瓦。[①]

接下来，系列活动还走进金华、绍兴、台州等地，一起去发现那些传承发展宋韵文化的实践案例，通过丰富的活动、融媒的传播，整合多方资源，一起来挖掘、保护、研究、活化宋韵文化资源，让更多人关注宋韵文化、传播宋韵文化，助力宋韵文化传承创新，流动起来。

2. “发现和培育宋韵文化区域传承案例系列活动”第二站走进兰溪

2022年8月2日，“发现和培育宋韵文化区域传承案例系列活动暨‘画’说宋韵‘边走边画’走进兰溪”活动在兰溪市诸葛镇诸葛村大公堂举行。活动邀请了来自省内外的30多名艺术家参与。8月2日—8日，中国美术学院夏克梁副教授率领的“边走边画团队”陆续走进兰溪市的诸葛镇、游埠镇、黄店镇等地，感受当地的古韵今风，并在现场进行了艺术创作。[②]

十二　浙江省文学艺术界联合会策划主办“宋韵今辉”系列活动

2022年8月5日，由浙江省文学艺术界联合会指导的“宋韵今辉”系列活动之“宋韵千年·越窑与五大名窑艺术展”开幕式在慈溪市上林湖青瓷文化传承园举行。本次展览共展出120件六大窑系的当代精品佳作，以瓷为介，促进民间文艺创作繁荣，彰显民间文艺别样风采，展示陶瓷文化的传承、发展及融合创新，描绘“共富共美”新画卷。开幕式后，专家学者以“宋韵千年”为主题，围绕宋韵的文化内涵与当代价值、越窑与五大名窑的渊源与影响、产业发展等话题展开研讨。[③]

---

① 《“画”说宋韵首站走进宁波鄞州》，浙江新闻客户端，2022年7月21日。

② 《“画”说宋韵活动走进兰溪》，《浙江日报》2022年8月3日。

③ 《在这里一窥千年宋韵，越窑与五大名窑艺术展在慈溪开幕》，浙江新闻客户端，2022年8月6日。

2022年8月27日下午，浙江省文学艺术界联合会、杭州市富阳区人民政府联合主办的“宋韵今辉”系列活动之第三届影像西湖艺术现场——“宋韵迹忆”全省主题影像创作工程成果展在杭州富阳公望美术馆开幕。作为“宋韵迹忆”全省影像主题创作工程的一项重要内容，本次展览特邀国内多位知名艺术家走进富春山居，以富阳、桐庐、建德山水文化基因为内核，以“行走”为方法，以“来回”为状态，结合宋代理学“全景山水，天理世界”的思路，通过对“宋韵文化”的理解与运用，解决山水与人文影像的专项问题。展览汇集60多位艺术家的作品，通过影像展示山川浑厚、草木华滋的富春山文脉，把宋韵文化在富春的“诗”与“史”，变成线下沉浸式体验的场景，以此激活富春山居的人文基因和精神密码，诠释美美与共的中国山水文化自然美学。展览共分四大板块：第一板块以“行者必有来回”为主题，以“寻宋”“游宋”为方法，寻找宋韵山水创作“迹忆”；第二板块以“大山水”为地理概念，向全国乃至国际邀约富有宋韵趣味的作品，是“赏宋”“探宋”的图像展示；第三板块以富春江历史图像文献为主要内容，从山水“迹忆”中寻找自古传承而来的宋韵精神，此为“阅宋”；第四板块展示摄影师宋振带队在富阳大同造纸村进行田野行走的成果，体现“传宋”概念。①

十三　浙江省博物馆策划实施“宋韵千年——百馆联动展”

2022年8月5日，由浙江省博物馆策划实施的“宋韵千年——百馆联动展”首站开幕式在杭州西湖博物馆总馆南宋官窑馆区举行。浙江省文化和旅游厅党组成员、省文物局局长杨建武，副局长曹鸿，浙

① 《在这场诠释山水自然美学的展览中，一起寻宋、游宋、赏宋》，浙江新闻客户端，2022年8月27日；《宋韵+富春山居=?》，“浙江文艺”微信公众号，2022年8月18日。

江省博物馆馆长陈水华、副馆长纪云飞，杭州西湖博物馆总馆党委书记、馆长潘沧桑及杭州市相关单位的领导出席了开幕式。

陈水华馆长指出，“宋韵千年——百馆联动展”首站在杭州西湖博物馆总馆南宋官窑馆区举办，具有古今辉映的深远意义。这是深入贯彻落实省委文化工作会议精神，为“宋韵文化传世工程”添砖加瓦的一项重要举措。其以展教一体化的形式活化了宋韵文化，使之生动立体地走进百姓生活。纪云飞副馆长表示，“宋韵千年——百馆联动展”是一个有着长期规划的精品展览项目，将以巡展的形式走进浙江省各个地市，联动百家文化场馆，在全省营造浓厚的宋韵氛围。随后，纪馆长为“宋韵文化宣讲团”授旗。“宋韵文化宣讲团”将从浙博出发，为各站巡展提供服务，致力讲好“宋韵”浙江故事，吹响“宋韵文化，传承有我”的号角。浙江省博物馆后续还将推出“赢在博物馆”之“宋韵文化我来讲”青少年志愿服务行动。

“宋韵千年——百馆联动展”展出来自浙江省博物馆和杭州西湖博物馆总馆的宋韵风貌文物 63 件（套）。该展整合提炼两宋文化的历史智慧、社会价值观、创新精神、经验态度和审美情趣，分为“立天地心的理想”“宽和开明的气象”“放眼天下的格局”“开拓创新的精神”“繁华便利的生活”5 个单元，内容涵盖两宋思想、政治、经济、文化、教育、科技、生活等多个领域，全景式呈现宋韵的文化精髓，彰显宋韵的历史与时代价值。

浙江省博物馆开放与教育部主任、研究馆员陈平是本次展览的策展人。她的策展理念旨在“寻宋”，意在“解韵”。挖掘展示宋韵的历史价值，探索其对当代社会的启示。在人生理想与价值追求上，宋学正德修身的思想理论，经世致用的道德实践，孕育了宋代士大夫以天下为己任的精神品格，指引着他们积极寻找治国安邦之道。在物质创造方面，两宋在海外贸易、商业发展、工艺美术、科学技术等领域成就斐然，展现出开拓创新的精神和放眼天下的格局，仍为今日社会提供着源源不竭的精神滋养。

此外，展览专门研发了三条宋韵精品研学路线“荡荡儿”（逛市井）、“耍子儿”（游山水）、“挎会儿”（去约会），以手绘地图的方式呈现，串联起杭州范围内的宋代文物、历史文化资源，在走街串巷、游山玩水中追踪宋韵遗迹，涵养宋韵气质。

在杭州西湖博物馆总馆南宋官窑馆区的首站展览持续至2022年9月22日。接下来，“宋韵千年——百馆联动展”将以巡展的形式走进浙江省各个地市的百家文化场馆，穿缀起各地典型的文化标识，让宋韵文化在新时代“流动”起来、“传承”下去。①

2022年9月1日—4日，“第九届中国博物馆及相关产品与技术博览会”（以下简称“博博会”）在郑州国际会展中心举行，浙江省博物馆（以下简称“浙博”）携宋韵而来，以“宋韵千年，浙博行礼”为主题参与展览，并荣获“弘博奖·最佳展示奖”等奖项。“宋韵+科技”是此次展览的一大亮点。浙博展厅内用不同的青色点缀着空间，萦绕着清雅的宋韵，来自五湖四海的观众体验“宋式”生活，感受科技魅力。展览中充分运用了IPAD墙、文物3D互动等技术，比如，轻轻触碰屏幕，文物会跟随指尖360°全方位旋转。还能通过VR体验，穿梭于历史的长河中。墙面上的一个个二维码也将浙江省博物馆90多年的风华历程融入其中，用手机扫一扫，就可以领略“云上浙博”的文化盛宴。②

2023年1月13日，由浙江省文物局指导，浙江省博物馆、中国丝

① 《“宋韵千年——百馆联动展”首站举行开幕仪式》，搜狐网，2022年8月6日。
② 《浙江省博物馆携千年宋韵亮相“博博会”》，中国青年报客户端，2022年9月6日。

绸博物馆、浙江大学艺术与考古学院主办，浙江省博物馆学会协办，杭州群核信息技术有限公司技术支持的“2022年宋韵数字策展大赛”决赛在杭州举行。决赛采取参赛选手线上汇报、答辩和专家打分的形式，分文博组和设计组分别进行评比，并现场决出一、二、三等奖。[①]

2023年8月29日正式对公众开放的浙江省博物馆之江馆区，特设“宋韵文化馆”。

十四 浙江省文化馆、浙江大学艺术与考古学院联合启动“‘百生进百馆’宋韵文化专题活动”

为深入贯彻浙江省委工作精神，浙江省文化馆联合浙江大学艺术与考古学院启动“百生进百馆”文化共建活动，2022年以“宋韵文化”为主题，依托“中国历代绘画大系”项目中的《宋画全集》开展转化传播工作，组织学生将宋画里饱藏的丰富信息带进百姓家，推动宋韵文化全面融入浙江省公共文化体系。2022年8月15日，浙江省“百生进百馆”宋韵文化专题活动启动仪式在浙江大学紫金港校区举行。

浙江省文化馆馆长顾炯，浙江大学艺术与考古学院党委书记方志伟，浙江大学艺术与考古学院党委副书记赵蕾蕾，浙江大学艺术与考古博物馆副馆长王利剑，浙江省文化馆副馆长张国樟，浙江大学艺术与考古学院美术系主任池长庆，浙江省文化馆视觉中心副主任林双双，各市、县（区）文化馆代表，浙江大学艺术与考古学院团委书记沈丹，以及浙江大学赴各地文化馆宣讲学生代表等出席本次启动仪式。

顾炯指出，浙江省文化馆和浙江大学艺术与考古学院共同推出“百生进百馆”活动，是群文系统和高校联动共建的实践探索。2022

---

① 《2022年宋韵数字策展大赛获奖结果公示》，浙江文物，2023年1月14日。

年该活动以宋韵文化为主题，深化全民艺术普及工作，助力实现更大范围更高水平的“精神富有”。她提出，要提高站位，深刻领会“百生进百馆”活动的重大意义，通过持之以恒开展全民艺术普及，促进城乡公共服务均等化，为打造浙江新时代文化高地、推进共同富裕示范区建设铸魂赋能积极贡献力量；要突出重点，准确把握“百生进百馆”活动的目标要求；要强化领导，切实加强“百生进百馆”活动的责任落实，让“百生进百馆”系列活动在浙江省“两个先行”新征程上更好地彰显它的价值和魅力，担负起这个伟大时代赋予的历史重任。

方志伟提出，在“百生进百馆”文化共建活动中，要发挥浙大学科和人才优势，发挥全省文化系统的组织优势，合作推动“精神富有”，助力建设共同富裕示范区。在“中国历代绘画大系”的结项汇报之年，也是贯彻省第十五次党代会精神的头年，活动决定以《宋画全集》的宝贵资源为载体，组织学生深入基层普及宣传宋韵文化。考古文博系、艺术史系的有关专家和硕博研究生，紧贴大众特点，精心准备“宋画与宋朝民俗”“宋画与宋人审美”“宋画与宋代生活”三个模块的宣讲材料，希望通过将宋画里饱藏的丰富信息带到各地市，带进百姓家，把“百生进百馆”办成文化精品。[①]

十五　浙江古籍出版社、止观书局共同打造“两宋浙刻丛刊”

所谓“一叶宋版，一两黄金”，两宋刻本历来以其珍贵的文献价值与卓越的艺术水准闻名于世，而其中又以浙刻最为人所称道，被视作“中国书籍史上不可逾越的高峰”。

2022 年 8 月 3 日，由浙江古籍出版社、止观书局共同打造的“两

① 《浙江省“百生进百馆”宋韵文化专题活动启动仪式在浙江大学举行》，新华网，2022 年 8 月 16 日。

宋浙刻丛刊”首次亮相。“两宋浙刻丛刊”第一辑 8 种，即首次将现存的南宋书棚本以整体的风貌展现于世，分别为《唐女郎鱼玄机诗》《周贺诗集》《朱庆馀诗集》《李丞相集》《甲乙集》《宾退录》《续幽怪录》《王建诗集》。第一辑第一种国家图书馆馆藏南宋临安府陈宅书籍铺刻本《唐女郎鱼玄机诗》率先发行。

“‘两宋浙刻丛刊’项目是宋代浙刻本的回归，为浙江打造‘宋韵文化传世工程’提供扎实的文献依据。浙刻浙印，不仅是对历史的铭记，更是对文化的传承。”浙江古籍出版社社长王旭斌表示，浙江古籍出版社携手止观书局酝酿、策划了独具宋韵气息的典藏丛书——“两宋浙刻丛刊”，并邀请国内外 20 余名一流文献版本专家组建丛刊编委会，共同梳理、甄别与编纂，确保所选版本“古、精、真”，具有严谨的学术性与收藏价值。

据悉，“两宋浙刻丛刊”以国家图书馆、上海图书馆、北京大学图书馆、天津图书馆、南京图书馆、辽宁图书馆等馆藏机构所藏两宋浙刻为主，以海外文博机构以及民间藏家所藏善本为辅，精选其中最具历史文物性、学术资料性、艺术代表性的瑰宝，运用现代先进的印制技术高清仿制，计划用 10 年时间，分 10 辑影印出版，刊行两宋浙刻善本共 38 种 408 卷。值得一提的是，丛刊每一品种均分为原大复刻本和 16 开精装本两大版本。复刻本严格按照文博机构最终修复后的原貌呈现；精装本则统一采用大 16 开开本，以原貌、原色、原大、放大、侧拍图全方位展示古籍中的每个细节。[①]

---

① 《“两宋浙刻丛刊”打造宋韵文化传世工程》，《中国新闻出版广电报》2022 年 8 月 11 日。

第二章
“宋韵文化”学术理论研究的新进展

本章所关注的“宋韵文化”学术理论研究的新进展，主要指向是以宋学为中心的学术研究，主要体现为搭建“宋韵文化”研究平台、设计“宋韵文化”研究专项课题、撰写“宋韵文化”研究智库报告、开展“宋韵文化”专题学术研讨、出版“宋韵文化”研究专著、发表“宋韵文化”研究论文等六个方面。

一　搭建“宋韵文化”研究平台

目前省内专业从事宋韵文化研究的学术机构抑或研究平台主要有以下 11 家：浙江省宋韵文化研究传承中心、浙江大学宋学研究中心、浙江大学亚洲文明研究院宋韵与文明互鉴研究中心、杭州市社会科学院南宋史研究中心、杭州南宋文化研究院、浙大城市学院浙江历史研究中心、浙江外国语学院宋韵文化传播研究所、浙江财经大学宋韵文化研究中心、绍兴市宋韵文化研究中心、宁波市鄞州区宋韵文化研究中心、衢州市委党校宋韵文化研究中心，兹把它们的基本情况与关于宋韵文化研究的学术成果和最新活动进展予以总结。

1. 浙江省宋韵文化研究传承中心

2022年2月11日，为贯彻落实省委文化工作会议精神，推进“宋韵文化传世工程”，加强宋韵文化研究传承和南宋文化品牌塑造工作，由浙江省、杭州市、上城区共建的“浙江省宋韵文化研究传承中心”在杭州市上城区文化中心正式投入运营。浙江省委宣传部常务部长来颖杰，省委宣传部副部长葛学斌，省文化和旅游厅副厅长叶菁，省社科联党组成员徐健，省文物局副局长郑建华，杭州市委宣传部部长戚哮虎等参加“浙江省宋韵文化研究传承中心”的成立会议。

会议审议通过了宋韵文化研究传承中心指导委员会、学术咨询专家委员会委员名单及工作规则，并向顾问专家发放了聘书。浙江省政府参事、省委宣传部原常务副部长胡坚受聘为学术咨询专家委员会召集人，中国宋史研究会会长、浙大城市学院历史研究中心主任包伟民，杭州南宋史研究中心主任何忠礼，浙江大学宋学研究中心学术委员会主任龚延明受聘为高级顾问，浙江省社会科学院文化研究所所长王宇研究员等30名国内外专家学者受聘为首批学术咨询专家委员会委员。[1]

宋韵文化研究传承中心将围绕宋韵文化的思想形态、制度形态、经济形态、社会形态、百姓生活形态、文学艺术形态、建筑形态、宗教形态等“八大形态”，开展课题研究、学术研讨、学术交流，努力形成一批标志性系列研究成果，充分挖掘宋韵文化的历史意义、精神内核和时代价值。同时，围绕宋词、宋画、宋乐、宋戏、宋舞、宋服、宋妆、宋瓷、宋丝、宋式建筑、宋式插花等与“宋韵杭式”生活密切相关的领域，编纂出版宋韵文化系列通俗读物，举办讲座、直播、短视频制作推广等宋韵文化传播推广活动。宋韵文化研究传承中心将在

① 《宋韵研究有了娘家！宋韵文化研究传承中心今天正式成立》，《钱江晚报》2022年2月11日。

指导委员会的领导指导下，充分发挥学术咨询委员作用，大力整合省内外研究力量，进一步深化宋韵文化系统性研究，加强宋韵文化多渠道传播，着力推进宋韵文化创新性转化，为打造宋韵文化传承展示中心、塑造南宋文化品牌贡献智慧和力量。

杭州市委宣传部主要负责人表示，省、市、区共建宋韵文化研究传承中心，是贯彻落实浙江省委文化工作会议精神、推进“宋韵文化传世工程”的实际行动，是一体化、整体性推进宋韵文化挖掘、保护、提升、研究、传承工作的有效举措。中心正式运行后的第一项工作就是开展首批宋韵文化研究课题的申报评审，分为学术研究著作和通俗读物两大类。接下来，中心还将以迎亚运为契机，打响南宋皇城系列品牌，推动宋韵文化研究传承工作积极融入亚运城市行动，让杭州亚运会成为助力宋韵文化国际传播的重要平台。[①]

2. 浙江大学宋学研究中心

浙江大学宋学研究中心成立于1999年，2006年升为浙江省哲学社会科学重点研究基地，2017年入选浙江省哲学社会科学A类重点研究基地。集聚浙江大学中文系、历史系、哲学系、古籍所等浙江大学传统优势学科中实力最强的宋学研究人才，以全面探究宋学、弘扬宋学精神为学术宗旨。在宋代职官科举制度、宋明理学、经学史及思想史、宋代文学、佛教与道教文化等五大研究领域，以及宋代职官、科举与政治制度，宋代经学、理学与宗教文化和宋代词学、绘画与社会生活三大研究方向影响甚大。中心是目前国内外唯一以全面研究宋学为标志的学术中心，每年主办、出版基地专业学术刊物《宋学研究》，构建新宋学的学术交流平台，吸引海内外最前沿、最新的宋学学术成

① 《宋韵文化研究传承中心成立　围绕宋韵文化“八大形态”开展研究》，《浙江日报》2022年2月12日。

果，奉献于学界，从而有力地推动新宋学的长足发展。

2021 年 3 月 19 日，宋学研究中心持续举办的“国际宋学讲座”之 2021 年第 1 期举行。本期讲座邀请湖南大学岳麓书院历史系主任闫建飞教授主讲，题为“再谈宋初‘制其钱谷’的背景与措施”。讲座围绕宋学研究重要命题——北宋史中宋太祖赵匡胤为矫唐末五代藩镇割据、君弱臣强之弊，对地方藩镇实行“稍夺其权，制其钱谷，收其精兵”的三大政策展开。“国际宋学讲座”扩展了宋史领域的相关研究视角，为宋学研究开拓了新的局面。①

2021 年 6 月，宋学研究中心参与了由杭州文广集团、杭州演艺集团牵头的大型“宋韵”诗词朗诵音乐会。“宋韵”诗词朗诵音乐会是在杭州重点加强宋韵文化挖掘、研究和展示的大背景下制作的一部体现宋韵风格、杭州特点、现代元素的集大成之作，让南宋文化这张浙江文化金名片更加深入人心、走向世界。该作品以“宋韵”为主题，以耳熟能详的宋词朗诵为主线，搭配原创古风音乐及中国古典舞蹈，运用声、光、电以及扩展现实（XR）等多种技术手段，成为一部展现宋代文化、厚植文化自信的时代文艺精品。在这部作品里，可以呼吸到宋风雅韵的气息。

2022 年 4 月 23 日，值第 27 个“4·23 世界读书日”之际，浙江大学宋学研究中心与宁波图书馆天一讲堂联合推出“浙里甬有千年宋韵：天一讲堂浙大宋学名家系列”。讲座内容涵盖宋词、宋代士大夫的生活、宋代佛教、宋代官场、宋朝宫廷政治、宋代书画、宋代民俗等，还涉及浙江尤其是宁波相关的宋代历史文化研究，旨在为打造新时代浙江文化高地添砖加瓦，为文化自信增色添光，为书香宁波添彩

① 《“浙江大学宋学研究中心‘国际宋学讲座’”2021 年第 1 期在浙江大学举行》，浙江省社科联，2021 年 4 月 1 日。

助力。4月23日下午，浙江大学宋学研究中心主任陶然教授的讲题是“宋词与宋韵”，指出：宋韵是中国传统文化与古典精神的高峰，宋代士大夫群体建构了辉煌的文学艺术风韵、人格气象神韵、时代精神气韵，成为宋韵文化的核心。宋词是宋韵的核心载体，反映了宋韵的多元性，以经典化的方式塑造了认识宋韵的维度。①

2022年7月15日，浙江大学文学院、浙江大学宋学研究中心发布《宋韵文化高级研修班招生简章（第一期）》。“浙江大学宋韵文化高级研修班”是由浙江大学文学院倾力打造的高端研修项目，旨在贯彻习近平同志关于文化工作的重要论述精神，加快打造新时代浙江文化高地，找准抓实文化建设重要抓手，同时响应浙江省委文化工作会议提出实施的“宋韵文化传世工程”。该项目依托浙江大学文学院、历史学院、哲学学院、艺术与考古学院，聚集四大学院优势学科中实力最强的“宋学”研究师资组合，熔“文、史、哲、艺、考古”等多学科于一炉，致力于培养具有思想高度、历史厚度、文学底蕴以及艺术审美水准的新一代优秀人才；搭建一个会聚企业家、投资家、行业精英、创业者以及传统文化爱好者的深度学习平台和高端文化社群，在锤炼个人价值、提升自身修养的同时，让“宋韵”这张千年历史文化金名片在新时代浪潮中“流动”起来、“传承”下去。研修内容包括：①宋韵讲堂，宋韵文学研修、宋韵历史研修、宋韵哲学研修、宋韵艺术研修；②宋韵研学，寻访南宋皇城与凤凰山、南宋御街、青林洞、双石塔、双经幢、梵天寺经幢、烟霞洞造像、六和塔、飞来峰的宋代石刻、径山寺等宋韵史迹。②

---

① 《浙里甬有千年宋韵——天一讲堂浙大宋学名家系列启动》，“宁波图书馆”微信公众号，2022年4月21日。

② 《浙江大学宋韵文化高级研修班招生简章（第一期）》，浙江大学文学院、浙江大学人文高级培训中心，2022年7月15日。

2022年8月，龚延明主编、浙江大学宋学研究中心编《宋学研究》（第三辑）由浙江大学出版社出版。该书内容围绕宋学研究分专题展开，分为“官制与礼仪”“政治与人物”“文学与文献”“哲学与宗教”“常山宋诗之河”“资讯”等，收录了龚延明、葛晓音、张希清、王瑞来、冯国栋、陶然、程民生、田志光、杨宇勋、小二田章等海内外学者撰写的宋学领域专题论文计30余篇，集中展现了海内外最前沿的宋学学术成果。

3. 浙江大学亚洲文明研究院宋韵与文明互鉴研究中心

浙江大学亚洲文明研究院宋韵与文明互鉴研究中心成立于2022年5月。2022年8月12—15日，由浙江大学亚洲文明研究院宋韵与文明互鉴研究中心承办的首届“宋韵·思想”青年学者论坛在杭州举办。

4. 杭州市社会科学院南宋史研究中心

杭州市社会科学院南宋史研究中心成立于2005年，2006年入选浙江省哲学社会科学重点研究基地。本着“还原一个真实的南宋”的学术使命，中心以南宋史为研究中心，并上及北宋，下至元朝，意在通过对南宋一朝展开全面、客观、深入的研究，努力还原一个真实的南宋，使杭州成为全国乃至世界的南宋史研究基地，以逐步确立杭州作为全国乃至世界的南宋史研究中心的地位。中心本着“地不分南北、人不分亲疏、学术观点不分异同”的理念，积极组织国内外学者，分课题进行南宋史的专题研究。完成的标志性科研成果有：《南宋史研究丛书》（已出版《南宋史研究论丛》2卷、《南宋专门史》20卷、《南宋人物》11卷、《南宋与杭州》10卷、《南宋全史》8卷），《南宋及南宋都城临安研究系列丛书》等，截至2020年底，已经由人民出版社、上海古籍出版社等出版100多种。[①]

① 《杭州南宋史研究系列书刊出版超百册　形成完整史学体系》，浙江在线，2020年12月18日。

作为学术平台，中心还多次举办大型学术会议。先后围绕《南宋史研究丛书》的编撰召开了两次全国会议，组织召开了一次“南宋建筑研讨会”；2008 年、2011 年、2015 年组织召开了三届“中国南宋史国际学术研讨会”。这些会议的成功举办和大量专著的出版，扩大了杭州南宋史研究在全国乃至全世界的影响，充分展示了南宋史研究中心作为一个学术平台在推动学术发展方面所发挥的重要作用，被宋史学界公认为“全世界南宋史研究的中心”，起到了一个社会科学研究基地应该起到的作用。同时，中心负责在中国社会科学院和联合国教科文组织共同举办的《国际社会科学杂志》上，出版 5 期关于南宋史研究的专刊。[①]

2021 年中心积极参与宋韵文化的宣传与研究，如承办“德寿宫与南宋历史文化系列讲座”；中心主任何忠礼教授在主持完成了《南宋全史》后，独著《宋高宗新论》（上海古籍出版社，2021）一书，对宋高宗及与他有密切关系的人和事，通过不同角度的分析研究，进行深入论述，力求为读者呈现一个较为真实的宋高宗。2022 年 1 月，何忠礼教授撰文《南宋的历史地位与“宋韵”文化》；2 月，又被聘为浙江省宋韵文化研究传承中心高级顾问。

5. 杭州南宋文化研究院

杭州南宋文化研究院是由杭州城市学研究会、杭州市上城区政府、杭州西湖风景名胜区管委会（市园文局、运河综合保护委员会）联合发起成立的“政、产、学、研、用”五位一体的南宋文化研究资源整合平台。

研究院在中国联合国教科文组织全国委员会、中国文物学会、中

---

① 赵渭：《据临安以治宋：近年来南宋史研究中心学术生产漫谈》，澎湃新闻网，2021 年 6 月 2 日。

国古迹遗址保护协会、中国宋史学会等战略合作单位指导下，依托杭州国际城市学研究中心、浙江省城市治理研究中心、世界遗产保护杭州研究中心，服务于杭州市委、市政府提出的东方文化国际交流重要城市和历史文化名城建设工作。研究院立足杭州“一基地四中心”战略定位，以“服务于南宋皇城大遗址综合保护工程实施，助力杭州东方文化特色品牌、历史文化名城建设，使杭州成为‘独特韵味、别样精彩的世界名城’”为使命，致力于打造国内一流、国际知名的南宋文化研究中心。①

从2019年开始，杭州南宋文化研究院启动《南宋全书》的编纂出版工作。《南宋全书》是“五位一体”的《杭州全书》的重要组成部分，是杭州南宋文化遗产保护、传承和利用的基础前提与依据载体。总体目标是以习近平新时代中国特色社会主义思想为统领，经过10年左右努力，编纂出版体系完善、内容全面、特色鲜明、制作精美，系统性、学术性、权威性和可读性强的《南宋全书》，培养造就一批南宋学研究人才，使《南宋全书》在国内外地方性全书和城市学研究领域产生重要影响。

《南宋全书》是南宋学研究成果的载体，包括《南宋丛书》《南宋文献集成》《南宋研究报告》《南宋通史》《南宋辞典》五大组成部分，定位各有侧重。①《南宋丛书》定位为通俗读物，突出“俗”字，做到有特色、有卖点、有市场。②《南宋文献集成》定位为史料集，突出“全”字，做到应收尽收。③《南宋研究报告》定位为论文集，突出“专”字，围绕南宋皇城大遗址综合保护等工程实施、通史编纂、世界遗产申报等收集相关论文。④《南宋通史》定位为史书，突出

---

① 相关信息摘录自杭州国际城市学研究中心主办的“城市学研究网”（http://www.urbanchina.org），2018年12月27日。

“信”字，体现系统性、学术性、规律性、权威性。⑤《南宋辞典》定位为工具书，突出“简”字，做到简明扼要、准确权威，便于查询。[①]

6. 浙大城市学院浙江历史研究中心

2021 年 10 月 22 日，浙大城市学院举行浙江历史研究中心成立大会，由中国宋史研究会会长包伟民教授任研究中心主任。浙大城市学院浙江历史研究中心将首先以中国史为重心，力争在宋史研究、城市历史学研究、地方文献与地方史研究等若干领域持续积累，形成特色，稳妥有序地推进浙大城市学院历史学本科专业和中国史一级硕士学位点建设。在条件成熟的情况下，该校将再统合考虑建设中国史、世界史、考古学等 3 个一级学科，形成一级学科分布齐全、定位明确、颇具实力的历史学门类，成为浙江省和杭州市举足轻重的历史文化教学和研究中心，在国内外相关领域享有较高的学术知名度。[②]

2023 年 3 月，浙大城市学院浙江历史研究中心获批浙江省哲学社会科学重点培育研究基地。中心将积极服务文化强国战略和浙江省打造新时代文化高地目标，为加快构建具有浙江辨识度的中国特色哲学社会科学三大体系提供重要支撑，同时传播正确的历史知识，凝聚浙江精神和中国认同，增强文化自觉和民族自信。全力建成特色鲜明、成果突出、影响广泛的省内领先、国内一流的历史文化研究基地，并通过内外交流与融合协作，打造国际性、开放性的历史研究与应用传播机构。[③]

7. 浙江外国语学院宋韵文化传播研究所

浙江外国语学院宋韵文化传播研究所成立于 2022 年 1 月，挂靠在

---

① 《坚持量质并举推进〈南宋全书〉编纂出版》，城市学研究网，2019 年 1 月 4 日。

② 《浙大城院历史研究中心成立　中国宋史研究会会长包伟民领衔》，浙江新闻客户端，2021 年 10 月 22 日。

③ 《“浙大城市学院浙江历史研究中心”获批浙江省哲学社会科学重点研究基地》，浙大城市学院网，2023 年 3 月 13 日。

浙江外国语学院中国语言文化学院，由郝永教授担任所长。

2022 年 1 月 24 日，浙江外国语学院“宋韵文化传播研究基地”授牌仪式在杭州市余杭区百丈镇鑫藏修书屋举行，浙江外国语学院社会合作处处长吴卫东、校团委书记邱萍、中国语言文化学院院长郝永、党总支书记杨飞群、副院长马宏程、资产经营公司总经理林德交，以及余杭区百丈镇镇长王哲、鑫藏修书屋负责人等出席授牌仪式。[①]

8. 浙江财经大学宋韵文化研究中心

2022 年 11 月 3 日，由浙江财经大学和杭州市钱塘区联合成立的宋韵文化研究中心正式揭牌。清华大学国学研究院院长陈来，华东师范大学终身教授朱杰人，复旦大学特聘教授何俊，浙江工业大学原党委副书记肖瑞峰，厦门大学人文学院副院长朱人求，浙江大学教授陈野、浙江财经大学校长钟晓敏、副校长徐晓东、校宣传部部长楼胆群，钱塘区委宣传部部长李鹏、钱塘区社科联主席贺学兵等出席仪式。

浙江财经大学和杭州市钱塘区联合成立的宋韵文化研究中心由朱杰人担任名誉主任；何俊、肖瑞峰、陈野为顾问；楼胆群、李鹏为主任。

在揭牌仪式上，钟晓敏校长指出，宋韵文化研究中心要以“研究宋韵文化，服务地方建设，助推国学传播”为宗旨，充分利用学校的学术平台，结合钱塘区地方文化特色，打造“钱塘文化”精品工程，支撑和服务钱塘区经济文化发展，有效促进高校、政府与社会之间交流与合作。在浙江财经大学人文与传播学院成立二十年之际成立宋韵文化研究中心，将推动学校人文学科建设再上台阶。他希望经过 5—

① 《浙江外国语学院“宋韵文化传播研究基地”揭牌》，浙江外国语学院中国语言文化学院官网，2022 年 2 月 21 日。

10年的建设，把浙江财经大学宋韵文化研究中心打造成中华优秀传统文化研究和传播基地、国学教育培训基地，铸就校地合作的又一标杆典范。李鹏部长强调，成立宋韵文化研究中心并抢占宋韵文化、钱塘文化研究高地，既有较高的时代价值，更有迫切的现实需要，是实施"宋韵文化传世工程"的重要举措。依托宋韵文化研究中心，打造钱塘区宋韵文化和钱塘文化传播平台，将有助于促进高校、政府与社会之间的交流与合作，提高钱塘文化对钱塘区社会经济发展的服务水平；有助于促进优秀传统文化在当代的传承与创新，提升钱塘区文化整体研究水平；有助于发挥钱塘区地方文化特色，打造"宋韵文化"和"钱塘文化"精品工程，扩大钱塘文化在浙江、在全国乃至在全球的吸引力和影响力。

仪式结束后，陈来教授作了题为"宋学的兴起与历史定位"的报告，作为"宋韵文化大讲堂系列讲座第一讲"，系统阐述了宋学作为具有中国气派和浙江辨识度的重要文化标识的独特地位，强调了宋学研究在中国哲学、史学、文学等领域的重要性。①

2022年2月19日，由浙江财经大学、杭州市钱塘区社科联联合举办的"宋韵文化大讲堂系列讲座第二讲"开讲。厦门大学傅小凡教授以"辉煌大宋"为题进行了专题演讲。傅小凡教授从《清明上河图》切入，围绕经济繁荣、科举教育、文学复古、科技兴盛等四个大方面，讲述了宋朝取得的巅峰成就。

2022年11月4—6日，由中国历史文献研究会、中华朱子学会、浙江财经大学、杭州市钱塘区委宣传部联合主办，由浙江财经大学人文与传播学院、杭州市钱塘区社科联承办的"首届宋韵文化国际学术研讨会暨中韩青年学者论坛"在浙江杭州花家山庄举行。此次会议以

① 《宋韵文化研究中心正式揭牌成立》，浙江财经大学融媒体中心，2022年11月4日。

线上线下相结合的方式同步进行，聚集了来自海内外知名高校的 80 余位专家学者。

2023 年 3 月 10 日，由浙江财经大学、杭州市钱塘区社科联联合举办的“宋韵文化大讲堂系列讲座第三讲”开讲。苏州大学周秦教授以“‘以歌曲之法歌词’—— 昆曲清工与唐宋词的昆唱”为题进行演讲。周秦教授从昆曲与宋韵的联系着手，介绍了自己与昆曲的故事。而后，又分享了多首宋词与其中含义，如“捣练子”“卜算子”“虞美人”（词牌名），并为现场观众倾情演绎，以歌曲之法歌词，给人以强烈的感染，现场气氛热烈。

9. 绍兴市宋韵文化研究中心

绍兴市宋韵文化研究中心系绍兴市哲学社会科学重点研究基地，挂靠在绍兴文理学院人文学院，由绍兴文理学院人文学院党委书记高利华教授任主任。

2021 年 9 月 5 日，“爱国诗人陆游与宋韵文化传世工程专家座谈会”在绍兴市咸亨酒店举行，会上，中南民族大学王兆鹏教授、中国人民大学包伟民教授、复旦大学中文系主任朱刚、浙江工业大学学术委员会副主任肖瑞峰、浙江大学何忠礼教授、杭州电子科技大学原党委书记费君清、南京大学莫砺锋教授、浙江大学陶然教授被聘为绍兴市宋韵文化研究中心首批学术顾问。

2022 年 7 月 22 日，绍兴市宋韵文化研究中心研究员聘任仪式举行。绍兴市宋韵文化研究中心主任高利华教授向参会人员介绍了绍兴市宋韵文化研究中心在管理建设、发展基础、研究力量等方面的基本情况和下一阶段的研究规划，并聘任杭州师范大学方爱龙教授、浙江省考古研究所李晖达研究员、沈园文化旅游发展有限公司总经理周玉儿、绍兴市城市建设档案馆原馆长屠剑虹、绍兴市柯桥区文保所（原绍兴县文保所）葛国庆研究员等为绍兴市宋韵文化研究中心研究员。[①]

2022 年 8 月 29 日，绍兴市宋文化研究会成立。这标志着绍兴将进一步挖掘宋韵文化，做优做强宋韵文章，也意味着绍兴宋韵文化研究将迈上新的台阶。绍兴文理学院人文学院党委书记高利华教授当选为绍兴市宋文化研究会会长，绍兴文理学院人文学院教授刘亮、绍兴博物馆馆长何鸣雷等当选为副会长。高利华表示，宋文化研究会将实施好重大学术课题研究，做好宋韵文化普及工作，特别是在大学生中传播好宋韵文化，推动宋韵文化在绍兴“落地”“落实”。

2022 年 9 月 28 日，绍兴文理学院“风则江大讲堂”第 331 讲的主题是“名家对话：宋韵文化的多元观照”。主讲人肖瑞峰教授的讲题是“宋韵文化视域中的陆游”，包伟民教授的讲题是“从陆游诗作看南宋时期山会平原的农业经济及其区域地位”，朱刚教授的讲题是“宋韵与士大夫文学”。

10. 宁波市鄞州区宋韵文化研究中心

2022 年 6 月 9 日，宁波市鄞州区宋韵文化研究中心成立仪式在鄞州区东吴镇天童老街举行。鄞州区宋韵文化研究中心成立后，将实施项目化运作、清单式管理，聚焦宋韵文化“八大形态”，在历史人物、文献资料、社会风俗、历史遗存、制度改革、经贸发展、宗教传播、艺术工艺、精神内核等领域，唱响人、文、风、物、制、艺等“鄞州宋韵九歌”，以系统的学理研究标定鄞州在宋韵文化中的地位。[②]

11. 衢州市委党校宋韵文化研究中心

衢州市委党校宋韵文化研究中心于 2022 年 7 月底成立。该中心重点围绕衢州的宋韵文化、南孔文化、清廉文化以及新时代衢州人文精

① 《绍兴市宋韵文化研究中心聘任仪式在我院举行》，绍兴文理学院人文学院官网，2022 年 7 月 23 日。

② 《鄞州成立宋韵文化研究中心》，《宁波晚报》2022 年 6 月 9 日。

神等领域开展课题研究、学术交流，为推进衢州宋韵文化建设、打造衢州宋韵文化品牌、推进文旅融合发展等提供智力支持。

2022 年 8 月 6 日，衢州市委党校宋韵文化研究中心研究员余士忠与开化县委党校教师郑凌红合作撰文《新时代衢州人文精神的宋韵文化阐释》[①]。

二 设计“宋韵文化”研究专项课题

为进一步加强浙江文化研究工程项目研究，谋划第三期工程实施方案，2021 年 2 月 3 日，浙江省社科联召开“浙江文化研究工程历史文化研究专题座谈会”。来自省委宣传部、省社科联以及全省各科研单位的专家学者等共 20 余人参加了座谈。专家们就浙江诗路文化、宋韵文化、南孔文化、阳明文化、浙学学派、浙江考古等主题的重点研究方向及研究思路提出了建议。[②]

为推动宋韵文化学术研究，由浙江省哲学社会科学工作办公室实施的浙江省文化研究工程在 2021 年、2022 年、2023 年设立课题系列，指导并支持省内外高校科研机构开展研究。

2021 年 10 月 12 日，浙江省哲学社会科学工作办公室公布 2021 年度浙江文化研究工程立项课题（第一批），其中立项课题有：浙江大学龚延明教授主持的“宋学研究系列”，子课题有“宋代交通史”“宋代科举史”“宋代宰相与国家治理”“宋代经典词的生成”“宋代军事管理制度研究”“宋代救灾政策与社会管理”“宋代文学考论”“两宋佛教地理流动研究”“宋代政治的空间与结构”“婺州思想文化研究（1100~1600）”“宋代文官职名制度研究”“宋代书籍聚散考”；浙江

---

① 余士忠、郑凌红：《新时代衢州人文精神的宋韵文化阐释》，新浪财经网，2022 年 8 月 6 日。

② 《浙江文化研究工程历史文化研究专题座谈会召开》，浙江省社科联，2021 年 2 月 6 日。

省社会科学院王宇研究员主持的“永嘉学派研究大系”，子课题有“儒家的形质之学：永嘉学派哲学的逻辑构造”“探索共治：永嘉学派的政治实践”“崇义以养利：永嘉学派的经济之道”“以文鸣道：永嘉学派与南宋古文新变”“弥纶以通世变：永嘉学派的史学研究”“性理·制度·工夫：永嘉学派的经学研究”“浙学重东嘉：永嘉学派近代复兴研究”“永嘉学派的当代价值：基于现代市场文化的实践与探索”“源远流长：永嘉学派研究史述论”；浙江省文物考古研究所郑嘉励研究员主持的“浙江宋代墓志碑刻集成”，子课题有“浙江宋代墓志碑刻集成·宁波卷”“浙江宋代墓志碑刻集成·丽水卷”“浙江宋代墓志碑刻集成·绍兴卷”“浙江宋代墓志碑刻集成·杭嘉湖卷”“浙江宋代墓志碑刻集成·温州卷”“浙江宋代墓志碑刻集成·台州卷”“浙江宋代墓志碑刻集成·金衢卷”。[①]

2021 年 12 月 6 日，浙江省哲学社会科学工作办公室公布 2021 年度浙江文化研究工程立项课题（第二批），其中关于宋韵文化研究的立项课题为浙江省社会科学院党委书记俞世裕主持的“宋韵文化简读”。[②]

2022 年 6 月 28 日，2022 年度浙江文化研究工程拟立项课题名单（第三批）公示，其中关于宋韵文化研究的立项课题有：中国美术学院吴敢教授主持的“宋画品汇”（10 本专著）；浙大城市学院包伟民教授主持的“两宋历史文化读本”（10 部专著）、“宋代研究文萃”（12 部专著）；台州学院李建军教授主持的“‘三台宋韵’系列研究”（5 部专著）；杭州市社会科学院何忠礼教授主持的“宋代制度史”

① 《关于公布 2021 年度浙江文化研究工程立项课题（第一批）的通知》，浙江省社科联，2021 年 10 月 13 日。

② 《关于公布 2021 年度浙江文化研究工程立项课题（第二批）的通知》，浙江省社科联，2022 年 1 月 10 日。

（10 部专著）；杭州市委宣传部应雪林主持的“宋韵生活系列丛书”（15 部专著）；衢州学院吴锡标主持的“南孔文化传承发展系列研究”（7 部专著）；浙江农林大学陈永昊主持的“宋茶之韵及其当代价值研究”（1 部专著）。[①]

2022 年 8 月 23 日，2022 年度浙江文化研究工程拟立项课题名单（第二批）公示，其中关于宋韵文化研究的立项课题为杭州市社会科学院何忠礼教授主持的“宋史研究博士文库（二）”（8 本专著）。[②]

2023 年 3 月 29 日，浙江省哲学社会科学工作办公室公布 2023 年浙江文化研究工程第一批立项课题，其中关于宋韵文化研究的立项课题有：杭州师范大学沈松勤教授主持的“宋代文学研究”（4 本专著），湖州学院何俊教授主持的“胡瑗‘湖学’研究与宋学研究”（4 本专著），宁波大学龚缨晏教授主持的“日本‘宋韵’文化遗存调查与研究”（10 本专著），杭州市社会科学院何忠礼教授主持的“宋史研究博士文库（一）”（16 本专著）。[③]

2023 年 8 月 28 日，浙江省哲学社会科学工作办公室公布 2023 年浙江文化研究工程第二批立项课题，其中关于宋韵文化研究的立项课题有：浙大城市学院何兆泉教授主持的“宋代皇族史料整理、研究与数据库建设”（4 本专著，1 个数据库），浙江大学龚延明教授主持的“宋代官制史”（1 本专著）。[④]

---

① 《关于 2022 年度浙江文化研究工程拟立项课题名单（第三批）的公示》，浙江省社科联，2022 年 6 月 28 日。

② 《关于 2022 年度浙江文化研究工程拟立项课题名单（第二批）的公示》，浙江省社科联，2022 年 8 月 23 日。

③ 《关于公布 2023 年浙江文化研究工程第一批立项课题的通知》，浙江省社科联，2023 年 3 月 29 日。

④ 《关于公布 2023 年浙江文化研究工程第二批立项课题的通知》，浙江省社科联，2023 年 8 月 28 日。

三　撰写“宋韵文化”研究智库报告

2020 年 12 月 22 日，浙江省社会科学院历史所所长徐吉军研究员、省社会科学院发展战略和公共政策研究院周静副研究员合作撰文《挖掘宋韵文化基因　建设浙江文化高地》，刊登在省社会科学院主办的《智库报告》(2020 年第 34 期）上，并得到浙江省委领导批示。报告认为，深入挖掘宋韵文化的当代价值，做强宋韵文化品牌，对提升浙江软实力、引领社会新风尚具有重要意义。21 世纪以来，以南宋文化品牌带动世界名城建设，一直是浙江省特别是杭州提升城市发展品质的重要抓手。但目前开发宋韵文化还面临南宋皇城实体再现难、与大众文化需求相对脱节、研究传播受限等困难。基于此，报告提出了推进宋韵文化开发的建议。①将宋韵文化作为浙江省对外交流的“大美窗口”。相对淡化历史政治元素，淡化北南两宋区别，将宋文化阐释为一个能代表中华国韵的整体审美语言系统；在宋词之外，寻找新的宋文化代言样式，优先考虑图像和空间设计在古今合璧过程中的创新力和传播力，切准宋韵审美与现代审美的相通相融之处，提升浙派文化审美品格，为塑造当代精神文化需求提供浙江样本。②依托大项目和“海外文化转码人”丰富宋韵文化要素。借鉴《宋画全集》编纂模式，适时论证启动“宋韵文化”重大项目，集结国内外资源和人才，确立杭州在宋文化研究领域的中心地位；努力对接“海外文化转码人”，将宋韵审美置入别样文化语境，加速其丰富再造进程；借助长三角合作机制，强化宋韵文化的传播合作。③聚焦生活化、当代化阐释宋韵审美精神。提炼“宋韵文化就是美的生活”的传播表述，立足大众文化传播视角，立足人民群众对美好精神文化生活的新期待，借传统文化精神、文化元素向当代生活致意；依托公共文化服务，面向大众充分阐释宋韵审美的精神和范式，鼓励更多创意，激活更多需求，接通古今，联通研用。④实施宋韵审美风物“打卡”计划。按年度制定特展主题，每年选定若干反映宋代文雅生活的器物文物，细致详尽再现其功用、设计、工艺及审美意韵和生活场景，带动具有宋韵的高质量设计、建筑和公共艺术作品的涌现，让宋韵走进大众日常生活。[①]

2021 年 7 月 15 日，浙江省哲学社会科学工作办公室公布 2021 年度浙江省哲学社会科学规划对策研究类课题（社科要报专项等）立项名单，其中浙江师范大学李康杰教授的“关于推进宋韵文化传承与创新工作的对策建议”获得课题立项支持。[②] 据悉，该对策建议分析了浙江省“南宋文化”传承发展现状和面临的问题，提出相关对策建议：一是注重顶层规划设计，突出“一核多点”；二是加快研究成果转化，争创“两个产出”；三是提升宋韵文化品牌，做好“三个结合”；四是融入生产生活日常，推出“四个一批”；五是加大宣传传播力度，整合“五种资源”。[③]

2021 年 9 月 14 日，浙江省社会科学院陈野研究员在《智库报告》发表《研判南宋资源提炼宋韵文化的若干建议》，省委主要领导对此作出批示。报告对宋韵文化概念的边界和内涵作出阐释，建议以全地域、全领域、全时段的视角，坚持比较研究的方法，在文明演进的总体格局里，全方位、整体性、长时段地研究宋韵文化。一是全地域视角，即“跳出杭州、浙江看宋韵文化”，放眼遍及杭州、浙江、江南、

---

① 徐吉军、周静《挖掘宋韵文化基因建设浙江文化高地》一文，刊登在浙江省社科院《智库报告》2020 年第 34 期的具体信息，承蒙浙江省社科院发展战略和公共政策研究院学术秘书金立女士提供，谨此致谢！

② 《关于公布 2021 年度浙江省哲学社会科学规划对策研究类课题（社科要报专项等）立项名单的通知》，浙江省社科联，2021 年 7 月 15 日。

③ 《省委、省政府领导对〈浙江社科要报〉2021 年第 9 期作出批示》，浙江省社科联，2021 年 2 月 7 日。

全国范围的两宋时期地域范围，全方位开展研究。二是全领域视角，即“跳出文学艺术看宋韵文化”，深入南宋经济、政治、社会、思想、科技、文学、艺术等各个领域，深入官方文化、精英文化、大众文化等不同层面，开展整体性研究，提炼其中最具本质特征的文化精神和丰富多彩的文化元素。三是全时段视角，即“跳出南宋、两宋看宋韵文化”，以两宋为研究和提炼宋韵文化的基本范围，将两宋置于同古代中国各个历史时期的比较中，以长时段的历史眼光系统性地阐释评价其特色和成就，准确提炼其中具有历史进步意义的优秀元素。①

2022 年 7 月 8 日，浙江省社会科学院哲学所副所长张宏敏研究员在《宋韵文化研究专报》发表《宋韵文化的学科属性亟需明确》。该文认为，2021 年 8 月省委文化工作会议召开以来，《浙江日报》、《钱江晚报》、《杭州日报》、“浙江在线”、“杭州网”等报刊、网站发布的“宋韵文化”主题新闻报道颇多。但是理论界、学术界对“宋韵文化”的“容受”还是受到限制。从一定意义上说，“宋韵文化”在浙江省内的宣传理论界存有一种“自说自话”“孤芳自赏”的倾向。也如前文所示，作为学术范畴的“宋韵”已进入宋代文学、美学的研究领域，但其学术影响力尚未得到充分挖掘，仅限于宋代文学中的“宋词”；而宋史学界、中国思想史界等并未对“宋韵”“宋韵文化”有过多关注。故而，要让“宋韵文化”全方位融入传统文史哲等基础学科领域，就亟须我们先来明确“宋韵文化”的学科属性，并开展学科的交叉融合研究工作。省委文化工作会议要求“从思想、制度、经济、社会、百姓生活、文学艺术、建筑和宗教等方面全方位立体化系统性研究阐述宋韵文化”，就是要求从中国思想史（哲学史）、政治制度

① 《研判南宋资源提炼宋韵文化的若干建议获省委主要领导批示》，浙江省社会科学院官网，2021 年 9 月 16 日。

史、经济史、社会学、民俗学、文学、美学、艺术学、建筑学、宗教学，也包括文化学、新闻传播学等多学科出发，进行学科大交叉、大融合的科研团队大整合，进而充分把握宋韵文化的精髓、历史意义和时代价值。[①] 2022 年 7 月 18 日，《宋韵文化的学科属性亟需明确》一文获省委宣传部常务副部长来颖杰同志批示："这个研究很有现实意义。明确界定宋韵文化的学科属性很有必要。请葛部长并专班研阅。请社科联提出工作建议。"

四　开展"宋韵文化"专题学术研讨

2021 年 5 月 22 日，由杭州市社科联（院）、杭州市图书馆主办，杭州市社会科学院南宋史中心承办的"德寿宫与南宋历史文化系列讲座"（共四期）在杭州市图书馆开讲。[②] 第一讲由北京大学考古文博学院徐怡涛教授作"北宋将作监《营造法式》概述"的主旨演讲。6 月 6 日，杭州市文物考古研究所王征宇副所长带来"透物见人——德寿宫遗址考古发掘记"的讲座。6 月 19 日，浙江省文物考古研究所朱穗敏副研究馆员以一场"意匠生辉——浙江宋式建筑概说"的讲座，讲述宋代建筑的研究范围如何拓展到全省。7 月 10 日，浙江省社会科学院王宇研究员所作的"德寿重华——德寿宫与南宋中期政治"讲座，将南宋深宫内院错综复杂的帝王家事娓娓道来。[③]

2021 年 9 月 13 日，由浙江省博物馆、浙江省博物馆学术委员会、浙江省文物考古研究所、浙江省考古学会、浙江省文物考古研究所学术委员会、钱江晚报联合主办的"宋韵——讲好宋韵故事传承历史文

---

① 张宏敏：《宋韵文化的学科属性亟需明确》，《宋韵文化研究专报》（浙江省宋韵文化研究传承中心主办）2022 年第 5 期。

② 《聆听宋韵文化，〈德寿宫与南宋历史文化系列讲座〉开启第一讲!》，搜狐网，2021 年 5 月 22 日。

③ 《〈德寿宫与南宋历史文化系列讲座〉圆满落幕》，《杭州日报》2021 年 7 月 27 日。

脉”主题沙龙活动在浙江省博物馆孤山馆区文澜阁罗汉堂举行。

2021年10月20日，由浙江省委宣传部指导，浙江日报报业集团主办，天目传媒，上城区委、区政府承办的“宋韵文化：传世与传播——2021中国（杭州）宋韵文化论坛”在杭州上城区举行。浙江省委宣传部副部长葛学斌，浙江日报报业集团总编辑张燕出席活动。论坛上，中国宋史研究会前副会长、西北大学宋辽金史研究院常务副院长王善军，华东师范大学古籍研究所教授顾宏义，四川日报新媒体编辑运营中心副主任张立东分别发表主旨演讲，共同研讨宋韵文化的传世与传播。在圆桌对话环节，浙江省社会科学院历史研究所原所长徐吉军，温州市永嘉县委宣传部常务副部长林久区，安徽滁州市琅琊山管委会副主任李大龙，杭州市上城区清河坊资产管理有限公司总经理游文程，杭州宋代玉器艺术馆馆长何少峰围绕“宋代生活美学如何转化为新国风新国潮”这一主题进行对话。其中，徐吉军认为：“北宋都城开封和南宋都城临安，都是当时世界上首屈一指的国际性大都市，是当时世界上百姓生活最幸福、生活质量最高的城市，也是当时的时尚之都。其居民的品质生活，如饮食、茶道、服饰、美容、起居、插花、焚香、收藏、体育活动、休闲旅游以及游戏与玩具等，都可以转化为当代生活美学的新潮流。”论坛现场，天目新闻联合中国人民大学唐宋史研究中心包伟民团队、浙江大学传媒与国际文化学院共同发起并启动“青鸟杯——宋韵文化传播经典案例全球征集”活动，面向全球征集宋韵文化传播经典案例。[①]

2021年10月23日，由浙江省社会科学界联合会、浙大城市学院共同主办，浙大城市学院历史中心承办的“历史叙述”工作坊在杭州

---

① 《“宋韵文化：传世与传播”论坛在杭州举行 征集全球经典案例》，快资讯，2021年10月20日。

举行，与会专家围绕宋代文化展开深入研讨。

2021 年 11 月 17—18 日，浙江省儒学学会、杭州市文保中心联合举办“宋韵与宋文化”主题讲座。其中，何俊主讲“程朱理学的话语形塑”，白效咏主讲“仁宗朝政治运作与宋韵诞生的社会政治环境”，范立舟主讲“宋明理学与人生修养”。

此外，在 2021 年，由浙江省社科联、浙江省钱塘江文化研究会、杭州市上城区委宣传部主办，杭州市上城区社科联、华语之声联合承办的“智者面对面”节目，以直播访谈的形式，邀请社科专家学者走进直播间，解读分享宋韵文化，打通社科专家与网友的交流互动通道，旨在挖掘宋韵文化特质内涵和当代价值，助力打造宋韵文化品牌，让宋韵文化金名片更加深入人心、走向世界，引领社会新风尚。①浙江省委宣传部原常务副部长、浙江省钱塘江文化研究会会长胡坚以“光阴流转宋韵千年：解读宋韵文化与当代生活”为题，分享了“宋人十雅”，与大家一起了解了宋代的雅文化，领略“风雅处处是寻常”的宋韵风采，感受其在当代的传承延续。对杭州人来说，宋的精神、宋的美感是骨子里的东西。这不仅仅是传承，更是一种古为今用的发展与弘扬。宋人对文雅生活有着极致的追求，他们从本来属于日常生活的细节中提炼出高雅的情趣，为后世奠定了风雅的基调。焚香、点茶、挂画、插花四般闲事，就是从宋朝开始兴起的，用当代的目光去看待宋朝的这种雅致生活，能够发现其相通之处。②浙江省历史学会副会长、浙江大学兼职教授周膺以“宋韵：难以超越的极致与高度”为题，向听众阐释了他对宋韵的内涵、意趣的理解，并从雅致与世俗两个维度分享宋韵的丰富内涵：宋韵是宋朝、宋人或宋文化构成的一种特具魅力的韵意，代表着中华文明的高度，它对人性或人格给予充分尊重，让每一个人都成为文化创造的主体；宋韵代表着中华文明创造的极致，它综合多元文化因素进行多维度多层次集成创新，总是让后世高看，也让后世难以超越。③浙江省社会科学院历史研究所原所长、浙江工业大学中国钱塘江文明研究中心主任徐吉军以“寻觅宋朝印记，感受品质生活”为题，带大家走进了宋人的日常生活，描述宋人的衣食住行并解读了宋朝繁盛背后的原因。④浙江大学教授、浙江省钱塘江文化研究会副会长李杰以“传承城市基因，打响宋韵品牌”为题，分享了宋韵文化品牌传播方面相关的知识，带大家探讨了宋韵 IP 的创建问题。[①]

2022 年 3 月 16 日，由浙江省方志办指导、杭州市直属机关工作委员会、杭州市人民政府地方志办公室、杭州市文学艺术界联合会主办，杭州市方志馆承办的“典籍中的杭州，史志中的宋韵”主题系列活动启动仪式在杭州市方志馆举行。启动仪式后，《西湖繁胜全景图》之“南宋西湖探秘”首发。据文献记载，宋代修纂的浙江省志、府志、县志有 129 种，数量居全国各省之首。全国现存宋代方志有 34 种，其中浙江有 18 种，占半数以上。其中，南宋时期纂修的 3 部《临安志》，既是中国古代方志的定型之作，又是记述杭州作为南宋皇城的“一方之全史”，是杭州研究宋韵文化的珍贵资料。此次系列活动以“方志奇妙夜”“南宋运动会”“走读杭城宋韵”“方志文化进军（警）营、进社区、进学校、进机关”等丰富多彩的形式，全方位展示了“典籍中的杭州，史志中的宋韵”，引导大家在互动体验中探寻史志文化。[②]

2022 年 4 月，由中国城乡建设产业协同创新平台、杭州市建委指导，浙江大学建筑设计研究院与南宋文化推广中心联合主办的“宋

① 《传承宋韵文化，助力精神共富——“智者面对面”的这一年》，浙江省社科联，2022 年 2 月 19 日。

② 《“典籍中的杭州，史志中的宋韵”活动昨启动》，《杭州日报》2022 年 3 月 17 日。

《营造法式》刊行920周年学术研讨会暨第三届南宋文化国际高峰论坛”在杭州举行。会上，浙江大学建筑设计研究院院长杨毅代表主办方致辞，同济大学、浙江省文物考古研究所和浙江大学建筑设计研究院的专家，分别就宋韵空间既有建筑营造的研究、中国木构建筑起源与历史影响、江南宋代建筑与宋韵作了主旨报告。在随后的“宋韵圆桌会议”上，专家们就宋韵艺术与城市建设、中西文化比较、宋韵遗产保护等多个话题展开了广泛而深入的互动交流。会后，举办丝竹茶香、书画鉴赏等活动，可谓宋韵流动、异彩纷呈。立足树立文化自信，围绕“宋韵文化传世工程”，此次会议也结出了丰硕的果实——成立由中国城乡建设产业协同创新平台长三角区域委员会组建的“浙江宋韵空间既有建筑营造中心”。中心旨在挖掘、研究、提炼、传播、传承宋韵营造文化，营造既有建筑的宋韵文化内涵，复兴宋式空间，进而引领产业经济，吸纳更多的能人贤士参与到宋韵文化保护传承的事业中来。中心主要围绕宋韵文化开展课题研究、学术研讨与交流，围绕宋词、宋画、宋乐、宋舞、宋服、宋妆、宋瓷、宋丝、宋式建筑、宋式插花等营造宋韵生活空间，为诗画浙江、韵味杭州的城市有机更新和乡村振兴提供政府决策、文旅融合、规划发展的求是力量。宋代是我国古代建筑发展的一个高潮，在工程组织与管理、规划设计理论、建筑营造制度、建筑技术与工艺等各方面都达到前所未有的巅峰状态。李诫，《营造法式》的编修，正是对这一时期伟大成就全面总结的卓越成果。《营造法式》始编于北宋熙宁年间（1068—1077），元祐六年（1091）成书，是王安石变法期间重要的财政、经济相关条例成果之一，意在杜绝工程领域的贪污腐败现象，关防工程工料。绍圣四年（1097）李诫奉敕重修，元符三年（1100）修订完毕，并经御览，于崇宁二年（1103）付梓刊行。该书记载着宋代建筑的制度、做法、工料、图样等珍贵史料，是研究中国古代建筑的一部极为重要、富有科学价值的“文法课本”，是保存我国古代建筑工程与艺术成就巅峰的代表性典籍。《营造法式》虽为北宋建筑制度与管理方面的官书，但由于作者编著时遍访工匠，其技术来源广泛，收集了大量唐末、吴越以来江南高超的建筑技艺，其成书技术源流中的江南因素甚大。宋室南渡后，《营造法式》在江南再刊，使得《营造法式》制度做法进一步影响江南建筑的演化，及至明初。所以，就浙江地区唐末至明尤其是宋代的建筑历史文化研究而言，《营造法式》极为重要，是打开江南建筑宋韵之门的一把金钥匙，也为解读宋韵的精神内涵提供了重要的历史文献。[①]

2022 年 4 月 21 日，智者面对面——尚城社科直播间“宋韵文化的海外影响与国际传播”在皋亭山宋韵展陈馆开播，杭州师范大学人文学院林航教授从海内外学者对宋韵文化的不同认知入手，带领听众跨越地域与民族，解读宋韵文化的海外影响力。对于宋韵文化具备哪些基本特质，林航教授认为，宋韵代表着一种雅正的审美文化，本色而自然，在平易中见颜色、见才华、见创建。宋韵代表着中华文明的高度，它对人性或人格给予充分尊重，让每一个人都成为文化创造的主体。宋韵代表着中华文明创造的极致，它综合多元文化因素进行多维度多层次集成创新，总是让后世高看，也让后世难以超越。宋韵有一种思想和精神的魔力，它追问万事万物的“理趣”，将争论提升为思辨，也更高程度地思考科学技术的可能。宋韵也代表着一种社会性的审美状态，它将国人整体建构为审美主体，将世俗生活最大限度地化为艺术，使雅俗互通、互构、互成。“韵”本为中国古代审美范畴

---

① 《打开江南建筑宋韵之门：“第三届南宋文化国际高峰论坛”在杭举行》，《宣传半月刊》2022 年第 8 期。

之一，而宋韵文化之“韵”则具有更丰富的内涵，既包括宋代辉煌的文学艺术之风韵，也涵盖宋代人格气象的神韵，更指向宋代时代精神的气韵。既有深度，又有广度。程朱理学在与陆学的辩论中，将之前的中国古代传统思想进行了总结整理，形成了更为系统的学术思想，去探究宇宙自然是从哪里来的，人生的意义是什么，讲究格物致知，讲究知行合一。宋朝人把平常的争论上升为具有思想高度的思辨。宋之前文化主要是贵族精英享受的。宋代文化开始世俗化、大众化，人人都有权利享受文化、创造文化。特别是科举制开始规范化、普及化，一方面构建了一个广泛的士大夫群体，形成了“先天下之忧而忧，后天下之乐而乐”的家国情怀和时代担当；另一方面加速了社会阶层间的流动性，使雅文化与俗文化互动发展，形成一种雅俗共享的市民文化、社会文化。[①]

2022 年 5 月 11 日，智者面对面——尚城社科直播间“宋韵：审美趣味与人文精神”在杭州书画社开播，浙江省历史学会副会长周膺作了主题分享，他向大家介绍了宋代雅俗交融的审美意趣及其所体现出来的强烈人文精神。宋代审美趣味体现了对人的关怀和对人性的尊重，较大程度摆脱了政治附庸和工具的地位，回到了人的自我意识、自我认识本体位置。一方面，它倡导基于人的自由进行艺术创造，深刻表现人性、社会和自然，较大程度使艺术回归于本体；另一方面，它倡导艺术为社会大众服务，而不局限于为少数精英服务，并且以艺术娱人和进行思想启迪，从而提升全社会的精神文化水平。[②]

2022 年 5 月 21 日，由纯真年代书吧和浙江省社会科学界联合会、

① 《尚城社科直播间：解读“宋韵文化的海外影响与国际传播”》，浙江省社科联，2022 年 5 月 11 日。

② 《宋韵：品味雅俗间的审美意趣，感受难以逾越的艺术高峰》，浙江省社科联，2022 年 5 月 13 日。

彭埠尚品·同心彭友汇、彭埠街道文化站、钱报读书会合作举办的“宋韵与宋画”在杨柳郡的纯真年代书吧举行，主讲嘉宾是浙江省宋韵文化研究中心专家委员会委员、西泠印社社员寿勤泽。寿勤泽认为，我们讲浙江文化辨识度、地域文化精准度，指的是在两宋时代从人的思想到制度，再到建筑、绘画、书法、艺术等各个领域可提炼出来的最富有人文精神的价值。简单来说，宋韵文化就是一种有历史特征、地域标识的文化价值观，回到宋画上来，则每一笔每一段都能够体现出“韵”的味道。让千年宋韵在新时代“流动”起来、“传承”下去，同时传播出去，是时代赋予的命题。①

2022 年 6 月 26—27 日，由浙江省社会科学界联合会、浙江大学共同主办“浙学论坛 2022——宋韵与浙学：文化基因的新时代解码与传承”学术研讨会在台州市黄岩区举行。论坛以“宋韵与浙学：文化基因的新时代解码与传承”为主题，通过阐释宋韵文化概念、分析宋韵文化表现形式、解析宋韵文化构成基因、揭示宋韵文化表现当代实践等多重视角，探索浙江宋韵文化的优秀基因、充分挖掘丰富的宋韵文化资源与历史遗存，推动宋韵文化研究在新时代的创造性转化和创新性发展，为新时代文化浙江建设发展提供强大精神动力和思想资源。②①杭州师范大学沈松勤教授分析在制度规范下的各种实践活动形成的历史，诗、词、文、音乐、绘画、建筑、陶瓷等各类文学艺术，“学统四起”后形成的理学即哲学等宋韵文化的三大构成方面，总结出作为以经世为目的的哲学，宋代理学以儒家思想为主，汲取释、道两家的精华，融合成体大思精的理学体系，成为宋韵文化的核心与大脑。

① 寿勤泽：《何谓宋韵？至微至细张扬成为至刚至大至阳至上的文化姿态》，“纯真年代书吧”微信公众号，2022 年 5 月 26 日。

② 《解码宋韵文化基因传承浙学文脉底蕴：“浙学论坛 2022”举办》，浙江在线，2022 年 6 月 28 日。

②哈佛大学的包弼德教授借助文本数据、地理环境、人物活动等信息系统手段，从家族、交游、政治、文学等不同角度，全方位探讨了宋代浙江地方学术思想人物在宋元婺州学术史中的地位及思想特征，丰富了浙学人物思想研究的内涵和外延。③中山大学曹家齐教授从宋代入台日僧记录入手，细致地分析北宋时期台州的官员结构、日常行政的运作实态及地方政治与社会情境。为研究北宋台州地方社会与文化，提供弥足珍贵的史料，呈现生动的研究成果，并指出研究宋代地方行政尝试新方法的可能性。④大阪市立大学平田茂树教授介绍国际宋代政治史研究的新视野，并借鉴政治学中国际政治学、宏观政治学、微观政治学等研究手法，利用其研究思路，拓展了国际宋代政治史研究对周边史、区域史、基层社会史等研究的必要性与新可能。⑤浙江大学龚延明教授集中关注黄岩宋韵文化的主创群体——进士。以科举人物大数据分析的方法，展现宋代黄岩全部进士群体资料，分析黄岩宋韵文化的创造群体特征与意义。总结出从乡邦历史中探寻宋韵文化，回望历史曾经的辉煌，从历史中汲取自信的浙江宋韵文化人文理念。⑥韩国东国大学朴永焕教授以东亚地域的视角俯瞰浙江，从多元、超越、传播的角度分析浙学。他总结出浙学思想融汇儒、道、释三家的独特特征，分析了浙学多元化思想体系对东亚地区思想文化的强大辐射力。⑦台州学院李建军、张京华教授分析了台州文化的独特地位，指出其既以多元一体、百川归海的姿态显示出中华文化的共通性、向心力，也以自身特色显示出地域文化的丰富性、多样性。他们还分析了台州文化自史前走来的辉煌历程与重要发展阶段，总结出台州文化三教和合、硬气贯穿、开放走强的核心特质。[①]

① 《解码宋韵文化基因传承浙学文脉底蕴：“浙学论坛 2022”海内外学者共会黄岩》，浙江省社科联，2022 年 6 月 29 日。

2022年8月12—15日，由杭州市社会科学界联合会、浙江大学哲学学院（筹）、浙江大学亚洲文明研究院联合主办，浙江大学亚洲文明研究院宋韵与文明互鉴研究中心承办的首届“宋韵·思想”青年学者论坛在杭州举办。来自清华大学、北京大学、浙江大学、中国社会科学院、复旦大学、山东大学等高校与研究院（所），以及《哲学研究》《中国哲学史》《文史哲》《浙江学刊》《东岳论丛》等学术期刊的50余位专家学者参会。在论坛开幕式上，浙江大学亚洲文明研究院执行院长黄华新教授指出，宋韵文化是浙江省重点打造的具有中国气派和浙江辨识度的文化标识。如何让千年宋韵在新时代“流动”起来、“传承”下去，学术会议研讨就是一个很好的契机。相信这次会议能为专家学者提供宝贵的学习交流机会，推动学术领域的深入合作。浙江大学哲学学院（筹）党委书记李恒威指出，“宋韵·思想”青年学者论坛既为青年学者提供了一个交流对话、激扬思想、学习互鉴的有益平台，同时也为宋韵文化的研究、传承、传播、发扬和创新提供了一个活跃窗口。希望通过本次论坛，进一步推动哲学学院特别是中国哲学的发展和学术活动品牌的建设。本次论坛以“宋代理学人物、经典及思想研究”“浙江宋代理学史研究”“浙东学派人物、经典及思想研究”“宋代思想研究的新方法与新视野”为主题，与会青年学者进行了精彩发言。在评点环节，评议人分别对参会论文进行了精辟点评，为学术交流与进步提供了良好契机。最后，杭州市社科联副主席、浙江大学哲学学院（筹）何善蒙教授在闭幕式上表示，学术论坛是推动中华优秀传统文化发展创新的有利载体，也是青年学者展现学术魅力的良好平台。此次会议必将为宋韵文化的传承创新提供更大的思考空间，为人文学科相关领域研究提供更多的理性启示。[①]

2022年8月31日，在杭州国家版本馆，建筑主创设计师王澍以“营造现代宋韵”为题，与在场的建筑相关专业师生和从业人员分享了杭州国家版本馆的设计理念与营造过程。王澍以自己设计的宁波博物馆、中国美院象山校区等建筑为例，告诉大众杭州国家版本馆的新技术和建筑理念是一种延续，“现代宋韵”的建筑想法并非“拍脑袋”而来；以《山庄图》《仿黄鹤山樵山水图》等宋画为“教案”，来解释建筑与自然山水间的关系，强调建筑在景观大局中的角色，需实现与周围环境的统一；以实验室里试验出的夯土为例，佐证建筑是一门跨学科的学问，而非简单的审美艺术。[②]

2022年9月16日，由杭州市哲学社会科学重点研究基地负责人欧荣教授牵头的“宋韵文化的国际传播研究”课题结项论证会议在杭州师范大学外国语学院召开。出席课题结项论证会议的专家有杭州市宋韵文化研究中心专家委员会委员寿勤泽、杭州城市国际化研究院院长张卫良、杭州演艺集团总经理洪见成，以及课题组成员郭景华教授等。课题负责人欧荣教授从宋韵文化的当代意义、宋韵文化的国际传播现状、目前存在的不足以及对策建议四个方面介绍了课题成果。课题组从官方、学术、大众三个维度梳理了宋韵文化的国际传播现状；结合宋韵文化的国际传播现状，提出了当下还存在的若干问题，例如内容单一、缺乏系统性、缺少复合型的国际传播人才等，并提出了五点对策建言。参会专家围绕课题成果展开了热烈讨论，并逐一给出指导建议。寿勤泽建议对“宋韵”的含义进行进一步界定，选择好传播

---

① 《2022年中国·杭州首届“宋韵·思想”青年学者论坛成功举办》，“浙江大学哲学学院”微信公众号，2022年8月15日。

② 《杭州国家版本馆举办首场讲座　王澍：现代宋韵，这样打造而来》，浙江在线，2022年8月31日。

什么。对于宋韵文化要取其精华，注重其创造性转化，选择当代国外受众接受度高的若干文化事项进行传播。洪见成建议根据不同的文化背景展开多元化精准传播。张卫良建议精确区分受众群体，根据国外受众的不同文化思维与审美习惯，精心选择国外受众易感知、理解的内容，选取多元的传播载体进行国际传播，着重对宋韵文化在亚洲的传播史进行梳理。此外，杭州国际城市学研究中心江山舞主任在会后也对研究报告的修订和完善提出了宝贵的意见和建议。①

2022 年 10 月 29 日，由宁波市社会科学院、宁波市社会科学界联合会、浙大宁波理工学院、浙大宁波理工学院社科联共同主办的“第二届浙东文化与东西方文明暨宋韵明心国际传播研讨会”在浙大宁波理工学院召开。来自省内知名高校和研究机构的浙学及浙江文化研究领域的专家学者在线上线下参加了会议。作为宁波市社科界第九届学术大会学术活动的重要组成部分，本次会议围绕宋韵文化、阳明文化与东亚文明形成的历史文化渊源及发展演变特点等议题展开讨论，聚焦宋韵明心思想在浙东文化及东亚文明中的传播与影响，为专家学者提供了宝贵的学习交流机会。大会报告阶段，浙江省儒学学会名誉会长吴光教授多角度多层次地解读并总结了“浙学”的概念和特色，指出“宋韵”与“浙韵”是“浙学”中浙江美韵的精彩所在，两者相辅相成、缺一不可，需要进一步深入发掘与弘扬。浙江大学学术委员会秘书长黄华新教授认为探讨浙东文明与东西方人文交流，研究宁波特色海洋文化及海港文化的历史演变，对助推宁波历史文化名城和东亚文化之都建设具有重要价值。宁波大学人文学院刘恒武教授以宋代输日佛教石刻为主要研究对象，分析指出在日宋风石狮是寄寓宋人精

① 《我院召开“宋韵文化的国际传播研究”课题结项论证会》，杭州师范大学外国语学院网站，2022 年 9 月 21 日。

神文化的意蕴空间。宁波市文化艺术研究院黄文杰研究员认为杭甬双城对话始于史前，兴于两宋，当前更要赓续传承，发掘宋韵文化转化创新的时代意义，唱响杭甬“双城记”的新篇章。浙大宁波理工学院外国语学院副院长蔡亮教授的主题报告聚焦同为改革教育家的王安石与王阳明，深度总结以“两王”为代表的“宋韵明心”思想国际传播的重要价值。与会社科专家一致认为，要贯彻好党的二十大精神，尤其是习近平总书记关于加强国际传播能力建设的重要论述，浙江社科学人应该加强中国优秀思想的国际话语转化研究，以时代精神激活宋韵和浙韵，坚守中华立场，弘扬浙江精神，共绘美韵中国。[①]

2022 年 11 月 4—6 日，由中国历史文献研究会、中华朱子学会、浙江财经大学、杭州市钱塘区委宣传部联合主办的“首届宋韵文化国际学术研讨会暨中韩青年学者论坛”在浙江杭州花家山庄举行。此次会议以线上线下相结合的方式同步进行，聚集了来自海内外知名高校的 80 余位专家学者。在 11 月 5 日上午的开幕式上，浙江财经大学党委委员楼胆群、杭州市钱塘区委宣传部部长李鹏代表主办方致辞。中华朱子学会常务副会长、华东师范大学朱杰人教授，中国历史文献研究会会长赵生群教授也作为本次会议主办单位的代表相继致辞，讲解了宋韵文化的历史价值。之后，清华大学陈来教授、朱杰人教授、浙江工业大学肖瑞峰教授、浙江大学董平教授、美国加州州立大学富尔顿分校刘纪璐教授、韩国成均馆大学辛正根教授、德国特里尔大学苏费翔教授、日本福冈国际大学海村惟一教授、日本久留米大学海村佳惟研究员分别做了主旨演讲，专家们从不同角度谈论宋韵文化，展现宋韵文化的多种面貌，表明了宋韵文化的世界影响力。

① 《以宋韵激活浙韵，共绘美韵中国》，“浙大宁波理工学院”微信公众号，2022 年 10 月 30 日。

11月5日下午，大会分哲学、文学、历史、文献等四个小组进行讨论，分别由刘传鸿教授、刘丰教授、付琼教授、顾宏义教授担任主持人与评议人。研讨会不仅深化了各个专门学科的研究，而且推动了不同学科之间的交流与融合。

11月5日晚上至6日上午，在苏费翔教授、郭晓东教授、赵金刚教授的召集下，来自中国、韩国、德国等国的青年学者参加了“中韩青年学者论坛”。本次论坛提供了汉语、韩语、英语三语发表平台，分成三个小组于线上同时进行。第一小组是文学与艺术研究，主要集中于宋代的诗词、书画、乐舞等话题；第二小组是哲学与思想研究，考察了宋代的理学、气学等不同哲学流派的思想；第三小组是历史与文献研究，侧重于宋代历史事实与文献材料的考辨。青年学者们立足于不同的学科视野，围绕不同论题展开了激烈的讨论，展现出宋韵文化多元化理解的可能性。

11月6日上午，宋韵文化国际研讨会闭幕式举行，复旦大学何俊教授、中国社会科学院李文研究员、浙江省社会科学院陈野研究员、山东大学杜泽逊教授作了专题报告，不仅有艺术史、版本学的细致考察，也有立足于国家与社会的深刻思考。随后，朱杰人教授对本次会议进行了总结，他肯定了本次会议主题的多元性与专业性，同时也期待宋韵文化研究能够更加全面地发展，加入物质文化史等其他研究视域。浙江财经大学人文与传播学院院长周保欣教授致闭幕词，他对与会专家学者表示衷心的感谢，并希望各位专家今后能一如既往地支持浙江财经大学宋韵文化研究中心建设。[①]

2022年11月5日，由中国宋史研究会、中国国际经济交流中心、

① 《我院成功举办首届宋韵文化国际学术研讨会暨中韩青年学者论坛》，浙江财经大学人文与传播学院网站，2022年11月8日。

杭州城市学研究理事会、杭州市人民政府、开封市人民政府、浙江大学、河南大学等单位指导，杭州国际城市学研究中心、河南大学中原发展研究院主办的第七届“两宋论坛”在杭州智力大厦举行。杭州城市学研究理事会理事长、两宋论坛主任王国平作题为“关于宋韵文化的思考”的书面主旨报告。他指出，宋代上承汉唐、下启明清，是中国古代文明最为辉煌的时期。兴于北宋、盛于南宋，绵延300多年的宋代文化，把中华文明又一次推向前所未有的高度，不仅对延续千年的华夏文明产生极为深刻的影响，也为人类文明进步作出了不可磨灭的贡献。两宋时期促进了中国市民社会的形成、促成了中国经济重心的南移、推进了中华民族的大融合、奠定了理学在封建正统思想中的主导地位、促进了后世王朝政权的稳定，中华民族“大一统”的思想观念深入人心。由于两宋时代王朝政权并立、交往频繁，各民族进一步交流、融合、互动、影响，共同书写了这一时期的中国史，合力创造了民族大融合下的宋韵文化。全面把握宋韵文化的基本内涵与外延，需要辩证取舍、继承扬弃、综观全局、以人为本，从中华民族、中华文明的大格局、广视野、高站位出发，要坚持研究中国的宋韵文化，而不局限于临安或者南宋的宋韵文化。要坚持研究以人民为中心的宋韵文化，而不只停留于以帝王将相为核心的宋韵文化。要坚持研究中华民族的宋韵文化，而不拘泥于汉民族的宋韵文化。要坚持探索广义文化的宋韵研究，而不限定于狭义文化的宋韵研究。要坚持研究历史唯物主义、辩证唯物主义的宋韵文化，而不禁锢于以阶级斗争为纲的宋韵文化。全力推进宋韵文化标识打造工作，要立足南宋既有研究特色与优势，围绕南宋文化遗产保护与南宋皇城大遗址综合保护工程的重大理论和现实问题，加强基础研究、文献整理、普及传播，落实交流平台搭建、研究资源聚集、申遗保护建设。要坚持“还原一个真实的南宋，再撰一部大宋史”的工作主线，把《南宋全书》打造成传世之作，把两宋论坛办成交流高地，把南宋皇城大遗址公园建设成世纪精品，讲好“两宋故事”，进而讲好“杭州故事”“浙江故事”“中国故事”，提升杭州乃至中国的知名度、美誉度和国际影响力，让辉煌灿烂的宋韵文化在当代中国社会重新焕发活力，为当代中国发展和浙江特别是杭州地方发展先行提供强大文化动能。

开幕式上还举行了优秀研究成果颁奖仪式。同期，还举办了优秀研究成果评选、学术研讨会、“两宋文物展”、“两宋美食节”、“两宋书画展”、“两宋图书展”、“两宋菊花展”、“宋韵文化数字影像展”等活动，不但搭建了一个学术交流的平台，也创造了一个贴近百姓生活，雅俗共赏，可感知、可触摸、可传播的两宋文化展示和交流盛会。①

2022 年 11 月 12—13 日，2022 年杭州文史论坛暨“两宋社会文化之韵”学术研讨会在杭州召开，来自中国人民大学、浙江大学等全国 19 所高校和中国社会科学院等 8 家研究机构的专家学者共同参与，共提交论文 48 篇。12 日上午，论坛开幕式由浙大城市学院历史研究中心主任包伟民主持，浙江大学历史学院教授陆敏珍、浙江省文物考古研究所副研究员李晖达、中国人民大学历史学院副教授邱靖嘉分别以“仪式与政治：徽宗皇帝的葬礼”“两宋陵寝制度的传承与变革”“崇礼太子城遗址与金泰和宫兴废考”为题发言。11 月 12 日下午、13 日上午，论坛分 2 组 8 场进行研讨交流，分别聚焦“宋代饮食文化与比较研究”“宋代思想与艺术”“宋代文献研究”“宋代碑志研究”“礼仪制度比较研究”“宋代政治军事比较研究”“宗教文化比较研究”

① 《第七届“两宋论坛”在杭举行》，“杭州城研中心·城市怎么办”微信公众号，2022 年 11 月 7 日。

“宋代城市研究”等 8 个议题。13 日下午，参会学者集体赴绍兴对宋六陵进行了考察。[①]

2022 年 11 月 29 日，中国美术学院视觉中国协同创新中心主办“视觉中国宋韵大讲堂”第六讲。杭州出版社总编辑尚佐文编审主讲的题目是“匠出西湖作画屏——两宋诗人对西湖景观建设的影响”，讲座以林逋、苏轼的西湖诗词以及南宋“西湖十景”诗词为例，分析探讨宋代诗人对西湖景观审美的提炼、深化、定位、引导作用。“宋韵”系列大讲堂由中国美术学院视觉中国协创中心发起，并与媒体城市研发中心合作，借杭州的湖山胜景，邀请国内外研究宋代各领域的专家、学者、艺术家等举办讲座，对宋代的文化、艺术、思想等方面的精华进行研究与彰显，从而将宋代的文化底蕴与审美气质加以活化，以帮助我们催生今天的文艺创作，同时希望在最广泛的范围内塑造与提升我们今天的文化与审美。[②]

2023 年 9 月 8 日，宋韵文化研究传承会议在杭州举行，宋韵文化研究传承中心专家、宋韵中心项目优秀成果负责人、著名文创企业家、高校师生和媒体代表等齐聚一堂，共同回顾研究成果，深化战略思维，研讨未来的发展。

宋韵文化研究传承中心专家胡坚的发言题目是“什么是‘宋韵文化’?”。他指出，宋韵文化不能简单地等同于南宋文化，而是从宋代文化中传承下来的，经过历史扬弃的，具有当代价值和独特风韵的文化现象，包括思想理念、精神气节、文学艺术、雅致生活、民俗风情等。我们研究传承宋韵文化是因为宋韵文化蕴含以下重要的价值观——

---

① 《连续 12 年这一全国学术论坛在杭举办，2022 年杭州文史论坛本周末召开》，《钱江晚报》2011 年 11 月 12 日。

② 《视觉中国宋韵大讲堂预告　尚佐文：匠出西湖作画屏——两宋诗人对西湖景观建设的影响》，“中国美术学院研究生会”微信公众号，2022 年 11 月 28 日。

崇尚思想、精忠爱国、兴盛工商、繁荣艺术、安乐百姓、风雅生活。

万事利丝绸董事长李建华的发言主题是“AI 赋能传承宋韵之美”，他指出，AI 大模型是新的土壤、新的空间、新的机遇。以 ChatGPT、MidJourney 为代表的新一代人工智能技术的涌现标志着人类已经进入 AI 创作的时代。AI 大模型重新“定义美学、解构美学、丰富美学”，依据传统宋韵元素，以科技力量，传承宋韵之美。

宋韵文化研究传承中心专家李杰的发言题目是“宋韵：思想、符号与产业”，他指出，审美思想是打开宋韵的重要方式。从宋朝发现宋韵，从追踪文化上升到追踪韵味的轨迹，如此便进入了美学的王国。应不止步于个别的美丽现象，而尝试从各种宋韵的美中发现宋人创造美、欣赏美、思考美的共同思维，从而探索宋韵文化的审美思想。要向世界讲好宋韵故事，就要打造“宋韵形象”“宋韵空间”“宋韵仪式”三大 IP，构建“人—空间—行为”三位一体的宋韵文化生态，让宋韵文化早日成为可感、可触的中国传统精神符号。

浙江省社会科学院陈野研究员的发言题目是“绘见：两宋的清简雅正之韵”，她指出，讲宋韵不能只讲四大雅事“焚香、点茶、挂画、插花”，它是一个相对全面、整体的东西。从宋画的角度，可以看到宋代的文化氛围，看到清简雅正之韵。两宋时期有艺术造诣非常深厚的群体，社会的艺术氛围浓郁。两宋绘画十分重视社会功能的道德教化作用。两宋时期的画院体制健全，这对绘画的发展起到很大的作用。宋画的创作题材多元，反映社会百态。同时，宋人倡导写生方法，推崇写实精神。

浙江省创意设计协会秘书长李佳的发言题目是“宋韵文化的设计活化与思考”，他指出，宋韵是两宋时期的文化美学、精神价值和物质形态，是两宋文化的核心与精华。宋韵文化汇聚了两宋时期独特的文化风尚和精神气质，是中华优秀传统文化的重要组成部分，具有跨越时空的当代价值和博大深远的世界意义。应基于在地宋韵文化基因，通过设计活化，形成宋韵文化的当代价值认知，促进其融入大众文化消费的生活场，助力建设见人、见物、见生活的高质量宋韵文化传世工程。

宋韵文化研究传承中心编审寿勤泽的发言题目是“宋画流失史的反思”，他指出，每一幅宋画，都是承载两宋时期我们伟大民族智慧与心血的物质遗存。宋画传世，有不少不为世人所知的故事，既有曲折的流失史，也有暖心的回归史。21 世纪，距离宋画名作散失于海外已有百余年历史，《宋画全集》的编纂出版因此提上了议事日程。《宋画全集》的编纂出版，体现了党和政府一贯以来对重要古典文化遗产的高度重视。《宋画全集》出版后，先后在海外举办巡展，让古老的宋画借助现代技术手段，在世界爱好中国古画艺术的人群中产生了良好的反响，文明互鉴，文化交流。这对于我们深入推进宋代文化史、艺术史学科建设，促进汉学与中国学的深入研究，促进世界学术交流，将发挥前所未有的重大作用。①

2023 年 9 月 22 日，由杭州市哲学社会科学重点研究基地“杭州文化国际传播与话语策略研究中心”联合杭州国际城市学研究中心浙江省城市治理研究中心、杭州师范大学党外知识分子联谊会、杭州师范大学国际教育学院等共同举办的“宋韵文化的核心概念阐释及外译传播研讨会”在杭州师范大学仓前校区召开。宋史、宋画、外国语言文学、国际中文教育、新闻传播等领域的专家学者济济一堂，就宋韵文化核心概念的考绎，以及外译传播等议题进行了深入阐释和交流探讨。

① 《宋韵文化研究传承会议在杭州举行》，“钱塘江文化”微信公众号，2023 年 9 月 11 日。

宋韵文化研究传承中心寿勤泽编审阐述了对“宋韵文化”中“韵”字的理解。在宋画中探寻昔日皇城的万千风韵，所探寻的不仅是自然之景，更是一个时代的价值。他认为，杭州师范大学宋韵文化传播领域的研究极具特色，并且有自己丰富的科研和国际传播资源，要紧密关注浙江省和杭州市的文化发展战略，在跨文化传播方面做出更大的贡献。

浙江大学历史学院陆敏珍教授回顾了“宋韵文化”概念的诞生过程。她表示，宋代文化开启了近世八百年的文化发展，由于宋代在中国历史上的特殊性和重要性，宋韵文化概念的出现是时代的必然，虽然学界就此概念的理解并不一致，但“宋韵文化”在大众传播领域已势不可挡，且有“泛滥”之态；宋韵文化国际传播研究中心把传播宋韵文化作为自己的使命，是宋韵文化研究和传播中的一大盛事，希望该中心能与已有的宋韵文化研究机构紧密合作，更好地传播宋韵文化的精髓。

新华社浙江分社方益波副总编辑认为，宋韵文化是中华文脉赓续传承的鲜亮标识，承载文化强国的厚重底蕴。宋韵文化国际传播研究中心要立足浙江宋韵资源优势，以宋韵文化为媒推动文明交流互鉴，深化全媒体融合传播，推出系列主题海外推介和交流项目，着力打造融通中外的新范畴、新表述，推动宋韵文化深入人心、走向世界，成为彰显宋韵文化，具有浙江气派和国际影响力的对外展示窗口。

杭州师范大学外国语学院孙立春教授表示，宋朝与日本之间并没有建立起正式的官方外交关系，因此，从浙江出发的民间海商，就成为维系两国关系的主要纽带。宋代浙江与日本之间的交往，是在和平的历史背景下展开的，而后来明代的文化交流则是在倭乱之患的背景下进行的。因此，有必要对在日本的“宋韵文化”遗存进行更加全面的调查和更加深入的研究。

浙大城市学院历史研究中心王杨梅博士认为，宋韵文化中的现代性元素，是当今中外共同感受宋韵的文化基础。文化的传播力既在传播者的努力，更在所依托文明的实力。随着我国国家实力的不断增强，宋韵文化的外译传播，也应更多体现中国文化的话语权。如译经的“五种不翻”，许多带有中国文化独特韵味的词语，在翻译中可更多考虑中文音译。

杭州国际城市学研究中心党组成员、研究二处处长王剑文认为，作为中华文明史上熠熠生辉的璀璨明珠，宋韵文化产生于宋代，但又不局限于宋代，它体现了一种积淀、一种渗透、一种传承，是数千年中华优秀传统文化的重要组成部分，是具有中国气派和浙江辨识度的关键文化标识。提炼中华优秀传统文化精髓，解码浙江历史文化基因，赋能经济社会高质量发展，必须抓好宋韵文化的研究、传播、转化、保护工作，让千年宋韵在新时代“流动”起来、“传承”下去。

杭州师范大学外国语学院欧荣教授阐述了“文化”的英文“culture”一词在西方文化批评史中的演变，就“宋韵文化”与“宋代文化”在英语翻译中的差异以及如何英译“宋韵文化”概念进行探讨。李雯静副教授从社会服务、课程建设、课堂教学、社会实践、文化考察、学生竞赛等方面分享了宋韵文化国际传播的举措和丰硕成果。孙海龙副教授介绍了宋代文化在17—18世纪朝鲜长篇小说中的体现。吉灵娟副教授以苏轼的诗画理论在海外的翻译与接受为例，探讨加强宋韵文化国际传播的有效路径。[①]

2023年12月2日，由中国美术学院视觉中国协同创新中心、浙

① 《宋韵文化的核心概念阐释及外译传播研讨会顺利召开》，“杭州城研中心 · 城市怎么办”微信公众号，2023年9月26日。

江省诗词与楹联学会主办，浙江中国美术学院教育基金会、浙大城市学院人文学院、浙江大学宋学研究中心协办的“宋韵新声——《宋调咏非遗》新书发布暨研讨会”召开。浙江省社科联副主席徐健，中国美术学院视觉中国协同创新中心主任卢勇，浙江省诗词与楹联学会会长王骏、副会长吴蓓，南京师范大学教授钟振振，浙江大学教授陶然等出席活动，会议开幕会由杭州出版社总编尚佐文先生主持。各位专家对“宋调咏非遗”唱和活动及创作成果给予了高度评价。

“宋调咏非遗”活动，选用100个宋词长调，咏100项浙江省非物质文化遗产，由50位词人每人分领两调发起首唱，从而引发全国范围内的唱和活动。《宋调咏非遗》是“宋调咏非遗”大型唱和活动的首唱作品结集，由中国美术学院视觉中国协同创新中心推出，中国美术学院出版社出版。此次发布会会集了来自全国各地的诗词创作者、研究者与表演者，共同见证这一创新性成果的发布，共同研讨新时代词体创作发展方向。①

五　出版“宋韵文化”研究专著

据统计，2021年12月以来，出版界公开出版的以“宋韵文化”为选题的研究论著有10余种。

1. 浙江省社会科学院组织编著《宋韵文化简读》

由浙江省社会科学院组织编写、浙江人民出版社于2021年12月出版的《宋韵文化简读》一书，是对省委文化工作会议提出的“宋韵文化”的全方面解读，围绕宋韵文化的概念内涵、精神实质、形态特征和当代价值展开论述，包含陈野撰写的“导论”，张宏敏撰写的

① 《宋韵新声回顾——〈宋调咏非遗〉新书发布暨研讨会》，“视觉中国协同创新中心”微信公众号，2023年12月13日。

“理一分殊的思想体系”，王宇撰写的“重视规则的制度设计”，王一胜撰写的“精良裕如的经济生产”，徐吉军撰写的“开放包容的社会风貌”“丰盈乐活的百姓生活”，宋雪玲撰写的“理性内敛的文学精神”，毛建波、许可撰写的“清简雅正的艺术审美”，徐吉军撰写的“整饬精致的建筑标格”，陈永革撰写的“多元自在的宗教生态”，何勇强撰写的“独步天下的科技高峰”等11个专题，集中展示了多元包容、百工竞巧、追求卓越、风雅精致的宋韵文化气象，准确把握其文化精髓、历史意义和时代价值，组织提炼“宋韵”的核心特征，让千年宋韵在新时代“流动”起来、“传承”下去。

2022年1月21日，由浙江省社会科学院主办的《宋韵文化简读》新书发布会举行。发布会现场，浙江省社会科学院院长何显明教授进行致辞，副院长陈野研究员详细介绍《宋韵文化简读》撰稿情况，浙江人民出版社总编辑王利波介绍《宋韵文化简读》出版情况。书稿写作团队陈野、毛建波、王宇、何勇强、王一胜、张宏敏、宋雪玲等分别分享《宋韵文化简读》章节内容和写作心得。最后，浙江省社科联党组成员、副主席谢利根作了指导性讲话。①

2. 浙江省委宣传部策划以“宋韵文化”为主题的“三读”丛书

为贯彻落实省委文化工作会议精神，向广大读者阐释、解读、宣传“宋韵文化”，2021年12月，浙江人民出版社推出了以“宋韵文化”为主题的“三读”丛书。该丛书由浙江省委宣传部组织编撰，共出版《开卷有益・宋韵文化之制度》《开卷有益・宋韵文化之经济》《开卷有益・宋韵文化之思想》《开卷有益・宋韵文化之文学艺术》《开卷有益・宋韵文化之教育》《开卷有益・宋韵文化之科技》《开卷有益・宋韵文化之建筑》《开卷有益・宋韵文化之百姓生活》等8种图书。每

① 《挖掘宋韵文化传承宋韵精神》，光明日报客户端，2022年1月21日。

种图书分为“概述”“名篇”“解读”“风物”4个板块。“概述”对本卷主题作总览式介绍，概括了相关宋韵文化形态的突出特点、发展过程、深远影响等；“名篇”汇编了有关相关宋韵文化形态的名篇佳作，以宋代文学作品为主；“解说”精选近现代著名宋史学者关于相关宋韵文化形态的理论文章，帮助读者把握其精髓；“风物”汇编与宋韵文化形态有关、现今保留于浙江省内的历史遗存。

3. 徐吉军等编《宋朝的365天：宋韵日历》

宋韵作为一种精神气质，反映了当时社会生活的状态，渗透在宋朝人的日常生活细节中。2021年11月，红旗出版社出版的《宋朝的365天：宋韵日历》，由浙江省社会科学院南宋史研究专家徐吉军、浙江日报杭州分社记者团队共同创作，《宋朝的365天》编委会编著，浙江省社会科学界联合会和杭州市上城区委宣传部提供合作与支持。

《宋朝的365天：宋韵日历》精心撷取了宋朝人生活中的宝贵点滴，将散落在历史长河中的璀璨明珠串联起来，尽最大可能还原宋朝人的生活场景，让读者得以通过一本宋韵日历回望宋朝。全书采用12种莫兰迪色作为主色调，并在此基础上做了色块分区，将一年四季、二十四节气作为主线牵引，配以高清的宋画图片，对古朴典雅又风流自洽的宋韵加以呈现。之后，红旗出版社还将继续围绕宋韵文化推出系列策划，作为浙报集团贯彻省委文化工作会议精神、大力宣传推广宋韵文化的重要项目之一。①

4. 政协杭州市上城区委员会编著《宋风流韵》

2022年2月，政协杭州市上城区委员会组织力量编著的《宋风流韵》一书，由杭州出版社出版。该书围绕“宋韵是什么”这个命题展

① 《红旗出版社新书〈宋朝的365天：宋韵日历〉带你寻味宋生活感受宋文化》，红旗出版社旗书网，2021年11月24日。

开论述，从文治、盛学、营造、风雅、精工、新潮、和谐、富庶、风味、包容等10个话题入手，结合杭州等地域的历史文化故事、历史遗存，通过一个个具有代表性、典型性的故事，来解析宋韵内涵在政治、经济、文化、科技、社会方面的投射和表现，力求为读者呈现“宋韵是什么”的“非唯一”答案，让千年宋韵在新时代“流动”起来、“传承”下去。

此外，该书将徐吉军研究员撰写的《宋韵：登峰造极的两宋文明》作为“导言”，其中指出，宋代的韵味具体体现在以文立国、官员以天下为己任、多元文化并存、重视对外交流、科技强国、商业革命、城市文明、辉煌的文化成就、雅致的品质生活、移风易俗等10个方面。

5. 司马一民、凌雁合作编著《楼外楼宋韵新滋味》

杭州市政协智库专家司马一民和资深媒体人、作家凌雁编著的新书《楼外楼宋韵新滋味》，于2022年5月由杭州出版社出版。2022年6月发布的“浙版好书榜”中，《楼外楼宋韵新滋味》榜上有名。

说到宋韵，杭州是当仁不让的集聚地和传承发展地；说到宋韵美食，就不能不说杭州楼外楼对于宋韵美食文化的传承和发展。楼外楼注重宋韵美食文化的传承和发展，这家开在西湖孤山外已有170多年历史的名店，一直传承着宋代以来宋嫂鱼羹、东坡肉等一批杭州的传统名菜及烹饪技艺，近年还研制出“东坡宴”等仿宋菜。2021年下半年，楼外楼与两位作者合作又开展了“宋韵美食文化品鉴”活动。这项活动有两个部分：一是创制“西湖十景宴”，把西湖十景入菜，要求大厨们融烹饪技术于西湖十景之中进行艺术创作；二是推出“宋韵美食新滋味”，要求大厨们根植于宋代美食的基本要求，创作出符合当代人营养需求又有审美情趣的作品。当然，好吃好看是必需的。

《楼外楼宋韵新滋味》一书，是楼外楼“宋韵美食文化品鉴”活动成果的书面呈现，通过对带有浓厚宋韵意境的“西湖十景宴”和“宋韵美食新滋味”进行美食文化解读，图文并茂地奉献给读者。这是楼外楼传承创新的浓墨重彩又一笔，是宋韵美食文化的新体现。

杭州市文史研究馆副馆长吴晨评价说：“美食文化是宋韵的重要组成部分，楼外楼的创新是杭州美食文化对宋韵的传承，是宋韵的具体体现，是意境化的宋韵。”杭州市社会科学院经济研究所所长周旭霞研究员评价说：“读《楼外楼宋韵新滋味》，感到楼外楼在传承宋韵文化方面非常尽力，这是百年老字号的责任担当。老字号是一座城市的文化符号，像杭州这样的历史文化名城，正是有了楼外楼这样的老字号，从一个侧面彰显了厚重的历史感，传承和体现了宋韵。”①

6. 南宋书房编、赵群伟著《宋韵迹忆——藏在文物中的两宋史》

南宋书房编、赵群伟著《宋韵迹忆——藏在文物中的两宋史》（浙江出版集团数字传媒有限公司，2022）一书指出，宋朝文物留存至今有很大的历史价值，“一页宋版，一两黄金”，欣赏文物既可以感受一场精彩绝伦的视觉盛宴，又可以了解书籍中找不到答案的历史。从宋朝文物中可以窥探两宋秘史的蛛丝马迹，而这也可以弥补历史记载的不足。该书中的文章多从一件或几件文物入手，将着眼点放在历史的深处，从不同角度发掘中华民族丰厚的历史记忆与文化积淀。

7. 寿勤泽著《画中乾坤：宋画宋韵与西子湖》

寿勤泽著《画中乾坤：宋画宋韵与西子湖》一书，于2022年8月由杭州出版社出版。该书从解剖一幅幅名作的“骨骼”与“肌理”入手，阐析技法，分析内蕴，为读者层层揭示出深藏于名家名画背后的

① 《〈楼外楼宋韵新滋味〉演绎宋韵“四重奏”》，钱江晚报新闻资讯客户端“小时新闻”，2022年7月6日。

一段段真实故事，这为我们深入了解宋代杭州绘画艺术史提供了一把宝贵的金钥匙。

8. 胡坚著《宋韵文化创意》

胡坚著《宋韵文化创意》一书，系“宋韵文化丛书”之一种，于2022年10月由浙江工商大学出版社出版。该书从宋韵文化创意的7个方面，即宋人优雅生活创意、旅游创意、城市建设创意、美食创意、宋画产品创意、音乐艺术创意、服饰创意出发，结合当代文化创意产业发展需求和浙江相应领域的文化产业特色，从机理和意义层面进行了深刻而独到的剖析，为我们展现了宋韵文化对如今文化浙江乃至全国文化创意产业发展给予的启示和相应的具体方案。

9. 吴晶、周膺合著《诗词里的宋韵》

浙江省社会科学院历史研究所吴晶研究员、杭州市社会科学院原副院长周膺研究员合著《诗词里的宋韵》一书，系“宋韵文化丛书”之一种，于2022年10月由浙江工商大学出版社出版。宋人的世情雅韵很多都被记录在史书、诗文、杂记、绘画、音乐之中，该书选择宋代诗词里一些脍炙人口的名句，写出名句背后的人与事、字里行间的宋代世情与雅韵，希望可以让宋人的情志、人生观还有生活情趣、休闲审美理想成为滋养今人生活、学习的有益成分。该书侧重于精神和价值层面的阐释，同时也注重可读性，每个选题结合故事、人物和社会风俗展开，并配合形象场景和历史背景配置插图。总之，该书以宋诗宋词为解释基础，着意于诗词名句这一特定角度表述宋韵，以期达到雅俗共赏的目的。

10. 杭州市社会科学院组编《宋韵文化》（第一辑）

杭州市社会科学院组编《宋韵文化》（第一辑），于2022年11月由上海古籍出版社出版。刊出的14篇文章中有专题论文7篇、札记3

篇、人物访谈 1 篇、译文 1 篇、书评 2 篇，从不同的角度对宋代制度、经济、宗教、文学艺术等进行研究。

11. 葛永海等著《俗世雅意：浙风宋韵的多维审视》

葛永海等著《俗世雅意：浙风宋韵的多维审视》一书，于 2022 年 12 月由中国社会科学出版社出版。该书所研究的“宋韵文化”特指具有浙江辨识度和风格特征的宋韵文化，故被称为“浙风宋韵”。该书立足于文、史、哲、艺等不同维度，将浙风宋韵分解为“城市之韵、通俗文艺之韵、词之韵、诗文之韵、艺术之韵、思想之韵”6 个方面，其内在逻辑在于，在宋代城市化进程中，世俗化运动构成了能量巨大的动力机制，形成了“城市—通俗文艺—词—诗文—艺术—思想”这样一个物质文化发端、文学艺术浸染、学术思想收束的层层推演的“宋韵文化冲击波”。该书通过探讨不同形态的宋韵文化类型以及其所表现的重要特征，聚焦和观照浙风宋韵之“俗世雅意”，揭示其在宋代确立的范型意义以及对于后世的深远影响。

12. 李思屈著《宋韵审美思想》

李思屈著《宋韵审美思想》，于 2023 年 8 月由浙江工商大学出版社出版。该书认为，宋韵审美思想是宋韵艺术和生活的深层逻辑。该书从南宋时期以毕生精力思考诗歌审美、思考韵味问题的体制外美学家严羽切入，将他作为打开宋韵审美思想大门的一把钥匙，通过阐释其“以禅喻诗”、讲求“妙悟”的审美思想，展示闪耀着宋韵文化光辉的宋人精神世界。全书分 8 章，对“宋韵中的生命之问与时代精神”“严羽及其审美思想”“宋韵审美的结构”“‘以禅喻诗’：别样的宋韵”“审美‘气象’：雄浑与清空”“韵味之思：‘妙悟’与‘涵泳’”“韵的自觉”“宋韵重光：从诗学到生活美学”等内容进行了深入而有见地的阐释。总之，该书通过对严羽生平及著作《沧浪诗话》的解读，探寻了宋韵文化优雅精致、富有余韵的精神境界，并挖掘了宋韵文化在生活美学、乡村文化振兴等方面的当代价值。

13. 浙江古籍出版社与浙江大学宋学研究中心合作策划“宋学研究”丛书

浙江古籍出版社与浙江大学宋学研究中心合作策划推出“宋学研究”丛书，包罗了宋学研究专家邓小南、包弼德、路育松、张剑、平田茂树、赵冬梅、缪哲等的宋学研究最新著作。2022 年 12 月，平田茂树的《宋代政治的空间与结构：科举社会的“人际网络”研究》出版；2023 年 1 月，张剑的《宋代文学与文献考论》推出。

六 发表“宋韵文化”研究论文

何谓“宋韵”，自 2021 年 8 月 31 日浙江省委文化工作会议召开以来引起了浙江社会各界的普遍关注和讨论，全省各地政府部门都在思考如何基于本地的历史文化资源，让宋韵文化建设落到实处。为此，浙江省内的理论界、学术界积极撰写关于“宋韵文化”的研究阐释文章，有力地推动了“宋韵文化”理念在各行各业的宣传。

1.《宣传半月刊》推出“宋韵新风款款来”专辑

2021 年 11 月 25 日，由浙江省委宣传部主办、浙江日报报业集团合办、浙江共产党员杂志集团出版的 2021 年第 22 期《宣传半月刊》，推出“宋韵新风款款来”专辑。卷首语是《宣传半月刊》副主编徐澜撰写的《问宋寻韵美好生活》。相关编选文章有：季方的《宋韵新声》、胡坚的《我们从宋韵文化中学到什么》、陈野的《宋韵文化的六种精神》、郑嘉励的《宋韵概念的八大方向》、李飞的《将宋韵融入当下生活》、范卫东的《让千年宋韵流动起来》、马敏的《揭开德寿宫的神秘面纱》、林雨晨的《放翁祖居地诗词传美学》和潘晓辉的《“宋诗之河”流淌常山》，并附录有《从阅读中认识宋韵》的书单。

《宣传半月刊》的“宋韵文化”研究专辑，汇编了目前浙江省内宣传理论界关于宋韵文化的内涵与外延及基本精神的基本观点，例如，①郑嘉励的文章《宋韵概念的八大方向》，归纳了广义宋韵概念的八大方向：浩然正气的爱国主义、以天下为己任的士大夫精神、经世致用的“浙学”思想、风行天下的海外贸易、典雅敦厚的士大夫生活美学、丰富多元的市民生活、奠定后世审美范式的文化艺术、以三大发明为代表的科学技术。以上“宋韵八条”即宋韵文化建设八大框架性思考。“宋韵”概念的本质就是各地要在此框架下从宋代历史文化资源中，提炼出正能量，并能提升民众生活品质的元素，因地制宜，策划出可落地、有展示、有遗址，可见、可感、可传承、可形成产业项目。[①] ②胡坚在《我们从宋韵文化中学到什么》一文中指出：浙江省委文化工作会议提出“宋韵文化”而不是简单地提“南宋文化”，是因为今天所说的“宋韵文化”并不完全等同于南宋文化。“宋韵文化”是从宋代文化中传承下来的，经过历史沉淀的，具有当代价值和独特风韵的文化现象，包括思想理念、精神气节、文学艺术、雅致生活、民俗风情等。当今时代，我们弘扬宋韵文化，最重要的是要学到以下六方面的文化价值：崇尚思想、精忠爱国、兴业安邦、繁荣艺术、安乐百姓、优雅生活。③陈野在《宋韵文化的六种精神》一文中指出她理解的宋韵文化，特指两宋文化中优秀的文明元素、内在精神和传延至今的文化价值。包括日常生活领域的物质之韵，生产技术领域的匠心之韵，社会运行领域的秩序之韵，发现发明领域的智识之韵，学术思想领域的思辨之韵，文学艺术领域的审美之韵。凡此种种，根深

① 郑嘉励研究员的观点，又见上文提到的《宋韵到底是哪种韵？考古专家郑嘉励总结八句话》，《钱江晚报》2021年9月14日。应该指出，郑嘉励对“宋韵”基本精神的“八句话总结”，具有一定的代表性。

脉远、沛然生长，汇聚成两宋文化精华。在此纷繁斑斓的韵致中，体现宋代文化内在品质和时代特质的基本精神及谱系，是构成宋韵文化本质的神韵所在，主要体现为：基于华夏认同的民族精神、基于家国情怀的爱国精神、基于海外贸易的开放精神、基于多元包容的创造精神、基于社会关切的人文精神。[①] ④李飞的文章《将宋韵融入当下生活》，指出应从6个方面来触摸、了解、体悟宋韵文化：政治制度上，宋代汲取唐末五代藩镇割据的教训，加强中央集权，确立重文抑武的国策，通过一系列复杂的官制设计达到分权和制衡的目的；科学教育上，从中央到地方，宋代建立了系统而全面的教育体系，首次彻底打破门第等级对科举制的影响，普通平民百姓可以通过相对公平公正的科举改变自身和家庭的命运；经济金融上，宋代商品经济和贸易高度发达，货币流通量激增，催生出世界上最早的纸币“交子”，推动了信用业、金融业的创新式发展；学术文化上，宋学的成熟极大地影响了中国思想文化的基本格局，将中国古代哲学推向一个新的高峰；科学技术上，宋代是中国古代科技史上的黄金时期，“四大发明”中的火药、指南针、活字印刷术三项都在宋朝发明并投入应用，取得了巨大成就；文学艺术上，宋代文化经过沉淀和自我充实，转向深沉、内敛。宋朝三百多年间，文化极其发达，诗人词人、书画名家辈出，表现的是纯粹的中国风格，显得淡泊秀丽、精致典雅、宁静隽永，洋溢着文质彬彬的谦谦君子之风，为中外学界所推崇。

2.《浙江社会科学》、《浙江学刊》、《浙江大学学报》（人文社会科学版）推出的“宋韵文化”研究专栏

为推动“宋韵文化”在学术界的传播与研究，《浙江社会科学》

① 陈野研究员对“宋韵文化”理解，又见前文提到的《宋韵文化简读》（浙江人民出版社，2021）一书“导论”，又见《试论宋韵文化的认识维度、精神实质和当代价值》（《浙江学刊》2022年第1期），还见《追寻宋韵的历史深致》，《光明日报》2022年5月26日。

《浙江学刊》杂志均在2022年第1期推出“宋韵文化”研究专栏。其中，杭州市社会科学院南宋史研究中心何忠礼教授在《浙江社会科学》上发文《南宋的历史地位与“宋韵”文化》，指出：长期以来，宋高宗被认为是一个令人不齿的反面人物，人们对他建立的南宋评价也很低。但就是这样一个朝代，面对尖锐复杂的斗争，享国却达一个半世纪之久。特别是它的宋韵文化，作为文化软实力的重要表现，在今天仍然非常值得我们研究、学习和传承。由此可见，以往人们对宋高宗怀有一定的成见，对南宋历史地位的认识存在偏颇。只要我们不怀个人爱憎，坚持以实事求是的原则来评价宋高宗，对南宋的所谓“权相政治”“君主与士大夫共治天下”进行具体分析，对南宋的政治、经济、军事、文化、科学进行全面研究，就会认识到在中国古代社会里，只有在宋朝特别是南宋才能孕育出如此光辉灿烂的宋韵文化。①

浙江省社会科学院陈野、徐吉军、何勇强、王一胜研究员，杭州师范大学刘克敌教授在《浙江学刊》上发文。

陈野《试论宋韵文化的认识维度、精神实质和当代价值》一文指出，宋韵文化特指两宋文化中优秀的文明元素、内在精神和传延至今的文化价值。宋韵文化研究不同于传统史学研究，它既要重视史料梳理、史实分析，更需秉持实事求是、理性客观的认识态度，采用全面、整体的认识视角，运用理性、比较的认识方法，穿透历史现象、把握时代本质、从整体维度彰显其意义和价值，剖析文化精神，提炼当代价值。

徐吉军《论宋代文明的成就及历史地位》一文指出，宋代文明所

① 何忠礼：《南宋的历史地位与“宋韵”文化》，《浙江社会科学》2022年第1期，第142—150页。

达到的高度，在中国古代是空前的。同时，宋代中国还是当时世界上经济最繁荣、文化最先进的国家，对人类文明的发展作出了重大贡献，并对后世及世界产生了极其深远的影响。西方流行的史学著述对宋代作出了高度的评价。因此，总结宋代的文明成就，不仅有助于我们更好地理解宋代在中国文明史上的地位，而且有助于我们更好地弘扬中华民族优秀的传统文化，正确地认识当今的中国国情，推进新时代社会主义现代化建设。

何勇强《宋代科技成就的历史地位刍议》一文指出，宋代是中国科技发展的一个黄金时期，“四大发明”中的火药、指南针与活字印刷术应用于世，造纸术也出现划时代变革，产生世界性影响。唐宋时期士族阶层消亡，庶民阶层兴起，尤其是宋代文化主体下移，大量民间科学家活跃在历史舞台，为宋朝科技发展作出巨大贡献。宋代商品经济发展、市民文化繁荣，也促进了科学技术的进步。

王一胜《宋代经济的现代韵味》一文认为，宋代社会的变革，使宋代经济具有了某些现代的因素，主要包括劳动者人身依附的减弱与租佃雇佣经营的盛行，商品经济的市场化发展，产业分工程度的提高与生产技术的进步。宋代经济不仅对中国历史产生重大影响，也对世界现代社会的产生有重大影响。宋代经济结构也发生了显著的变革：国家调控经济能力增强与国营经济经营方式变革，公共组织与公共经济兴起，民营经济不断成长。这些变革都是受商品经济刺激的结果，因此也透露出独具特色的现代韵味。

刘克敌《关于“宋韵”阐释的几个问题》一文认为，将“宋韵”作为“两宋”文化的代称或者作为“两宋”文化特色的形象概括用语，庶几已为“两宋”文化研究界认同，特别是在与“唐风”并举指代唐宋文化之时。应正确地阐释“宋韵”，以便让不同社会阶层和不同文化群体的人都理解“宋韵”不仅是一个审美概念而且是一种文化符号。如何最恰当鲜明地体现“两宋”的文化特色，是亟待解决的理论问题和现实问题。这种理解应该可以用抽象的或形而上的同时又形而下的也就是具体生动的案例展示给世人。如此才有可能让“宋韵”深入人心，并最终获得学术界和社会大众的共同认同。

《浙江大学学报》（人文社会科学版）在 2023 年第 4 期也推出“宋学与宋韵文化研究”专栏，刊发肖瑞峰的《宋韵文化视域中的陆游》、慈波的《新巧之外：〈东莱标注三苏文集〉与朱熹、吕祖谦的文理之争》。

除《浙江社会科学》、《浙江学刊》、《浙江大学学报》（人文社会科学版）开辟“宋韵文化”专辑、专栏外，浙江省钱塘江文化研究会主办的《钱塘江文化》（月刊，内刊）自 2021 年第 7 期开始，开辟有“宋韵探略”“创意宋韵”等研究专栏。自 2021 年第 7 期起，《钱塘江文化》还以“本刊特稿”专栏刊发署名为“浙江省钱塘江文化研究会”的系列文章，诸如《开发南宋文化的最大旅游价值》《宋韵文化学习研究中要注意的几个问题》《宋韵文化在城区中传承展示的思考》《打造宋韵文化金名片与构建新时代文化高地》《进一步完善宋韵文化视觉元素的提炼工作》《解码宋韵文化打造“风雅宋”上城》《为什么要发掘和保护南宋皇陵》《打造“古都副城，宋韵临平”品牌》《大力推进宋韵美食三件组新开发》《宋韵文化与上城区城市文化品牌传播战略》《实施宋韵文化研究行动》《流淌千年的宋代音乐的当代价值》《宋韵文化视域中的苏轼》《设计驱动下的宋韵文化产业生态化发展》《杭州宋韵文化品牌塑造探索及对策研究》等，为研究、传播、转化“宋韵文化”建言献策。

永康市陈亮研究会主办的《陈亮研究》（内刊，章锦水主编）也有“宋风雅韵”的专栏，刊登或转载“宋韵文化”研究的理论文章，如2022年第1期刊发的《理学：宋韵文化的思想形态》《宋韵文化传世工程》《宋韵永康》，2022年第2期刊发的《宋韵文化简读》《浅谈“宋韵文化”的学术归属》，2023年第3期刊发的《宋韵文化视域中的陆游》等一系列论文。

《杭州日报》“学与思”专栏也发表有“宋韵文化”研究论文。

姜青青《“宋韵”说》一文认为，“宋韵文化”的概念或可以这样表述：它是两宋文化的精华和精彩所在，是在物质和非物质遗产中表现出来的进步思想、高尚情操、哲学理念、美学观念、文学造诣、艺术格调、匠心精神和生活风尚等文化价值，具有积极进取、和谐包容、精致典雅、诗情画意的人文特色，代表了当时物质文明和精神文明的高度。①

朱睿达、赵红娟《宋韵文化的新时代探寻》一文认为，宋代文化已成历史之陈迹，但宋韵文化是可以也需要在历史中追寻的遗响。宋代昌隆的文化，形成了独到而深长的意韵，流传并影响至今。宋韵文化的精神基调，是家国情怀的铿锵韵响；宋韵文化的思想要义，是经世济民的通达韵律；宋韵文化的审美精髓，是随俗雅化的从容韵致；宋韵文化的生活旨趣，是人间清欢的纯真韵味。从以上四个方面，可以发现宋韵文化的两种特质。其一是在接续古今时气韵生动，于传承中生流变、有开拓。宋人站在生死存亡的历史转捩点上，以“六经注我”的胆识，在精神与物质文化诸领域都作出了积极变通的探索。其二是在自我挺立中风骨清健，于困顿中守独立、求答案。范仲淹以《灵乌赋》表达了“宁鸣而死，不默而生”的不折意志。朱熹讲“格物致知”，陆九渊主“心即理”，学说相互抵牾，然都有一种振作精

① 姜青青：《“宋韵”说》，《杭州日报》2021年8月26日。

神、穷究真理的哲人气概。[①]

朱光明《呈现宋人的文化世界：谈谈宋韵文化研究》一文认为，实施“宋韵文化传世工程”，打造宋韵文化金名片，抓好研究是关键。研究是传播、转化的基础，属于廓清价值观念层面的认识，而传播和转化是具体实践的方法和手段。宋韵审美主要包括文学艺术、建筑等展现出来的宋人追求和品位；宋韵生活主要包括经济、社会和百姓生活的实态；宋韵记忆主要包括宋代的思想、制度和宗教。我们在推进宋韵文化研究过程中，应当立足杭州，以宋人和宋代相关典籍为基础，扎实做好宋韵审美、生活和记忆的研究，面向市民群众开展普及工作。通过学术研究，为后续的传播和传承提供可信的历史佐证，从而推进建设德寿宫遗址博物馆等宋韵文化相关场馆，传承和弘扬宋韵文化，激发优秀传统文化的新内涵，让停留在书籍和文物中的人物活起来、动起来。[②]

2022 年 5 月 6 日，“杭州网”转发《杭州日报》刊发的一组 12 篇主题为“宋韵文化对亚洲文化文明的推动作用”的文章摘要。[③]

华东师范大学历史学系黄纯艳教授认为，南宋对海洋的新认识、新观念、新发展对后世有着深刻的影响。南宋不仅欢迎外国商人来华，而且在中国的汉族政权中，第一次允许并鼓励本国民众出海贸易，完成了对外贸易重心由西北陆路向东南海路的转移，开启了对外贸易的海洋贸易时代。宋代民众通过频繁的航海实践，不仅对北至日本、高丽，南至东南亚诸群岛、中南半岛等亚洲海域的地理空间有了清晰的认识，而且对印度洋沿海及其以西地区诸国的地理方位也有了大致的

---

① 朱睿达、赵红娟：《宋韵文化的新时代探寻》，《杭州日报》2022 年 1 月 18 日。

② 朱光明：《呈现宋人的文化世界：谈谈宋韵文化研究》，《杭州日报》2022 年 8 月 8 日。

③ 《关注：宋韵文化对亚洲文化文明的推动作用》，杭州网，2022 年 5 月 6 日。

认识了解。在南宋人的观念中，海洋已成为取利空间和生计世界，他们用财政的眼光来看待海洋。宋高宗称："市舶之利颇助国用。"这是历史上第一个高度肯定海洋对王朝经济重要性的帝王。在南宋，正式形成了一条海上"丝绸之路"。

浙江省社会科学院陈野研究员指出，南宋时期出现以减笔作画、惜墨如金、不拘成法、意在以墨戏自娱的绘画风格，题材涉及人物、花鸟和山水，创作者主要为僧侣画家及与之关系密切的画院画家，著名的有僧梵隆、僧法常、僧若芬、僧萝窗以及梁楷等人。画史上一般认为这是受禅宗思想影响而产生的绘画风格，故称之为禅逸画风，或径名之为禅画。在中日文化交流史上，南宋出现的禅逸画风影响深远，体现了中国绘画及其蕴含的中华文明东传日本以至东亚的重要历史轨迹。南宋禅逸画风对日本画坛、宗教艺术和文化的影响，流绪绵长。明代僧人如拙渡海赴日本九州岛，后至京都，住职于日本东福寺，成为日本水墨画初期的"伟大先锋"。如拙的画，就以法常、玉涧为师。此一时期形成的观音、龙、虎、猿、鹤、禽、鸟等日本禅画主题与图式，也是代有传续。

浙江大学哲学学院王淼副教授指出，宋代处于中国古代科学技术体系高度发展的重要时期，由于宋政府对海外交通贸易和文化交流活动的重视，科学技术随之向东北亚、东南亚、南亚乃至欧洲传播，对世界文明发展的进程产生了重要影响。宋代科技的对外传播，对于朝鲜半岛和日本的科学技术产生了深刻的影响，具体体现在天文历法、医学、印刷术、制瓷、纺织、建筑等方面。从总体来看，朝鲜和日本采纳了中国传统科学技术体系并融会贯通，将其有机融入自己的本土文化和生产生活之中。宋代科学技术在朝鲜半岛和日本的传播，对于发展和巩固东亚汉字文化圈具有重要意义。汉字文化圈在世界文明体系中具有不可或缺的重要地位，其内核是中国文化，而中国传统科学技术是不可或缺的题中应有之义。

浙江大学马克思主义学院讲师彭鹏认为，宋代理学是在高丽朝由文官安珦和白颐正传入，兴盛于朝鲜李朝时期。朝鲜时代以理学为官学，理学对于朝鲜的影响是全方位的。就日本而言，理学是在镰仓幕府初期，由日本禅僧俊芿传入，兴盛于江户德川时期。理学在日本没有获得官学地位，而是在社会各个阶层中自由传播，理学融入神道教、佛教文化当中，为日本阶层伦理的建构提供价值遵循。在理学的价值选择上，朝鲜更为关注理学中的“仁”“孝”“理”“性”等抽象范畴，注重家庭伦理、忠孝意识、礼仪规范、道德自律的涵养，而对华夷观念、名分思想、春秋大义、天下意识皆有独到的发展。日本更多地吸收了儒学的“忠”“信”“诚”“勇”等原则，本着实用主义原则，将理学解构为可以为各阶层文化利用的工具。

台州学院讲师郝金广指出，宋代天台宗在历经唐末五代的沉寂之后再度中兴，并对东亚地区产生重要影响。北宋元丰八年（1085），出身高丽王室的义天法师来宋参学，受到宋哲宗的礼遇。义天入宋求法不仅促进了东亚佛教文化的交流与传播，同时也修补了北宋与高丽之间中断的外交关系，具有重要的文化和政治意义。天台宗对日本禅宗的传入和发展也具有重要意义，有学者统计，南宋时期入华巡礼求法的日本僧人有100余位，其中明庵荣西和希玄道元最为著名。他们分别成为日本临济宗、曹洞宗祖师。综观两宋之际天台宗对高丽、日本等东亚地区的影响，其既接续了唐代佛教文化层面的交流，又推动了当时宋、日、高丽等国之间的政治互动，同时对当时东亚地区海外贸易的发展、风俗文化的传播发挥了重要的促进作用。

浙江大学何忠礼教授认为，北宋建立后，随着经济的发展和文化的繁荣，宋文化对日本有着很大的吸引力。这时，宋、日两国政府间的交往虽仍然停顿，民间往来却由于海运的进步、安全性的提高而日益活跃，到南宋则尤甚。这种往来的载体多为学问僧、商人、水手和知识分子。宋韵文化由此得以大量传到日本，其中包括禅宗、典籍、医术、茶道、乐器、伎艺、绘画，以及理学思想等。唐朝文化对日本的影响主要是在朝廷，是在高层（特别是贵族），时过境迁，其在今天多数已成陈迹。宋韵文化对日本的影响则主要在民间，是一种潜移默化，尤其是思想上的影响，已经融入了他们的国民性。加之宋韵文化影响时间之长远远超过唐文化，从这个角度来说，宋韵文化对日本文化的影响恐怕比唐文化还要深远。

浙江工商大学东方语言与哲学学院院长江静教授认为，南宋时，禅院茶会已成为禅僧修持和丛林生活的重要组成部分。入宋日僧归国时，不仅带回了佛典佛器，也带回了茶树茶籽、茶书茶具，更重要的是，他们与东渡日本的宋元禅僧一起，将饮茶习俗、制茶点茶技术及各种茶礼带到了日本，并在以下三个方面影响了日本茶文化的发展。首先，推动了茶饮之事在日本的重兴。此前茶文化已然衰落，直到以荣西（1141—1215）为代表的留学南宋的日本僧人陆续归国，播茶籽、著茶书、饮茶汤、作茶诗、行茶礼，饮茶文化才重新在日本流行起来。其次，奠定了日本茶礼的基础。日本茶礼包括寺院茶礼和民间茶道礼法。寺院茶礼所用茶器、点茶方法、流程仪轨为南宋禅寺茶筵的延续。民间茶道的流程仪轨源自寺院茶礼。最后，决定了日本茶道的精神。日本茶道将饮茶与禅修相结合，通过对“和敬清寂”精神的追求，实现禅宗思想的艺术性表现。

浙江大学历史系陆敏珍教授认为，朱熹《家礼》自宋元以来，在中国社会产生了深远的影响。朱熹《家礼》在中国传统社会产生重要影响之时，对朝鲜、日本、越南等东亚、东南亚地区的影响同样不容忽视。大约在14世纪，朱熹《家礼》传播至朝鲜半岛，当时的高丽政府以律令的方式来推行该书。同时，朱熹《家礼》还被列入科举考试科目之中，成为朝鲜重要的礼学著作与礼仪行为准则。在日本的江户时代，朱熹《家礼》被大量翻印，与此书相关的各种译介、解说、研究在这一时期不断问世，对日本思想、习俗造成深远影响。15世纪前后，朱熹《家礼》开始在越南受到关注，圣宗时代的婚礼与丧礼均依《家礼》进行。毋庸讳言，东亚、东南亚国家的《家礼》接受史，具体展示了儒家文化圈的形成过程。

杭州市社会科学院文史所魏峰副研究员指出，绍兴八年（1138）定都临安后，杭州成为南宋事实上的都城，是南宋的政治中心、经济中心和最大的商业城市。书籍、书版是北宋出口日本、朝鲜地区的重要货物。杭州是全国的刻书中心之一，北宋淳化五年（994）国子监校订《史记》等书，后即在杭州刻版，此后又先后在杭州刻印了《周书》《北齐书》等史籍书版，杭州刻版著称于世。自明州往日本、朝鲜地区输出的书和刻版，很多是由杭州刻印。临安是南宋时期最重要的雕版印刷中心，并且影响和带动了周边湖州、绍兴、衢州、婺州和平江等地雕版印刷业的发展。书籍之外，纸张也大量出口，浙江是宋代的造纸中心之一，据日本学者斯波义信《宋代商业史研究》中对宋代文献中出现的纸品名称的统计，产地在浙江的就有20余种。杭州地区刊刻的书籍成为宋代文化向东亚、东南亚地区传播的重要载体。

浙江大学亚洲文明研究院副院长王勇教授指出，西湖在杭州，名胜传东亚。西湖蕴含丰富的文化意象，如白居易与白堤、苏东坡与苏堤、林逋（和靖）与孤山、白蛇传与雷峰塔等，于宋元时代远播周边各国，成为文人雅士憧憬的名胜之地、理想之乡。因动画片《聪明的一休》而广为人知的一休宗纯，其诗《梅下西净》“暗香不污我心头，清浅横斜月影幽”，化用“暗香疏影”典故极妙。在朝鲜半岛，林和靖作为理想隐士的意象，深受朝鲜文人的崇敬。程顺则是琉球最著名的汉诗人，康熙时曾特意往孤山凭吊林和靖，可见心向往之、神交已久。林和靖作为宋代隐逸诗人的代表，深深嵌入东亚文明进程之中。而在位于东南亚的越南，申仁忠作于洪德二十五年（1494）的《奉和御制梅花》诗中亦以“西湖处士”指称林和靖，其“风前迢递香魂媚，水面横斜月影癯”化用了《山园小梅》名句。

杭州师范大学方爱龙教授指出，两宋书法对日本产生广泛影响主要是通过一个路径体现在两大群体方面。一个路径即佛教（禅宗）文化的传播，两大群体即文人与禅僧。北宋文人书家中对日本影响最大的仍然是“宋四家”。南宋文人士大夫名家中对日本书法产生较大影响的人物当以吴说、范成大、朱熹、张即之等为代表。对于书迹的传播，在日本主要是依靠禅僧作为中介者，师徒相传。中国书法影响朝鲜半岛的路径，与影响日本的路径同中有异、相对单一，即主要借助北宋时期代表性文人书家作品的输入而形成，并一直影响着他们在汉字书法一途基本的艺术审美规范和儒家审美心理。概而言之，两宋时期的对外关系的开放性，为东亚书法开拓了舞台。这一切的源头都来自强大的汉字书法这一本源性的文化中介。

3. 其他“宋韵”“宋韵文化”研究专题论著

据统计，目前学界公开出版的学术著作中，书目中含有“宋韵”的出版物尚有近 20 种。

（1）李庆、武蓉著《宋韵：中国古代诗歌》，新华出版社，1993。该书是就宋代诗词意蕴来理解“宋韵”。

（2）孙维城著《宋韵——宋词人文精神与审美形态探论》，安徽大学出版社，2002。该书在第一章“宋韵的人文精神及其与宋词的互选”中，对“韵”与“宋韵”的内涵予以诠释，认为“韵”经历了是一个由晋至唐的漫长生长的过程，“宋词”也成为“宋韵”的鲜明体现，而一部唐宋词史也就显形为“韵”的衍生史。而“宋韵”（实际上就是“宋词”），则是封建后期艺术审美的最高标准；在“宋韵”与“宋词”的双向选择中，宋韵的人文精神得以完美呈现。总之，该书通过对宋词诸家作品的分析，来探讨宋代文坛的共同审美态度与审美心理，即以“韵”来解释宋词，以探究宋词的艺术魅力。这就是作者关于“宋韵”的创意解读之所在。

（3）陈晋主编《唐风宋韵新吟》，中央文献出版社、万卷出版公司，2006。该书所指“宋韵”，是就宋代学者创作的诗词而言，并予以注译和引申解读。

（4）中国国家博物馆、遂宁市博物馆、彭州市博物馆联合编选《宋韵：四川窖藏文物辑粹》，中国社会科学出版社，2006。该书就“宋瓷”“宋代金银器”“两宋仿古器物”的造型图像与产品工艺风格，来探究宋人所追求的人与自然和谐的审美观念与生活情趣。总之，该书中的“宋韵”，就是从不同的视角反映宋代特有的工艺风格和流行时尚，以使今人领略宋代艺术之风韵。

（5）纪筱华主编《唐风宋韵》，中央民族大学出版社，2006。该书是从诗词赏析的角度来理解“宋韵”。

（6）张金桐、刘雪梅著《唐风宋韵》，大众文艺出版社，2009。该书的主要研究对象是唐宋两朝的主流文学“唐诗”“宋词”，也就是就“宋词”来理解“宋韵”，进而阐发宋词的审美特质。

（7）陈晋主编《唐风宋韵》，中国青年出版社，2012。该书的“宋韵”也是就宋代诗词而言。

（8）余恕诚著《唐音宋韵》，北京大学出版社，2015。该书收录整理了作者20世纪80年代以来有关唐宋诗词的鉴赏文章百余篇，展示了唐宋诗词的迷人风貌。作者的赏析文辞清丽且富于诗意，下笔简省又善于点出精妙之意，给人以意韵悠长的美感。《唐音宋韵》一书中的“宋韵”，是从宋代诗词以及宋词之“美”的角度来理解的。

（9）陈乃明著《宋韵明风：宋明家具形制与风格》，浙江人民美术出版社，2021。该书是就宋代家具的具体形制与风格来解读“宋韵”，也可以从美学意义来理解。

（10）司马一民《诗词里的杭州宋韵》，西泠印社出版社，2022。该书分钱塘风情、诗蕴情意、胜迹寻踪三个板块，通过对有关杭州的宋诗宋词进行解读，挖掘古诗词里蕴藏着的杭州故事和古代诗人们的趣闻，多方面展示杭州宋韵，并配有杭州实景图片和古画，既有文史知识，又有趣味。

（11）宁波市鄞州区档案馆编《宋韵史话》，西泠印社出版社，2022。该书以史家祖宗画像及传记、题跋为核心，对四明史氏历史、有影响的家族成员生平事迹、“八行”垂训及文物遗存等进行了集中梳理，同时也对史氏家族历代集中聚居的绿野岙、下水、史家湾、史家码、月湖等地进行详尽的介绍。

（12）毛晓青编著《孩子们喜爱的宋韵故事》，浙江人民出版社，2023。该书以宋代为历史背景，以宋韵为主题，精选20个立意鲜明、构思独特、情节丰富的故事，以生动的语言、多彩的画面，淋漓尽致地展现了宋韵文化中的家国情怀、文人风雅、市井风貌和历史文化，这些故事共同绘就了一幅充满烟火气又带着雅致感的宋代生活画卷，孩子们可以在这幅宋韵长卷中尽情徜徉，品读宋韵文化的气象万千。

（13）黄博《宋风成韵：宋代社会的文艺生活》，浙江大学出版社，2023。该书以文人士大夫的文艺生活为核心，通过描绘宋代上至帝王将相，下至布衣村儒的日常生活，展现宋人的神采风韵。作者以宋代各阶层文化人的文艺故事为叙事主线，揭示宋韵文化的审美意涵和生活情趣。特别是选取宋代文艺生活中的代表性人物作为主角，通过富有趣味性的逸闻和逸事，将宋韵文化的学术成果以通俗易懂、赏心悦目的形式呈现给读者。

（14）杭州市社会科学院编《宋韵文化与亚洲文明》，上海古籍出版社，2023。该书收录了杭州市社科联（院）“宋韵文化对世界文明的影响”系列课题相关研究成果。该书由12篇文章组成，以宋韵文化与亚洲文明为主题，深入挖掘宋韵文化的精神内涵，为读者了解宋代文化，继承和发扬中华优秀传统文化，推动亚洲文明多元发展提供了重要的参考价值。

（15）李永鑫、何俊杰主编《宋韵绍兴》，中国文史出版社，2023。该书分绪论“最是宋韵在绍兴”和“何处青山是越州”、“稽山鉴水形胜地”、“会稽天下本无俦”、“物华天宝射斗牛”、“万卷古今消永日”、“鉴湖越台名士乡”等11个章节，从绍兴山水、自然环境、政治经济、文化艺术、名人名士、南宋六陵等方面，系统介绍了绍兴与南宋的历史渊源，全面展示南宋绍兴的历史文化特色，以深厚的历史文化、独特的风情风俗、高超的文化艺术、丰富的物产、优美的景致、风雅的生活形态告诉人们，为何最是宋韵在绍兴。

（16）周膺、吴晶著《宋韵：极致与高度》，浙江教育出版社，2023。该书对宋文化的主要特点和内涵进行系统论述，并以代表中华文明的“极致与高度”来进行价值评判。序言题为“有一种极致有一种高度叫宋韵”，全书分为“世俗化共建共享大众文化”“道有趣道不尽的宋学问题和思想”“不简单之简淡审美理想”“蕴藉寥廓之绝妙好词”“形意俱绝的丹青笔墨”“传奇故事幻化的人间喜剧”“工巧归天然的创意设计”“商业变革编织的经商梦”“无限可能的科学创造空间”“世俗盛美间的百态人生”“文化包容互动中的智慧启示”“崇文时代的开明政治”等12章。该书是著者二人多年研究宋文化的综合性成果，约44.3万字，征引了最新研究成果和各类文献，编配丰富的图片资料，同时做到雅俗共赏，是宋韵文化研究的力作。

（17）张宏敏、赖纯阳主编《林景熙与宋韵文化研究》，浙江工商大学出版社，2023。该书认为，林景熙在“宋韵文化”研究传承中是一个具有“文化坐标”性质的南宋历史文化名人。他生当宋元之际，足迹遍布温州、台州、杭州、绍兴等两浙地区，“往来吴、越间，殆二十余年”，还以“湖海客”自称。传颂至今的“冬青之役”，淋漓尽致地体现了林景熙的爱国情操；而宋韵文化的基本特质就有爱国主义精神。

（18）方韶毅、陈瑞赞主编《宋韵瓯风十二章》，浙江大学出版社，2023。该书是“宋韵瓯风文化传世工程”的重要成果，致力于解码东瓯文化基因，通过梳理温州最具辨识度的涉及城市、科技、经济、贸易、文学、民俗等方面的12个文化亮点，较为全面地总结了温州宋代的文化特色，回答了温州为两宋贡献了什么、两宋如何成就的温州等问题，也连接了宋韵瓯风的当代价值，梳理了温州发展的历史脉络。

在中国知网上检录以“宋韵”为主题（篇名中含有“宋韵”二字）的学术期刊论文，从1985年至2023年，共有388篇。其中1985年1篇；1990年1篇；1991年3篇；1997年3篇；1999年1篇；2001年2篇；2002年1篇；2003年2篇；2004年2篇；2006年4篇；2007年3篇；2008年2篇；2009年6篇；2010年8篇；2011年4篇；2012年7篇；2013年5篇；2014年4篇；2015年5篇；2016年3篇；2017

年5篇；2018年4篇；2019年7篇；2020年6篇；2021年33篇；2022年154篇；2023年112篇（截至2023年12月31日）。兹择要摘录。

（1）何昌林：《唐风宋韵论南音——写给海内外南音弦友》，《人民音乐》1985年第5期。

（2）董亚军：《大型电视艺术片〈唐风宋韵〉开拍》，《电影评介》1990年第10期。

（3）江声：《〈唐风宋韵〉扬国魂》，《瞭望周刊》1991年第9期。

（4）周汝昌：《〈唐风宋韵〉琐谈》，《中国电视》1991年第3期。

（5）陈志昂：《关于〈唐风宋韵〉的一封信》，《中国电视》1991年第4期。

（6）穆治国：《宋韵古风扑面来——浅谈山石盆景〈宋人画意〉的创作》，《中国花卉盆景》1997年第1期。

（7）马树霞：《唐风宋韵——太姥山灵峰石刻》，《福建艺术》1997年第1期。

（8）孙维城：《宋韵的人文精神及其在宋词中的体现》，《中国韵文学刊》1997年第1期。

（9）唐如：《“唐风宋韵”拂澳门》，《舞蹈》1999年第2期。

（10）初延峰：《唐风宋韵的流变——文运与世运之间》，《昭通师范高等专科学校学报》2001年第1期。

（11）祝琰：《唐音宋韵——我读唐诗宋词》，《中文自修》2001年Z1期。

（12）陈伯海：《〈宋韵——宋词人文精神与审美形态探论〉序》，《安庆师范学院学报》（社会科学版）2002 年第 5 期。

（13）佚名：《宋韵：宋词的人文精神与审美形态》，《2003 年安徽省文学学会学术会议论文集》，2003。

（14）李娜、金东河：《论朝鲜时代李后白诗歌的唐风宋韵》，《北方工业大学学报》2003 年第 4 期。

（15）王琴：《从唐“境”宋“韵”看中国传统美学的特点》，《福州大学学报》（哲学社会科学版）2004 年第 2 期。

（16）胡传志、叶帮义：《宋词文化学研究的新成果和新启示——评孙维城〈宋韵：宋词人文精神与审美形态探论〉》，《古籍研究》2004 年第 2 期。

（17）徐志伟：《感受唐风宋韵——苏教版选修教科书〈唐诗宋词选读〉介绍》，《古典文学知识》2006 年第 1 期。

（18）王学仲：《唐风宋韵铸画魂》，《国画家》2006 年第 1 期。

（19）谢宏：《自古英雄尽解诗——读〈唐风宋韵新吟〉》，《党建研究》2006 年第 4 期。

（20）邱振刚：《窖藏文物展宋韵》，《中国艺术报》2006 年 12 月 1 日。

（21）倪俊宇：《走在唐风宋韵里（散文诗）》，《青岛文学》2007 年第 3 期。

（22）王海纳：《唐风宋韵五（5）班》，《少年文艺》（写作版）2007 年第 6 期。

（23）佚名：《游大足石刻，看唐风宋韵》，《当代汽车》2007 年第 9 期。

(24) 倪俊宇:《走在唐风宋韵里（四首）》,《泉州文学》2008年第11期。

(25) 李占军:《艺术奇葩——宋韵套色烙画》,《开封日报》2008年12月20日。

(26) 佚名:《开封：宋韵菊香和谐开放》,《时代青年（悦读）》2009年第4期。

(27) 倪俊宇:《走在唐风宋韵里（三首）》,《中国铁路文艺》2009年第6期。

(28) 陈茁:《开封：一城宋韵半城水》,《河南日报》2009年6月23日。

(29) 若寒:《唐风宋韵里的杏花村美酒》,《新晋商》2009年第10期。

(30) 若寒:《唐风宋韵里的杏花村美酒（二）》,《新晋商》2009年第11期。

(31) 王玉洁、李金路等:《一城宋韵半城水——从水系工程探索开封古城的宋韵复兴之路》,《城市规划》2009年第12期。

(32) 谷天义:《一城宋韵半城水》,《词刊》2010年第2期。

(33) 倪俊宇:《走在唐风宋韵里》,《高中生》2010年第7期。

(34) 叶毓中:《宋韵·锦春长》,《荣宝斋》2010年第5期。

(35) 陈凌:《章江门前迎客亭　唐风宋韵醉游人》,《南昌日报》2010年6月18日。

(36) 叶毓中:《宋韵·濂溪荷》,《荣宝斋》2010年第7期。

(37) 廖绍芷:《秦砖汉瓦唐风宋韵与山水辉映》,《桂林日报》2010年8月17日。

（38）叶毓中：《宋韵·满江红》，《荣宝斋》2010年第9期。

（39）胡庆生等：《开封“一城宋韵半城水”的美景有望再现》，《人民政协报》2010年12月24日。

（40）马起来：《流光焕彩载史册　典雅奢华说宋韵——安徽出土宋代金器珍品鉴赏》，《东方收藏》2011年第1期。

（41）倪俊宇：《走在唐风宋韵里（二章）》，《星星诗刊》2011年第2期。

（42）王荷、李昕：《一城宋韵半城水》，《城市住宅》2011年第6期。

（43）范江、洪堃：《唐情宋韵真璞草堂》，《室内设计与装修》2011年第11期。

（44）笑非：《唐风宋韵汇丹青》，《江西画报》2012年第1期。

（45）洪治纲：《皤滩古镇撷一缕唐风宋韵》，《风景名胜》2012年第3期。

（46）龚保家：《〈宋韵〉创作随想》，《美术观察》2012年第3期。

（47）倪俊宇：《唐风宋韵的风景（十章）》，《散文诗世界》2012年第5期。

（48）李跃平：《唐诗宋韵总关情》，《厦门文学》2012年第6期。

（49）葛景春：《唐风宋韵咏诗心——佟培基〈萤雪吟草〉读后感》，《汉语言文学研究》2012年第2期。

（50）张斌：《嘴边上的唐风宋韵　笔尖下的诗魂文魄——2012年高考名篇名句默写三维透析》，《语文教学通讯》2012年第 25 期。

(51) 李跃平：《唐诗宋韵总关情》，《厦门文学》2013 年第 2 期。

(52) 华涛琛：《唐风宋韵杨柳青：谈华友国“古韵新唱江南风”歌词的艺术风格》，《词刊》2013 年第 3 期。

(53) 舒忠、李运静：《唐风宋韵铸真情，禅意源缘入旷达——与赵延彤先生的〈须臾集〉相遇》，《临沂大学学报》2013 年第 5 期。

(54) 李菡菡：《宋韵在苏轼美学中的呈现》，《剑南文学（经典教苑）》2013 年第 10 期。

(55) Grace：《梅国建大师“唐风宋韵”作品及烧制工艺展》，《陶瓷研究》2013 年第 3 期。

(56) 张旭：《灵姿宋韵有凤来仪》，《宝藏》2014 年第 1 期。

(57) 乐明：《赵孟頫浴马图满卷形神兼备唐风宋韵　消费者权益法旨在让消费者更有力量：2014 年 3 月新邮介绍》，《上海集邮》2014 年第 3 期。

(58) 邹宝生、吴伟昌：《唐风宋韵生笔端：引导学生尝试古诗词创作的思考与实践》，《语文教学通讯》2014 年第 28 期。

(59) 王学仲：《唐风宋韵铸画魂》，《明日风尚》2014 年第 24 期。

(60) 张筠等：《宋韵龙城　风雅泸县》，《中国西部》2015 年第 11 期。

(61)《宋韵清风·万芾作品展》，《新民周刊》2015 年第 28 期。

(62) 郭珎、王新文等：《碧水绕绿城　宋韵散菊香——开封市创建国家园林城市掠影》，《城乡建设》2015 年第 9 期。

(63) 李军辉：《“汉风宋韵”是定州取之不尽的文明财富》，《光明日报》2015 年 12 月 12 日。

(64) 王学仲：《唐风宋韵铸画魂》，《明日风尚》2015 年第 24 期。

(65) 汪赛云：《浅析“宋韵”系列陶瓷绘画之〈消夏图〉》，《艺术品鉴》2016 年第 2 期。

(66) 云鼎：《宋韵瓷词》，《躬耕》2016 年第 10 期。

(67) 田建一等：《素墨烟岚——北京宋韵画院作品选》，《书画世界》2016 年第 6 期。

(68) 岳蔚敏：《宋韵清明美丽开封》，《开封日报》2017 年 3 月 31 日。

(69) 王娅然、逸夫：《智默堂唐风宋韵自然来》，《普洱》2017 年第 5 期。

(70) 若寒：《唐风宋韵里的杏花村美酒》，《黄河》2017 年第 3 期。

(71) 吴奇敏：《从“宋韵提梁壶”窥见紫砂光货的简约之美》，《江苏陶瓷》2017 年第 3 期。

(72) 秦卫华、吴长勤：《故园忆旧承宋韵　侨乡追梦绽新芳——中山市风俗画画家邓振铃先生的艺术人生》，《珠江论丛》2017 年第 4 期。

(73) 陆杨：《宋韵悠“泽”　法古弥“新”》，《航空港》2018 年第 1 期。

(74) 赵红继：《一城宋韵半城水　梦华飘溢伴汴京》，《中国三峡》2018 年第 5 期。

(75) 肖柏峰:《宋韵开封 开封市规划展示馆》,《室内设计与装修》2018年第6期。

(76) 欧阳洋博:《从〈唐风宋韵〉看"宫体诗"中男女风貌之原因》,《传播力研究》2018年第18期。

(77) 孙家宽:《宋风宋韵千年民俗》,《河南电力》2019年第2期。

(78) 苏扬:《宋韵千菊:可与一座江山相媲美(组章)》,《诗选刊》2019年第3期。

(79) 温玉鹏:《宋韵元风——杭州博物馆馆藏宋元瓷器赏析》,《艺术市场》2019年第3期。

(80) 朱利亚、俞姝姝:《留下宋韵杭风——杭州留下古镇历史街区更新规划设计》,《城乡建设》2019年第8期。

(81) 沈小倩:《宋韵新启——谈我的创作体会》,《书与画》2019年第7期。

(82) 徐广伟:《"汉魂·唐风·宋韵"是中华文化复兴永恒的主题——以叶毓中教授的中国画思维为例》,《荣宝斋》2019年第9期。

(83) 气球、然而:《宿享宋韵》,《休闲》2019年第11期。

(84) 夏爽:《岱风宋韵,艺道其行》,硕士学位论文,山东艺术学院,2020。

(85) 杨宗鸿:《书仙欣挥如椽笔 唐风宋韵入心怀》,《现代艺术》2020年第6期。

(86) 花芬、庹武:《宋·韵》,《上海纺织科技》2020年第8期。

(87) 徐艳文:《流溢唐风宋韵的江南千灯古镇》,《浙江林业》2020年第10期。

(88) 吴奇敏:《最美是宋时——论紫砂作品“宋韵提梁”的人文美学》,《江苏陶瓷》2020年第5期。

(89) 陈菡英:《扬州,一幅唐风宋韵浸染的水墨丹青》,《绿叶》2020年第12期。

(90) 陈鸿儒:《唐宋韵图释读》,《汉字文化》2021年第1期。

(91) 徐吉军:《宋韵:登峰造极的两宋文明(一)》,《文化交流》2021年第1期。

(92) 徐吉军:《宋韵:登峰造极的两宋文明(二)》,《文化交流》2021年第2期。

(93) 徐吉军:《宋韵:登峰造极的两宋文明(三)》,《文化交流》2021年第3期。

(94) 徐吉军:《宋韵:登峰造极的两宋文明(四)》,《文化交流》2021年第4期。

(95) 徐吉军:《宋韵:登峰造极的两宋文明(五)》,《文化交流》2021年第5期。

(96) 徐吉军:《宋韵:登峰造极的两宋文明(六)》,《文化交流》2021年第6期。

(97) 徐吉军:《宋韵:登峰造极的两宋文明(七)》,《文化交流》2021年第7期。

(98) 徐吉军:《宋韵:登峰造极的两宋文明(八)》,《文化交流》2021年第8期。

(99) 胡丹丹:《宋韵·记忆一》,《上海纺织科技》2021年第3期。

(100) 叶毓中:《宋韵·画品东坡·露雨牡丹》,《荣宝斋》2021年第5期。

(101) 陈鸿儒:《唐宋韵图释读(二)》,《汉字文化》2021年第13期。

(102) 叶毓中:《宋韵·画品东坡·白梅无声》,《荣宝斋》2021年第7期。

(103) 李铎:《“穿”千年宋韵 “绣”十指春风》,《人生与伴侣》2021第28期。

(104)《如何让宋韵文化成为浙江文化金名片》,《浙江日报》2021年9月10日。

(105)《传世宋韵茶文化的流芳》,《茶博览》2021年第9期。

(106) 杨桦:《“宋韵名都”住宅景观设计》,《上海纺织科技》2021年第9期。

(107) 陈新森:《解码婺州南孔传承千年宋韵》,《金华日报》2021年9月20日。

(108) 林旻:《考古学家郑嘉励谈宁波该如何打造宋韵文化传世工程》,《宁波日报》2021年10月11日。

(109) 姜青青:《“宋韵”说》,《杭州》2021年第19期。

(110) 何菊:《激活文化赋能聚焦融合创新打造宋韵文化传承示范县》,《衢州日报》2021年11月5日。

(111) 叶毓中:《宋韵·画品东坡·牡丹别裁》,《荣宝斋》2021年第11期。

(112) 陈缅:《天台宋韵》,《文化交流》2021年第11期。

(113) 何瑛儿:《宋韵,正需要陆游的诗意》,《绍兴日报》

2021年11月18日。

(114) 钱科峰：《在演绎中“活化”，让宋韵文化“传世”》，《绍兴日报》2021年11月18日。

(115) 金浏河：《实施“文化基因再解码工程”打造温州宋韵文化标识》，《温州日报》2021年11月22日。

(116) 刘志皎、明文彪：《推动宋韵文化产业高质量发展的思考》，《杭州》2021年第22期。

(117) 张蕾：《加快发展夜间经济 “活化”宋韵文化传承》，《杭州》2021年第22期。

(118) 本报记者：《解码舟山宋韵文化基因》，《舟山日报》2021年12月2日。

(119) 吴远龙：《“宋韵文化”传世工程：金华方位与响应》，《金华日报》2021年12月14日。

(120) 鲍亚飞：《杭州的“上乘”宋韵》，《文化交流》2021年第12期。

(121) 施剑：《解码浙江文化基因打造宋韵文化品牌的构想和建议》，《科技智囊》2021年第12期。

(122) 艳琼：《“最温州”的宋韵瓯风——访永嘉学派馆》，《温州人》2022年第1期。

(123) 何忠礼：《南宋的历史地位与“宋韵”文化》，《浙江社会科学》2022年第1期。

(124) 周伟达：《宋“韵”嘉禾双人谈》，《嘉兴日报》2022年1月14日。

(125) 凯特：《我和宋韵文化的不解之缘》，《文化交流》2022年第1期。

（126）康冀楠：《宋风宋韵“味”正浓》，《开封日报》2022年2月8日。

（127）童波：《宋韵流淌的绍兴年味》，《绍兴日报》2022年2月9日。

（128）朱友君、荣明：《以沉浸式场景再现宁波宋韵的流光溢彩》，《宁波通讯》2022年第2期。

（129）《千年海曙宋韵甬存》，《宁波通讯》2022年第2期。

（130）《本刊讯：杭州·宋韵美术馆喜迎亚运之宋韵传声——2022浙江画院花鸟画工作室迎春作品展暨走进上城新春送福惠民活动》，《中国画画刊》2022年第1期。

（131）《本刊讯：浙江·杭州宋韵美术馆义乌市七墨美术馆浙南行——浙江画院山水画工作室写生展》，《中国画画刊》2022年第1期。

（132）康冀楠：《花灯如梦宋韵浓》，《开封日报》2022年2月15日。

（133）于锋：《这幅“南京版清明上河图”，隐藏着哪些千古宋韵》，《新华日报》2022年2月25日。

（134）邓钰路、陈苏：《宋韵嘉禾，数风流人物》，《嘉兴日报》2022年2月25日。

（135）应晓霞：《举办宋韵雅集倡导新时尚》，《杭州》2022年第4期。

（136）李辉：《建设数字博物馆展示杭州宋韵文化》，《杭州》2022年第4期。

（137）王宣艳：《宋韵——士大夫的精神世界》，《收藏家》2022年第3期。

(138) 邓钰路、陈苏:《古城文化复兴中,宋韵遗迹如何重现文华?》,《嘉兴日报》2022 年 3 月 11 日。

(139) 孟云飞:《诗书禅境宋韵风流——黄庭坚的诗书禅境》,《中国书法》2022 年第 3 期。

(140) 司马一民:《挖掘古诗词里的“宋韵杭州”故事》,《杭州》2022 年第 5 期。

(141) 陈军:《以“食”为媒解码宋韵——每日商报打造色香味形器俱美的文化“宋宴”》,《传媒评论》2022 年第 3 期。

(142) 张妮婷:《沙埠青瓷:在窑火中重生》,《台州日报》2022 年 3 月 26 日。

(143) 张素卿:《“典籍中的杭州,史志中的宋韵”活动启动》,《杭州》2022 年第 6 期。

(144) 王伟础、金晶:《传承“富春宋韵”文化的思考》,《杭州》2022 年第 6 期。

(145) 程潇潇、李言、刘伟:《2022 东亚文化之都活动年开启宋韵瓯风　来温州一起看世界》,《温州人》2022 年第 4 期。

(146) 林生钟、林建伟:《大田朱坂作场戏:宋韵遗风传百世》,《政协天地》2022 年第 4 期。

(147)《走读·宋韵研学之旅》,《杭州》2022 年第 7 期。

(148) 徐吉军:《弘扬宋韵,就是重新找回浙江人的“根”》,《杭州》2022 年第 7 期。

(149) 杨佩佩:《慎思明辨识宋韵　笃实躬行写新篇》,《杭州》2022 年第 7 期。

(150) 何乐乐:《穿越悠长岁月,触摸宋韵风雅》,《杭州》2022 年第 7 期。

（151）韩一丹、楼玮玥：《宋韵杭州中国气派》，《杭州》2022年第7期。

（152）尹晓宁：《挖掘拓展宋韵文化，打造杭州城市文韵体系》，《杭州》2022年第7期。

（153）程潇潇：《开“年”大戏魅力上演》，《温州日报》2022年4月20日。

（154）吴世渊：《台州，一部宋韵的大书》，《台州日报》2022年4月21日。

（155）单露娟：《唤醒宋韵临海记忆》，《台州日报》2022年4月28日。

（156）单露娟：《宋韵流淌台州府》，《台州日报》2022年4月28日。

（157）曹青青：《临平区南苑街道举办“宋韵临平，时尚南苑”读书沙龙》，《杭州》2022年第8期。

（158）涂国文：《宋韵·最杭州》，《作文新天地》2022年第13期。

（159）《宋韵·最杭州之山水篇》，《作文新天地》2022年第13期。

（160）吴世渊：《废墟下的宋韵》，《台州日报》2022年5月12日。

（161）尉洁婷、卢一、陈嘉昀：《寻找“传世宋韵”传播爆款——天目新闻探访春晚“顶流”〈只此青绿〉背后的故事》，《传媒评论》2022年第5期。

（162）沈宇轩、聂王真：《漫话宋韵》，《作文新天地》2022年第15期。

（163）刘玥涵、陈瑾璟：《如水宋韵，浸润杭州》，《作文新天地》2022 年第 15 期。

（164）何依峣、杨阳：《画卷之宋韵杭城》，《作文新天地》2022 年第 15 期。

（165）王红岭：《一方跨越千年的文化宝库》，《衢州日报》2022 年 5 月 30 日。

（166）何忠礼：《南宋的历史地位与“宋韵”文化》，《社会科学文摘》2022 年第 5 期。

（167）《宋韵·最杭州之历史篇》，《作文新天地》2022 年第 16 期。

（168）童波：《研究陆游，应兼顾宋韵文化和诗路文化》，《绍兴日报》2022 年 6 月 1 日。

（169）徐霞鸿：《用一场文物大展复活绍兴“宋韵”之雅》，《绍兴日报》2022 年 6 月 1 日。

（170）於泽锋：《古为今用，擦亮绍兴“南宋都市”名片》，《绍兴日报》2022 年 6 月 1 日。

（171）叶菁：《漆空间——唐风宋韵的东方叙事》，《上海工艺美术》2022 年第 2 期。

（172）郑建明：《兰溪市：擦亮宋韵文化金名片》，《文化月刊》2022 年第 6 期。

（173）崔雨、刘玲、崔一诺：《打造宁波“宋韵西塘”对策建议》，《宁波经济》（三江论坛）2022 年第 6 期。

（174）吕朝晖：《数字赋能宋韵瓯风文化高地建设的路径》，《温州职业技术学院学报》2022 年第 2 期。

（175）苏向国：《宋韵寻踪到葛岭》，《杭州》2022 年第

12 期。

（176）吴梦诗：《千年宋韵在新时代绽放新光彩》，《嘉兴日报》2022 年 7 月 1 日。

（177）查建国、陈炼：《挖掘浙学文脉的宋韵底蕴》，《中国社会科学报》2022 年 7 月 4 日。

（178）《赏诗画浙江飨宋韵之美　南宋菜文化研讨会活动圆满举行》，《餐饮世界》2022 年第 7 期。

（179）孙雯：《宋韵传播，智库先行从重整专家资源入手，探讨文化报道如何面对传播新课题》，《传媒评论》2022 年第 7 期。

（180）王萍萍：《杭州成立宋韵考古研究中心并发布“启航计划”》，《杭州》2022 年第 14 期。

（181）司马一民：《宋韵的风雅、风俗和风骨》，《杭州》2022 年第 14 期。

（182）肖瑞峰：《论宋韵文化的精神特质及生成原因》，《社会科学战线》2022 年第 8 期。

（183）朱可：《气韵东方，赓续千年——用宋韵文化梳理“中华优秀传统文化的内涵与特点”》，《历史教学》（上半月刊）2022 年第 8 期。

（184）本刊讯：《浙江·温州浙江文化艺术发展基金资助项目“大雅宋韵”浙江画院工笔画创作展览采风行》，《中国画画刊》2022 年第 3 期。

（185）《形而上下：宋韵视野下的龙泉青瓷》，《浙江画报》2022 年第 8 期。

（186）汤汉涛：《读懂宋韵，更需要理解宋韵的现代价值》，

《杭州》2022年第15期。

(187) 杜丽萍、王永:《唐风宋韵与文化综艺的互文性考察》,《中国电视》2022年第8期。

(188) 肖徽徽:《宋韵文化的历史深致与当代呈现》,《中国文化报》2022年8月16日。

(189) 张节末:《宋韵美学的“纯色革命”与宋代“文化重置”》,《文化艺术研究》2022年第15期。

(190) 黄银凤:《省宋韵研究专家胡坚:打造思想明州,大写“港通天下”》,《宁波日报》2022年8月22日。

(191) 厉晓杭:《百姓生活宋韵入画》,《宁波日报》2022年8月23日。

(192) 李娇俨:《千年宋韵如何“活”起来?——浙江新闻奖获奖作品“寻宋解韵”系列报道解读》,《传媒评论》2022年第8期。

(193)《一城宋韵文旅兴起来》,《河南日报》2022年8月30日。

(194)《桃花湖公园举办宋韵文化音乐交友活动拟打造一站式婚庆文化产业园》,《杭州》2022年第16期。

(195)《“宋韵豪景·锦绣团圆”主题中秋礼记录人月两团圆美好时刻》,《美食》2022年第9期。

(196) 徐越:《杭州方言是宋韵文化的主要载体和历史坐标》,《浙江社会科学》2022年第9期。

(197) 黎欣:《“宋韵”走进寻常百姓家》,《绍兴日报》2022年9月15日。

(198) 楼玮玥:《在宋韵山水间,轻叩历史的回响》,《杭州》

2022 年第 17 期。

(199) 商赟：《运河街道：举办宋韵文化赋能城乡共富论坛》，《杭州》2022 年第 18 期。

(200) 刘怡然：《俞塘村：山水间的一曲宋韵》，《宁波通讯》2022 年第 18 期。

(201) 徐霞鸿：《文学里的宋韵》，《绍兴日报》2022 年 10 月 12 日。

(202) 刘松华、汪超：《上承宋韵、下富民生，精心绘就独具上城韵味的风貌画卷》，《城乡建设》2022 年第 20 期。

(203) 陈付瑛：《宋韵文化瑰宝“永嘉医派”再现芳华》，《温州日报》2022 年 10 月 31 日。

(204) 黄燕玲：《宋韵的建构，舟山从未缺席》，《舟山日报》2022 年 11 月 4 日。

(205) 张睿：《让宋韵瓯风融入城市更新血脉》，《温州日报》2022 年 11 月 6 日。

(206) 毕一鸣：《人物品藻独善风节——评〈宋韵述廉〉的人间正道》，《新阅读》2022 年第 11 期。

(207) 陈进红：《解韵知韵方得宋韵》，《浙江日报》2022 年 11 月 18 日。

(208) 严粒粒：《〈德寿宫八百年〉，宋韵匠心犹存》，《浙江日报》2022 年 11 月 25 日。

(209) 徐霞鸿：《守望千年，宋韵文化流动不息》，《绍兴日报》2022 年 12 月 1 日。

(210) 陈莹：《传承宋韵文化提升劳动素养——以“‘浙里宋韵’立体卡片制作”课程的设计实施为例》，《教学月刊小学版

（综合）》2022 年第 12 期。

（211）方笑一：《赋美食以宋韵：林洪〈山家清供〉的饮食书写及其文化史意义》，《文化艺术研究》2022 年第 6 期。

（212）刘芷余：《电视节目探索传统文化的创新表达——以浙江卫视宋韵文化传播为例》，《中国广播影视》2022 年第 23 期。

（213）沈松勤：《“宋韵文化”的构成与核心》，《浙江社会科学》2023 年第 1 期。

（214）陈静：《传承宋韵，为舟山海洋文化建设再添一把“火”》，《舟山日报》2023 年 1 月 2 日。

（215）冯源：《杭州又见德寿宫，一抹宋韵宫墙红》，《新华每日电讯》2023 年 1 月 6 日。

（216）孙媛媛：《清照代言 共襄婺州宋韵风华》，《金华日报》2023 年 1 月 13 日。

（217）高利华、王静文：《陆游舟行诗与宋韵文化》，《中国韵文学刊》2023 年第 1 期。

（218）陈培城：《一场沉浸式的宋韵体验之旅》，《全国新书目》2023 年第 1 期。

（219）张冬昊：《借鉴河南文化品牌经验 杭州如何打造宋韵文化高地》，《杭州》2023 年第 1 期。

（220）徐媛苹、林大岳：《台州宋韵文化的美学意蕴和文旅价值》，《台州学院学报》2023 年第 1 期。

（221）张倩：《在杭州看见真实的南宋——南宋历史文化陈列解析》，《杭州文博》2023 年第 1 期。

（222）吴夏平：《从唐风到宋韵：唐宋桃源图变异的文化解码》，《浙江师范大学学报》（社会科学版）2023 年第 2 期。

（223）张节末：《“宋韵美学”专栏主持人语》，《文化艺术研究》2023年第2期。

（224）刘红艳：《舟山宋韵文化保护与传承研究》，《浙江海洋大学学报》（人文科学版）2023年第2期。

（225）肖瑞峰：《苏轼：宋韵文化的样本——以浙江为中心视点的考察》，《浙江社会科学》2023年第3期。

（226）潘冠泽：《宋韵文化视野下的宋词声乐作品的音乐分析与演唱诠释》，《艺术品鉴》2023年第3期。

（227）夏秀敏、胡惟洁、周璟璟等：《当代语境下的宋韵文化园设计——以宁海十里红妆为例》，《建筑与文化》2023年第3期。

（228）蔡璐芸：《跟着镜头游诗路：“崇”宋韵文化，“福”运河之约》，《浙江经济》2023年第3期。

（229）金伟东、徐敏红、段丽丽：《宋韵廉洁文化的体系构成、鲜明特质及其当代借鉴》，《中共杭州市委党校学报》2023年第3期。

（230）沈佳钰、刘毅青：《宋韵：宋代美学的文化肌理与现代意义》，《宁波大学学报》（人文科学版）2023年第3期。

（231）张泽：《“宋韵今辉”艺术特展开幕》，《美术教育研究》2023年第8期。

（232）刘玲：《让“生活里的宋韵”成为文化高地鲜明标识》，《宁波经济（三江论坛）》2023年第4期。

（233）蔡萧临、郭殷锈：《宋韵文化振兴视域下的现代家具设计研究》，《工业设计》2023年第4期。

（234）余旭鸿、薛佳音：《湖山揽胜——宋韵江南书画艺术》，《美术》2023年第5期。

（235）蒋秀英、沈小勇：《加快推进严州古城宋韵文化传世工程》，《杭州》2023年第5期。

（236）滕瑶静：《赓续千年风雅 点亮宋韵今辉》，《杭州》2023年第6期。

（237）蓝佐坤、施剑：《宋韵文化的内涵与外延》，《中国社会科学报》2023年3月8日。

（238）诸葛晨晨：《台州文旅打造宋韵文化新名片》，《台州日报》2023年3月9日。

（239）章燕：《古今交融 打造“宋韵文化新高地”》，《中国妇女报》2023年3月13日。

（240）陈静：《舟山宋韵文化能否凸显海上诗路新亮点?》，《舟山日报》2023年3月17日。

（241）陆遥、姜晓蓉、刘杨：《在“宋韵今辉”里，读懂传承与创新》，《浙江日报》2023年4月3日。

（242）刘雁翎：《宋韵文化再认识》，《中国社会科学报》2023年5月17日。

（243）殷俊：《越城版东京梦华录 来一场“宋潮澎湃”之旅》，《绍兴日报》2023年5月20日。

（244）李寒阳：《擦亮“宋韵黄岩”金名片》，《台州日报》2023年5月22日。

（245）吴可蒙：《一抹御茶村做到全球第一的“宋韵”》，《绍兴日报》2023年5月26日。

（246）黄蓓蓓：《“宋韵”研究传承视野下李清照题材的戏剧编演——评新编歌剧〈李清照〉和越剧〈帘卷西风〉》，《东方艺术》2023年第4期。

(247) 卫佩行、李庆硕、熊伟等:《“宋韵”茶家具勾勒与意境塑造》,《林产工业》2023年第8期。

(248) 董晨妍、郑喆、熊淑辉:《杭式生活下宋韵文创设计探究》,《设计艺术研究》2023年第4期。

(249) 陈伟雄:《吴山寻宋韵》,《三角洲》2023年第14期。

(250) 雷霆:《八婺宋韵文化元素在金华城市家具设计中的创新应用——以婺州窑瓷为例》,《大众文艺》2023年第13期。

(251) 韩佳宏、黄胜红、林鑫:《宋韵文化图形活态传承与保护研究》,《美术教育研究》2023年第13期。

(252) 周明珠:《以李渔美学思想打造杭州宋韵城市品牌》,《文化产业》2023年第19期。

(253) 王佳怡:《宋韵文化在现代服装配饰中的应用与创新》,《艺术教育》2023年第7期。

(254) 夏先清、杨子佩:《宋韵流淌开封城》,《经济日报》2023年7月9日。

(255) 徐元:《“宋韵今辉”艺术特展延伸多维立体传播链条》,《传媒评论》2023年第6期。

(256) 陆遥:《“宋韵今辉”特展火爆的流量密码》,《传媒评论》2023年第6期。

(257) 汤筠冰:《“宋韵今辉”展览的艺术传播特征与动因》,《传媒评论》2023年第6期。

(258) 窦亚杰:《不是虚心岂得贤——记“宋韵今辉”艺术特展》,《上海艺术评论》2023年第3期。

(259) 崔雨、崔一诺、刘玲:《传承千年文脉 高水平打造东钱湖宋韵文化圈》,《宁波通讯》2023年第11期。

（260）吴雪云:《呈现·重构·增值:〈梦华录〉中的宋韵文化》,《西部广播电视》2023年第11期。

（261）倪江凌:《新时代绍兴宋韵文化传承与发展的实践探究》,《文化创新比较研究》2023年第16期。

（262）张佳瑶:《从诗词中领略杭城宋韵之美》,《杭州》2023年第10期。

（263）徐秀明:《文化演进与传承辨析——以“宋韵文化”研究为个案》,《美育学刊》2023年第5期。

（264）王燕:《舟山宋韵文化资源挖掘与梳理》,《浙江海洋大学学报》(人文科学版),2023年第6期。

（265）周传人、王哲:《浙江上城　宋韵文化赋彩城市商圈》,《中国文化报》2023年10月20日。

（266）徐元:《“宋韵”何以“今辉”:传统文化传承与中国精神弘扬》,《艺术评论》2023年第9期。

（267）朱冬勇:《宋韵美学在饮食文化中的艺术形态及其价值》,《食品与机械》2023年第10期。

（268）安亚琴:《基于宋韵文化传承视角的文化共富研究——以台州市为例》,《农业开发与装备》2023年第11期。

（269）康保苓:《宋韵文化的美学表达及成因》,《美与时代》(下),2023年第12期。

（270）窦蓓蓓:《厚植宋韵文化打造“重要窗口”——浙江卫视擦亮品牌文化底色路径初探》,《新闻战线》2023年第18期。

（271）徐文欣:《当代语境下的宋韵文化乡村庭院景观设计探讨》,《现代园艺》2023年第22期。

（272）丁茂芬：《挖掘拓展宋韵文化，助力龙泉青瓷品牌传播》，《新闻传播》2023 年第 22 期。

（273）张虹：《宋代服饰文化与岁时礼俗视角下的宋韵文化传承研究》，《文化创新比较研究》2023 年第 33 期。

（274）刘鸿枭：《声乐视域下宋韵文化的继承与发展》，《戏剧之家》2023 年第 33 期。

（275）王博、徐庭娴、周斯佳等：《让千年宋韵“飞入寻常百姓家”》，《宁波日报》2023 年 12 月 13 日。

通读以上篇名中含有“宋韵”论文（含新闻报道），我们可以得出以下结论与启示。

第一，学术论文中第一次出现“宋韵”这个词，最早是何昌林的一篇书信——《唐风宋韵论南音——写给海内外南音弦友》（《人民音乐》1985 年第 5 期），这里的“宋韵”特指两宋时期在福建产生并流传至今的以乐器、乐曲、乐谱、乐调、乐语等为载体的民间音乐。

第二，一直以来，“宋韵”多与“唐风”并称，1990 年由天津电视台、天津歌舞剧院联合拍摄，天津电影制片厂协助拍摄的名为“唐风宋韵”的大型电视艺术片制作完成（六集），并在当时中国电视界有一定影响。相关评论文章有董亚军的《大型电视艺术片〈唐风宋韵〉开拍》（《电影评介》1990 年第 10 期），江声的《〈唐风宋韵〉扬国魂》（《瞭望周刊》1991 年第 9 期），周汝昌的《〈唐风宋韵〉琐谈》（《中国电视》1991 年第 3 期），陈志昂的《关于〈唐风宋韵〉的一封信》（《中国电视》1991 年第 4 期）。这里的“宋韵”，主要就是指“宋词”。

第三，在 20 世纪末 21 世纪初期的一段时间里，“宋韵”一词正式进入宋代文学研究界，与“宋词”并称，被视为宋词的人文精神与审美形态，详见孙维城的专著《宋韵——宋词人文精神与审美形态探论》（安徽大学出版社，2002）；与此同时，“宋韵”也与宋代美学发生了关联，如李菡萏的论文《宋韵在苏轼美学中的呈现》（《剑南文学》2013年第10期），就认为“韵”是我国封建社会后期艺术审美的价值取向，至宋代才定型成熟，并推广到一切艺术领域。

第四，由于北宋定都河南开封（汴京），一段时间以来，“宋韵”便成为用于指称开封这座城市精神气质乃至民间风俗的专属名词，比如赵红继的文章《一城宋韵半城水　梦华飘溢伴汴京》（载《中国三峡》2018年第5期），肖柏峰的《宋韵开封　开封市规划展示馆》（载《室内设计与装修》2018年第6期），就是就开封的宋代古都韵味来理解“宋韵”一词。

第五，超脱“宋词”的文学樊篱，以两宋历史文明来诠释“宋韵”，是浙江省社会科学院历史研究所原所长徐吉军研究员的研究发现。他在2021年第1—8期的《文化交流》（由浙江省委宣传部主管，浙江省对外文化交流协会、浙江省人民对外友好协会主办）期刊上连续发表的8篇同名系列文稿——《宋韵：登峰造极的两宋文明》，从以文立国、官员以天下为己任、多元文化并存、重视对外交流、科技强国、商业革命、城市文明、辉煌的文化成就、雅致的品质生活、移风易俗等多重维度对两宋文明的菁华予以系统阐释。

第六，受2021年8月浙江省委文化工作会议的推动，尽管浙江省内2021年、2022年、2023年公开出版发行的报刊上出现了不少篇名中含有“宋韵”“宋韵文化”的新闻报道（以《浙江日报》《钱江晚报》《杭州日报》为主），也包括一些学术论文（见《浙江学刊》、《浙江社会科学》2022年第1期），未来几年内，“宋韵”“宋韵文化”在浙江宣传理论界还会持续升温，但是学术界对“宋韵文化”作为一个学术命题的“容受”还是受到限制。尽管作为学术范畴的“宋韵”已进入宋代文学、美学的研究领域，但其学术内涵的影响力尚未得到充分挖掘，故而“宋韵”的学术影响力也仅限于“宋词”领域；宋史学界、文化学界、中国哲学（思想）史界并未对“宋韵”“宋韵文化”的研究有较多投入与关注。某种意义上说，“宋韵”“宋韵文化”在浙江省内的宣传理论界，尚存有一种“自说自话”“孤芳自赏”的舆论倾向。让“宋韵”充分进入传统文史哲等基础学科视域的场景，尚有很长的“路”要走，而这就要依靠宋史学界、宋代文学界、民俗学界乃至宋代思想史界、宋代哲学史界等学术同人的充分关注与勠力同心。

第七，近年乃至未来一段时间，“宋韵”依旧会是浙江省内党政机构主要是宣传理论界、人文社科基础研究领域的一大“热门词”，尤其在省内各地市、县、区“+宋韵”（包括“宋韵+”省内各市、县、区名）的使用频率会继续走高，如“杭州宋韵”“绍兴宋韵”“永康宋韵”“宋韵永嘉”“宋韵金华”等。

第八，如上所述，“宋韵”“宋韵文化”在浙江以及在长三角的江南文化场域中的落地生根乃至开花结果，仍有待省内外理论界、文史界、社科学界的努力。但一个重要的问题是，把“宋韵文化”从舆论宣传界导入学术界之后，它的学科归属在哪里？置于文学学科（中国古代文学中“宋词”）、历史学学科（中国古代史即断代史中的“宋史”，中国思想史中的“宋学”）、哲学学科（中国哲学史中的“宋代理学”“道学”），还是作为一门综合性学科的“文化学”（这里，需要从“宋代文化”“两宋文化”的角度来界定）？这是亟须判明的一个学术话题。而“从思想、制度、经济、社会、百姓生活、文学艺术、建筑和宗教等方面全方位立体化系统性研究阐述宋韵文化”，就是要从中国思想史、政治制度史、经济史、社会学、民俗学、文学、艺术学、建筑学、宗教学，以及文化学、新闻传播学等多学科出发，来进行学科大交叉、大融合，进而把握宋韵文化的精髓、历史意义和时代价值。

总之，“宋韵文化”作为一张重要的历史文化金名片，在浙江高质量打造新时代文化高地、推进共同富裕示范区建设的历史新征程中出场，既是一个“契机”[①]，也是一个“挑战”。“宋韵文化”要在浙江、在江南文化场域中落地生根、开花结果乃至辐射传播到中华大地，进而为中华传统文化的创造性转化和创新性发展贡献一份浙江案例，则仍有待省内外社科理论界继续努力、持续发力。

① “契机”的拉丁文是 momentum，意思是指推动力、决定性因素等；英文是 moment，作为汉语中的一个舶来词，指事物发展过程中的关键、枢纽或决定性的环节。

第三章
浙江省内各地市（县区）的"宋韵文化"挖掘、宣传与研究动态

传承宋韵文化是一件关乎未来的大事、要事，是与浙江全省各地各部门都密切相关的事。2021 年 8 月 31 日，浙江省委文化工作会议的召开，将宋韵文化传承提升至新高度，全省各地市相继围绕宋韵文化传承作出谋划并开展工作。为积极响应省委文化工作会议提出的实施"宋韵文化传世工程"，省内 11 个地市纷纷召开文化工作会议，也提出打造独具区域特色的宋韵文化。杭州作为"南宋古都"，在实施"宋韵文化传世工程"的过程中，毫无疑问要担起"挑大梁"的责任；与此同时，宋韵文化已融入浙江大地 11 个地市的历史文化、风土人情和日常生活。[①]

一　杭州：高水平打造"宋韵文化传承展示中心"

宋代文化被国内外史学界誉为中国传统文化的高峰，居于同时代世界领先地位，是中华民族"遗留之瑰宝"。宋韵是从宋代传承下来

① 本书关于浙江省 11 个地市独具特色的宋韵文化的综合梳理，参阅了《"宋韵文化"出圈带你认识浙江 11 个地市独具特色的宋韵文化》（新浪网，2022 年 1 月 21 日）这篇新闻报道的行文思路，特此说明。

的文化底蕴和精神气质，包括思想、制度、科技、文化、艺术等多个方面。宋韵文化体现的是一种积淀、一种渗透、一种传承，是中华民族优秀传统文化的重要组成部分，也是杭州宝贵的历史文化遗产。加强杭州宋韵文化保护与展示，是贯彻落实习近平总书记关于历史文化名城建设重要指示精神的必然要求，是忠实践行“八八战略”、建设“文化强省”的重要内容，是奋力展现“重要窗口”头雁风采、争当浙江高质量发展建设共同富裕示范区城市范例的应有之义。

以南宋皇城遗址保护利用工程为牵引，杭州深入挖掘、系统梳理、综合利用宋韵文化资源，进一步打响“南宋古都”品牌。如果评选杭州的文化气质，“宋韵”恐怕是最没有争议的。在清河坊有一条街叫南宋御街，有一家店叫南宋胡记，有一间书店叫南宋书房。街头随处可见穿着古装的红男绿女。南宋书房做着宋韵文化展示、宋韵主题讲座、宋韵文创研发、宋韵主题出版、宋韵主题邮局等事，1/3 的书籍跟宋韵文化有关。杭州实施的“宋韵文化传世工程”，可用 3 个字形容：承、工、时。“承”，传承守护宋韵遗迹。杭州以基本文化元素数据库为基础，科学解码德寿宫、南宋官窑、八卦田等重点宋韵文化元素。同时，启动德寿宫遗址保护展示工程暨南宋博物院（一期）建设，护住宋韵遗存。“工”，将宋韵文化植入生活场景。认定 3 家“宋韵杭式生活体验基地”、12 个“宋韵杭式生活体验点”，开发推广“南宋有约”“杏林春韵”等宋韵研学游线路，杭州主动带着市民们去寻找“风雅宋”。“时”，用现代方式创新宋韵文化。不管是宋韵文化节上的沉浸式街头快闪，还是清河坊历史街区密集的汉服体验馆等，都是宋韵文化在杭州的精彩复振，其以现代人更喜爱的方式，广为流传。

2021 年 5 月 19 日—11 月 19 日，以“宋韵风、雅生活、潮消费”为主题的首届“宋韵·杭式生活节”举行。共有开、闭幕式以及“10+X”

等主题板块，超过250个主题活动，从服饰、美食、演艺、诗词、文创、研学等维度，重现“风雅处处是平常”的生活方式与生活美学。首届“宋韵·杭式生活节”，旨在进一步诠释南宋文化底蕴，打响南宋文化品牌，深入解读雅致和谐、崇文向善、包容开放的杭式生活理念，传承“城市记忆”，重塑杭州文旅新体验，拉动新消费，这是杭州文化兴盛的要求，也是杭州塑造“古今交融文化盛景”的重点。[①]

2022年1月1—3日，“宋韵文化国际传播园”在吴山城隍阁景区盛大亮相。作为杭州的地标性建筑，城隍阁承载了丰厚的历史底蕴。位于其一楼的镇阁之宝——大型立体硬木彩塑画《南宋杭城风情图》，就可以让参观者沉浸式地感受南宋杭州民俗的生动细节，了解宋代历史与民俗文化。据了解，该园区是杭州首个以多元文化活动为载体，以精准传播为导向的宋韵主题文化园区。随着传播园正式开幕，“宋风雅韵——高甬春书画展”也同步开展。作为宋韵文化国际传播园的首个展览，其汇集了立轴、工笔、团扇、册页，诗词、花鸟、山水等形式丰富的书画作品，以简约小物彰显大家之道。展览分为“小品大境”“诗词歌赋”“扇解人意”“花开时节”四个部分，紧扣宋韵文化主题，以笔尖镌写内心之意，表达大爱之美。

2022年4月22日上午，上城区清波街道举行“宋韵传世行动”项目发布会暨“宋画中的亚运会”主题活动，现场展示深厚的宋韵“家底”。在“宋韵传世行动”项目发布会上，清波街道发布了2022年度“宋韵传世行动”六大项目，参与单位包括中国美术学院中国画与书法艺术学院、杭州西湖国学馆、上城区爱馨互助会、中国美术学院附小、南宋书房和直播清河坊等，具体包括“魅力双YUN·亚运

① 《一秒带你进“宋画”！杭州“宋韵”时空旅行开启，画、香、花、诗、酒、茶等南宋经典元素都齐了》，《杭州日报》2021年5月13日。

YING”“美育清波·美美讲堂”“雅韵清波·拾遗课堂”“书香清波·师说宋词”“云尚清波·宋韵云游”“南宋梦华·宋韵书市”等项目，涵盖了诗词、绘画、音乐、运动等宋韵文化各方面。现场共有8家单位获得“第一批宋韵展示窗口单位”授牌，分别为杭州孔庙、西湖国学馆、南宋书房、南山书屋、西湖琴社、承香堂、宋代玉器艺术馆、直播清河坊，既有历史文化遗迹，也有文创体验店，是清波地区最典型的文化体验阵地代表。“宋韵传世行动”项目发布会后，由上城区清波街道主办、中国美术学院附小承办的“宋画中的亚运会”主题活动举行。在博雅剧场，“宋画中的运动”专题讲座开讲，历史文化作家陈华胜为大家讲述了《宋画全集》中的相关作品，并介绍了宋朝时期的体育项目，让大家通过绘画作品了解宋朝时期的各类体育活动。据悉，杭州市上城区清波街道曾是南宋时期“前朝后市”的核心区，保留着杭州全市风貌最完好的历史街区，也是杭州文物保护单位、历史建筑、非遗项目最集中的区域。坐拥丰富的宋韵历史文化遗存和资源，清波街道始终在为延续城市文脉努力，通过“宋韵红盟”、清波尚品宋韵同心联盟等统筹辖区文化企事业单位资源，常态开展系统化、多元化的文化项目和活动，让宋韵文化得到活态传承，和亚运会形成互动交融。①

2022年4月22日下午，在第27个“世界读书日”到来之际，由杭州市上城区文化和广电旅游体育局（文物局）、杭州市上城区妇联主办的“品千年宋韵·迎时代亚运”2022年杭州上城区诵读嘉年华活动拉开帷幕。第19届亚运会在杭州举办②，当宋韵遇上亚运，杭州市

---

① 《清波街道推出“宋韵传世行动”项目！还让孩子与宋人在画中“踢球”》，上城发布，2022年4月23日。

② 受疫情影响，原定2022年9月10—25日在杭州举办的第19届亚运会，延期至2023年9月23日—10月8日举行。

民和读者在本次嘉年华活动中充分感受历经千年的宋韵文化根脉与国际体育精神碰撞出的火花。活动仪式在钱塘江最大游船“钱印”号上举办，以线上+线下的创新方式，突破空间和时间的界限，让更多的网友通过网络线上互动，一起感受隽秀的宋韵文化。走上游船活动现场，一场“宋韵市集”映入眼帘。市集设置书中自有千钟粟、书中自有黄金屋、书中自有颜如玉、书中车马多如簇等四大板块八个体验点，营造出互动式宋韵文化体验浓厚氛围。诵读活动通过朗诵、舞蹈、情景剧、访谈等多种表演形式，打造了一场沉浸式宋韵视觉盛宴，带领观众踏上宋韵寻音之旅，品味宋韵文化，品读宋韵经典。据悉，作为南宋皇城遗址所在地、南宋文化发祥地，上城区一直将宋韵文化传承作为该区建设一流的国际化现代化城区的文化支撑和精神动力，大力推动“宋韵 IP”的塑造与发展，构建“双横双纵”的阅读体系，呈现“书香上城”整体构架，让浓厚的宋韵书香遍布上城。[①]

2022 年 8 月 18 日，杭州市委文化工作会议召开。浙江省委常委、杭州市委书记刘捷在会上强调，要着力推进“宋韵文化传世工程”，加强宋韵文化研究，推进南宋皇城遗址综合保护，拓展宋韵文化传播路径形式。[②]

2022 年 8 月 31 日—9 月 27 日，由杭州市委宣传部主办，杭州国画院承办的“宋韵 · 正气篇——南宋爱国诗词书法展”在杭州国画院美术馆展出。为弘扬爱国主义精神，传承宋韵文化，杭州国画院从 2022 年 3 月起策划组织此次展览。展览以爱国主义为主线，以宋词为主调，精选了 100 位南宋作者的爱国诗词 165 首，邀请 39 位书法家，

---

① 《“品千年宋韵 · 迎时代亚运”——2022 杭州上城区诵读嘉年华向世界传扬宋韵文化》，浙江之声，2022 年 4 月 23 日。

② 《刘捷在市委文化工作会议上强调　大力推进全域文化繁荣全民精神富有　加快打造一流历史文化名城　马卫光出席》，《杭州日报》2022 年 8 月 19 日。

以不同书体、不同形式创作了一大批高质量、高水准的作品。应邀参与的书法家们通过手中的毛笔抒发家国情怀，抒写爱国篇章，让人产生强烈的思想共鸣。[①]

2022年10月23日，杭州市市长刘忻专题调研宋韵文化保护传承工作。刘忻一行实地考察了正在试运营的南宋德寿宫遗址保护展示工程、南宋皇城遗址核心区、南宋官窑博物馆，就文物保护安全、项目施工安全、游客出行安全、消防安全、疫情防控、应急处置等工作进行了检查部署。他强调，要大力实施“宋韵文化传世工程”，坚持创造性转化、创新性发展，精心做好深化、细化、活化、品牌化文章，让千年宋韵在新时代“流动”起来、“传承”下去，以杭州文化盛景彰显浙江辨识度、展现中国气派，加快打造全域文化繁荣、全民精神富有的一流历史文化名城。杭州市领导黄海峰、丁狄刚参加调研。[②]

2022年10月25日，由西泠印社与浙江图书馆、杭州市文史研究馆联合主办的“阁帖千载　宋韵流光——宋淳化阁帖刻成一〇三〇周年展”在杭州市文史研究馆开展。2022年是《淳化阁帖》摹刻1030周年，为纪念《淳化阁帖》的问世，再现1000多年前《淳化阁帖》的刊刻背景、宋代金石书法之盛况，以及后世对《淳化阁帖》的翻刻因袭和继承修正、传承宋韵醇雅文化之精神，西泠印社与浙江图书馆、杭州市文史研究馆联合策划了这场展览。此次展览为契合杭州市文史研究馆文雅高古的江南文化气质，在展厅入口处设置了《淳化阁帖》发展时间轴文化墙，简明扼要地交代了阁帖刻成千余年来的发展与成就；展厅内共展出展品30余种，包含古籍、拓片与专业研究著作，神完气足、彩墨纷呈，精光流转之间闪耀中华文化的奕奕神采。同时，

① 《传宋韵　扬正气“宋韵·正气篇——南宋爱国诗词书法展”展出》，杭州网，2022年9月4日。

② 《刘忻专题调研宋韵文化保护传承工作》，《杭州日报》2022年10月24日。

展览辅以图文并茂、深入浅出的展板文字，娓娓道来，讲述了阁帖的诞生、形成、传拓故事，使观众在品赏展品之余，对于阁帖的发展有一个直观的了解。[①]

2022 年 11 月 25 日晚，“宋韵风雅 · 幸会动漫”2022 年度宋韵动漫文化创意活动在中国动漫博物馆开幕。开幕式上，动漫卡通形象宋东东对话苏东坡，将“画”的故事、“画”的传承温情串联。总导演罗可歌说：“千百年前，宋画是宋韵文化中极具代表性的文化载体。千百年后，动态的动漫成了当下传递优秀精神文化的重要载体，科技发展让画的形式更加灵动有趣，也让画的文化内涵更生动易懂。我们希望通过宋韵国画、中国水墨动画、现代科技动漫动画三者的主线关系，让画动起来。”活动期间，“心动 · 漫千年”冲浪宋潮论坛如期举行。除启动仪式与论坛外，“宋韵风雅 · 幸会动漫”2022 年度宋韵动漫文化创意活动还举行了一系列丰富多彩的子活动。[②]

2023 年 5 月 8 日，“杭州宋韵文化（开封）交流推广会”在河南开封举办。推介会介绍了近两年来杭州“宋韵文化传世工程”的成果，部分宋韵杭式生活体验基地、体验点企业在会上进行了推介，余杭径山推介人以茶文化为切入点，深入介绍了茶乡径山开创的多层次宋代点茶体验；瓶窑老街推介人介绍了杭州首个非遗街区的创建过程，通过基础升级、产业升级、管理升级、体验升级等手段和方式，让老街重新焕发魅力与活力；宋宴推介人分享了宋代美食的研发心得和美食之外的文化延伸。此外，城隍阁景区、大目盏“天目一品”制作展示中心、西溪宋韵演艺在现场做了精彩的推介。[③]

---

① 《百帖之祖庆生　千载墨光回眸：“阁帖千载　宋韵流光”——宋淳化阁帖刻成 1030 周年展在杭展出》，《杭州日报》2022 年 10 月 27 日。

② 《2022 年度宋韵动漫文化创意活动昨日开幕》，杭州网，2022 年 11 月 26 日。

③ 《杭州宋韵文化（开封）交流推广会举办》，开封网，2023 年 5 月 9 日。

1. 杭州市政协："请你来协商·宋韵文化保护与展示"

2021 年 9 月 8 日，杭州市政协主席潘家玮就"请你来协商"专题协商课题"宋韵文化保护与展示"开展调研，民革浙江省委会副主委、民革杭州市委会主委叶鉴铭参加。

位于上城区南星街道的白塔始建于五代十国时期的吴越末期，是全国重点文物保护单位。"严官巷南宋御街遗址"是 2004 年度"全国十大考古新发现之一"，也是合理处理遗址保护展示与城市建设关系的典范之一。调研组实地走访上城区南星街道白塔、严官巷南宋御街遗址、杭州孔庙（杭州碑林）等地，与上城区、西湖西溪管委会、杭州市园文局负责人和工作人员深入交流，详细了解文物遗址的历史文化价值、保护利用等情况。调研组鼓励大家在加强文物保护的同时，积极发挥优势、创新形式，进一步加强对宋韵文化的宣传推广。在随后的座谈会上，上城区、市园文局负责人汇报相关工作情况，葛继宏、余莹、余青峰、姜青青等市政协委员或市政协应用型智库专家分别提出针对性的意见建议。潘家玮在充分肯定上城区、市园文局的工作成效和政协委员的意见建议后指出，加强宋韵文化保护与展示，是深入贯彻落实习近平总书记关于历史文化名城建设重要指示精神的必然要求，是自觉践行"八八战略"、建设"文化强省"的重要内容，是杭州争当浙江高质量发展建设共同富裕示范区城市范例的题中之义。要认真贯彻省委文化工作会议精神，进一步提高站位、深化认识，广泛凝聚共识和合力，共同做好宋韵文化保护与展示这篇文章。要不断深化对宋韵文化深厚丰富内涵的研究挖掘，全方位做好保护展示、传承融合、宣传推广工作。市政协要发挥独特优势，深入调查研究，积极协商建言，为打造具有杭州辨识度的宋韵文化作出政协贡献。①

① 《市政协调研宋韵文化保护与展示工作》，《杭州日报》2021 年 9 月 10 日。

2021 年 10 月 18 日，杭州市政协围绕“宋韵文化保护与展示”主题开展“请你来协商”活动。会议以网络视频形式召开，主会场设在杭州市民中心，远程连线上城、拱墅、萧山和建德，并同步向全体市政协委员直播。线下，委员、专家的头脑风暴引来掌声阵阵；线上，随着“叮叮”的声音，285 名委员通过数智政协平台，提出 178 条建议。围绕“杭州宋韵文化保护与展示”开展专题协商是 2021 年杭州市政协的重点履职课题。市政协组织有关界别小组、县（市、区）政协和专家学者做了大量调查研究，多次召开座谈会，广泛听取各方意见。

杭州市政协文化文史和学习委主任王利民代表课题组作主旨发言，认为，宋韵文化是两宋文化的精华与精彩所在，代表宋代物质文明和精神文明的高度，其内容涉及宋代文化各个领域，其传承传播方式关涉到诸多学科。因此，他建议成立宋韵文化跨领域跨学科研究联盟，邀请国内外史学、文学、哲学、考古、艺术、传播、博物馆学等领域的专家学者共同就宋韵文化的概念、内涵、特质、范畴、时空及传承、传播开展多学科研究，提炼出宋韵文化的核心要义、精神底色、文化价值和当代意义。①活化南宋临安城遗址，透出古都宋韵风貌：运用多种方法勾勒展示区的宋代风貌，增加临安府衙、恭圣仁烈皇后宅、御街等遗址展示点，适度扩大已开放遗址的展出面积；在中山南路、十五奎巷（丁衙巷、太庙巷）设置引导标识，告知市民、游客周边宋代石刻的位置、距离，把仁王寺、通玄观造像和紫阳山、瑞石山石刻书法景点导出来，提高展示区宋代文化遗址的辨识度；高水平打造南宋博物院，充分利用现有南宋考古研究成果及文献记载，运用现代数字技术重点展示南宋皇城宫殿、园林格局，标清临安城的城门、街巷、河道、桥梁及标志性建筑，明晰临安城与西湖、大运河、钱塘江及环城诸山的关系，重构以临安城为中心的南宋全国主要交通路线，以整体空间感与历史交互感体现临安府作为南宋都城对全国的影响。②整合玉皇山南北文化资源，构建连通江湖的宋韵文化带：挖掘杭州玉皇山南北空间宋代历史文化内涵，整合现有历史遗存、景观及文化场馆，构建连通江湖（钱塘江、西湖）的宋韵文化带。以宋代《耕织图》为蓝本，在中国丝绸博物馆和长桥水生态修复公园之间种植桑树，营造宋代桑园景观，结合丝绸博物馆的宋代馆藏和非物质遗产，打造集桑蚕养殖、丝绸织造为一体的宋代丝绸文化展示体验区；丰富八卦田四季景色，打造田园农业景观，展示宋代农耕生活场景，现场感悟宋代生活美学。③擦亮杭州宋韵符号，建设全球宋韵文化展示之都：运用多种形式擦亮杭州宋韵符号，让宋韵文化可见、可感、可传承。创设宋代文化系列艺术展，与全国乃至全球范围的博物馆、艺术馆加强合作，定期在杭州举办宋代丝绸、瓷器、书画及宋版书籍专题展或宋韵文化特展，体现宋代精致和谐的审美情趣。④加强普及传播，促进宋韵文化深入百姓走向世界：开展宋韵文化普及工程，采用市民特别是年轻人喜闻乐见的形式，将宋韵文化更有创意地表达出来。充分运用影视游戏视频等现代媒介，打造系列富有新意、具有底蕴的专题文化节目，艺术化地展现宋韵文化；积极利用现有宋代历史文化研究成果，编写宋韵文化普及读本，结合网络文学的优势，讲好宋代故事，推动研究成果转化为通俗易懂的人文知识；从公共文化的视角，编纂宋代绘画、书法、石刻、丝绸、瓷器系列精选画册，向公众介绍宋代美学风格；在街巷、文化角用壁画、雕塑介绍宋代名人事迹，以直观的方式向市民普及宋韵文化。[①]

① 《委员专家说宋韵文化·赓续千年文脉　谱写宋韵新篇章（一）》，杭州政协新闻网，2021年11月2日。

杭州市政协应用型智库专家姜青青认为，“宋韵文化”的概念或可以这样表述：它是两宋文化的精华和精彩所在，是在物质和非物质遗产中表现出来的进步思想、高尚情操、哲学理念、美学观念、文学造诣、艺术格调、匠心精神和生活风尚等文化价值，具有积极进取、和谐包容、精致典雅、诗情画意的人文特色，代表了当时物质文明和精神文明的高度。①文学之美：涵盖诗词、散文等辞章文化。宋词是中国文学史上与唐诗相提并论的又一座文学高峰，而宋诗的哲理性也形成了别具一格的诗风。②书法之美：涵盖各大名家墨迹、刻帖、碑铭、摩崖等。宋人开创了迥异于唐人书法的艺术新境界，并成为此后近千年的书法主流——书法之美形成了“宋韵文化”的一脉清流。③绘画之美：涵盖各类画派的山水画、花鸟画、人物画、风俗画等。宋画艺术这座高峰至今让人景仰——绘画之美勾画了“宋韵文化”的一幅镜像。④戏曲之美：涵盖宋杂剧、南戏、傀儡戏、皮影戏、歌舞百戏等。南宋开始，南戏大放异彩，它与宋杂剧并行齐飞，各擅风流，中国戏曲最终形成一门独立艺术——戏曲之美唱响了“宋韵文化”的一段韵律。⑤建筑之美：涵盖城市建筑、宫廷建筑、园林建筑等。宋代城市创立的坊巷制使得城市发展因为面向经济规律和市民需求而迈上了新的台阶。⑥风物之美：涵盖丝绸、茶酒、印刷术、瓷器、玉器、金银器、风景等。风物之美折射出“宋韵文化”的巧思匠心。⑦风俗之美：涵盖社会日常生活中的饮食、服饰、节庆、花饰、香道等。宋人将雅致精致变成日常生活的常态——风俗之美传递出“宋韵文化”的生活风尚。⑧风范之美：涵盖家国情怀、道德操守、哲学理念、科学思想、爱国精神等。“以天下为己任”生发的经世致用和责任担当，“先天下之忧而忧、后天下之乐而乐”的思想境界，成为士大夫的家国情怀。理学、史学和文学等方面的思想理论促成了教育的全面兴盛，并影响了此后中国的主流教育。[①]

浙江省文物考古研究所副所长郑嘉励认为，琴、棋、书、画，焚香、点茶、挂画、插花等，宋人“风雅处处是平常”的生活方式和隽永深沉的生活美学，对后世产生了深远的影响。但宋韵文化并不简单等同于品茗、焚香、吟诗等“雅文化”，要对其作正面解读和全面阐释，以正能量的价值观引领宋韵文化建设。

杭州市政协社科界别代表卓超委员认为，要把握宋韵文化核心要义，古为今用，让这一古典的种子开出现代的花，服务杭州发展。

上城区政协主席黄爱芳提出，要明确宋韵文化精神内涵，创新宋韵遗址活化展示，增强宋韵品牌辨识度。

萧山区政协主席洪松法说，湘湖开筑于北宋，成型于南宋，是一个真正意义上的“宋之湖”。要把湘湖打造成宋韵文化传承和展示的金名片。

其他与会人员还纷纷建议，加强保护与展示严州宋韵文化；弘扬和传承宋茶文化，厚植“杭为茶都”的历史名城优势；打造立体宣传，利用全媒体加强国际传播；以大运河为媒，加强宋韵“水上丝路文化”互动交流；支持5G、云计算、大数据等数字基础设施在宋韵文化产业的场景运用；推广宋代餐饮，让宋宴走入百姓生活等。

杭州市委常委、宣传部部长戚啸虎认为，委员和专家们的意见建议具有重要借鉴意义，将吸收采纳，融入下一步的工作中，进一步做好宋韵文化的研究、保护、传承、传播、转化利用工作。

杭州市政协主席潘家玮说，要深入学习贯彻习近平总书记关于社会主义文化建设重要论述，认真落实省委文化工作会议精神，进一步

---

① 《委员专家说宋韵文化·赓续千年文脉　谱写宋韵新篇章（二）》，杭州政协新闻网，2021年11月5日。

统一思想、深化认识、提高站位，增强责任感使命感，高质量做好宋韵文化保护和展示工作，让千年宋韵在新时代更好地“流动”起来、“传承”下去。市政协要发挥独特优势，持续建言助推，努力为打造“宋韵文化传世工程”杭州样本、推进杭州历史文化名城建设贡献智慧力量。①

2022年3月，杭州市政协十二届一次会议召开，会议期间，多位杭州市政协委员聚焦“宋韵”这一关键词，建言宋韵文化的传承传播应善于“借帆出海”，包括借力杭州亚运会、提升数字赋能等，助力宋韵文化传承、出圈。

民盟杭州市委会集体提案，建议成立宋韵文化研究机构，并广泛发动社会力量及民间文史爱好者参与其中，研究宋代政治、经济、社会、文化和科学等，全方位解码宋韵文化之“义”。不论是南宋皇城遗址、德寿宫、清河坊历史街区等历史遗迹，还是宋代美学融入城市、宋韵博物馆大隐于市，或是宋韵文化资源数据库的建立等，无疑都是宋韵之“形”的表现形式。知其“义”，塑其“形”，由表及里，还可以打造一条“宋韵江南”的旅游线路、走读线路、研学线路，将杭州散落的宋韵文化资源穿珠成链。宋韵之“音”更在于传播，没有传播就没有文化内容可言，一方面要多方协同打造立体宣传矩阵，为宋韵文化推广搭建“戏台”；另一方面要立足杭州文创产业优势，开发宋韵文化超级IP，并推向国际。

市政协委员、九三学社社员陈萍提出，杭州可以举办亚运会为契机，增设“大宋运动会”，将投壶、相扑、陀螺、马球等宋代体育项目纳入其中，让市民沉浸在亚运体育竞技和宋代体育生活相交融的奇

① 《让千年宋韵文化流动起来传承下去，杭州市政协线上线下聚共识出实招》，《联谊报》2021年10月21日。

妙氛围之中。在经济带动方面，建议杭州在亚运会期间向国内外游客发放“宋风”消费券，重现宋朝“会子”的经济繁荣时刻，并抓住“会子”品牌对产业助推作用，将其打造成宋韵文化活动开展的物质补贴载体，在增强旅游市场份额的同时惠及更多消费群体。

市政协委员、民建杭州市委会专职副主委张琳说，可以放大杭州亚运会乘数效应，让宋韵传播遍及亚运会内外。比如，亚运会场馆可体现宋风古意，向世界展示“杭州味”。如在亚运会场馆内，采取雕塑小品、文化景墙等方式注入宋韵文化“基因”，让公共空间变身“艺术客厅”；在亚运会场馆外，将舞蹈、戏曲、古乐演奏等国风节目融入其中，让宋韵变得触手可及。

致公党杭州市委会集体提案建议，杭州是数字经济先行者，宋韵文化的传承传播要打破固有观念、枯燥内容、单一载体，数字赋能亦是重要方面。可以运用数字 5D、裸眼 3D、全息影像等科技手段，打造穿越感极强、科技化融入、互动性充盈的宋韵文化展示方式。如借鉴横店影视城沉浸式演艺手法，激发旅客兴趣、延长游览时间、增强体验黏性。在挖掘宋韵文化景点内涵方面，一方面深入开展对南宋文化核心景点内历史建筑、遗址遗迹等的补充调查和资料收集，建立宋韵文化数字库；另一方面开发“线上展示+线下感受”的“宋韵杭州”系列策划，通过仪式场景展现、非遗文化表演、技艺现场教学等方式，让宋韵文化走入“寻常百姓家”。还应该打造“宋韵”品牌力量，形成多方传播矩阵。如利用小红书、哔哩哔哩、抖音等平台甚至海外社交平台，以更贴近年轻人的时尚手法讲好宋韵文化故事，善于借力“出圈”。[①]

2022 年 11 月 23 日下午，由政协杭州市委员会主办，杭州市教育

① 《千年宋韵何展当代新姿？杭州两会聚焦借力与赋能》，中国新闻网，2022 年 3 月 29 日。

局、杭州市园林文物局、杭州市文化广电旅游局、杭州日报协办，杭州市政协文化文史和学习委员会、杭州市文史研究馆、杭州文史研究会、杭州中华文化促进会、杭州社会科学院南宋史研究中心承办的“宋韵缥缃——2022年首届杭城悦读文化节”在杭州市文史研究馆启动。杭州市政协副主席陈新华出席开幕式并致辞，杭州市政协第十一届副主席叶鉴铭出席。首届悦读文化节以“宋韵缥缃”为主题，以开放性、普及性、互动性为原则，以书籍为媒介，以“宋韵千年”系列展等活动解读宋韵文化，串联宋韵文化印记，集结文史专家、文博力量、文化使者等资源，场内场外联动配合，线上线下协同推进，多渠道广泛动员，全民参与、阅读经典、悦读共情，助力形成崇学尚读的浓厚氛围和良好风尚。[①]

2. 杭州市上城区：打响“南宋古都·经典上城”品牌，推动宋风宋韵“飞入寻常百姓家”

杭州市上城区作为南宋皇城遗址所在地、南宋文化发祥地，留存着南宋皇城遗址、三省六部遗址、太庙遗址、皋亭山爱国主义教育基地等多处宋韵遗存，是全国宋韵文化积淀最深厚、保存最完整的地区之一。宋韵的保护和传承，上城区一直在做。首先是研究，通过文化基因解码，从700余个基本文化元素中提炼出“德寿宫遗址”“南宋官窑”“八卦田遗址”等宋韵文化元素。其次是传播和转化，通过举办文化活动、开发宋韵IP文创衍生品、深化文旅融合等方式，让宋韵文化散发新的活力和光彩。在不久的将来，德寿宫遗址保护展示工程、南宋皇城大遗址保护工程、南宋博物院筹建项目，龙居寺、海潮寺、五柳巷、草桥亭、皋亭山，还有许多散布于上城区的宋韵珠玉，都将

① 《宋韵缥缃——2022年首届杭城悦读文化节启动》，“杭州文史”微信公众号，2022年11月24日。

向我们奔赴而来。

传承宋韵文化，一直以来被上城区视为建设一流国际化现代化城区的文化支撑和精神动力。

2020年12月召开的杭州市上城区委十届十三次全体（扩大）会议指出，作为南宋皇城遗址所在地、南宋文化发祥地，上城区一直将南宋文化传承作为该区建设一流的国际化现代化城区的文化支撑和精神动力。2020年，德寿宫遗址保护展示工程暨南宋博物院（一期）建设顺利启动，进一步打响了“南宋古都·经典上城”品牌。上城区将高水平打造“宋韵文化传承展示中心”，继续加快德寿宫遗址保护展示工程暨南宋博物院（一期）建设，持续擦亮南宋文化品牌；深入实施亚运城市行动，推动亚运文化与宋韵文化融合交流，努力把亚运故事讲生动；未来五年，上城区还将有序推动南宋临安城遗址保护和申遗工作，加快德寿宫遗址公园建设，做好非物质文化遗产的活态传承。①

2021年8月3日，杭州市上城区政协举行了一场主题为“打造文旅融合体验高地 聚力推进宋韵文化传承展示”的专题协商会，政协委员、企业代表、市民代表和各职能部门围坐一堂，围绕“如何加快打造宋韵文旅IP”这个命题，纷纷献计献策。①区政协委员朱盈指出，对上城而言，南宋文化当之无愧是该区文旅IP标识的核心元素——打造宋韵文化传承展示中心是新上城“一区四中心”战略目标的重要一极，是建设一流国际化现代化城区的文化支撑和精神动力。要增强宋韵上城可辨识度，首先要加快打造宋韵城区IP，通过视觉化演绎、人格化设计，塑造“时尚经典、古今交汇”的城市IP形象，有形化传

① 《持续擦亮南宋文化品牌，上城将打造宋韵文化传承展示中心》，《杭州日报》2020年12月19日。

播宋韵文化精神。同时，要借由城市 IP 影响力，进一步向文学、动漫、影视、游戏等领域布局相关产业，融入互联网产业链，构建 IP 生态体系，全方位打造新上城城市品牌。②区政协委员朱建兰建议，可以南宋文化为核心，结合宋韵文化标识，开发有特色的 IP 内容，比如将卡通形象等一系列 IP 形式，作为宋韵文化的代言内容或代言人。也可以用卡通形象做成表情包，用古代的语言、现代人喜爱的方式呈现，增加趣味性，提高传播性。以“宋韵文化挖掘和衍生品开发”为主线，建议政府搭建一个“文化空间”或是“文创产业园”，整合各种南宋文化 IP 项目，形成 IP 设计研发、内容运营、营销策划、供应链企业、衍生品设计一体化产业链布局。通过产业园区的布局，整合产业链里所需的人才，一定能开发出更多优秀的宋韵文化的衍生品。[①]③区政协委员姚倩表示，要以历史的视野、发展的眼光、务实的精神，提炼出宋韵文化的新时代精神内涵。④区政协委员徐跃峰建议成立专门研究机构，为区域文化打造提供权威指导，进一步提高宋韵文化旅游线路的社会知名度。⑤区政协委员涂小莉建议，打好文化、数字、品牌三张牌，以德寿宫为圆点，串联清河坊历史街区、吴山地下空间，形成宋韵主题体验现象级项目。⑥区政协委员施雪雁提出，充分利用宋韵文化资源，加快培养宋韵文旅金牌导游，打造文旅精品线路，以手绘导览图的形式加以宣传，使宋韵文旅线路深入民众、深得人心。⑦上城区副区长毛素云在会上表示，区政府将从“社会需求度”“市场激活度”“各界满意度”三方面着手，落实好政协委员的意见建议，集结更多社会力量参与到“宋韵文化传承展示”中心工作上来。⑧上城区委常委、宣传部部长范卫东说，传承、展示、引领好宋韵文化，

① 《杭州：宋韵 IP 赋能城市文旅产业破圈融合，一场协商会碰撞出“新火花”》，《杭州日报》2021 年 8 月 4 日。

必须凝练宋韵文化精神内核，解码文化基因，以重点项目推进为抓手，坚持雅俗共赏，不断推进文旅融合，相信美好的宋韵定能“飞入寻常百姓家”。⑨上城区政协主席黄爱芳作会议总结发言：“此次协商会前期调研实，体现了‘上’的标准；‘搭台’效果好，彰显了‘商’的特色；意见建议准，形成了‘聚’的合力。相信在全区上下和社会各界共同努力下，宋韵文化定能成为新上城最鲜明的地域文化标签、最靓丽的城市文化名片。”①

2021年10月27日起，上城区委宣传部与《钱江晚报》联合推出系列文化报道《千年上城·宋韵上乘》，以文化的力量，展现这块南宋根脉所系的核心区域；以文化的自信，追摹那个流淌千年、传承至今的“上乘”宋韵。“开栏语”指出：韵者，美之极。宋韵，两宋文化的精华所在，代表了当时物质文明和精神文明的高峰。若说宋韵，首看上城。杭州市上城区，作为南宋皇城遗址所在地、南宋文化发祥地、宋韵文化传承展示中心，是全国宋韵文化积淀最为深厚、保留最为完整的地区。一个上城区，几乎承托了所有的南宋繁华。

2022年1月15日，“品宋韵·迎亚运”西泠春运会在杭州市上城区西泠印社非物质文化遗产展示中心举行。活动现场设有宋式投壶、蹴鞠、乒乓球障碍挑战、篆书识字、亚运会知识竞赛和宋代诗词背诵等游戏环节。“一部杭州史，半部在上城。”杭州之美，源于宋韵，根植于上城。此次活动举办地上城区清波街道清河坊街区作为南宋文化发祥地，正全力打造宋韵文化传承展示中心，重现具有中国气派、东方特质的“南宋遗韵”。杭州市上城区清波街道党工委委员阮方说：“清河坊街区是宋韵文化氛围非常浓厚的一个街区。本次活动中，我们将宋代的一些体育运动进行还原，让市民朋友可以在活动现场参与

① 《南宋书房内，上城政协纵论宋韵文化》，浙江新闻网，2021年8月6日。

体验，营造迎接亚运会的良好氛围。”①

2022 年 2 月 11 日，经过近半年的筹备，“宋韵文化研究传承中心”在杭州市上城区文化中心正式投入运营。接下来，上城区的宋韵文化研究传承将以更高站位推进宋韵文化研究，积极联动国内外一流文化机构和社科智库，共同建好宋韵文化研究传承中心，对宋韵文化的内涵与外延、历史价值与当代意义等开展系统研究，为宋韵文化传承展示提供坚实学理支撑；以更优标准打造宋韵传世工程，加强宋韵文化重点展示项目整体谋划，高标准推进德寿宫遗址保护展示工程暨南宋博物院（一期）建设，深挖上城丰厚的历史文化、红色文化，促进其与宋韵文化有机融合，加速提升对外传播展示的立意与格局；以更广视野擦亮宋韵文化品牌，高水平办好宋韵文化节系列品牌活动，积极鼓励宋韵主题文艺创作，力争在影视、动漫、小说、书画、舞台剧等方面推出更多精品佳作，充分利用亚运会契机，加强宋韵文化传播交流，持续提升传播度和美誉度；以更大力度推动宋韵融合发展。继续做大做强影视业、设计服务业、现代演艺业、数字内容业等优势产业，加强宋韵文化 IP 开发设计与创意成果转化，打造一批可学可观可游的经典旅游线路，持续提刀宋韵文化辐射面和影响力。下一阶段，上城区将紧密围绕“宋韵文化传世工程”目标定位，打好宋韵文化研究、传播、转化“三张牌”，全力打造宋韵文化传承展示中心，重现具有中国气派、东方特质的“南宋遗韵”。②

2022 年 2 月 12—16 日；上城区推出“宋韵满城喜迎亚运闹元宵”系列活动，通过开展具有宋韵特色、亚运元素的元宵节系列活动，营

① 《浙江杭州：品宋韵，迎亚运》，人民网，2022 年 1 月 16 日。

② 《一曲宋韵拂杭州》，《杭州日报》2021 年 11 月 10 日。

造平安、欢乐、祥和的虎年元宵节日氛围。[①]

2022年4—8月，杭州市上城区人民政府、PSAChina、浙江省摄影家协会主办，上城区文化旅游体育局、PSAChina杭州工作站、浙江展览馆承办（杭州市上城区文化馆执行承办）了“第四届中国浙江（宋韵文化）国际摄影大赛”。大赛共收到全球29个国家和地区以及全国28个省区市699位摄影人共计6789幅参赛作品。经过10位国际评委认真、严谨的评选，最终由全球各地的126位参赛者分享了共179个奖项。“宋韵文化组”的金奖获得者是吴国方，他的作品是《古法造纸传宋韵》。[②]

2022年5月11日，杭州市上城区彭埠街道携手杭州市历史学会共同举办“领略宋韵文化 感受彭埠魅力”宋韵历史文化研讨会。现场，杭州市历史学会授予彭埠街道文化共建单位牌匾。杭州市历史学会会长赵一新表示，要立足彭埠自身的地域特点，进一步扩大文化视野，抓住重点做好宋韵历史文化挖掘，结合民间游戏、非遗项目等文化背景加以研究，以扎实的研究为“宋韵文化”提供有力支撑。杭州市历史学会常务理事陈培新对于彭埠宋韵文化的挖掘作了高度评价；学会常务理事丁云川阐述了自己对于彭埠宋韵文化元素的观点。[③]

2022年5月17日，杭州市上城区省级社科普及基地杭州海塘遗址博物馆、杭州万事利丝绸文化博物馆联合承办的“风华宋韵”博物馆文创展，在杭州海塘遗址博物馆一楼临展厅正式开展，同时也开启2022年的“5·18博物馆日”之旅。上城区两家省级社科普及基地强强联合，以“宋韵”“亚运”为主题，展出近几年开发的文创产品近

① 《赏花灯、品年俗、玩非遗……杭州各地元宵“闹”起来》，《杭州日报》2022年2月15日。
② 《第四届中国浙江（宋韵文化）国际摄影大赛评选揭晓》，中国摄影网，2022年8月17日。
③ 《彭埠街道携手杭州市历史学会研究体验彭埠宋韵文化》，网易新闻，2022年5月15日。

百件。这些作品既有浓郁的历史气息，又有时尚的鲜活面孔，更有便捷的实用价值。[①]

2022 年 5 月 24 日，南宋御街鼓楼旁的南宋书房里，由上城区清波街道、上城区图书馆与南宋书房共同举办的“南宋梦华”书市举行了开市典礼，同步启动清波“全民惠享”阅读周活动。这场紧扣“宋韵文化”主题的书市活动，旨在通过阅读分享和文化体验，传承宋韵文化，助力精神共富。在上城区清波街道新时代文明实践所和社区文化家园的参与下，这次的书市不仅有种类繁多的书籍，还融入琴棋书画等宋韵雅事，就像一场符合文人雅客品位的文化沙龙。此外，现场还有 10 个展示展台供市民体验。其中 5 个展台分别对应“琴、棋、书、画、礼”5 个主题的内容进行展示，另外 5 个展台集中展示的是宋韵文化主题的文创产品。[②]

2022 年 6 月 7 日，“2022 年上城区‘宋韵大秀场’文艺演出暨文化惠民巡演文艺演出”在清河坊历史街区精彩亮相。“宋韵大秀场”活动聚焦传统与当代、继承与创新，通过一场场沉浸式文化“快闪”，还原历史故事场景，呈现简洁精致高雅的“宋式美学”，再现南宋时期的生活气息。2022“宋韵大秀场”充分运用清河坊历史街区等城市空间承载的文化和历史资源，挖掘两宋文化中蕴含的优秀文明元素、内在精神和传延至今的文化价值，在群众身边演绎岳飞、陆游等宋代名人的小故事，广泛传播“精忠爱国、开放包容、变革创新、诗意匠心”等宋韵文化精神，让市民领悟地域文化精髓，共享独特文化记忆。据悉，“宋韵大秀场”结合上城区文化馆文化惠民活动持续至 2022 年 12 月，其间在清河坊推出了 50 场内容丰富、形式多样的表演，

① 《杭州上城区“风华宋韵”博物馆文创展开启》，杭州社科发布，2022 年 5 月 18 日。
② 《南宋御街飘来书香！“宋韵文化嘉年华”来啦》，杭州社科发布，2022 年 5 月 25 日。

录制的视频也在“上城区文化和广电旅游体育局”“上城区文化馆”等公众号定期播出，让千年宋韵在新时代流动传承。[①]

2022年8月18日，由上城区委、区政府，杭州市文化创意产业发展中心主办，上城区委宣传部、上城区文化创意产业发展中心承办的为期5天的“2022杭州国际工艺周”在杭州创意设计中心启幕。鉴于上城区是宋韵文化资源积淀最丰富深厚的地区，本届杭州国际工艺周深度融合展示了“宋韵文化”和“亚运文化”，从《千里江山图》中汲取灵感，使展区设计充分体现南宋风韵，并以手工艺为载体，传达“宋韵文化”和“亚运文化”。在现场，观众不仅可以沉浸式感受“宋韵小雅”，还可以欣赏到亚运系列衍纸艺术等内容，寻找杭州故事里的匠心传承和未来创意。在杭州国际工艺周现场，杭州英国文化创意产业交流中心/杭州意大利文化创意产业交流中心与上城区文化创意产业发展中心就宋韵文化海外推广项目签约，为杭州建设好“工艺与民间艺术之都”、打造好“国际文化创意中心”助力。[②]

2022年8月26—30日，“方寸华美——宋韵陶模展”在杭州海塘遗址博物馆（杭州市上城区九睦路109号）开展。作为宋代民俗文化载体之一的陶模，是宋代民俗信仰、风俗人情的见证，是研究宋代文化艺术的珍贵可视资料。此次陶模展以“方寸华美”为主题，展出近百件陶模作品。展览分为“陶模的起源”“发展与演变”“传承与创新”三个部分，系统展现了陶模的制作手艺、文化内涵、传承与创新。[③]

2022年9月29日，由杭州市上城区纪委监委打造的云上“宋韵颂廉”平台正式上线。上城区委常委、区纪委书记、区监委主任黄利

① 《杭州千年古街变身宋韵大秀场，在这里触摸千年风雅!》，杭州社科发布，2022年6月8日。
② 《纸上乾坤，宋韵千年，2022杭州国际工艺周开幕》，《杭州日报》2022年8月19日。
③ 《“方寸华美——宋韵陶模展”在杭州海塘遗址博物馆开展》，《都市快报》2022年8月26日。

文表示：“上城区是南宋皇城遗址所在地、南宋文化发祥地和宋韵文化传承展示中心，辖区历史遗存丰富，清廉佳话遍布，几乎承托了所有的南宋繁华，也渗透着处处蕴廉的天然禀赋。今年以来，上城区深入挖掘整合‘宋韵+廉洁’文化资源，有机结合‘历史感宋韵廉洁文化’与‘现代感云上数字平台’，培育具有上城辨识度的廉洁文化金名片。”据悉，“宋韵颂廉”平台围绕宋韵廉洁景观、清官廉吏故事、廉洁制度规范、优秀家风家训等内容，创新设置“宋迹清风、宋贤清德、宋道清行、宋艺清心、宋脉清流”五大板块、40余项用户体验功能，让展览馆里的文物、微景观的遗迹、古籍里的文字在线上生动呈现。该区还在线下打造“宋廉十景”示范样板，创作《宋韵颂廉》廉洁文化读本，改编《折槛进言广圣听》等宋朝廉洁故事。

2022年11月18日，“2022宋韵文化节开幕暨南宋德寿宫遗址博物馆开馆仪式”正式启动。杭州市委书记刘捷、浙江省委宣传部部长王纲共同为南宋德寿宫遗址博物馆揭牌。[①] 据悉，南宋德寿宫遗址保护展示工程于2020年启动，用地面积约21367平方米，建筑面积约12321平方米，露明展示面积4590平方米，是依托德寿宫遗址原址，集遗址本体及出土文物的保护、研究、收藏和展示于一体的专题博物馆，是南宋皇城大遗址综合保护工程的开山之作，也是浙江省宋韵文化传承和展示的重要载体。

2022年11月18—20日，由上城区文化和广电旅游体育局、上城区国有投资控股集团有限公司主办，上城区非物质文化遗产保护中心执行承办的“2022宋韵文化节——‘宋韵薪传’非遗大观园”在杭州市上城区鼓楼、打铜巷、河坊街东口举办，展示“重要窗口”的独

① 《德寿宫开馆啦！2022宋韵文化节开幕》，杭州网，2022年11月19日。

特韵味，让宋韵成为文化浙江建设成果的鲜明标识。[①]

2023 年 2 月 4 日，杭州市胜利小学与上城区南宋文化推广中心、上城区文化馆等部门合作举行对话“李刘马夏”（李唐、刘松年、马远、夏圭）传习雅集暨宋韵书画馆成立仪式。杭州市妇联主席阮英与上城区教育局党委书记、局长项海刚共同为宋韵书画馆揭牌。杭州市胜利小学党委书记、校长郭荣强代表学校向长期关心和支持学校发展的社会各界表示衷心的感谢。他认为，宋韵书画馆的成立是胜利小学悠久的办学历史和上城区得天独厚的宋韵地域文化特质的一次完美相遇。胜利人将继续挖掘好宋韵文化的当代价值，做强宋韵教育品牌，让千年宋韵在新时代“流动”起来、“传承”下去。上城区文史研究会会长陈少华为本次活动致辞。他强调，上城区作为南宋皇城遗址所在地，有基础、有优势、更有责任扛起历史文化保护传承、活化利用的重要使命。宋韵书画馆的成立，是宋韵进校园的样板之作。他希望孩子们能与书画家近距离接触，面对面交流，欣赏美、鉴赏美、创造美。现场，书画名家代表韩璐、戴家妙、陈进、陈建锋向胜利小学宋韵书画馆捐赠了作品。这些优秀的作品将引领胜利小海燕深度参与宋韵传承，以中华优秀传统文化浸润童心，润物无声。在歌曲《钱塘今朝更繁华》中，对话“李刘马夏”传习雅集暨宋韵书画馆成立仪式取得圆满成功。[②]

据悉，为了深入推动宋风宋韵“飞入寻常百姓家”，接下来，杭州市上城区将充分调动各类要素资源和各方社会力量，集聚有情怀、高水平的研究机构、策划团队和运营平台，围绕“全方位、全过程、全人群”和“可感知、可体验、可持续”的目标，精心打造“宋韵文

① 《2022 宋韵文化节——“宋韵薪传”非遗大观园顺利举办》，文旅诗画，2022 年 11 月 22 日。
② 《“传承 & 爱国”·宋韵书画馆成立》，周必大研究会，2023 年 2 月 25 日。

化体验区”，持续推进“东坡 mall”“时尚园”等重点文商旅融合项目，培育更多有创新力、影响力的“宋创”领军企业，以文化赋能产业发展，以数字化手段丰富展示形式，让经典宋韵与现代生活“美美与共”。此外，还要加快开发宋韵文旅产品，培育一系列雅生活体验馆和雅产业，打造“宋韵十景”，推广“宋食宋礼”。[①] 上城区文化创意产业发展中心负责人表示，接下来，上城区将立足文化中心区优势，通过亚电数智等项目做好亚运产业承接；持续推动宋韵文化与文创产业有效适配，打造国内首个“宋韵今辉”城市文创品牌；探索宋韵文化成果创造性转化、创新性发展，深入践行“宋韵文化传世工程”，打造“宋韵文化新高地”。[②]

3. 杭州市西湖区：西湖西溪，宋韵流淌

杭州市西湖区也是杭州宋韵文化传承与展示区。

2021 年 10 月 30 日，由杭州市风景园林学会、杭州市历史学会、杭州古都文化研究会、西湖区西溪文化研究会、杭州市城市科学研究会、杭州市图书馆协会、杭州市旅游协会、浙江省游船协会、杭州钱镠研究会联合举办的以“双西合璧 宋韵杭州”为主题的“第十四届杭州西湖文化研讨会”举行，80 余位杭州市社科、科协界的代表参会，围绕主题深入展开学术交流。①杭州市历史学会代表陈培新提出，“双西合璧”对杭州城市建设来说具有里程碑意义，加快实现“双西合璧”定能使杭州成为中外游人的“诗和远方”。②杭州市城市科学研究会代表姜青青则从“文学之美”等八方面对杭州宋韵作了深入解读。③杭州古都文化研究会代表章胜利细述了“双西合璧”中的宋韵

① 《打造宋韵文化体验区，杭州上城推动宋风宋韵“飞入寻常百姓家”》，《杭州日报》2022 年 8 月 11 日。

② 《全域打造“没有围墙的博物馆”——上城：赓续城市文脉 讲好“宋韵故事”》，《浙江日报》2023 年 9 月 23 日。

文化。④杭州市城市科学研究会代表汤海孺深入研究了西湖文化空间的“意义再生产”。⑤杭州市城市科学研究会的专家司马一民提出，研究传播“宋韵杭州”，可以从古诗词里去挖掘精彩故事。⑥杭州市历史学会副会长盛久远说，此次研讨会旨在促进“双西宋韵”流淌起来，充分展现杭州宋韵文化的独特魅力，团队合力的研讨会还将继续耕耘下去。[①]

2022 年 2 月 13—16 日，为丰富人民群众精神文化生活，推动宋韵文化融合交流，西湖区文化和广电旅游体育局联合晓风书屋以本土非遗及艺术呈现宋韵文化，在弥陀寺公园内举行“2022 年元宵节系列文化活动”，诚邀大家前来“品宋韵，迎亚运，闹元宵”，体验元宵节的习俗，感受传统文化魅力。在弥陀寺文化公园里设置了“元夕”雕版印刷非遗体验、古风花灯 DIY 体验、宋韵咖啡体验、祈福长卷书写等系列活动，每个活动里都是浓浓的“宋味”。杭州历史专家仲向平通过直播方式带领网友探访弥陀寺文化公园。弥陀山，宋朝曾称霍山，山下有涌泉，明朝张岱西湖梦寻里提到的“哇哇宕”，就在目前弥陀寺文化公园内明远·晓风书屋的后院。在弥陀寺文化公园的非遗馆里，相关人员还跨界创作了宋韵花灯装置，以“千里江山”“营造法式”“武林旧事”等宋代经典文化为基点进行发散性创作。

2022 年 6 月 15—19 日，由杭州市委宣传部指导，杭州市文化广电旅游局联合杭州西湖风景名胜区管委会（杭州西溪国家湿地公园管委会）、杭州市园林文物局、杭州日报报业集团主办的“2022 文旅市集·宋韵杭州奇妙夜”主会场活动于每天 15：00—21：00 在西湖景区“钱王祠—涌金公园—西湖博物馆总馆”沿线举行。据了解，作为杭

① 《西湖西溪，宋韵流淌，这个研讨会为“双西”串起一条新纽带》，钱江晚报·小时新闻网，2021 年 10 月 30 日。

州市文广旅游局连续三年精心培育打造的城市和文旅 IP 品牌活动，“2022 文旅市集·宋韵杭州奇妙夜”以宋韵文化深度表达和创新诠释为核心，重点展示造纸、宋刻、装帧、钱币等宋代科技形态，结合现代数字技术呈现宋画宋词、琴棋书画等文化艺术形态，重现宋屋建筑、青瓷建盏、非遗技艺等百工竞巧形态，以及营造花酒茶衣、风雅室置等生活美学形态，让宋韵文化可观、可感、可体验、可消费。①

2022 年 6 月 18—24 日，由杭州西湖风景名胜区管委会作为主办单位、浙江茶荟茶业集团有限公司作为承办单位，举办以“宋韵风起西子湖，潮动茶荟聚东方”为主题的“茶荟宋韵文化周活动”。据悉，“茶荟宋韵文化周活动”分别以七大主题日开展系列活动：以“宋韵风起西子湖”为主题日，传播展现宋韵文化之美；以“窖藏荟佳酿”为主题日，体验品鉴茶荟酒窖之醇；以“茶聚荟生活”为主题日，感受宋韵非遗之魅力，展开茶艺茶品茶生活系列主题；以“晋风宋韵，再续兰亭”为主题日，展现晋风宋韵家居生活美学；以“潮动茶荟聚东方”为主题日，现场沉浸式感受艺术美学、艺术观赏和艺术交流；以“天选新生态”为主题日，见证以直播科技赋能创新融合生态场景、文化场景、科技场景，打造茶产业生态平台；以“宋韵传千年，筑梦还原乡”为主题日，体验以宋韵美学为核心的自然之灵、文化之雅、艺术之美，以及风雅相聚汇总的美好空间生活方式。②

2022 年 8 月 13 日，为迎接杭州亚运盛会，展示青春风采，传承宋韵文化，由西湖区文联、灵隐街道办事处、西湖区朗诵曲艺协会联合主办的“宋韵西湖·灵隐少年朗诵团首批团员招募活动”在西湖区灵隐街道文明实践所举行，近 200 名少年儿童分组参与选拔。本次活动

① 《一站式体验宋人的风雅一日，宋韵杭州奇妙夜又来了，杭州文旅消费季即将拉开序幕》，浙江在线，2022 年 6 月 10 日。

② 《传承宋韵国风，西子湖畔开启茶荟宋韵文化周》，新浪网，2022 年 6 月 20 日。

的活动现场分两个考场，分别由杭州电视台十佳主持人阿通伯（徐涛）和西湖区朗诵曲艺协会主席宋静两位专家领衔主评。每组中有两位同学获得“pass 卡”，直接晋级朗诵团。通过本次选拔活动，孩子们诵读经典作品，感受宋韵文化，陶冶性情品德，锻炼表达能力，在活动中收获成长。获得“pass 卡”的孩子妈妈在接受采访时兴奋地说：“虽然孩子一直在学习朗诵表演，但是一直没有机会与‘高手’和专家们近距离交流切磋，感谢宋韵西湖·灵隐少年朗诵团给孩子一次锻炼自己的机会，这也是一次非常有意义的实践教育。”阅读赋予我们知识，朗诵赋予我们汉语言的韵律之美。在宋韵西湖·灵隐少年朗诵团中，在琅琅诵读声中，孩子们体会到源远流长的宋韵文化，成长为建设“宋韵西湖”“共富西湖”的星星之火。[①]

2022 年 10 月 25 日，西湖区委宣传部、西湖区文广旅体局指导，西湖区北山街道办事处、西湖区文化创意产业发展中心、西湖区社会科学界联合会、杭州黄小建雕版艺术工作室、西湖区影视文化发展促进会主办的“楮墨浙造 宋韵千年——宋代浙江造纸与印刷传承研讨会”在西湖区北山街道弥陀寺公园内的西湖区非遗馆举行。现场共展示了 12 幅多色套印插图，其中 10 幅作品为紫阳洞天、云居松雪、三茅观潮等“吴山十景”，另 2 幅为对开跨页的吴山全景图。本次研讨会以传统造纸和印刷文化为切入点，通过展览、研讨会、体验等多种形式弘扬中华优秀传统文化，共同探讨传统造纸与印刷技艺，将四大发明中的两项技艺再度融合，并探讨未来行业发展之路。同时，也希望借此机会探讨非遗活态保护及“文化+”的更多可能性。[②]

2023 年 4 月 21—23 日，“忆江南 寻宋味”宋韵杭式生活节在杭州

---

① 《西湖灵隐街道：寻找星星之火，传承宋韵文化》，浙江在线，2022 年 8 月 13 日。

② 《“紫阳洞天、云居松雪、三茅观潮……”你知道明代的吴山十景是什么样子么？这场研讨会现场有“绝版复刻”让你秒穿晚明》，《杭州日报》2022 年 10 月 26 日。

弥陀寺文化公园举行。活动设置“名家说宋”“宋韵书街”“天工开物”“本草千年”“临安食肆”“主题茶察”“桃花源集”“文化沙龙”“寻迹宋韵”等十大板块，打造扎根于典籍、活化于生活的宋韵文化空间。①

4. 杭州市拱墅区：传承展示运河之畔的宋韵文化

杭州市拱墅区毗邻上城区、西湖区，也是杭城千年“宋韵文化”的一个重要传承展示区。

2022 年 6 月 24 日，“宋韵流长——大运河非遗的传承与发展”的主题沙龙在拱墅区浙江省非遗文献馆举行。沙龙现场，邀请了非遗专家、非遗企业、设计师与杭州刺绣、杭州织锦技艺、传统和香制作技艺等项目的传承人围绕“宋韵流长——大运河非遗的传承与发展”主题，就如何传承宋式美学、如何与现代生活融合创新发展等议题进行精彩分享和热烈讨论。中国美术学院电影学院党委书记王其全说，希望通过多平台、多渠道的传播方式，让非遗项目和传承人的作品展示出来，吸引更多年轻人接触和了解非遗内容。到场嘉宾也形成共识，非遗展现多元包容、百工竞巧、追求卓越、风雅精致的宋韵文化气象，在新时代背景下，应使非遗更好地传承和发展，实现民族自信、文化自信，真正让千年宋韵在新时代“流动”起来。活动现场还有非遗作品展示和点茶、焚香等沉浸式宋式生活场景体验，精美的都锦生织锦作品，适用于现代生活的传统和香产品等，让观众更好地感受和体验宋韵文化。总之，“宋韵”遇上“非遗”，是文化交融的薪火相传，更是文化共融的现代发展。拱墅区重视非物质文化遗产保护，积极为传承人搭建平台，向大众展示丰富多彩的非遗资源，充分发挥区内非遗项目众多、宋韵文化底蕴丰厚的优势，让运河文化与宋韵文化融入寻

① 《“忆江南 寻宋味”，宋韵杭式生活节亮相杭城》，潮新闻，2023 年 4 月 22 日。

常百姓的意识，深入普通大众的视野之中。[①]

2022年8月4日晚，华裳秀典，七夕锦绣。“2022杭州仲夏夜——拱墅区‘武林衣秀·宋韵杭州’暨武林路女人街开街仪式”在武林广场上演。杭州市副市长陈卫强、浙江省商务厅总经济师朱军、杭州市拱墅区委书记李志龙、浙江传媒学院党委书记杨立平、杭州市拱墅区区长冯晶等领导嘉宾出席活动。一场融入了宋韵元素、结合七夕文化的“武林衣秀”，惊艳众人。让宋韵文化“活”起来，是这场秀最大的亮点。在宋画活化演艺环节，根据南宋画院画家手笔，结合舞蹈和走秀表演，宋代仕女风采穿越历史长河，呈现在今人眼前。七夕夜的秀场上，展现了我国古时情侣、婚嫁的服饰，让观众感受了一把古代“情侣装”的魅力。洛可可、秋水伊人等“杭派女装”品牌穿越千年宋“潮”，以一场时尚的七夕特别篇礼服大秀，为整场“武林衣秀”甜蜜收尾。此外，著名导演、制片人张纪中受聘拱墅区宋韵杭州文化顾问。[②]

2002年9月16日，由杭州市拱墅区文化和广电旅游体育局主办、杭州王星记扇业有限公司承办的“‘品宋韵·扬扇行’2022年度王星记扇艺文化节开幕式”在运河游船画舫上举办。此次扇艺文化节旨在助推浙江实施“宋韵文化传世工程”，助力杭州打造“独特韵味，别样精彩”的世界名城，充分挖掘宋韵扇艺的文化精神力量，扩大王星记扇艺非遗品牌在国内外的影响力，打响宋韵非遗扇艺的“金名片”。杭州王星记扇业有限公司总经理、国家级非物质文化遗产代表性传承人孙亚青致辞，表示将带领王星记以文化迈步，挖掘宋韵文化宝藏，

---

① 《运河文化遇上宋韵文化，“大匠”齐聚拱墅共话非遗传承发展》，杭州网，2022年6月24日。

② 《“武林衣秀”二十年，带你穿越千年宋“潮”》，《杭州日报》2022年8月5日。

讲好品牌故事，以扇子为载体推动宋韵文化“飞入寻常百姓家”。据悉，此次王星记扇艺文化节推出了一系列活动，包括宋韵文化之扇艺研讨会、宋韵古扇研发、宋韵扇艺文化大讲堂、扇艺研学游和“留住手艺”公募项目五大主题。通过丰富多彩的互动活动，让百姓进一步了解包括扇文化在内的中华传统非遗项目，弘扬中华扇文化的独特魅力，展示宋韵文化的深厚底蕴和蓬勃生机。总之，宋韵遇上非遗，是文化交融的薪火相传，更是文化共融的现代发展。①

5. 杭州市临平区：打造“宋韵”展示窗口

如何让千年宋韵在新时代“流动”起来、“传承”下去，如何把宋韵文化元素融入城市发展规划建设之中，让当下的临平再现南宋时期运河沿岸的繁荣风貌？2022 年 11 月 3 日在临平举行的“临风雅宋”——“宋韵临平”文化研讨会不仅追忆了宋朝时期临平的繁华盛景，更为未来城市发展梳理了一条清晰的脉络。

相比于以往的研讨会，此次会议更接地气，时间跨度更长，会议共分为文献追踪、座谈研讨、名家展演、媒介呈现等多形式的系列活动，不仅有对临平宋韵历史文化资源进行的系统、全面的挖掘及梳理，也有对临平未来城市发展中宋韵文化地标建设的可参考、可落地的具体建议和规划。

其中浙江省社会科学院历史研究所原所长徐吉军在《宋代临平研究》一文中，对宋朝时期的临平经济社会发展的脉络进行了清晰的梳理；而浙江省历史学会副会长周膺则在《关于打造“古都副城，宋韵临平”品牌的建议》一文中，从现存主要历史文化资源、保护建设的主要原则、“一轴三馆三寺一街一塘一湖一山”网络框架体系、超级

① 《“品宋韵 · 扬扇行”，2022 年度王星记扇艺文化节开幕》，“浙江省工艺美术学会秘书处”微信公众号，2022 年 9 月 16 日。

大 IP 设计和全域旅游网构建等方面对此问题进行系统研究，并提出对策建议。

此外，宋韵文化与文旅的融合发展也在此次研讨会上有了清晰方向。比如《文旅融合视角下“宋韵临平”内涵挖掘与开发——以美食旅游为视角》针对临平开发宋韵美食旅游进行了分析并提出了相关建议，如通过建立标准、规范产业、开发美食体验产品和美食 IP 等方式，促进临平宋韵美食旅游开发，拉动区域经济发展，将临平打造成共同富裕示范区样板；同样，《宋韵美食文创产品研发对策建议：以临平为中心的考察》一文也为我们介绍了如何以宋代饮食为突破口，进一步推进临平宋韵文化的创造性转化。

临平区政协相关负责人表示，“此次研讨会作为临平宋韵文化打造的系列活动之一，也是一个重要契机，我们将进一步梳理专家学者们的理论成果，使之成为临平宋韵文化地标的建设方向和目标，真正让宋韵文化在临平变成沉浸式、可体验的场景，让文化临平再现宋朝历史上的高光时刻”。

近年来，临平区致力于打造“宋韵”展示窗口，计划通过上塘河宋韵文化带建设三年行动，实施南宋班荆馆、王蒙草堂等文化地标复建工程，突出宋韵文化元素，形成一批高水平、有影响力的文化研究成果；开展宋韵文化展示、宋韵文艺展演、宋韵文旅活动等，打响临平宋韵文化 IP，向外界展示临平宋韵文化的独特风采。①

6. 杭州市临安区：宣传临安宋韵文化

宋韵文化之于临安，同样有着特殊的意义和价值。两宋时期，是继五代吴越国以后，临安古代社会发展进程中的又一座高峰。为更好

① 《让千年宋韵在新时代流动传承　这场研讨会让文化临平再现历史上的高光时刻》，人民日报客户端浙江频道，2022 年 11 月 3 日。

地推介宣传临安宋韵文化，2022 年杭州市临安区委宣传部、临安区社科联推出“天目心语”社科理论微讲堂之《宋韵传承——临安两宋时期的名人故事》特别节目。

2022 年 4 月 29 日，“宋韵传承——临安宋代历史文化展”在杭州市级社科普及基地临安区博物馆拉开帷幕。此次展览由临安区文化和广电旅游体育局、临安区社会科学界联合会和区委党史研究室主办，临安博物馆承办，共展出近 200 件（组）展品。展品以库房馆藏文物为主，近年考古发掘出土文物作为补充，器型多样，内涵丰富，且大部分展品是第一次亮相于大众视野。这场为期三个多月的展览，分为“寻宋迹”“品宋物”“忆宋人”三个板块，向观众介绍临安宋代历史文化。本次活动是 2022 年临安宋韵主题活动之一。[①]

7. 杭州市富阳区：举办富阳宋韵文化展

南宋绍兴八年（1138），宋高宗赵构定都杭州（临安府），为表达不忘收复中原之志，不称京师，而称行在。同年，富阳与新城并升为畿县。作为临安府的畿辅之城，宋韵文化从此渗透在了富阳城内的一街一景，一角一隅之中，包容在了我们生活的角角落落。

2022 年 1 月 21 日—3 月 31 日，为了让富阳市民真切感受宋代的文化、艺术和生活，让宋代久远的记忆融入百姓的生活日常，使现代版“富春山居图”更具历史内涵和文化实感，杭州市富阳区文化和广电旅游体育局、杭州市富阳区社会科学界联合会在富阳博物馆举办“富春山居宋韵迹忆：富阳宋韵文化展”。富阳宋韵文化展共展出 250 余件文物展品，包括陶瓷器、铜器、玉器、古籍、石刻等，大部分文物是第一次在富阳博物馆对外展出。[②]

---

① 《临安区“宋韵传承——临安宋代历史文化展”在市社科基地临安区博物馆开展》，杭州社科发布，2022 年 5 月 6 日。

② 《富阳宋韵文化展》，杭州网，2022 年 1 月 26 日。

2022年8月19日—10月16日，由西泠印社联合民盟杭州市委会、富阳区政协、中共富阳区委宣传部共同主办的“苏东坡和他的朋友们——两宋文人书迹拓本展”在富阳博物馆展出。展览共分为六大单元，分别为：应似飞鸿踏雪泥——苏轼宦游生涯；吾心安处是吾乡——苏轼与家人；如我与君稀——苏轼的师友交谊；拣尽寒枝不肯栖——苏轼与新旧党争；一时多少豪杰——两宋其他文人书迹；以及富春宋韵。展览以84件（组）两宋文人书迹拓本，让观众走近这位多才多艺、生动而立体的东坡先生。这次展览以苏东坡为主角，通过珍贵碑拓展现其生平、家世、交游和书法艺术，同时还有与之相关的两宋重要文人遗存书迹，期待观众能通过黑白的字迹和斑驳的石纹，跨域时空，领略两宋书坛的全貌，更深切地了解书法艺术和宋韵文化的真正内核。富春之美，不独在风光，更在于自然与文化高度融会和谐的精神内涵。饱览两宋文人书迹石刻拓片，可号天地自然中镌刻的金石文脉，直抵心中的人文山水，并借此契机，让千年宋韵在新时代“流动”起来、“传承”下去。①

2022年8月27日，第三届影像西湖艺术现场——“宋韵迹忆”全省主题影像创作工程成果展，在杭州富阳公望美术馆开展。展览邀请了近70位国内外影像艺术家以《富春山居图》为名，通过山水的真实行走融合艺术家的诗性之情，展示山川浑厚、草木华滋的富春山文脉，建构“寻宋”“游宋”“赏宋”“探宋”“阅宋”“传宋”影像样板，把宋韵文化在富春的“诗”与“史”变成线下沉浸式、可体验的场景，探寻宋理之学为摄影者提供的观看之道和山水创作的新方法、新观念、新视界，同时以此激活富春山居的人文基因和精神密码，诠释美美与共的中国山水文化自然美学。据悉，此次展览首次从“西

① 《宋韵文化系列展览之两宋文人书迹拓本展》，“西泠印社”微信公众号，2022年8月26日。

湖”移师“富春”，是浙江摄影界深入实施“宋韵文化传世工程”，以影像方式解读宋韵文化蕴含的哲学思想和人文精神，持续实施开展的“宋韵迹忆”全省影像主题创作工程成果展示。[①]

8. 建德市：借力亚运打造“宋韵文化标识地”

宋韵不只在凤凰山下，也在新安江边。近年来，建德市委、市政府更是紧扣“宋韵文化传世工程”，以打造“宋韵文化标识地”为目标，深入实施严州古城、寿昌古镇、新叶古村复兴计划，系统挖掘南宋文化、水浒文化、诗词文化。

2022 年 4 月 1 日，“杭州市亚运‘决胜攻坚’誓师动员大会”这一天，作为浙西门户的建德，抛出了“新名片”——在杭州看亚运，到建德品宋韵。这是深思熟虑后，建德对杭州亚运的一个贴合呼应。建德市委相关负责人说，杭州第 19 届亚运会，是继 G20 杭州峰会之后，杭州又一次向世界展示自己，并提升城市能级的绝佳机遇，而千年前的严州府，也是南宋对外展示的重要窗口之一；而今，我们也有了借梯登高的机会。我们已经开始确切感受到这座亚运城市的改变，看到越来越多路、桥、楼、厦、馆的修建与崛起，建德也已借势借力，搭载宋韵的文化列车，加速前行。

借亚运之机，建德递出“宋韵”这张名片，其因有着别处无可比拟的优势，所以有足够的自信。浙江省社会科学院历史所原所长徐吉军说，建德虽是县级市，但要说建德能与绍兴、嘉兴、衢州等比肩，成为宋韵文化的重要展示节点，却也不夸张。当时的严州有什么？有范仲淹和陆游，更有“东南三贤”朱熹、张栻、吕祖谦。这些诗人学者让严州成为理学思想的辐射之地，也曾使这个学风昌盛的绵长之邦

① 《在这场诠释山水自然美学的展览中一起寻宋、游宋、赏宋》，浙江新闻客户端，2022 年 8 月 27 日。

与其佳山秀水一样，散发出夺目的光芒。

浙大城市学院考古学系负责人、考古学家杜正贤也指出，古严州是南宋的文化传播中心，缺失了严州文化的宋韵文化，是不完整的。南宋定都临安城，何谓临安？取其“临时安置”的意思。为此，在南宋时期，不同功能区分散在临安城周边，孔庙在衢州，制镜在湖州，刻书中心则在当时地处京城上游门户的严州，严州亦由此成为浙江以至全国刻书要地之一，刻梓了大批典籍，其中部分书籍影响深远。刻书业盛极一时，再加上作为众多学者的游巡之地，严州自然成为文化和思想的聚集地，书院也应运而生，在宋时享誉全国。今天寿昌镇的青山书院，是有记载的严州最早的书院；梅城镇的龙山书院，相传是范仲淹所建。还有朱熹作《咏方塘诗》传世的瀛山书院，当时也属严州辖区。曾经的文化教育中心，让建德宋韵大放异彩。其中的意义与影响，不是别处可以比拟的。四方来客能借此认识建德这座宋韵古城。

建德市文旅办相关负责人表示，此时递出在“杭州看亚运，到建德品宋韵”名片，恰是天时地利人和。数十年时间，曾经的严州府城从县城变成了梅城镇，虽然没能赶上经济社会发展的节奏，却在无意中保存了更多历史的痕迹。这些历史痕迹与杭州亚运会相碰撞，绽放出夺目烟火，让建德擦亮“宋韵窗口”。

建德市委相关负责人说，更多的宋韵文化，在建德被不断发掘、打磨。梅城镇正大街上，一座南宋瓦肆正在打造中，未来将成为又一宋韵展示地；寿昌镇组织“宋韵文化节”，让南宋韵味走入千家万户。我们要把历史文脉源源不断地融入“宋韵文化标识地”开发建设的各领域、全过程，提升文化引领力和生产力。我们相信这张名片将持续擦亮，成为持续推动建德新崛起的绵长力量。[①]

① 《借力亚运建德打造宋韵文化标识地》，浙江新闻客户端，2022 年 4 月 1 日。

2022 年 4 月 23 日，一场以“龙舞千年 寻宋寿昌”为主题的宋韵文化展示节活动在建德市寿昌镇举行。活动通过线上线下互动的方式，展示寿昌人文风景和千年古城风貌。活动现场，十余位身着汉服的演员表演了踢毽子、投壶、围棋对弈等传统体育竞技活动，吸引了众多市民游客前来体验。活动中还穿插点茶、插花等现场互动，进一步展现宋韵文化的独特魅力。此外，活动还专门设置了宋韵打卡点，推出了宋韵寿昌系列视频，游客可以在游玩体验的同时，感受千年古镇的宋韵之美。①

2022 年 5 月 5 日，《浙江日报》以《建德梅城打造宋韵文化传承标杆地谱写千年古城复兴新篇章》为题刊发专版文章，指出：杭州承办第 19 届亚运会，是继 G20 杭州峰会之后，再一次向世界发出的热情邀请。当下，浙西门户建德市向外递出了一张“新名片”——在杭州看亚运，到建德品宋韵。宋韵，令人产生无限遐想，而在建德，它可触可感更可见，尤其在曾为南宋“京畿三辅”的严州最为可寻。严州治所的所在地梅城镇，今天已经成为建德乃至全省对外展示宋韵文化的重要窗口之一。

2022 年 5 月 24 日，“建德宋韵文化传承工作”专家座谈会在建德市委党校召开。杭州师范大学国学院副院长范立舟教授，浙江省社会科学院文化研究所所长王宇研究员，浙大城市学院历史研究中心何兆泉教授，杭州市社会科学院南宋史研究中心魏峰副研究员，建德市委常委、宣传部部长程星火及严州文化研究会的部分地方文化专家参加了会议。程星火向与会专家介绍了梅城宋韵文化的发掘成果以及宋韵严州的试点情况，并针对古城开发过程中面临的问题与专家进行了交流探讨，专家们就具体做法提出了很好的意见和建议。专家们认为，

① 《“龙舞千年、寻宋寿昌”：展现宋韵文化魅力》，建德新闻网，2022 年 4 月 25 日。

建德的宋韵文化内涵十分丰富，也很有特色，特别是州城的格局保留完整，古建筑遗存丰富，同时由于严州地处新安江畔，航运体系发达，其在宋代名人荟萃，更成为理学思想的交汇碰撞之地，可以对此作深入挖掘并进行活态传承，不断提升建德宋韵文化的标识。[①]

2023 年 5 月 3 日，杭州建德梅城镇严州古城，一场盛大的宋韵水上婚礼表演吸引众多游客驻足观礼。据悉，这场宋韵水上婚礼表演邀请省内宋礼研发团队，以宋代理学家朱熹编撰的《朱子家礼》为考证依据，进行出阁、梳妆、登船、亲迎、礼拜五幕演绎，独具严州特色。近年来，有着 1700 多年历史的严州古城致力于打造宋韵文化沉浸式街区，先后推出了“知府巡街”“知府迎宾”“宋韵歌舞”“宋韵杂耍”等主题演艺活动，让宋韵文化在严州古城鲜活流动起来。[②]

9. 杭州市社科界：“服务亚运、传承宋韵”

杭州市社科联（院）组织杭州市社科界抓住杭州筹办亚运会的重大历史机遇，加强宋韵文化研究、展示、交流、传播，大力推动杭州优秀传统文化“走出去”，助推杭州城市国际化和提升文化软实力。2022 年春节后，“杭州市社科联（院）机关第一次全体大会”就聚焦服务亚运、传承宋韵，在区县（市）社科联、直属社会科学团体、有关高校等各个层面连续召开“服务亚运传承宋韵”座谈会，深入开展调研，起草制定《杭州市社科界“服务亚运传承宋韵”工作方案》。

2022 年的杭州社科界把开展“办好一个会，提升一座城”亚运专题研究作为重点工作贯穿全年。作为南宋都城，杭州处处有历史、步步有文化，亚运会为宋韵文化的国际交流与传播提供了重要舞台。杭

① 《宋韵文化专家考察严州古城》，“中共建德市委党校”微信公众号，2022 年 5 月 25 日。
② 《杭州：严州古城再现宋韵水上婚礼》，潮新闻，2023 年 5 月 4 日。

州市社科联（院）将牵头与浙江大学联合成立“宋韵与文明互鉴研究中心”，拓展南宋文化研究的广度。届时，还将邀约国内外宋史研究专家，合作开展“宋韵文化对亚洲文化文明的推动作用”系列研究，努力为推动宋韵文化国际化交流传播提供支撑，助力杭州建设东方文化国际交流重要城市。

2022年的杭州市社科界学术和咨政年会以“服务亚运、传承宋韵”为主题，组织社科专家学者就如何抓住亚运契机，加快建设国际大都市、推动实施“宋韵文化传世工程”等内容，展开深入探讨。

2022年，杭州市社科联（院）继续组织召开“宋韵文化学术研讨”，扩大杭州南宋史研究在海内外的影响。届时，邀请国内和日本、韩国等海内外知名南宋史专家，就南宋的经济、政治、文化、社会以及南宋都城临安展开研讨交流，扩大宋韵文化国际影响，助推宋韵文化国际传播，助力提升城市国际影响力。

杭州市社会科学院南宋史研究中心是浙江省首批哲学社会科学重点研究基地，经过16年坚持不懈的努力，已经组织编撰了南宋史研究相关的书籍100余册。2022年，杭州市社科联（院）实施宋韵文化辑刊、丛书、普及读本工程。一方面，开办《宋韵文化》辑刊，凝聚整合海内外宋韵文化研究力量，邀请海内外学者撰写论文，深入探讨宋韵文化，努力打造宋韵文化国际学术交流新阵地；另一方面，将深入推进南宋及南宋都城临安研究系列丛书出版计划。杭州市社科联（院）启动“大家写小书”计划，并于2022年上半年编撰了首套宋韵普及读物——《写给青少年的宋韵百讲》，为宋韵文化传播普及提供图文并茂的通俗读物。

2022年，杭州市社科联（院）还联合相关部门，组织开展“德寿宫遗址”、“严官巷南宋御街遗址”、杭州孔庙（杭州碑林）、太庙遗址、八卦田遗址、苏东坡纪念馆等“宋韵杭州十大遗迹”评选活动①，推出宋韵文化遗迹研学线路。同时邀请杭州市民群众和来杭国际友人、在杭高校留学生参与研学活动，网络评选、实地打卡、全媒体宣传；利用宋瓷彩绘、“宋朝运动会”、宋词活字印刷、宋代糕点制作等，依托市级社科普及基地“花式”推出宋韵文化体验活动，努力开展“宋韵文化‘走出去’，助推城市国际化”交流体验活动。

2022年，杭州市社科联（院）围绕“喜迎亚运盛会 传承宋韵文化”主题，举办2022年杭州市社科普及周；策划“宋韵杭州”等专题讲座，以“宋韵”为切入口，拉满亚运会宣传“氛围感”。总之，以研究传承宋韵文化为切入点服务亚运、参与亚运，抓住亚运契机加强宋韵文化研究、展示、交流、传播，推动杭州优秀传统文化“走出去”，助推城市国际化和提升文化软实力，是杭州全市社科界服务中心大局、进一步展现担当作为的载体和舞台，是2022年杭州社科界结合自身工作特点作出的安排。②

2022年6月5日，杭州市社会科学院主办的“2022宋韵文化系列讲座”在杭州市党群服务中心开讲。杭州市社会科学院南宋史研究中心主任何忠礼教授带来了他的《绍祚中兴：宋高宗新论》，为大家还原了一个更真实、生动的南宋开国皇帝，令人耳目一新。何忠礼教授认为，“宋高宗在位36年，有功有过，他畏金如虎，与金人签订了屈

---

① 2022年11月21日起，为推动宋韵文化的传承和传播，加强宋韵遗迹的保护和利用，杭州市社科联（院）、杭州市园文局、杭州市政协文史委共同推出“宋韵杭州十大遗迹”评选活动。前期，专家学者们综合衡量各大遗迹的历史价值、文物价值、艺术价值，已经从杭州81个不可移动宋代文物中遴选了30个备选遗迹。杭州市社科联（院）相关负责人说：“我们希望通过投票打卡活动，让这些‘家门口的遗迹’为更多人所熟知，让城市里每一处遗迹都‘火起来’，‘火出圈’。”转引自《德寿宫、岳飞墓、六和塔、八卦田、飞来峰……谁最能代表和体现杭州千年宋韵文化?》，杭州社科发布，2022年11月21日。

② 《“服务亚运 传承宋韵”：杭州市社科界推动优秀传统文化走出去，助推城市国际化》，《杭州日报》2022年4月7日。

辱的‘绍兴和议’，特别是杀害了民族英雄岳飞，都是他的过失和罪行。但他勤学、勤政、纳谏、节俭、关心民生、关心农业，所制定的一系列政策措施，对推动南宋的经济发展、政治清明、文化繁荣，社会的安定，都起到了积极作用，在不少方面超过了其他帝王。（他）真真切切地减轻了人民群众的负担，有利于国家的长治久安，也有利于宋韵文化的传承和发展”①。

2022 年 11 月 21 日，杭州市社科联（院）、杭州市园文局、杭州市政协文史委共同推出“宋韵杭州十大遗迹”评选活动，历经两周的市民网络投票，从 30 个遗迹中选出了 15 个，再由考古、文史、社科等方面的专家学者研讨评选出“宋韵杭州十大遗迹”。12 月 15 日，“宋韵杭州十大遗迹”评定结果产生，分别是：南宋皇城遗址（含德寿宫遗址）、北山南宋名臣墓（岳飞墓、陈文龙墓）、南宋官窑遗址、杭州碑林（南宋石经）、飞来峰造像（含灵隐寺石塔经幢）、六和塔、西湖十景、洞霄宫遗址、泗洲造纸作坊遗址、南宋古桥（西山桥、忠义桥）。②

2023 年 8 月 8 日，由杭州市社科联主办、国际在线浙江频道协办，以“迎亚运·品宋韵”为主题的“宋韵文化短视频大赛”评选结果揭晓。本次大赛围绕“喜迎亚运、古韵探迹、市井寻味、非遗传承、人文风雅”五大板块内容，广泛征创“宋韵文化”的视频呈现，持续营造喜迎亚运的浓厚氛围，助力实施“宋韵文化传世工程”，奋力助推杭州历史文化名城建设。大赛自 2023 年 4 月启动以来，累计征集并邀约到参赛作品 200 余部，从不同角度呈现了不同的“宋韵故事”。“喜迎亚运”板块，投稿作品从宋韵与亚运的结合出发，古今交

① 《南宋第一任皇帝赵构的另一面》，杭州社科发布，2022 年 6 月 6 日。

② 《“宋韵杭州十大遗迹”评选出炉！一起打卡身边遗迹，探秘宋韵杭州吧》，杭州社科发布，2022 年 12 月 16 日。

融展现“双YUN联动”盛况，体现杭州对亚运会召开的期待和热情。“古韵探迹”板块，投稿作品以优美的镜头语言，展示了西湖十景、南宋德寿宫、清河坊、南宋御街等宋韵遗迹的风光。“市井寻味”板块，投稿作品围绕“衣食住行”等方面，记录了自两宋延续至今的生活意趣和民俗文化。“非遗传承”板块，投稿作品展现了径山茶宴、天竺筷、丝绸、香牌等杭州特有的非遗传统技艺。“人文风雅”板块，投稿作品带领观众走进宋朝文人画家的精神世界，共同品味宋词之雅、宋画之美。投稿作品整体立意较高，形式创新、画面美观、语言生动，从不同角度生动展现“宋韵文化”的精神实质，是杭州市社科联助力擦亮“宋韵”这张浙江文化金名片的一次有益实践。[①]

2023年9月15日，作为杭州市社科联（院）“服务亚运 传承宋韵”系列活动之一，由杭州市社科联（院）组织编撰的《宋韵文化与亚洲文明》（上海古籍出版社，2023）新书发布会在杭州举行。此次发布仪式邀请了杭州市政协文史委、亚组委、政协相关界别组委员等，专家学者代表，多名基层单位代表以及社会各界人士共同参与，共同助力宋韵文化的传承发扬，打造具有中国气派和浙江辨识度的文化标识。

《宋韵文化与亚洲文明》一书，收录了杭州市社科联（院）“宋韵文化对世界文明的影响”系列课题相关研究成果。浙江省社科院原副院长陈野研究员、浙江大学亚洲文明研究院副院长王勇教授、华东师范大学黄纯艳教授、浙江工商大学东亚研究院院长江静教授等学者都参与了撰写。书稿以“宋韵文化与亚洲文明”为主题，深入挖掘宋韵文化的精神内涵，为读者了解宋代文化，继承和发扬中华优秀传统文

① 《“迎亚运·品宋韵”宋韵文化短视频大赛获奖名单正式公布》，中央广电总台国际在线，2023年8月10日。

化，推动亚洲文明多元发展提供了重要的参考；全书共由12篇文章组成，主要介绍两宋时期中国与亚洲各国在经济、文化等方面的友好交流，并将作为向本届亚运会的一次献礼，祝贺杭州亚运会胜利召开，取得圆满成功。

在新书发布会上，浙江大学哲学学院何善蒙教授同与会嘉宾连线并推荐此书。本书编者杭州市社科院南宋史研究中心首席专家何忠礼教授和作者浙江工商大学江静教授进行了现场分享。[①]

10. 杭州演艺集团：打造原创舞台作品《宋韵》

2021年初，杭州演艺集团原创舞台艺术作品《宋韵》正式立项。2021年6月2日，在《宋韵》主创团队见面会上，国家一级演员、北京人艺著名表演艺术家杨立新携主创团队正式亮相。深受杭州观众喜爱的著名表演艺术家杨立新担任《宋韵》总导演，并邀请到国内重量级主创团队重磅加盟。其中，中国传媒大学戏剧影视学院将作为《宋韵》主要制作班底参与项目。《宋韵》邀请濮存昕、徐涛等著名表演艺术家参与演出，同时，还集结了中央音乐学院、北京人民艺术剧院、浙江音乐学院、浙江艺术职业学院、浙江昆剧团以及杭州六大市属文艺院团的艺术力量。

杭州演艺集团总经理洪见成介绍，集团从去年底开始筹划以“宋韵”为主题的原创作品。在2020年杭州大剧院跨年夜的下半场，就试水推出了一台“宋韵”诗词朗诵音乐会，以耳熟能详的宋词朗诵为主线，搭配原创古风音乐及中国古典舞蹈。在杭州重点加强宋韵文化挖掘、研究和展示的大背景下，文艺界需要创排一部体现宋韵风格、杭州特点、现代元素的集大成之作，让南宋文化这张浙江文化金名片更

① 《“服务亚运 传承宋韵”——〈宋韵文化与亚洲文明〉正式发行！宋韵传承赋能杭州亚运》，杭州社科发布，2023年9月16日。

加深入人心、走向世界。

杨立新总导演表示，目前正在创排阶段的《宋韵》将是一部综合多种艺术门类的创新型舞台艺术作品。越剧、昆曲、歌舞、国乐，甚至西洋的交响乐等凸显江南文化的艺术元素，都将以古今交融的形式出现在这部长达两个半小时的原创作品中。要用观众喜闻乐见的表现手法，让杭州厚重的历史、灿烂的文化在《宋韵》中呈现出独特韵味、别样精彩。

与时沉浮、刚柔并济的南宋诗词，雅韵寄琴、民生如戏的南宋曲艺，花禽信美、山川清健的南宋绘画，君臣相和、复古兼意的南宋书法，这些传统文化在《宋韵》中都将以多元化的视听手段呈现。在形式上，涵盖入情入性、词乐互生、以乐叙事的诗词，以及南戏、话本、昆曲、越剧、舞蹈等曲舞；在内容上，包含白蛇传、柳毅传、牡丹亭、吕洞宾卖汤圆等神话传说。《宋韵》将以西湖十景和南宋杭州园林为蓝本的山水绘画，融入服饰、宋瓷、船舶、乐器等“宋韵古典范”的元素，呈现蔚为壮观的南宋文化，塑造古今交汇的文化盛景。①

11. 杭州市园林文物局：上线“宋韵迹忆”主题全媒体传播平台

为深入挖掘杭州宋韵文化资源价值和内涵，让千年宋韵在新时代“流动”起来、“传承”下去。2021 年 12 月 10 日，由杭州市园林文物局主办的“宋韵迹忆”主题全媒体传播平台正式上线。这也是全省首个宋韵主题全媒体平台，平台深入挖掘杭州宋韵文化资源价值和内涵，打造南宋文化品牌。该平台紧紧围绕杭州市宋代文物、文化资源，全面挖掘、展示、宣传杭州宋韵文化，分为活动动态、寻宋、说宋、品宋、传宋等五大板块。其中，宋代文化资源和馆藏文物精品将根据挖掘成果进行更新，宋韵主题云展览也与展出的众多线下展同步上

① 《杭州演艺集团打造原创舞台作品〈宋韵〉》，《杭州日报》2021 年 6 月 3 日。

线，而文博讲堂、宋韵故事、宋韵课堂、主题赛事等相关活动动态则实时更新。

值得一提的是，平台名称“宋韵迹忆”由著名书法家朱关田题写。背景采用南宋临安城舆图作为底图，从舆图上德寿宫的位置，由远及近推出德寿宫遗址保护展示工程暨南宋博物院（一期）工程中区复原效果图，另有宋徽宗所绘《瑞鹤图》中的两只双鹤冲天而上。据悉，“宋韵迹忆”主题宣传活动持续至2022年12月，参与单位覆盖全市所有区（县、市）和国有博物馆。根据计划将陆续推出宋韵精品研学线路、宋韵文化创意作品大赛、讲解员大赛和系列临时展览，并在“国际博物馆日”“中国自然与文化遗产日”等重要节点公布入选/获奖名单，研学线路走读、多项青少年赛事等“传宋”活动将持续到杭州第19届亚运会后。[①]

2022年5月15日，杭州市园文局通过近半年的时间，向广大市民及宋韵文化爱好者征集值得游览的宋韵文化地标点，再由专家评选论证，最终确定了20条类型多样、代表性强的“宋韵精品研学线路”。跟着这20条“宋韵精品研学线路”，可以畅游杭州全市宋代文物遗迹、文化资源，体会宋韵文化的魅力。这些线路分布在上城区、西湖区、富阳区、淳安县、桐庐县等11个区县市。当然，还有文物遗迹集中的西湖景区。按照不同的游线，确定了不同的主题，比如“凤山怀古”“龙山旧事”“苕溪寻梦”“运河宋迹”等。以“凤山怀古”这条线路为例，这条线路以探访南宋皇城遗址为核心。从凤凰山山脚出发，每走一段路，就会看到一块标注着“南宋皇城遗址界桩”的小石碑，这些小石碑连起来，就是南宋皇城遗址的范围了。一路上山，

① 《全省首个宋韵主题全媒体平台　汇集杭州81处宋代文物遗址》，《杭州日报》2021年12月14日。

还可以看到西城墙遗址、圣果寺遗址、宋高宗摩崖石刻、跃云石刻等宋时的文物遗迹。[①]

2022 年 8 月 27 日，由杭州市文化广电旅游局、杭州市园林文物局主办，杭州市文化和旅游推广中心、杭州博物馆、杭州晓风书屋承办的“行在山水间——南宋视野下的杭州：临安城”特展暨“宋韵杭博奇妙夜”开园活动在杭州博物馆启幕。活动以宋画中的“烟火味”为主线，围绕宋人的生活方式，设置宋代四雅、文人趣物、古代游艺、宋人飨宴、蟾宫折桂、文人空间等六大板块，通过非遗体验、宋韵食铺等，充分展示南宋生活的美学气息，打造可观赏、可互动、可购买的宋文化体验空间，感受“行在宋画里”的趣味。[②]

12. 杭州图书馆：开设宋韵主题分馆

2022 年 5 月 13 日下午，杭州图书馆宋韵分馆揭牌仪式暨宋韵文化体验活动举行。为了传播与推广宋韵文化，让广大杭州市民更好地了解宋韵、感受宋韵、探索宋韵，杭州图书馆积极发挥公共图书馆的作用，通过开设宋韵主题分馆，推进南宋文化在杭州的传播，促进杭州历史文化名城建设。

杭州市文化广电旅游局党组成员、副局长佘梅芳，杭州图书馆党委书记、馆长刘冬，上城区文化和广电旅游体育局党组书记、局长薛迓冰，杭州乾嘉书房创始人黄夏冰为宋韵主题分馆揭牌。佘梅芳副局长致辞，向杭州图书馆宋韵主题分馆开馆表示祝贺，对将宋韵主题分馆打造成杭州乃至浙江了解宋韵、研究宋韵的新地标表达深切期望。

宋韵主题分馆将开展各类宋韵主题活动，在传播宋韵文化的同

---

① 《最值得玩的“宋韵地标”在哪里？杭州亮出 20 条“寻宋线路”》，浙江新闻客户端，2022 年 5 月 15 日。

② 摘录自《逛夜市观特展：宋韵杭博奇妙夜带你梦回 800 多年前的南宋临安城》，腾讯网，2022 年 8 月 25 日。

时，共同探索宋韵文化的内涵及如何对其进行传承、保护和利用。为此，杭州图书馆与杭州市人民对外友好协会合作，精心策划了“一秒入宋画·宋韵体验之旅”相关活动，首期在乾嘉书房举办，以亚运东道主城市之名，打造城市文化 IP 和国际文化品牌。该活动充分结合公共图书馆特色，选取《宋画全集》中极具代表性的 9 幅作品，从每一幅画面的宋韵主题内容导入，每月一期，以体验性的直播形式让读者最大限度地感受宋韵文化的魅力。市民朋友可以通过杭州图书馆微信公众号及时获取活动预告和相关信息。正式开放的宋韵主题分馆，是杭州图书馆积极打造的以宋韵文化为代表的城市文化标识，为广大市民了解宋韵、感受宋韵、探索宋韵提供了平台，使千年宋韵在新时代得以绽放新的光彩。

据了解，杭州图书馆宋韵主题分馆位于钱江新城核心区域城市阳台乾嘉书房内。乾嘉书房整体面积逾千平方米，藏书 20000 余册，并配有联通全市借还书系统的图书自助借阅机，实现全市有杭州书房标识的图书通借通还。宋韵主题分馆馆藏以宋韵为主题，挖掘宋朝深厚的历史文化。《宋画全集》是迄今最权威、最完整的宋画图像与文献集成，也作为杭州图书馆的珍贵馆藏文献陈列其中，供读者在馆阅览。①

二　宁波：梳理“宋韵甬存”，讲好“宋韵”宁波故事

挖掘宁波宋韵文化资源，是深入贯彻浙江省委文化工作会议精神的重要途径，也是助力打造新时代宋韵文化高地的重要载体。宁波作为国家历史文化名城，有中国首个“海丝文化之乡”、王应麟读书节、东钱湖南宋石刻公园、王安石治鄞的相关研究及作品创作等，无不打

① 《宋韵文化新地标，杭州图书馆宋韵分馆在乾嘉书房正式揭牌》，央广网，2022 年 5 月 13 日。

上了深深的“宋韵文化”印记。值得一提的是东钱湖南宋石刻，被誉为“江南兵马俑”。文臣、武将、战马、猛虎、跪羊、石笋、华表柱等140余座南宋时期的石像，鲜明地再现了当时的人文景观，同时填补了我国南宋时期雕刻史、美术史的空白。而这些文物资源，则是宁波打造“宋韵文化传世工程”的重要抓手，让宁波市民对于宋韵文化有更直观的认识。

2021年10月9—11日，以“致敬百年·读领风尚”为年度主题的第七届浙江书展在宁波国际会展中心举行。为立体展现宋韵文化，让千年宋韵在新时代“流动”起来、“传承”下去，本届书展在展馆内打造了一间“南宋书房”，除了书，茶、香、花、画俱全，再现宋人风雅。[①] 这也是自省委文化工作会议提出“宋韵文化”后，第一次有以“宋韵书房”为主题的展厅亮相浙江书展。这间“宋韵书房”，只见这50平方米的展厅内，挂着10米长的《千里江山图》，摆放着各式黑漆书案，造型非常雅致。书房右侧墙上挂有一幅南宋画家刘松年的《撵茶图》，描绘了磨茶、点茶、挥翰、赏画的文人雅士茶会场景。三两知己，啜茗点茶，巨细无遗地展现了两宋流行的点茶技艺。

10月9日上午，特色书店馆活动区的“南宋书房”举行了两场“晴窗细乳戏分茶”的宋代点茶表演。点茶是宋人日常最主要的饮茶方式。简单来说，就是先把茶叶捣碎调成糊状，放进茶碗，然后把开水倒进去。开水倒进茶糊的时候，能看到茶水上面的茶乳，茶乳随着水纹会变幻出各种各样的形状。[②]

10月9日下午，“启钥四明文库，回响宋韵今声——谈宋刻本‘宝庆’‘开庆’志”专题讲座在宁波国际会展中心1号馆举行，浙江

① 《来浙江书展感受宋韵文化》，中国宁波网，2021年9月28日。

② 《这里正上演“宋韵点茶”，带你见识宋代文人雅士的诗意生活》，中国宁波网，2021年10月9日。

图书馆古籍部主任陈谊向公众宣传推广宁波市重大文化工程“四明文库”项目。

陈谊说，宁波地区方志数量多、质量高、创新性强，不仅在浙江志书刊刻史上具有显著地位，而且在全国方志发展史上也成就斐然，较有代表性的是宋元四明“六志”。宋元四明“六志”在方志学史上颇具影响力，分别是南宋乾道《四明图经》、宝庆《四明志》、开庆《四明续志》，以及元时的大德《昌国州图志》、延祐《四明志》、至正《四明续志》。“六志”之中，宝庆《四明志》与开庆《四明续志》为传统图经向正统方志转型的典范之作，具有极高的学术文化价值。“四明文库”首批成果收入中国国家图书馆藏绍定二年刻本宝庆志和开庆元年刻本开庆志，保留宋椠原貌，可谓双“庆”交辉。

浙江书展上，“四明文库”推出册页文创产品《以观四明》，内页采用古雅的朱丝栏，以宣纸印刷；首次公开影印宋刻本宝庆《四明志》中的16幅地图，包括府境图、府治图、郡圃图、罗城图，以及鄞县、昌国、慈溪、定海、奉化、象山六县县境图、县治图。[①]

10月9日，宋韵文化专家姜青青主讲“精彩千年的‘宋韵’”，王海明有《宋高宗的时代是怎样的读图时代》分享会。

10月9日晚，厦门大学中文系易中天教授作为第七届浙江书展嘉宾在鄞州文化艺术中心带来“两宋文明之谜”的演讲，用他特有的“易式调侃”，让现场观众“穿越”回两宋时期。宋代文明、政治、经济、法制、科技等方面的趣事在易中天的独到解析下宛如一幅画卷跃然眼前。

易中天正潜心写作一本大部头的《易中天中华史》。这套书有五

① 《启钥四明文库，浙图专家讲述宋刻本“宝庆”“开庆”志》，中国宁波网，2021年10月9日。

部，分别为《先秦》《秦汉魏晋南北朝》《隋唐》《宋元》《明清》。其中第四部的《宋元》分《王安石变法》、《大宋革新》、《风流南宋》和《铁血蒙元》多卷。

“宁波是一个海洋城市，她‘眼睛’是向外的，‘胸襟’是开阔的!”在今天下午浙江书展大咖媒体采访环节，易中天聊起对宁波的印象时这样说。聊起宁波这座城市，易中天侃侃而谈——宁波在历史上也是一个非常重要的城市，宋代的外贸非常繁荣，宁波（当时的明州）在宋代是非常重要的外贸口岸，与广州、泉州同为当时中国三大港口。海洋文明极其重要，尤其是近现代以来，崛起的都是海洋大国。

“宁波的文化底蕴就不必我再多强调了，不光是宁波，浙江历来就是文化大省和文化强省。”易中天说，宁波以前叫“明州”，是历史长河中的一颗璀璨明珠，希望在当代继续大放异彩。易中天非常“熟悉”的王安石，在北宋时期任鄞县知县，在宁波留下众多宋韵文化精神财富。易中天聊起王安石变法时，用他一贯幽默诙谐的方式向大家介绍了他的看法，“我认为王安石在鄞县的变法是成功的，但王安石他是个急性子，把一个地方的变法经验一下子推到全国，推得用力过猛了，王安石有种时不我待的感觉。当然这也有宋神宗的问题，宋神宗也非常希望尽快出成效，但是国库没钱，改革难以推行。这说明除了认准方向，还要讲究方法，这是王安石给我们留下的经验”①。

10月10日，历史文化作家做客浙江书展，为读者带来“《大宋宫词》与宋韵浙江——一起去看宋朝的活色生香”主题分享会。由陈华胜执笔的《大宋宫词·赵宋第一家族》是杭州“南宋书房”策划的“品宋”系列文丛首批著作，分宋太宗、宋真宗、宋仁宗卷三本，是一本解读宋朝正史的大众读物。它透视大宋第一家族，揭开被铁蹄与

① 《易中天在甬：谈宁波印象、谈浙江书展、谈读书》，中国宁波网，2021年10月9日。

悲情遮蔽的惊艳盛世，通过王朝兴衰与人物沉浮，揭示历史发展、政治兴替规律，体现了一种非凡的历史洞察力。

分享会现场，陈华胜与读者分享了他眼里的宋朝：“宋朝是一个政治开明、思想活跃、经济繁荣、文化鼎盛的朝代，在承传前代文化的基础上开拓演进，形成了独具特色的‘宋韵文化’，宋朝的勾栏瓦肆和夜生活，宋词、宋画、宋瓷等都体现出宋人高级的审美意趣，四大发明就有三个诞生在宋朝，宋文化作为华夏文化发展历程中的一座璀璨高峰是公认的。”陈华胜说：“浙江提出打造宋韵文化，对宁波来说是机遇也是使命，历史上的宁波地区，有王安石在这里实施变法，南宋时曾设从事海外贸易的市舶司等。”[①]

10 月 10 日，考古学家郑嘉励在鄞州区新时代文明实践中心悦读时光书店，以“宋韵”的现代价值解读、“宋韵”是什么韵等为主题，与读者展开分享与讨论。[②]

郑嘉励在自己的《浙江宋墓》《武义南宋徐谓礼文书》《考古的另一面》《考古四记》《考古者说》等书中，探析古迹，展现器物之美，以及古人造物的匠心独运，而宋韵文化也蕴含其中：“其实在全省文化工作会议之前，我们专家群体已经梳理和讨论过宋韵这个课题了，后来钱江晚报记者让我解读什么是宋韵时，我就提出了八条：浩然正气的爱国主义；以天下为己任的士大夫精神；经世致用的‘浙学’思想；放眼天下的海外贸易；典雅敦厚的士大夫生活美学；丰富多元的市民生活；奠定后世审美范式的文化艺术；以三大发明为代表的科学技术。这八条涵盖了宋代的政治、经济、文化等方面的内容，也可以说是一个‘宋韵文化传世工程’打造的框架体系。当我们在谈论宋韵

---

① 《〈大宋宫词〉作者陈华胜书展现场“还原”真实的宋朝》，中国宁波网，2021 年 10月 10 日。

② 《宁波该如何打造宋韵文化传世工程？考古学家郑嘉励这样说》，中国宁波网，2021 年 10 月 10 日。

时，在谈论什么？它不是学术概念，是策划和宣传的概念。我认为是在宋代历史文化资源中去提炼具有正能量、时代精神的文化内涵，去破题和打造可看可感可传承的产业化项目的一套逻辑。宋韵就是一套逻辑。”

目前，全省各地纷纷启动“宋韵文化传世工程”项目。具体到宁波，郑嘉励提出可以从三江口范围的宁波港遗址、临近海域南宋沉船打捞、东钱湖越窑青瓷遗址等入手去提炼梳理。“比如东钱湖是一篇大文章，一定是要在历史脉络中去梳理，不能孤立地从某个点出发。说到石刻，必然要涉及背后的主人，涉及史氏家族是怎么兴起的。个人认为，文物资源是宋韵文化工程打造的一个抓手，比如可以串联一条宋韵主题研学线路。”郑嘉励还建议，政府部门在打造“宋韵文化传世工程”之际，要多召集相关专家开展“头脑风暴”，找出可以做文章的点，再结合好的创意策划。

2021 年 10 月 19 日，“宋韵文化与思政教育研讨会”在宁波开放大学举行。宁波文化研究会会长张如安、宁波市社会科学院文化研究所所长史斌、宁波日报社理论版主编李磊明、宁波市文化旅游研究院副书记黄文杰等参与研讨。宁波市终身教育研究基地负责人向与会专家介绍了宁波开放大学的教育部课程思政示范课程——“地域文化”近几年来的建设情况及取得的成果，尤其希望结合宋韵文化，将思政教育渗透到课程思政中来。专家们各抒己见。张如安认为“地域文化”课程设置中，把宋韵文化与思政教育相结合是一大亮点，值得大胆尝试。史斌提出可以做宁波宋韵文化地图，把宁波宋韵文化突出的地方，都串联起来，用文字、音像等鲜活的传播方式品读宋韵文化。李磊明认为，宋韵文化的最大特点是亲民、市民化，建议用“慕课”讲好宋韵故事。黄文杰梳理了宁波宋韵文化的几块高地，提出乡土文化可以和乡村振兴，可持续发展结合起来。①

2021 年 10 月 29 日，由宁波市委宣传部主办的“2021 宁波宋韵文化周暨天一阁·月湖金秋艺术季活动”在月湖景区宝奎巷史氏故里开幕。本次活动邀请到了省内知名的宋韵文化研究专家学者，梳理总结“宋韵甬存”物质和非物质遗产，挖掘宁波宋韵文化中的进步思想、高尚情操等价值，讲好“宋韵”宁波故事。

2022 年 3 月 9 日，由宁波市委宣传部、宁波市文化广电旅游局指导，宁波日报报业集团都市报系主办的“宁波‘三湖’宋韵文化研讨会暨甬上文化传播力研究院成立仪式”在月湖云在书院举行。来自杭州、宁波两地的 10 多位专家学者济济一堂，共同见证研究院正式启航。宁波市委宣传部副部长任学军、市委宣传部出版和版权处处长谢安良，以及慈城古县城旅游发展有限公司、东钱湖旅游度假区、天一阁·月湖景区管理办公室相关负责人等参加会议。

仪式现场，宁波市委宣传部副部长任学军，宁波日报报业集团副总编辑、宁波都市报系总编辑唐慧卿，宁波文化研究会会长张如安共同为“甬上文化传播力研究院”揭牌。宁波拥有丰富的宋韵文化资源，慈湖、月湖、东钱湖至今仍然保存着较多的宋代尤其是南宋时期的文化印痕。“打造深具宁波特色的宋韵文化工程也是当前我市文化事业推进中的一件大事。”任学军表示，浙江正在积极打造“宋韵文化传世工程”，在这项系统工程中，宁波不能缺席。

在甬上文化传播力研究院成立之际，杭州师范大学人文学院教授范立舟，宁波文化研究会会长张如安，宁波大学外国语学院副教授李广志，宁波文旅研究院副书记黄文杰、宁波文旅研究院副院长王晓菁，宁波市委党校经济学教研部副教授王敏旋，海曙区作协主席赵淑萍，

① 《宋韵文化与思政教育研讨会在宁波开放大学举行》，宁波社科网，2021 年 10 月 22 日。

宁波收藏家朱勇伟等8位宋韵领域的专家被聘为研究院首批特约研究员。据了解，甬上文化传播力研究院将首个课题、首场活动聚焦于解码宁波“三湖”中的宋韵文化。① 研究院将围绕宋韵文化的思想形态、社会形态、百姓生活形态、文学艺术形态、建筑形态等，开展课题研究、学术研讨，努力推出一批标志性研究成果，充分挖掘宋韵文化的历史意义、精神内核和时代价值。②

在“宁波‘三湖’宋韵文化研讨会”上，与会的专家学者主张，打通传统和现代的通道，将宋韵历史文化资源串联起来，真正实现宋韵在宁波这座现代城市的地标化、符号化。

宁波文化研究会会长张如安认为，宋代宁波有三个“湖”很有文化含量，月湖是政治、经济、文体中心，文化厚重、综合性强；慈湖是教育和学术中心；东钱湖主要是史氏望族和佛教文化繁荣中心。“三湖”文化既相互联系，又各有发展重点。让宋韵传下去，离不开研究，要推进宁波的宋韵文化研究。如果从“三湖”角度去谈宋韵，那就要进行概念界定并作必要梳理，要明确挖掘、研究的重点。研究的重点可以是甬上望族（包括史氏、袁氏、郑氏、楼氏、高氏等），淳熙四先生及黄震、王应麟等学者，物初大观、志磐等佛教高僧，以及舒亶、楼钥、陈允平等文学家。除了进行相关文化陈列、在媒体开宋韵专栏之外，还可以编制宋韵文化通典，内部结构可以分为人物典、

① 关于宁波“三湖”中的宋韵文化，读者可以参阅：(1) 宁波晚报记者朱立奇撰写的《历史上的宋代宁波书院：王安石知鄞办县学　推动“三湖”文脉兴》，《宁波晚报》2022年3月10日；(2) 宁波晚报记者顾嘉懿整理的《盘点宁波“三湖”宋代遗存：人文传韵石刻留痕》，《宁波晚报》2022年3月10日；(3) 宁波晚报记者谢舒奕整理的《宁波“三湖”：藏在诗人眼里的“宋韵江南”》，《宁波晚报》2022年3月10日；(4) 宁波晚报记者朱立奇、胡龙召整理的《时间跨越千年　影响传承至今　甬上宋韵文化远播海外扎根发芽》，《宁波晚报》2022年3月10日。

② 《甬上文化传播力研究院成立　首个课题聚焦宁波“三湖”宋韵文化》，《宁波晚报》2022年3月10日。

著述典、遗迹典、艺文典等，还可以重建或者恢复慈湖书院，打造研讨宋代浙东学术的基地。

宁波市文旅研究院副院长王晓菁指出，宋韵之韵，应该是一种文化精神和审美品格。要让宋韵更具中国气派和浙江辨识度，要让千年宋韵在新时代“流动”起来、“传承”下去，关键是要活化利用、古为今用，打通传统和现代的连接通道，让悠远的宋韵鲜活地融入当下，渗透进日常生活中。宁波有这么一句话：“王安石在这里做了一千天官，却影响了宁波一千年。”其实，宋韵文化是镌刻在宁波城市文化基因中的，对于当下城市气质的塑造、城市精神的形成都有着影响。发掘宁波宋韵文化蕴含的文人风骨、历史故事，用多样化的艺术手段进行传播，让两宋时期的精神得以延续，让传承下来的宋代遗迹更具灵气，让更多人能对宋韵有所了解和感悟。而这，不单单是艺术工作者的需要，也是打造城市名片可以思考的问题。观众在了解王安石的故事后，再来到月湖、东钱湖，看到的就不仅是简单的山水风景，还能想到王安石当年在这里兴办县学、兴修水利、颁布青苗法的往事。只有在这时，山水遗迹被赋予了历史文化意义，通过文旅融合，宋韵文化将成为一道风景刻入人们心间。

宁波市文旅研究院副书记黄文杰建议，可以打造宋韵文化标识工程，推动宋韵文化标识融入宁波城市规划、城市发展的方方面面，打造一批彰显宋韵文化、具有浙江气派的地标建筑，推动宋韵文化有表述、有展示、有遗址，可见、可感、可传承。要加速各类文化资源与宋韵文化融合互进，积极打造具有浙江特色的标志性南宋文化品牌、文旅融合品牌，打造“宋韵文化带”，持续扩大影响力和穿透力。例如，宁波地铁四号线串联起“三湖”，可设计宋韵文化主题旅游精品线路，协调指导和推动开发一系列宋文化旅游体验新热点、新地标。

还可以高质量打造宋韵文化精品、建设宋韵文化创意产业，推进宋韵文化交流工程；可以开展以宋韵为主题的书法、美术、摄影等各种创作，放开眼界挖掘宋代题材、讲好故事，并围绕 IP 打造、文旅融合、数字赋能等角度，让宋韵文化“出圈”。

海曙区作协主席赵淑萍认为，对于如何更好地传播、传承宋韵文化，可以将东钱湖、月湖等周边的宋韵文化资源串联起来，将文化和旅游结合起来，设计文化导图、走读线路或者研学基地，对原有的遗存作进一步提升。在宋韵文化传播方面，也可以发动宋学专家、民间文艺爱好者一起研究推广，在市图书馆、社区、学校，对宋代诗词文化、水文化、食文化、茶文化、石刻文化、建筑文化进行全方位讲解、传播。可以建立宋韵文化实践基地，将宋韵文化植入生活场景，并形成相应的文创产品。例如，月湖一带在宋时街市繁华，简直就是宁波版《清明上河图》，可以设计各类宋韵文化场景，让市民穿古装、习茶道等，亲身体验宋韵。挖掘宋代文化遗存，加强爱国主义教育和家庭文化建设也是一种思路，可以利用东钱湖岳鄂王庙、忠应庙，高桥宋金战场等加强爱国主义教育。同时，挖掘如史氏、楼氏、丰氏等宋代望族的家风家训，汲取精髓部分，在地域文化的发掘传播中渗透思政教育。①

宁波资深文旅专家陈民宪说，自省委文化工作会议提出“宋韵文化”概念后，他时刻关注着这个课题。目前通过专家学者的大量梳理，宁波宋韵文化的家底已基本盘清。无论从全国范围还是浙江范围来看，宁波的宋韵文化有其自身的独特性和禀赋，在全国也占有一席之地。“宋韵文化传世工程”的创造性转化、创新型发展，首先从无

---

① 上述四位专家的发言，摘录自《如何让宋韵火起来、传下去？专家们这样认为》，《宁波晚报》2022 年 3 月 10 日。

形向有形方向转换，要让老百姓能看得见、摸得着这一文化特质。其次是从资源向产品转换，仅有宋韵资源还不够，还需要更多宋韵文化产品，包括文旅、文创、城市形象等系列产品，宋韵文化应实现它的当代价值。此外，宋韵文化还要向消费端转换，推出宋韵文化的“消费”场景。宋韵文化的传承对象更多是年轻人，要研究年轻人的心思，融入当代审美观，让他们接受、喜欢，从而打破传统的沉闷感。这样才可以激发年轻人主动传播、主动创造。传承宋韵文化也不能孤立来做，要与宁波的阳明文化、藏书文化、海丝文化、商帮文化等协同发力。

宁波市文联原党组书记邹大鸣曾多次走访“三湖”，对这里积淀深厚的文化底蕴可谓了如指掌。他认为，“三湖”孕育了宁波的城市气质，且三个湖都有各自的人文、故事、情怀和温度，走进它们可以触碰历史，感知历史人物的内心世界。“三湖”还分别有着自己的个性：东钱湖以财智文化著称，“商圣”范蠡曾生活在此，这也塑造了后来的宁波商帮文化；月湖更有诗书画的情调，唐宋时期，大批文人墨客在此留下了大量的诗篇；慈湖出众的是慈孝文化，这里是慈孝文化的发源地，慈湖虽不大，名气却不小。

“三湖”宋韵文化的发展空间，可与当下宁波的城市文化精神相结合，相互打通。举例说，宁波是一座爱心城市，这可以与慈湖的慈孝文化结合去研究；月湖周边有过很多书院，宁波人重教务实，也是书院文化给后人带来的影响；宁波人低调、讲信用，宁波帮享誉世界，东钱湖的宋韵文化便可与商帮文化结合起来。宁波正在加快建设现代化滨海大都市，宋韵文化打造正当其时，可以把宁波的湖海江河串联起来，从它山堰到南塘河到月湖再到三江口最后汇聚在大海，这也能展示出宁波国际大都市打造的内涵关联、历史文脉。

传承好宋韵文化还需要一批标志性的文化建设，未来宁波可以推出宋韵文化“五个一”工程，让一台戏、一本书、一首歌、一场综合性大展、一部影视作品来展示城市的宋韵气质，通过显著的文化标识让宋韵宁波“出圈”，前段时间火爆全网的舞蹈诗剧《只此青绿》就是很好的案例。扩大宁波宋韵文化影响力，也可以邀请全国文化名家来宁波，到“三湖”进行创作采风，从而带来一批宋韵主题的画作，后续还可进行二次文创开发利用，走进百姓生活。

宁波市滨海城市文化研究院副院长朱友君说，历史文脉的价值往往存在于城市空间与记忆触发中，所以今天我们既要流光溢彩地展示宋韵元素，更应让广大民众和游客沉浸其中。根据名人遗迹、文化习俗、旅游热度等，宁波宋韵文化开发应形成“3+1+N”格局。其中，“3 湖”包括，海曙月湖鼓楼片区，以高丽使馆、史宅、袁宅、水则碑等为主体；鄞州东钱湖片区，以治水遗迹、韩岭老街、四丞相墓群、阿育王寺、天童禅寺等为主体；江北慈湖片区，以慈湖书院旧址、慈城古县衙等为主体。“1 山”即四明山脉片区，包括宋韵石雕、横街桃源书院、梁弄怡愢书院旧址、南戏余姚唱腔、史嵩之墓、雪窦寺、龙津书院旧址等。“N 点”体现还有一些宋韵载体在慈溪、宁海、北仑小港等地。活化宋韵元素，不仅仅在于静态展示或者资料研究，更应该将有生命力的宋韵文化融合在城市发展肌理中。进行宋韵主题内容的时尚传播，可以通过沉浸式体验来实现。运用情景剧、剧本杀、密室游戏、研学、脱口秀等青少年喜爱的形式，以及 B 站、抖音、视频号等高频新媒体，将宋韵史实、名家轶事或者《三字经》等成熟文化 IP 融入内容素材。除此之外，还可以积极开发宋韵 IP 文创产品、伴手礼、文具套装等，走好跨界路径，联合开发如宋宴、宋香、宋韵雪糕等，或者按照宋朝官辇设计串联全市宋韵景点的公交专线，会成为

“给我一日，还您千年”的网红爆款车。发挥区域空间的资源联动，满足沉浸式体验可以与周边环境、城乡建筑有机结合起来，形成宋韵天然群落。可以参考象山茅洋乡宋韵民宿案例，结合口袋公园、城市书房、百姓健身房、公交站点、登山步道等公共功能区间，进行宋韵文化特色展示，注重活态传承和体验。之后，可以点带面，再扩展至街道、区块性联动项目，例如在东钱湖周边可参照名画《耕织图》规划打造宋韵文化特色街区，联结石刻区、下水村、韩岭老街、王安石公园、陶公山等，在全省率先建成南宋文化风景生态集聚区。①

2022 年 4 月上旬，在宁波市两会召开期间，如何开展宁波“宋韵文化”的研究传播转化也是代表、委员们热议的话题。比如，宁波市政协委员、民进鄞州基层委员会主任委员许颖指出，如天童寺、阿育王寺、七塔寺，东钱湖、云龙碶、张斌桥等，在宁波历史上，宋代的遗韵，孕育着一代又一代宁波人。宋代璀璨的文明，是先人留给宁波的宝贵财富。在城市文化建设过程中，宁波对宋韵文化甬城辨识度的顶层设计仍有不足，亟待市政部门、文旅部门、社会群体共同协力让宋韵文化成为具有宁波辨识度的文化标识、文化名片，促进全市文化、经济新时代发展。宋代人才辈出，文化繁荣，经济社会发展进入一个全盛期，可谓“衣冠文物，甲于东南”。虽然时已久远，但我们在利用宋韵文化时，首先，可以连点成线，打通宋韵文化认知深化的时空壁垒。两宋时期，尤其是南宋时期，明州成为京畿重地，因此宁波的宋韵文化，符号如灿，宗教方面的天童寺、阿育王寺与七塔寺，政治方面的王安石、钟廉治鄞与史家“一门三丞相、四世两封侯”，经济方面的“海丝”会馆、商街建筑、茶道工艺、窑址陶瓷、漆器丝绸，

① 上述三位专家的发言，摘录自《宁波宋韵文化传承要有辨识度　专家学者共谋甬城宋韵未来》，中国宁波网，2022 年 3 月 10 日。

农耕水利方面的楼璹《耕织图》、东钱湖、云龙碶、张斌桥，文化教育方面的王安石、王应麟、张孝祥、吴文英，进士村及州学县学等官学、书院、蒙学，艺术的石刻、石碑、拓片、书法，乡风的史浩、汪大猷、楼寿玉等，孕育了宁波人的风韵。其次，要拓面增效，拓宽宋韵文化发掘保护的场域载体。宁波对宋韵的发掘和保护已经作出了较大努力，其研究机构、研究人物、研究成果，可谓丰硕，并初成气候，但根据 2021 年 8 月 31 日浙江省委召开的文化工作会议，要进一步寻找打造宋韵文化金名片的宁波路径。在机制上要从单一性到整体性，在场域上要从碎片化到整体化，在载体上要从自然式到人工式。最后，文化强市，发扬宋韵文化基因传承的时代价值。认识、理解和发掘、保护宋韵文化，不是仅仅为了复古，也不是仅仅为了历史，而是要从时代的民意去梳理和解读宋韵文化。目前，千年宋韵总体上还在梳理历史阶段，老百姓还大多没有得到宋韵的滋润，建议开展宋韵文化研学活动，引导宋韵文化进校园，带给孩子们更生动的千年宁波文化。要从文化的品位去再现和丰富宋韵文化。各类主题公园、主题长廊、主题馆所、主题课堂、主题影视、主题艺术、主题节庆等，乃至《宋韵印象·明州》《宋韵印象·丝路》《宋韵印象·百业》，也可参考央视《典籍里的中国》《朗读者》等栏目推出《典籍里的甬城》《甬有朗读者》，都是宋韵文化的发展性再现和丰富。还可以从经济的需求入手去利用和再造宋韵文化。对宋韵文化金名片的打造路径，不能停留在“复古解法”而求文化印记，而是应升格到“再造解法”而求资源效应。例如，宋韵旅游产业、宋韵商贾产业、宋韵村落产业、宋韵民居产业、宋韵影视产业，等等。[①]

2022 年，宁波图书馆联合江北区图书馆、鄞州区图书馆、奉化区

① 《市政协委员许颖：擦亮甬城“宋韵文化”金名片》，中国宁波网，2022 年 4 月 8 日。

图书馆、宁海县图书馆等开展推出“宋韵沁心——宋学名家带您寻踪千年宋韵”展示活动，视频内容涵盖江北保国寺古建筑博物馆的宋代建筑、鄞州的宋韵·董书房、奉化博物馆内的海丝之路宋韵遗迹、宁海十里红妆文化园宋韵婚俗风情等。

2022年4月23日，在“4·23世界读书日”这一天，宁波图书馆天一讲堂与浙江大学宋学研究中心合作，联合推出“浙里甬有千年宋韵：天一讲堂浙大宋学名家系列”。讲座内容涵盖宋词、宋代士大夫的生活、宋代佛教、宋代官场、宋朝宫廷政治、宋代书画、宋代民俗等，还会涉及浙江、宁波相关的宋代历史文化研究，旨在为打造新时代文化高地添砖加瓦，为文化自信增色添光，为“书香宁波”添彩助力。4月23日下午，浙江大学宋学研究中心主任陶然教授的讲题是“宋词与宋韵”，他指出：宋韵是中国传统文化与古典精神的高峰，宋代士大夫群体建构了辉煌的文学艺术风韵、人格气象的神韵、时代精神的气韵，成为宋韵文化的核心。宋词是宋韵的核心载体，反映了宋韵的多元性，以经典化的方式塑造了认识宋韵的维度。①

2022年5月17日，在“5·18国际博物馆日”来临之际，宁波市文化遗产管理研究院副院长林国聪做客“甬上热点说”，带来他眼中的“甬派”宋韵主题分享。林国聪认为，从考古角度看，宋韵在宁波最显著的特征，便是放眼天下、面向全球、敢为人先、开放包容的城市特质，这种特质仍在今天的宁波人血脉中流淌，深埋于我们的基因中。同样说宋韵，不同城市各有其特色。宁波的宋韵可以归纳为“甬派”宋韵，传承时，需将其中最具代表性的特征、精华加以梳理和弘扬，要紧扣当代，使之得以传承。从非物质文化遗产角度说，南宋宁

① 《浙里甬有千年宋韵——天一讲堂浙大宋学名家系列启动》，“宁波图书馆”微信公众号，2022年4月21日。

波涌现的爱国故事，抗击外来入侵、保卫地方发展的那些可歌可泣的人物、事迹、重大历史事件，也可以进行活化传承，途径方法有多种，比如研学游就是其中一种。[①]

2022 年 5 月 19 日，宁波东钱湖旅游学校牵手宁波城市职业技术学院旅游学院，成立“宋韵文化研究院”，并举行了“宋韵文化专题研讨会”。宁波历史文化研究会会长张如安，海曙作家协会主席赵淑萍，宁波城市职业技术学院旅游学院院长张建庆，东钱湖文旅集团文旅传媒有限公司宋韵工作室负责人祈珊等相关人士就如何开展宋韵文化研究进行了交流探讨。专家们建议，研究院可以构建多元的社会参与机制，群策群力，同时学校可以开设“宋韵文化第二课堂”，对宋代诗词文化、饮食文化、茶文化、建筑文化等进行全方位解读，并加强宋韵文化相关的职业技能培训，搭建产学研交流平台，助推宋韵文化产业蓬勃发展。据悉，“宋韵文化研究院”以东钱湖旅游学校和宁波城市职业技术学院旅游学院为主体单位，集结浙江旅游职业学院、宁波大学等高校的教授、宋韵文化研究专家等，组建专家团队，协同旅游部门、文旅集团等单位多方参与。接下来，研究院将筹备宋韵文化赛事、开发宋韵文化旅游文创产品、打造基于宋韵文化的新媒体课程，让宋韵文化更加深入年轻人群体。[②]

2022 年 9 月 2 日，由宁波市社会科学界联合会学会处和宁波广电集团音乐广播共同举办的宁波宋韵文化“双传双创”工程一期“立体化传播”项目制播方案专家咨询会在宁波市社会科学院召开。来自宁波大学、浙大宁波理工学院、宁波天一阁博物馆、宁波市文化研究院等有关单位的 7 位专家学者，围绕项目制播方案主题展开了深入讨论。

① 《宁波市文化遗产管理研究院副院长从考古角度解读宋韵在甬最耀眼的特征》，中国宁波网，2022 年 5 月 18 日。

② 《中高职院校联盟成立宋韵文化研究院》，新浪网，2022 年 5 月 20 日。

专家咨询会由宁波市社会科学界联合会学会处处长杨冰峰主持，他首先向与会的专家学者介绍了该项目的总体构想，宋代是中国文化发展的黄金期，“宋韵”文化是中华优秀传统文化的重要组成部分，宁波也是宋韵文化的重要承载地，为传承、传播好宋韵文化，宁波市社会科学院（宁波市社科联）2022 年决定实施宁波宋韵文化“双传双创”工程一期项目。经过公开招标，该项目由宁波广电集团音乐广播团队承接，以“宋韵文化在宁波”为主题，共有以下内容：5 期访谈类节目，10 期短视频“宋韵宁波”文化主题片，4 期宋韵文化传承体验活动录像，9 期音乐短音频《宁波宋韵文化声音读本》。均在相关电台和互联网平台播出。与会的专家学者指出，宁波的宋韵文化积淀厚重悠远，宋韵文化元素无处不在，“立体化传播”项目要在更为宏观的层面整合历史、考古、哲学、文学、艺术、建筑、风物等各方面的文化资源和人才资源，更深层次地解码宁波宋韵的“文化基因”，更好地用音频、视频阐述宋韵文化的当代价值；各位专家学者还就方案的主题内容、目标定位和如何更好地呈现宁波宋韵文化的精神特质等进行了热烈的讨论，提出了非常宝贵的意见和建议。宁波广电集团音乐广播艺术总监张睿作为项目团队负责人，对各位专家学者的热心指导和帮助表示衷心感谢，并表示团队将全力以赴，利用好现有资源，打造高质量的成果，为推动宁波宋韵文化的创造性转化和创新性发展贡献力量。①

2022 年 11 月 9—10 日，由宁波市人力资源和社会保障局主办，宁波市主持人协会、宁波市特级教师协会承办的“宋韵文化传承与创新——余姚研学活动”举行。9 日上午，宁波市领军拔尖人才一行来到余姚三七市井头山遗址，探寻人类海洋文明的起源，了解中国海洋

---

① 《宁波宋韵文化“双传双创”工程一期“立体化传播”项目制播方案专家咨询会召开》，宁波社科网，2022 年 9 月 2 日。

文化历史。随后，领军拔尖人才一行还走访宁波宋韵文化中最具鲜明海洋特性的文化遗址——河姆渡遗址博物馆。走访中，领军拔尖人才们了解了河姆渡文化中独具特色的海洋文化因素，探寻到了宁波宋韵文化鲜明海洋特性的史前基因。

在9日下午的讲座中，宁波市文化遗产管理研究院副院长林国聪以“依港而兴，向海而生——考古学视野下的甬派宋韵文化”为题进行了分享。作为中国大运河出海口和“海上丝绸之路”始发港的宁波，古往今来皆依港而兴、向海而生。林国聪通过展示讲解考古发现的丰富多样的港市遗存生动再现了宁波宋韵文化的鲜明海洋特质。帮助领军拔尖人才们了解宁波老城区的唐风宋韵遗存，以及宁波作为河海之城的独特空间构造，增强城市文化自信。宁波市文旅研究院副书记、宁波文化研究会副会长黄文杰以“河海之城：宁波宋韵文化的大国气象”为题进行了分享。两宋时期，宁波作为中国大运河与海上丝绸之路衔接城市，科举望族迭出，文化名家涌现，城市商贸繁荣，海外交流活跃，成为名副其实的“东亚文化之都”、创造宋韵文化的重要高地。尤其是宁波恢宏的海洋文化气象，成就宋韵文化开放的国际气度，并深刻影响时代新的人文精神构建。

10日上午，领军拔尖人才一行来到大丰实业股份有限公司，从宁波文体产业龙头公司中看宋韵文化的时代创新性。在阳明古镇，领军拔尖人才们参观了府前路历史文化商业街区、武胜门阳明文化商业街区、龙泉山历史文化风貌区等，探究阳明文化与宋韵的渊源，更清楚地了解宋韵文化与阳明文化的关系，以及在历史街区复兴中传统文化的保护与传承。①

---

① 《传承与创新！宁波领军拔尖人才在余姚近距离感受“宋韵文化”》，甬派客户端，2022年11月10日。

2023年2月16—17日，由宁波市人力资源和社会保障局主办，宁波市主持人协会、宁波市特级教师协会承办的“宋韵文化传承与创新——宁海研学活动”举行。在16日下午的讲座中，宁波大学外国语学院副教授、日本研究所所长李广志以“宁波‘海丝’与东传日本的宋韵文化”为题进行了分享。从中，领军拔尖人才了解了宋代宁波对外交流史，了解了大宋海商与日本的大唐街、宁波石刻艺术在日本的发展，了解了日本禅宗热衷宁波的原因，并深入认识了宋韵的海洋文化特征。宁波市文旅研究院副书记、宁波文化研究会副会长黄文杰以“宁波宋韵文化：风华大物，中国气象”为题进行了分享。讲座在宏大背景中突出生动细节，在深入浅出的讲解中，让领军拔尖人才了解宋代作为中国文化发展黄金期的核心特征和重大标识意义，了解群星璀璨的两宋宁波文人，了解宋代士大夫的精神气象。17日，领军拔尖人才一行来到了东方艺术博物馆、十里红妆文化园研学，探寻朱金漆木雕、金银彩绣、泥金彩漆、骨木镶嵌这四门工艺的历史源头，感知南宋时期独特的宁波制造。随后，领军拔尖人才在宁海县海洋生物博物馆进行研学成果交流。[①]

宁波市下辖的6个区（鄞州区、海曙区、北仑区、奉化区、镇海区、江北区）、2个县城（宁海县、象山县）、2个县级市（慈溪市、余姚市），也拥有丰富的宋韵文化资源。其中以鄞州区、海曙区的宋韵文化资源最为丰富。2021年9月以来，鄞州区、海曙区的宣传部门、社科文史专家为挖掘宣传研究“鄞州宋韵”“海曙宋韵”做出了不少努力。

1. 鄞州：“打造鄞州特色宋韵文化金名片”

鄞州区有着丰富的宋韵文化资源，北宋时期，王安石任鄞县知县，

① 《传承与创新！宁波领军拔尖人才在宁海研学“宋韵文化”》，《宁波晚报》2023年2月18日。

留下众多文化精神财富；南宋大儒王应麟《三字经》流传至今，长盛不衰；以“一门三宰相，四世两封王”的史氏家族为代表的鄞州名门望族，在宋朝书写鄞州地域文化的辉煌。此外，鄞州区还留存着多处宋代的文物保护遗迹，以及丰富的金石碑刻资源，在宋韵文化打造上具有一定的先发优势。

2021 年 9 月，宁波市鄞州区社科联（院）召开“宋韵文化工作推进会”，对鄞州区下一步开展宋韵文化工作作了部署：仔细排摸各地长期关注研究鄞州两宋文化的专家人才，认真梳理鄞州区社会科学院现有资源及鄞州可挖掘的宋韵文化资源，并将其作为一项基础性、支撑性工作来抓；结合单位实际，做好文化研究工程、理论研讨会、研究智库等重点任务准备工作；千方百计聚力借力，形成研究宣传合力，助力打造新时代宋韵文化高地。①

2021 年 9 月 22 日，宁波市鄞州区召开“宋韵文化建设专家座谈会”，来自市、区的 10 余位文史领域的专家学者，为鄞州区如何更出彩地打造宋韵文化工程出谋划策。鄞州区提出要系统谋划打造鄞州宋韵文化，经过前期的排摸梳理，形成了鄞州宋韵文化建设的初步设想及十大工程。座谈会上，与会者结合各自从事和研究领域，围绕鄞州区宋韵文化的资源优势、先发基础及十大工程设想等，就如何认识、发掘、继承、研究、保护、利用、推广宋韵文化展开了深入探讨。文史专家陈万丰、戴松岳、杜建海等提出，要充分认识鄞州在两宋时期的特殊地位，把握好古代文化与当代文化的对接，对于宋韵文化资源要进一步挖掘内涵，通过喜闻乐见的形式进行弘扬和推广，如建乡贤馆，编撰主题丛书，打造童蒙文化、龙舟文化展示场馆等。宁波市文联原副主席周静书，宁波大学新生活方式设计院副院长邵良等认为，

① 《鄞州区社科联（院）召开宋韵文化工作推进会》，中国宁波网，2021 年 9 月 16 日。

首先要把握鄞州宋韵文化的治国理政、典籍文化、书画艺术、工艺技艺等传承亮点，抓住“形、貌、气、神”等关键词，结合“艺术振兴乡村”，探索一些保留文化神韵，具有商业特色的项目。宁波市社会科学院文化研究所所长史斌、宁波市文化旅游研究院副书记黄文杰等提出了做好“人、文、景、物”文章，推进文旅融合，开展宋韵主题衍生品设计、沉浸式宋韵文化体验活动打造、宋韵文化小镇建设、宋代墓道资源转化等方面的建议。宁波市文联副主席施孝峰表示，鄞州打造宋韵文化要从物质文化遗产、非物质文化遗产、以“浙东学派”为核心的学术文化等 3 个维度进行梳理挖掘。同时，还要处理好重点与一般的关系，要打造史氏家族、王安石治鄞等具有辨识度，展现鄞州独特魅力的宋韵文化工程。鄞州打造宋韵文化还要做到点、线、面的结合，整合资源，提炼主题，把最精华最具优势的部分做大做强，进一步研究好、推广好、转化好宋韵文化。[①]

2021 年 10 月 20 日，鄞州区举行“宋韵文化建设座谈会”，就《关于鄞州区加强宋韵文化建设打造东亚宋韵文化交流示范区的实施意见》（以下简称《实施意见》）征求区各镇街、相关部门的意见建议。区委副书记王邦进强调，要贯彻落实省委部署要求，进一步统一思想、创新思路，全力抓好谋划推进，争取早日形成一系列看得到、拿得出、有特色的成果，共同打造具有鲜明鄞州特色的宋韵文化金名片。会议介绍了《实施意见》和有关项目。鄞州区社会科学院、水利局、文广旅体局、综合行政执法局、鄞城集团、东钱湖文旅集团、东吴镇等结合各自工作推进情况作交流发言。王邦进指出，要进一步统一思想，充分认识鄞州宋韵文化建设的重要性和紧迫性。将抓好宋韵文化建设作为实现精神富有、文化先行的重要举措，着眼在全省作试

① 《我区召开宋韵文化建设专家座谈会》，鄞州新闻网，2021 年 9 月 23 日。

点、当标杆，始终坚持高起点谋划、高标准定位、高水平推进，依托我区独特的资源优势，深入挖潜创新，快人一步谋划形成一批可观可感的项目，合力把资源优势转化为产业优势、品牌优势，展现宋韵文化试点建设的鄞州速度、鄞州成效。王邦进强调，要进一步创新思路，切实提高宋韵文化建设的系统性和实效性。树立全区“一盘棋”思想，体系化、系统化、集成化进行谋划打造，形成宋韵文化挖掘、保护、提升、研究、传承、展示的完整工作体系。坚持系统谋划、长短结合，牢牢把握鄞州“三个地”独特优势、“五个区”建设目标和“六大工程”，做好人、文、景、物融合文章，高水平推进创造性转化、创新性发展，同时将长期目标和短期目标相结合，分阶段实施，特别是近期要重点推进一批落地快、见效早的短期项目，确保一年有成效、三年成规模、五年成示范，打造一批具有国内国际标志性、辨识度、影响力和引领性的重大项目。要进一步强化保障，建立完善宋韵文化建设的工作机制。既要强化责任落实，围绕《实施意见》和重点项目表，谋划推进具体项目、编制实施计划，开展全过程、精细化管理，做到保质保量如期完成；也要强化保障，完善相关激励机制，在推进中要将宋韵文化建设与“五大战役”“精特亮”等工作结合起来，做到双向赋能，还要强化宣传，及时总结建设中的亮点、成果、经验和特色，努力营造鄞州宋韵文化建设的强大声势和影响力。①

2021 年 11 月 13 日晚，为让更多市民了解宋韵文化，鄞州区东胜街道在集盒广场举行了一场盛大的“国潮派对”。活动现场热闹非凡，特色文创产品派送、宋韵知识趣味互动、宋司马光投壶游戏、南宋捏面人、苏东坡古方香等，让市民享受了一场雅俗共赏的文旅盛宴。“我们将宋韵文化与青年潮流文化有机结合，就是想用年轻人喜闻乐

① 《我区举行宋韵文化建设座谈会》，鄞州新闻网，2021 年 10 月 21 日。

见的方式，更加生动地去传播和弘扬宋韵文化、宁波传统文化。”东胜街道相关负责人表示，下一步，街道还计划在集盒园区建设宋韵文化驿站，通过开展宋韵文化系列活动，为市民提供沉浸式、多层次的“精神大餐”。据悉，鄞州区东胜街道地处三江口东岸，有着悠远丰厚的宋韵文化底蕴。辖区内的庆安会馆，是宁波海丝文化的主要节点和宁波城市的重要文化印记，自北宋起，官方首次对妈祖进行褒扬和倡导，也确立了宁波在我国妈祖信仰传播中的重要地位。此外，还有发迹于张斌桥的“一门三宰相”史氏家族以及浙东大族“天官第戎家”等文化故事也流传于此。[①]

2022 年 2 月 23 日，宁波市委书记彭佳学在宁波市第十四次党代会上的报告中提出，要精心打造“东钱湖宋韵文化圈”。[②] 鄞州区正在全力谋划，加快落实，牢牢把握独特优势，在宋韵文化建设中打造具有国际影响力和鄞州辨识度的独特文化金名片。根据规划，鄞州区将深入实施宋韵文化走廊工程、宋韵文化研究工程、宋韵文化精品工程、宋韵文化活化工程、宋韵文化数字工程、宋韵文化传播工程等六大工程，到“十四五”末，建成一批宋韵文化地标、形成一批学术研究成果、打造一批宋韵文化交流平台、推出一批宋式美学展示体验基地，鄞州在东亚宋韵文化交流中的地位进一步凸显，成为东亚宋韵文化交流的核心枢纽。目前，鄞州区谋划建设一批宋韵文化地标性设施，即以东钱湖为中心，构建东钱湖宋韵文化走廊，以及周边多个宋韵特色节点的空间格局。该区谋划推进官驿·理想村、沙孟海书学院改扩建、韩岭南宋风情街、东钱湖环湖宋韵文化景观带、南宋石刻公园提升等

① 《集盒广场邀市民体验宋韵文化穿越之旅》，中国宁波网，2021 年 11 月 15 日。

② 彭佳学：《胸怀两个大局　服务国之大者　勇担时代大任　为加快建设现代化滨海大都市而努力奋斗——在中国共产党宁波市第十四次代表大会上的报告》（2022 年 2 月 23 日），中国宁波网，2022 年 2 月 28 日。

项目建设；该区将深入实施“鄞风雅宋”计划，推动宋韵文化融入群众生活。与中央音乐学院、中国美术学院等合作，推动“宋词鄞唱”“宋画重现”；建设宋韵书房等项目，打造宋韵特色酒店、民宿，推动“宋居复现”；开发宋宴、宋菜、宋茶等，建设宋式饮食文化体验场所；推动宋式服饰、配饰、特色文创品等开发，举办宋韵文化特色市集，加快将“东钱湖宋韵文化圈”的蓝图变为现实。[①]

2022年3月29日，鄞州区政协组织开展“打造鄞州特色宋韵文化金名片”专题视察活动，区政协主席郑坤法，区委常委、宣传部部长童丹霞，区政协副主席陈虹、黄碧英、牟志杰、叶天奔、卢明娟、王孝嗣，东钱湖旅游度假区管委会副主任奚海峰，区政协秘书长何学军参加。视察组一行实地调研浙东耕织园、王安石纪念馆、东钱湖下水官驿河头理想村，进一步了解我区宋韵文化建设情况。在随后举行的座谈会上，与会人员听取区委宣传部关于打造鄞州特色宋韵文化金名片情况通报。区政协委员聚焦宋韵文化建设畅所欲言，提出多层次、有深度的意见建议。区政协委员鲁海波认为，宋韵文化要活起来、新起来，首先要让文化融入当下，与美好生活紧密关联。宋韵文化的载体建设至关重要，要加强文旅结合、跨界融合，引导实施一批宋韵特色文化产业项目，将宋韵文化建设与城市有机更新、乡村振兴深度融合，延续历史文脉、承载文化记忆。区政协委员徐侠民表示，对僧、禅、茶、艺等宋韵禅宗文化的研究利用能为鄞州建设宋韵文化提供养分。可以联合院校等机构梳理宋韵禅宗的人、文、物、史，大力弘扬提升禅文化等创意，并依托天童寺、阿育王寺及东钱湖周边自然资源，打造宋韵禅宗乡村建筑、山寺田园旅游。区政协委员林成城指出，南

① 《鄞州谋划打造东钱湖宋韵文化圈：实施宋韵文化走廊工程等六大工程》，中国宁波网，2022年3月18日。

宋以杭州为中心形成新的文化圈层，鄞州不仅接近中心，而且是宋韵文化继续拓展、扩散，走向海洋、走向世界的中转站。可以将天童寺、东钱湖、东吴镇等穿珠成链形成一个主题明确的宋韵文旅体系，并运用3D打印、区块链、云展览等技术赋能场景营造。奚海峰表示，打造宋韵文化精品，需要进一步优化功能空间布局，形成“一圈一廊一园一村一街”的宋韵文化地标，通过组织宋韵文化活动、开发文创产品，让“宋韵钱湖”成为一张亮丽名片和一个鲜明标志。童丹霞表示，下一步鄞州区将在“海丝宋韵起源地”“宋式美学策源地”基础上，努力打造具有鄞州辨识度的东亚宋韵文化交流高地。不断放大自身优势，形成宋韵文化挖掘、保护、提升、研究、传承的工作体系，使千年宋韵在鄞州创造性转化、创新性传承。郑坤法指出，要将宋韵文化深化成有价值、多元化的精神内核，活化成记得住、忘不了的文化烙印，转化成看得见、摸得着的累累硕果。要准确把握宋韵文化精髓，优化传播方案，更加系统深入、生动形象、直抵人心地做好文化传播，不断提升鄞州的美誉度、影响力；要依托我区独特的资源优势，深入挖潜创新，将长期目标和短期目标相结合，分阶段实施，形成一批可观可感的项目；要做到点、线、面结合，整合资源，实现宋韵文化全域繁荣；要深挖宋韵文化元素，开发高质量宋韵文创IP，为宋韵文化营造更多沉浸式、可体验的文化场景，让宋韵文化消费更加触手可及。①

2022年6月9日，由鄞州区委宣传部主办的“鄞州区宋韵文化研究中心成立仪式暨宋韵文化学术研讨会”在鄞州区东吴镇天童老街举行，中国人民大学教授、中国宋史研究会会长包伟民等专家学者出席

① 《区政协开展专题视察活动聚力打造鄞州特色宋韵文化金名片》，鄞州新闻网，2022年3月30日。

活动，鄞州区委常委、宣传部部长童丹霞主持活动。宁波市社会科学院（社科联）党组书记、院长（主席）傅晓表示，鄞州区成立宋韵文化研究中心是深入贯彻落实省委、市委精神的先行之举，相信宋韵文化研究中心必将成为讲好鄞州故事、展现鄞州形象的重要窗口，必将成为解读中华文明、增强文化自信的重要载体，为“在共同富裕中实现精神富有，在现代化先行中实现文化先行”作出积极贡献。据悉，宋韵文化研究中心自筹备以来，得到了海内外学者的热切关注和鼎力支持，并发来祝贺视频；同时得到了中国人民大学、浙江大学，以及宁波大学等在甬高校、研究机构的大力支持，形成了以包伟民为首席专家的专家库。成立仪式上，相关领导为专家代表颁发聘书，同时，发布文化研究院顾问名单、宋韵文化研究院启动项目，举行基地揭牌仪式，中国人民大学唐宋史研究中心共建鄞州宋史研究基地、浙江大学历史学院共建宋韵文化研究与教学实践基地分别落户东吴镇和姜山镇。

在随后的“鄞州区宋韵文化学术研讨会”上，与会专家通过挖掘鄞州宋韵文化的独特内涵，提出了相关建议，进一步促进宋韵文化的传承和发展，提升鄞州城市文化软实力和区域竞争力，扩大鄞州在国际传播的影响力。包伟民率先发言，他指出，目前学界倾向性的看法是，从唐到宋是我国经济文化的快速增长期，超越前代，形成某种意义的历史转折。人们习称传统历史文化对当今社会有着多方面的影响，如果追溯起来，其中大部分可以从宋代谈起。宁波地区在唐宋之际快速地从滨海小邑发展成为东南名郡，到南宋更被列为辅郡，因此，我们应该重视对宋代历史文化的研究。浙江大学历史学院副院长张凯，宁波文化旅游研究院一级文学编辑黄文杰等就鄞州如何高质量打造宋韵文化精品工程、推进宋韵文化的时代创新性转化等提出了深刻见解。宁波大学浙东文化研究院副院长辛红娟，宁波日报高级编辑李磊明等在发言中建议，从全球视野和国际传播看，鄞地的宋韵文化可以从教育、改革治理、美育等三个方面做好国际传播，特别是可以强化王安石、王应麟等名人与鄞州的关联度。[①]

2022 年 7 月 21 日，由浙江省委宣传部指导，浙江省文化和旅游厅、浙江日报报业集团、浙江省文联主办，宣传半月刊杂志社、浙江画院、鄞州区委宣传部等单位承办的“发现和培育宋韵文化区域传承案例暨‘画’说宋韵活动”在宁波市鄞州区启动。活动现场，30 余位画家、学者以及记者走进鄞州区姜山镇走马塘村，沉浸式体验宋代民间歌乐、文人焚香听琴、百姓亭台观潮等生活场景。接下来，大家还将走进鄞州南宋石刻公园、王安石庙、韩岭老街、天童老街、院士中心、天童国家森林公园等，体验当地原汁原味的宋韵今风。本次活动将结合浙江文化基因解码工程中的宋韵元素，采用“绘画+采访”的形式，以图文、短视频、巡展等方式展现省内县域层面宋韵文化传承的优秀区域案例及项目，挖掘、保护、研究、活化全省各地的宋韵文化资源，并组织由宋韵文化研究专家、媒体记者组成的观察团，对各地进行考察和调研，助力宋韵文化的传承创新。在活动中，浙江省委宣传部副部长赵磊对鄞州打造“宋韵文化传世工程”的成果给予了充分肯定，认为鄞州是很好地诠释“诗画江南活力浙江”的地方，选择鄞州作为系列活动首站，符合大家对活动的期待。[②]

2022 年 7 月 23 日上午，“宋韵流长翰墨胜缘——天童禅风与东亚禅宗金石墨迹展”在宁波美术馆开展。该展分“宋韵流长，翰墨胜缘”、“东谷无尽”、“虎跑流长”和“风月同天”4 个篇章，共展出

① 《宁波鄞州成立宋韵文化研究中心，唱响“九歌”，让宋韵文化流动起来传承下去》，鄞响客户端，2022 年 6 月 10 日。

② 《“画”说宋韵活动走进鄞州》，浙江在线，2022 年 7 月 22 日。

139幅作品，包含天童寺精品碑拓77幅，杭州永福寺等借展宋元明禅师墨迹62幅，其中许多作品曾在中国美术馆等大型展览馆展出或是首次公开展览；同时，还举办了“圣地宁波”图片特展，选取日本奈良博物所编《圣地宁波》一书中与天童寺相关的照片。宁波市民不仅可以见证中华书法艺术之美，也可以进一步领略鄞州海丝文化、宋韵文化的深厚底蕴。

2022年7月23日下午，“浙江中华文化海外传播促进会宋韵文化传习基地授牌仪式”在鄞州区东吴镇天童老街举行。“在东吴，不仅宋韵遗存映照古今、宋韵精神传承古今，现如今，宋韵之风更绵延古今。”授牌仪式上，东吴镇党委书记庄琪表示，浙江省第十五次党代会已明确提出“实施宋韵文化传世工程”“加强文化国际传播能力建设，打响省域品牌”，东吴镇也将借浙江中华文化海外传播促进会宋韵文化传习基地成立这一重要契机，持续以中国人民大学宋史研究基地和宁波大学“大学小镇”全域党建联盟等为文化发展赋能，不断深挖宋韵文化资源、提炼宋韵研究成果，全力以赴打造宋韵文化发展新高地、传播新名片，使东吴镇进一步成为讲好鄞州故事、展现鄞州形象的重要窗口，在服务实施“宋韵文化传世工程”中作出新的更大贡献。在随后进行的宋韵文化国际传播座谈会上，中央社会主义学院中华文化教研部副主任李勇刚、浙江大学中国思想文化研究所原所长李明友等3位专家通过线上视频参与讨论发言。专家结合鄞州及东吴实际，围绕如何提升当地宋韵文化国际传播力，提出了联动“文化产业河南模式”“在中小学大学校园中举办专题唐诗宋词朗诵活动”“对不同传播对象采取不同传播策略”等相关建议。

同时，浙江中华文化学院中华文化讲师团“十场千人”2022年度第三场宣讲活动在天童木作研习社同步展开，由浙江对外文化交流协会会长、浙江省非物质文化遗产保护协会名誉会长杨建新以“宋韵与非物质文化传承发展”为题，为鄞州区和东吴镇当地热心参与非物质文化遗产保护的相关人员带来一堂精彩讲座。①

2022 年 11 月 17 日，由宁波市委宣传部、宁波市文广旅局指导，鄞州区政府、东钱湖管委会主办的“2022 鄞州区宋韵国际文化周和宋韵钱湖生活季”在宁波国际会议中心开幕。开幕式上，3 位年轻的音乐人演唱了《鄞宋·吟颂——宋“乐”颂九歌》专辑的第一首主打歌《安石颂》。《鄞宋·吟颂——宋“乐”颂九歌》音乐专辑项目是由鄞州区委宣传部与鄞州区文化和广电旅游体育局联合推出的宋韵文化精品项目。《安石颂》这首曲风独特的作品，以宋代古乐谱古词牌、宋代吟诵唱腔的考据和复原，宋词选材紧扣选题的主题，原汁原味的宋词宋腔，结合最现代的音乐风格和最先进的制作方法，创作而成。

随后，举行了线上线下结合的宋韵钱湖生活哲学大会和全国会奖买家云洽大会。宋韵钱湖生活哲学大会以“千里同风，钱湖哲思”为主题，通过对经典文化下当代生活的回溯、见证与展望的哲学思辨提出能为全世界共享、共情的经典生活哲学主张，品味文旅融合下的当代生活哲学表达方式，升华东钱湖文化旅游的内涵和意义，发布了宋韵钱湖文旅生活产品及钱湖宋宴美食品牌，并预告宋韵钱湖百万消费券发放；全国会奖买家云洽大会对宁波国际会议中心和东钱湖整体的会奖旅游资源进行了推介；北京、上海、东钱湖三地签署共建全国会奖旅游目的地战略合作协议。

据悉，“鄞州区宋韵国际文化周”持续两周时间，围绕“挖掘、传承、演绎、体验”等内容，开展多样化的宋韵文化主题活动，主要

---

① 《挖掘宋韵文化　传承宋韵风华　“千年古镇”东吴成为宋韵文化传习基地》，浙江新闻客户端，2022 年 7 月 23 日。

包括两场主题研讨会、两场特色市集、三场主题展览以及宋韵文化进校园等N个系列活动。“宋韵钱湖生活季活动”持续至2023年1月，20项配套活动丰富多彩且贴近生活，重头戏如“风雅宋韵·暖冬钱湖”线上消费季；中韩文旅美食推介会，讲好“舌尖上宋韵”之国际传播故事；露营音乐节，融合音乐、户外等元素，众多活动将吸引亲子家庭的参与。[①]

2022年11月22日下午，“东亚宋韵文化学术研讨会”在鄞州区院士公园宋韵文化空间举行，与会专家聚焦鄞州宋韵文化，探讨其在东亚文化圈中的地位和影响，为鄞州打造宋韵文化对外交流高地提供智力支撑。浙江省社科联党组成员、副主席谢利根在致辞中表示，鄞州开展宋韵与东亚文化圈关系的研究，与鄞州气质、鄞州特色、鄞州发展相契合，希望鄞州能以更高的站位去谋划，以更大的力度去推进，以更实的举措去打造，推出更多标志性的成果，共同擦亮浙江宋韵文化金名片。会上，杭州师范大学人文学院范立舟教授立足鄞州作为“浙学重地”，探讨了宋时“甬上四先生”的袁燮、杨简等著名学者与宋代理学大家朱熹、陆九渊的学术渊源；浙江大学历史学院张凯教授以“新宋史”“东亚海域视角”“唐宋变革论”等学术观念为支点，考察宋代鄞州在社会经济、文化美学及学术思想等层面在东亚的辐射力；浙江大学地方历史文书编纂与研究中心常务副主任吴铮强在发言中结合大量史料，从一个杰出的政治家的角度，讲述了鄞地宋代望族史氏家族代表人物史弥远为相期间的作为和成果。[②]

2023年7月1—5日，由浙江大学、浙大城市学院、宁波市社科联

---

① 《2022鄞州区宋韵国际文化周和宋韵钱湖生活季开幕　沪甬会奖旅游掀开新篇章》，《文汇报》2022年11月17日。

② 《宁波首家省级社科之家——堇山社落户鄞州宋韵文化空间》，浙江省社科联，2022年11月26日。

（院）、中共宁波市鄞州区委宣传部主办的为期5天的“山海汇聚 港通天下——千年宁波历史文化研讨会暨第六届闽浙赣区域史工作坊”在鄞州举办，香港中文大学教授科大卫、北京大学教授赵世瑜等近百位来自全国各地的专家学者聚集鄞州，对话千年宋韵。

开幕式上，鄞州区委常委、宣传部部长童丹霞首先致辞，通过日本画圣雪舟的长卷《唐山胜景画稿·宁波府图》、著名书法家沙孟海手书的王安石《鄞县经游记》、阿育王寺《妙喜泉铭》，穿越千年时空，来展现鄞州历史、现在、未来交融相汇的画卷。宁波市社科联（院）党组书记、主席（院长）傅晓对此次盛会的召开充满了期待，他从传承传统文化、坚定文化自信出发，提出了研以增信、研以致远、研以致用。浙江省社科联党组成员、秘书长刘东盛赞宁波历史文化融合了“海的连通”和“山的厚重”双重元素，希望在研讨交流中进一步溯源宁波历史，把握历史发展规律，推动区域史及地方文化的研究迈上新的台阶。

《鄞风宋韵》纪录片的发布也是开幕式上重要的环节。2022年以来，拍摄团队通过对鄞州乃至整个宁波地区的宋韵文化脉络进行学术梳理，在东钱湖、王安石庙、天童寺、走马塘、三江口等地进行了勘景调研，完成了《鄞风宋韵》纪录片的拍摄，并于当日在浙江电视台之江纪录频道首播。

开幕式上还举行了王应麟诞辰800周年思享会。浙大城市学院教授包伟民、苏州科技大学教授周扬波、浙大城市学院副教授仝相卿分别进行了“‘通儒’王应麟及其时代”“知识社会史视野下的宋代蒙书新变——以《三字经》为个案的考察”“宋代王应麟的家风传承和家国情怀”等主题分享。在随后的学术报告环节，浙江大学教授梁敬明、华东师范大学教授冯筱才、南昌大学教授黄志繁等专家分别就

“地域历史与民众生存记忆”“‘宁波帮’：一个区域商业人群研究之回顾”“从闽浙赣根据地到闽浙赣工作坊”等主题作报告。

7月3—4日，与会的专家学者们到访天一阁、天童寺、史氏宗祠等地进行田野考察，通过实地走访和亲身体验，探寻遗留在宁波大地上的历史文化气息。[①]

2023年8月20日，由浙江大学历史学院、宁波市鄞州区社会科学院和浙江大学亚洲文明研究院共同主办的“鄞州与东亚宋韵文化研究工作坊”在浙江大学紫金港校区举行。工作坊以鄞州与东亚文化交流、海上交通往来与航路、佛教文化交流、茶文化交流为主题，由来自浙江大学、复旦大学、中山大学、上海大学、宁波大学、浙江工商大学、浙江农林大学的专家学者进行研讨。

浙江大学张凯教授介绍鄞州与东亚宋韵文化研究工作坊的缘起，并以“‘亚洲’作为方法的源与流”为主题，简要陈述了“亚洲”观念的渊源和流变，提出以源流互质的方式阐释“亚洲主义”的外延与内涵。在鄞州与东亚文化交流的主题发言中，复旦大学徐静波教授以“宋代鄞州：茶与禅宗传往日本的出发点”为题，阐述了鄞州的缘起、演变及日本文化与浙江的关系。指出，荣西是浙东将禅宗和茶传往日本的第一人，通过《吃茶养生记》宣传茶的养生功效。中国的茶和饮茶习俗早在遣唐使时期就已经传入日本，但是未能传播开来。僧人荣西传播了禅宗，并通过禅宗传播了茶文化，使之成为日本文化的重要底蕴之一。浙江大学王勇教授以“宁波出土赴日宋人三碑的再解读”为题，阐释了三块碑的发现过程，并对碑文进行了释读。唐宋时期作为国际贸易港名扬四海的明州，留存诸多中外交流的史迹与文物。其中1989年在天一阁尊经阁西侧院墙上发现的三块赴日宋人石碑系12

① 《宋韵扑面来，这场全国专家云集的学术盛会在鄞开启》，浙江社科联，2023年7月2日。

世纪中期中日交往的实物证据。通过碑文的解读联系到相关文献资料可知宁波在历史上为东亚物流枢纽，促进了中日之间的人员往来。在海上交通往来与航路的主题发言中，浙江大学金健人教授以“东亚海上往来与航路”为题，通过稻作文化的东传之路、支石墓等考古现象探讨东亚海上航路。通过中韩合作开展的跨海竹筏漂流探险活动，有力印证了远古时期稻作文化等通过海上航路传播到朝鲜半岛、日本的事实，并对古代东亚航路进行了历史分期。中山大学魏志江教授以“试论明州与宋丽海上丝绸之路”为题，指出宋徽宗宣和六年（1124）八月，徐兢以其在高丽的所见所闻撰成的《高丽图经》一书，是研究宋代明州和高丽海上航路与海洋文化交流的极其珍贵的史料。宋丽海上丝绸之路不仅体现了明州作为对东亚海上贸易港口的重要性，也体现了宋丽两国海洋贸易与海洋文化交流的繁盛。在佛教文化交流的主题发言中，宁波大学张凯副教授以“日本学界关于如净研究的扛鼎之作——镜岛元隆《天童如净禅师研究》述评”为题，对镜岛元隆《天童如净禅师研究》中有关《如净语录》的异本、真伪，如净的生平、两种形象，道元思想的“日本的展开”等进行了较为全面系统的探讨。浙江工商大学江静教授以“南宋时期的宁波与中日佛教文化交流”为题，阐释了南宋时期中日关系与佛教概况，进一步介绍了宁波僧侣是宋日佛教文化交流的主力军，宁波文人是宋日佛教文化交流的助推者，宁波海商是宋日佛教文化交流的媒介人。宁波城是宋日佛教文化交流的主要空间。浙江大学张家成副教授就“道元入宋与曹洞禅东传日本”简要介绍了道元入宋的过程、因由和背景。道元 24 岁入宋，在船上与阿育王寺的老典座相识，通过典座的一言一行及对禅的领悟，道元对什么是“禅”、什么是“修禅”有了初步的了解，并逐步在劳动和生活当中去参禅，这为道元思想的发展、曹洞禅东传日本奠定了基础。在茶文化交流的主题发言中，上海大学舒健教授以“宋元变革视域中的浙江茶与东亚世界”为题，指出唐宋、明清茶文化研究缺乏向下和向外的视角。通过《归田录》《大观茶论》《吃茶养生记》等文献对宋代茶文化进行了详细说明。浙江农林大学的关剑平教授以“中日茶文化传播与文化遗产特征”为题，阐释了茶文化的诞生、饼茶—末茶的传播、散茶—末茶的传播、碾茶—抹茶的发端等茶文化的一系列变化。浙江大学安成浩教授以“港口明州与东亚文化交流”为题，在介绍日本、韩国海港城市相关研究的基础上，指出在人员流动日益演变为点对点的流动，文化、信息交流日益碎片化，民族国家与本国中心主义日益加强的当下，以港口城市宁波作为研究焦点探讨东亚海域社会文化多样性、文化创造性可持续问题的重要意义。

为期半天的本次工作坊紧紧围绕着鄞州、东亚、宋韵三个议题展开学术交流，与会学者从文化交流、海上航路、佛教、茶等不同的视角和领域全面深入探讨了以鄞州为中心的明州作为东亚文化交流的中心枢纽所起到的积极作用。对以港口为媒介推动宋韵、东亚文化交流研究有了新的认识。[①]

2. 海曙：彰显“千年海曙”韵味的鲜明标识

作为宁波历史文化名城核心区，海曙区历史文化底蕴深厚，是宁波宋韵文化主要集聚地，拥有丰富的宋代文化、深厚的“浙学”思想和大量名人资源。在这片文化沃土上，浸染了袁镛、张孝祥等爱国忠烈的浩然正气，厚植了王应麟、全祖望等浙东鸿儒的人文根脉，流传着康王鼓楼遇救、南宋明州大捷等耳熟能详的民间传说，屹立着天封塔、波斯巷等“海丝之路”的历史遗迹。这些思想的精髓、名士的风骨、文化的印记，不但没有因历史的更替而湮没消逝，反而经久不衰、

① 《鄞州与东亚宋韵文化研究工作坊举行》，“浙大历史学院”微信公众号，2023 年 8 月 26 日。

历久弥坚，成为融入宁波历史文脉的“基因密码”、彰显“千年海曙”韵味的鲜明标识。

2021年10月29日，由宁波市委宣传部主办，海曙区委宣传部承办，海曙区文化和广电旅游体育局、宁波市天一阁·月湖景区管理办公室执行的“宁波宋韵文化周暨天一阁·月湖金秋艺术季”在月湖宝奎巷史氏故里正式启幕。[①] 活动旨在进一步挖掘提升宁波宋韵文化，让千年宋韵在新时代“流动”起来、“传承”下去。活动现场，各类沉浸式体验活动充分展现了宁波宋韵文化所蕴含的风骨修养、品位格调、风物风俗；国内知名宋韵文化研究专家学者和宁波本土历史文化专家学者齐聚一堂，围绕宁波宋韵文化的概况特色、当代价值和传承转化进行了研讨交流。据悉“宁波宋韵文化周暨天一阁·月湖金秋艺术季”期间，文学之美——“诗画月湖”宋诗主题摄影展、风物之美——“天青色等烟雨”宋代瓷器鉴宝体验活动、建筑之美——“梵宇锦绣”宋代建筑艺术展陈等形式多样、内容丰富的系列宋韵文化活动将逐一上演。[②]

2021年10月29日，海曙区图书馆特邀宁波大学历史系钱茂伟教

① 在宁波海曙区月湖，说到宋韵，最直观的体现是月湖园林文化，这里注入了宋代士大夫追求的风尚。在宋真宗大中祥符年间，明州通判章郇在月湖北面建立了红莲阁，大概是现在银台第的位置。北宋仁宗嘉祐年间，钱公辅担任郡守，他是月湖园林的重要建造者，他筑堤植柳、造桥置亭。月湖北端圆转成弯月的形状，名为“偃月堤”，可能也是月湖得名的来由。钱公辅还在湖心岛建造了“众乐亭”。“众乐亭”虽小，但彰显了宋代士大夫“与民同乐”的执政理念。在北宋元祐至绍圣年间，宁波来了两位非常有才华的知州刘淑、刘珵，他们先后疏浚月湖，广积土为洲，化出十洲，月湖由此成为一座大型的城市公共园林。湖西从北至南为芙蓉洲、雪汀、烟屿，湖中从北至南为芳草洲、柳汀、花屿、竹洲，湖东从北至南分别为菊花洲、月岛、竹屿。其中芳草洲是宋韵文化沉淀最为典型的一个洲。亭台水榭，叠石嵯峨，园景效法自然而又高于自然。月湖园林开放的特点，反映了宋代平民社会文化的蓬勃发展。南宋时，“一门三宰相，四世两封王”的史氏家族占据了月湖十洲大半，文人园林建设达到一个新的高度，成为天人合一、可游可居的心灵家园。（信息摘录自《走读月湖·园林让千年宋韵流动起来》，中国宁波网，2021年12月20日）

② 《宁波宋韵文化周暨天一阁·月湖金秋艺术季启动》，中国宁波网，2021年10月31日。

授在岭读城市书房开讲“宁波宋韵文化”，围绕“为何宁波文化崛起于宋代？当时的宁波发生了什么？对今日宁波文化的发展又有何启迪?”等一系列问题，为读者立体呈现宁波宋人丰富的精神世界以及千年不坠的艺术传统。钱茂伟认为，所谓宋韵，指的是宋朝、宋人或宋文化构成一种特具魅力的韵意。宋韵具有国家代表性，所以也可称为“宋韵国风”。浙江，尤其是浙东地区，是浙江宋韵文化的中心，也是浙江文化建设的一块招牌。宋代之后，汉人南进，移民文化程度较高。两宋320年间，宁波出现了大量文化人才，进士有700多人，“满城紫衣贵，尽是四明人”。宁波存留了不少宋代痕迹，也有不少当时的遗迹出于种种原因消逝在历史长河里。穿过鼓楼步行街，就是中山公园，园内最北面原本是宁波的府学，可惜如今已经看不到了。文物资源是宋韵文化工程打造的一个抓手，如果能打造一条宋韵主题的研学路线，那么年轻学子们就能对于宋韵文化有更直观的认识。[①]

2022年5月21日上午，由宁波市海曙区委宣传部、海曙区文联等单位联合举办的“宋韵文化”艺术周暨“再现宋韵·明州宋瓷文化展”活动正式启幕。作为海曙区“宋韵文化”艺术周的首场活动，“再现宋韵·明州宋瓷文化展”活动汇集了宁波博物院、宁波文化遗产管理研究院、中国港口博物馆、慈溪博物馆、慈溪市文保中心馆藏的60余件精美宋代瓷器文物以及民间藏家收藏的20多件瓷器精品，全面揭示了明州宋瓷的文化和艺术特色，“此次展览的藏品中，绝大多数都是在海曙老城区出土的，这些文物是中华文化源远流长的见证，更凸显了明州宋瓷在‘海上丝绸之路’中的重要性”。海曙区文联负责人表示，此次“宋韵文化”艺术周活动，是推进宁波“宋韵文化传世工程”的重要举措，对讲好海曙宋韵故事、展现海曙形象具有

① 《宁波文化崛起于宋代　听宁大教授聊宁波的宋韵文化》，中国宁波网，2021年10月30日。

十分重要的意义。据悉，除了再现“宋韵·明州宋瓷文化展”，此次海曙区“宋韵文化”艺术周还涵盖了“大观·宋韵”书画作品展、“甬上文化名人说宋韵”系列文化讲座等系列文化活动。[①]

2022年5月22日下午，海曙区“宋韵文化”艺术周之“甬上文化名人说宋韵”系列文化讲座的首场讲座——“两宋书院文化：士大夫的文化精神”（宁波中学语文高级教师周达章主讲），在月湖金汇小镇云在书院举行。海曙区文联党组书记陈建东在开场时提到，两宋书院是传承儒学的主渠道之一，儒学作为我国传统文化的主体，其所传播的仁义道德、修身齐家、治国平天下，以及有教无类、因材施教等思想，于现世仍具有重要意义。考证两宋宁波书院的历史，挖掘和传播宁波书院的精神内涵，对推动海曙区“宋韵文化传世工程”，展现海曙形象具有十分重要的意义。据悉，“甬上文化名人说宋韵”系列文化讲座是海曙区“宋韵文化”艺术周的重要活动板块，由海曙区作家协会承办。5月24日，宁波大学副教授李广志主讲“宁波‘海丝’与东传日本的宋韵文化”；5月28日，宁波文化研究会副会长黄文杰主讲“宋代宁波文人”[②]；5月28日，画家舒勤主讲“宋画赏析”。周达章、李广志、黄文杰、舒勤等4位文化名家的主题讲座，分别聚焦宋人、宋画、海丝、两宋书院等，并在线上、线下同时传播。[③]

2022年8月8日，由浙江省书法家协会、宁波市书法家协会指

① 《讲好“宋韵”宁波故事！海曙“宋韵文化”艺术周活动启幕》，浙江新闻客户端，2022年5月21日。

② 在黄文杰看来，宋韵文化具有独特的精神气象，那是“以名节相高”“重义轻利”的人格精神，是海纳百川的开放精神，是目光远大、博施济众的家国情怀。他还特别讲到了这些精神气质在宋代宁波文人身上的体现。当然，宋韵文化还表现在雅俗兼容的文化艺术生活中，如布茶、插花、焚香、宴饮以及各种文学艺术。详见《宋韵文化具有独特的精神气象，宁波文化研究会副会长黄文杰开讲“两宋文人”》，宁波晚报·甬上App，2022年5月28日。

③ 《“甬上名人说宋韵”开篇，还有三场讲座继续解码宋代文化基因》，宁波晚报·甬上App，2022年5月23日。

导，海曙区文联主办，海曙区书法家协会承办的“宋韵风雅”书法培训活动在海曙区举行；同时，全省首个“宋韵风雅”书法工作坊成立。此次活动邀请到了浙江省文联副主席、浙江省书协主席赵雁君和南京艺术学院副院长李彤教授。两位书法名家为海曙区25位书协创作骨干会员亲自授课，通过作品点评、讲座、临帖指导等方式分享他们对书法艺术的见解与感悟，引领学员们挖掘宋韵文化与书法艺术的当代价值。海曙区文联主要负责人表示，作为宁波历史文化名城核心区，海曙区是宁波宋韵文化的集聚地，拥有丰富的文化和深厚的“浙学”思想，文艺创作的氛围颇为浓厚。此次“宋韵风雅”书法工作坊开班活动，将宋韵文化与书法艺术相融合，旨在联动实施浙江省书协的“基层人才提升计划”，充分激发会员们的创作激情，提升区书协的整体创作水平，扩大海曙基层人才提升三年行动品牌影响力，共同繁荣、发展海曙区文艺事业。[①]

2022年12月6日，由宁波市委宣传部、宁波市社科联指导，海曙区委宣传部主办的“宁波宋韵文化高峰论坛”在海曙区举办。论坛现场，浙江省宋韵文化研究中心宁波研究与实践基地在海曙区授牌成立，接下来，基地将依托基地强大的宋韵文化智库，将宁波宋韵文化挖得更深、讲得更好、传得更远。“宁波宋韵文化高峰论坛”上，诸多国内宋韵文化研究领域的学者专家齐聚一堂，深入展开对话，探索宁波宋韵文化优秀基因，为实现“宋韵文化传世工程”在宁波的焕新、迭代、升级献计献策。浙江省宋韵文化研究传承专家咨询委员会召集人胡坚的发言，从历史、人文、海丝、服饰、农产品等多个维度，对宁波如何传承利用宋韵文化作了系统诠释。打造高品质的宁波宋韵文化品牌，宁波首先要对宋韵文化进行资源普查，绘制宋韵文化资源

① 《全省首个“宋韵风雅”书法工作坊在海曙成立》，“海曙”微信公众号，2022年8月8日。

分布图。据2021年浙江省文物局开展的浙江省宋韵文化文物资源专项调研，宁波相关遗存近200处280余个点，其中全国重点文物保护单位有6处80个点。宁波还有大量宋代非物质遗产、精神文化遗产。过去我们在对宋朝的认识上有许多误区，其实，宋朝远比许多人的想象值得点赞。比如，宋朝是最对外开放的朝代，也是思想文化繁荣兴盛的朝代，在这些方面宁波传承宋韵文化大有文章可做。浙江大学李杰教授指出，海上丝绸之路就是宁波的最大特色；宁波舟山港作为世界第一大港，做好海洋文化，宁波应该要有自信与担当。华东师范大学黄纯艳教授也有着同样的看法，认为研究南宋需要“从海上往内陆看”，从海曙看南宋，最好的立足点是被称为“东南之要会”的明州。宁波文化研究会副会长黄文杰认为，从某种意义上说，宋代宁波是江南地区及至我国经济发展最活跃、开放程度最高、创新能力最强的区域之一，集中体现了宋代尤其是南宋繁华韵味，以及面向海洋的时代特征与大国气象。这是宁波独特的文化基因，也标识着宁波在中华文化、东亚文化发展中的历史地位，是宁波建设独具魅力文化强市的重要支撑。浙大城市学院包伟民教授认为，在两宋史研究领域，除对两京地区（开封、临安）的研究相对集中之外，将宋代明州（庆元府）作为区域研究对象，具有相当的典型性。作为历史文化名城，宁波拥有丰富的宋代文化、深厚的“浙学”思想和大量名人资源。单是海曙区，作为两宋明州的子城、罗城所在地，宋韵文化遗存俯拾皆是。其中，“一湖居城中”的月湖，自北宋以来成为文人墨客憩息荟萃之地。从北宋王安石创办县学，邀请庆历五先生，到南宋史浩邀请淳熙四先生讲学月湖，再到一代鸿儒王应麟，浙东学术文化、世家大族文化、藏书文化、海丝文化，使月湖成为宁波宋韵文化集聚地。海曙区文化和广电旅游体育局副局长俞岚表示，海曙当前正在打造的千年罗城复兴计划，综合运用理论研究、遗址保护、文旅融合等系统性保护开发举措，谋划打造一批“宋韵文化传世工程”的“卓越海曙标识”。①

3. 宁海：做好宋韵文化的传承和保护开发工作

2021 年 11 月 3 日，宁波市社会主义学院专职副院长陈早挺一行赴宁海开展“传承发扬四明佛画 · 挖掘宁波宋韵文化元素”主题调研。调研组一行首先参观了佛画研究院。座谈会上，双方就如何以传承发扬四明佛画为切入点推进宁波宋韵文化的宣传推广工作进行了探讨。佛画研究院负责人介绍了四明佛画发展的历史。宁波市社会主义学院市情研究所所长钟春洋教授谈到，四明佛画的价值还需要继续挖掘，应当将其在历史上的重要影响以及在宁波构建历史文化名城中的作用梳理清晰。宁波市社会主义学院将以此次调研为依托，在打造以四明佛画为代表的宁波宋韵文化金名片上加大研究力度，努力做好相关科研咨政工作，为推动宁波宋韵文化传承保护贡献社院力量。②

2021 年 12 月，宁海县退休老干部和宋韵文化爱好者一行，在长街镇西岙村开展了一场“西洲（西岙）宋韵文化研讨会”，围绕西岙古村落的宋韵文化传承和保护开发工作展开深度对话。与会学者一行实地走访了西洲海口、梦鼎书院、古石碾、宋代古桥、丞相公园、名木古树等人文古迹，随后来到西洲宋韵文化馆，对如何传承和弘扬西岙宋韵文化，更好地对西岙古村进行开发利用等进行讨论研究。他们认为，西岙古村在开发的过程中要始终秉持保护与传承并举的理念，深入挖掘深厚的宋韵文化底蕴，加强规划保护，在此基础上，不断推动村庄环境提升、文化挖掘、乡村治理、产业振兴等工作，为西岙古

① 《思想明州、海丝宋韵文化金名片咋打造？这场论坛干货满满》，甬派客户端，2022 年 12 月 7 日。

② 《宁波市社会主义学院专职副院长陈早挺赴宁海开展宋韵文化调研》，中共宁波市委党校官网，2021 年 11 月 4 日。

村保护利用和打造宋韵乡村注入不竭动力。

据了解，长街西岙村作为文化古村，历代文人辈出，有着丰厚的历史文化积淀，是宁海乃至浙东最古老的村庄之一，以浙东地区保留宋代地面文物最完整著称。目前村内拥有省级非物质文化遗产项目——正月十八夜“行大龙”、省级重点文物保护单位——西岙石拱桥（惠德桥、寺前桥、祠堂桥）和西岙石碾群，并保存着古祠堂、古道、古墓、古寺、古牌坊等多处文物古迹，于2013年被列为中国传统村落。[①]

4. 象山：影视城开启“国潮宋风”文化之旅

近来，在宁波象山影视城取景的电视剧《梦华录》热播，掀起了宋朝夜市的复刻热潮。2022年7月30日晚，象山影视城华灯璀璨，一场充满宋韵元素的大宋奇妙夜拉开序幕。人群熙攘的襄阳街道上，热播电视剧《梦华录》中东京城的热闹喧嚣展现得淋漓尽致。当晚，象山影视城“国潮宋风”文化之旅正式开启。象山影视城斥资数百万，点亮万盏华灯，重磅打造“青年与海”之首届中国（象山）渔光艺术季系列活动——大宋奇妙夜，重现赵盼儿口中“富贵迷人眼”的东京夜市。夜游期间，象山影视城古城墙披上五彩斑斓的“轻纱”。灯光秀利用水雾、光影、音乐等元素在景点动态演绎，宋韵与现代科技的交融，彰显独特魅力。[②]

5. 慈溪：举办“宋韵千年”·越窑与五大名窑艺术展

2022年8月5日，由中国民协、浙江省文联指导，浙江省民协、河南省民协、河北省民协、宁波市文联、慈溪市委宣传部共同主办的“宋韵今辉”系列活动之“宋韵千年”·越窑与五大名窑艺术展开幕

① 《西洲（西岙）宋韵文化研讨会举行》，宁海新闻网，2021年12月7日。

② 《消夏纳凉，去象山影视城感受宋韵之夜吧》，浙江在线，2022年8月1日。

式在慈溪市上林湖青瓷文化传承园举行。本次展览共展出120件六大窑系的当代精品佳作，以瓷为介，促进民间文艺创作繁荣，彰显民间文艺别样风采，展示陶瓷文化的传承、发展及融合创新，描绘“共富共美”新画卷。开幕式后，专家学者以“宋韵千年”为主题，围绕宋韵的文化内涵与当代价值、越窑与五大名窑的渊源和影响、产业发展等话题展开研讨。

当前，浙江省正加快打造新时代文化高地，努力在打造以宋韵文化为代表的浙江历史文化金名片上不断取得新突破。越窑被誉为“母亲瓷”，上林湖地区被认定为唐宋秘色瓷的唯一产地，是晚唐、五代乃至北宋初期全国的窑业中心，也是研究宋韵文化内涵与外延的重要文化标识之一。进入宋代，汝窑、官窑、哥窑、钧窑、定窑五大名窑脱颖而出，各领风骚，推动了中国陶瓷的多元化发展。[①]

三　温州：深入实施“宋韵瓯风传世工程”

温州地处东南沿海，建炎四年（1130），宋高宗因躲避金人追击在温州驻跸近两个月，使温州成为南宋次辅郡，这一政治地位对温州地方文化、经济和政治等各方面带来重大且深远的影响，如跟随宋高宗南迁的宗室勋戚贵戚和文武大臣等在一定程度上推动了温州科举的兴盛，并使之一跃成为科举最成功的地区之一，促进了学术繁荣并推动当时温州独具特色的永嘉学术思想成型，为温州永嘉学派的发展奠定了基础。同时，宋室南迁，大批教坊及各种艺人随迁而至，助推温州百工之乡、诗词之乡、南戏故里等美誉在全国范围内的形成；而宋帝塑像与皇家太庙在温州保存多年，温州的庙宇文化也因此逐渐发展

① 《在这里一窥千年宋韵　越窑与五大名窑艺术展在慈溪开幕》，浙江新闻客户端，2022年8月6日。

繁荣起来。由此可见，温州地方文化蕴含着丰富、深厚且多元的宋韵文化的底层代码。[①]

南戏是温州独具辨识度的宋韵文化名片，现存最早的南戏《张协状元》，乃是温州九山书会才人所作。近年来，温州不断开展关于“南戏”文化的研究活动，设立南戏文化季，擦亮“戏曲故里”这张文化金名片的自信。温州市委、市政府高度重视文化工作，特别是把擦亮“永嘉学派”文化标识作为推进文化温州建设的头号工程，2021年以来重点谋划推进“三个一”，即建成永嘉学派馆，推进“永嘉学派研究大系”研究，重新整理出版永嘉学派典籍丛书，深入挖掘永嘉学派文化精髓、历史意义和时代价值，传承和弘扬好优秀传统文化，为全省实施“宋韵文化传世工程”，打造以宋韵文化为代表的浙江历史文化金名片贡献温州力量。

2021年7月15日，中共温州市委十二届十二次全会通过《中共温州市委关于激扬新时代温州人精神高水平推进文化温州建设的决定》，要求做好“永嘉学派”思想内涵的科学利用，开展“永嘉学派”系列重大课题、重要学术研讨，建好永嘉学派文化公园、永嘉学派馆，梳理分析温州文脉和温州人精神的深层次联系，提升当代价值及影响力。

2021年11月2—3日，温州市委文化工作会议召开。会议强调，要全面打响瓯越文化品牌，围绕“温州学”“永嘉学派”开展全方位系统性研究，延续历史文脉，凸显瓯越文化品牌。

2021年11月22日，金浏河、徐亮在《温州日报》上刊文《实施“文化基因再解码工程”　打造温州宋韵文化标识》，就如何让这些千年宋韵的基因在新时代的温州“流动”起来、“传承”下去，形成展

① 金浏河、徐亮：《实施“文化基因再解码工程”　打造温州宋韵文化标识》，《温州日报》2021年11月22日。

示温州独特宋韵文化的窗口提出三条建议：启动温州南宋次辅郡历史遗址修复与保护工程，重现温州驻跸千年记忆；解码温州文化“宋韵基因”，重拾瓯越文化珍贵遗珠；立体打造具有浙江特色、温州标志的南宋文化品牌，重塑瓯越宋韵之风。

2021 年 12 月 22 日，位于温州市区海坛山文化公园的“永嘉学派馆”正式开馆，“永嘉学派研究大系”开题会同步举办。浙江省委宣传部副部长、省社科联主席盛世豪出席仪式并致辞。浙江省文化研究工程重点项目“永嘉学派研究大系”开题会在永嘉学派馆召开。据悉，该项目由浙江省社会科学院文化研究所所长王宇牵头推进，包括九大课题 200 多万字，是永嘉学派研究的重大理论成果。“永嘉学派研究大系”的整体设计思路将以永嘉学派思想观念的逻辑为重点研究对象，勾勒出其连续发展的轨迹，并全方位考察永嘉学派的学术和思想，填补空白，让永嘉学派所展现的哲学思想、政治思想、经济思想更加立体化、丰富化。[①]

2022 年 1 月 24 日，洪振宁在《温州日报》上发文《永嘉学派存世文献整理研究初探》，指出：永嘉学派是宋韵文化在温州的重要见证之一，永嘉学派诸位学者的存世著作尤为令人注目。自 2008 年以来，国务院先后下发文件，公布了第一批至第六批的国家珍贵古籍名录，永嘉学派学人及其相关著作有 19 种 31 部列入。对永嘉学派文献的有关工作，提出几点建议，仅供有关工作者参考。①需要对永嘉学派诸位学者著作版本的流传及藏书情况进行梳理，编辑书目，并撰写提要。此为该项工作的重中之重。如温州缺藏的，需要尽早影印或扫描回家乡，所谓的“市宝回归”。要继续搜集著作的各种版本，如陈

① 《温州举行〈永嘉学派研究大系〉开题会　为宋韵文化传世工程贡献力量》，温州网，2021 年 12 月 23 日。

傅良的史学著作《建隆编》，抄本今藏北京师范大学图书馆。②需要研究如何编入《温州大典》。《永嘉学派全书》编辑印行，有助于读者使用，但单独成书，就不符合《温州大典》的体例。《温州大典》的古代部分当按经、史、子、集、丛来编辑，而对郑伯熊、陈傅良、叶适的弟子或友人如楼钥、黄度等的著作，理论上说，《永嘉学派全书》应当编入，但又与体例不合。如以“宋代温州学术著作”为名来编辑这套书，就能将陈埴《木钟集》等收入，陈埴原为叶适的学生，后来师从朱熹，持论偏重于心性。建议《永嘉学派全书》出版点校整理本，《温州大典》的这部分著作则可以影印的面貌出现。③需要进一步对永嘉学派文献继续进行研究。关于永嘉学派文献的整理与研究，近年来相继有了一些新的研究成果，如夏微研究《周礼订义》，2011年出版了专著。台州学院李建军教授在2013年出版《宋代浙东文派研究》，从文献视角看，业绩也很突出。又如《永嘉先生八面锋》，据记载当年“试士人持一册”“家传人诵”，作者题为陈傅良，实为明人所为。辛更儒教授2007年来温州参加纪念陈傅良的学术研讨会，后发表文章，确定《永嘉先生八面锋》作者不是陈傅良，近时又有赵昱的研究论文。温州本地学者方韶毅也对蔡幼学《育德堂外制》的版本流传有新的探索。[①]

2022年2月召开的温州市第十三次党代会提出，要深入实施“宋韵瓯风文化传世工程”。2022年4月，温州市政府工作报告提出，扎实推进“三年百项文化工程”，深化温州学、永嘉学派研究，实施“宋韵瓯风文化传世工程”，做好《温州大典》研究编纂。[②]

2022年4月温州市两会期间，就“实施宋韵瓯风文化传世工程”，

① 洪振宁：《永嘉学派存世文献整理研究初探》，《温州日报》2022年1月24日。

② 《2022年温州市政府工作报告》，温州网，2022年4月15日。

也有代表、委员进行提案。比如，温州市政协委员、市谢灵运研究会秘书长兼副会长南航发现，温州宋韵文化发展有着丰厚历史底蕴和丰富硬件条件。以宋韵文化为主题，能够形成温州新时代文旅高地，并使之成为具有中国气派和浙江辨识度的文化新地标。可以通过遴选温州宋韵文化代言人、构成宋韵文化片区、开辟宋韵古村古镇古寺游等方案，为温州文明脉络再续辉煌。[①] 温州市政协委员、农工党龙湾基层委副主委、“莞隐小祝”政协委员工作室负责人赵珊珊建议保护挖掘夏承焘名人文化资源，打通“宋韵瓯风”古今文脉。夏承焘是温籍文化名人、中国一代词宗，是现代词学的开拓者和奠基人，在全世界享有盛誉。他的一系列经典著作是词学史上的里程碑，他的学生台湾当代女作家琦君、中国著名翻译家朱生豪也是名冠文坛。夏承焘是温州深入实施“宋韵瓯风文化传世工程”“古今穿越”不可或缺的重要纽带，夏承焘在全世界的学术影响以及他身上独有的“宋韵瓯风”气质，将为温州宋韵文化金名片注入不一样的光辉。[②]

2022 年 4 月 19 日晚，由文化和旅游部、浙江省人民政府指导，温州市人民政府、浙江省文化和旅游厅主办，以“宋韵瓯风——来温州一起看世界”为主题的“2022 东亚文化之都 · 中国温州活动年”开幕。[③]

2022 年 6 月 9 日，由温州市委宣传部主办的“宋韵瓯风文化传世工程专题研讨活动”在温州市南怀瑾书院举行。活动现场，还举行了浙江省宋韵文化研究中心“温州研究与实践基地”揭牌仪式和签约仪式。温州市有关领导，省、市级宋韵文化研究专家及各地、各有关部

---

① 《共谋发展　委员发言频现“商港”“幸福”等热词》，温州网，2022 年 4 月 11 日。

② 赵珊珊：《保护挖掘夏承焘名人文化资源　打通“宋韵瓯风”古今文脉》，温州网，2022 年 4 月 10 日。

③ 《东亚文化之都——宋韵瓯风来温州一起看世界》，澎湃新闻网，2022 年 4 月 19 日。

门负责人共30余人聚首，共同探讨温州应如何打造“宋韵瓯风”文化传世工程，推动宋韵文化走向社会生活。浙江省宋韵文化研究传承专家委员会召集人、钱塘江文化研究会会长胡坚认为，宋韵文化不是简单地等同于南宋文化，而是从宋代文化中传承下来的，经过历史扬弃的、具有当代价值和独特风韵的文化现象，包括思想理念、精神气节、文学艺术、雅致生活、民俗风情等，而崇尚思想是宋韵文化的核心。永嘉学派是南宋的重要思想流派之一，温州想要再创辉煌，必须在思想上有所突破，使永嘉学派的精华为今天的发展需求所用。浙江省创意设计协会秘书长李佳认为，“宋韵瓯风”文化要在温州形成独特形态的传播，要牢抓“口”“鼻”“眼”“触”“心”五个字。所谓“口”，就是推广宋韵雅食，让宋朝美食走进寻常百姓家；“鼻”即提升温州这座城市的文化“气味”；“眼”意为大众眼睛所及之处能够感受到城市的文化精神；“触”代表打造温州“宋韵瓯风”的城市礼物，让人形成好的器物感受；“心”即进行宋韵雅生活评选，让人用心感受温州“宋韵瓯风”的独特魅力。温州市文广旅局负责人表示，接下来温州将打造千年古城复苏项目，组织一次“千年商港”重大考古行动，打磨一台体现“宋韵瓯风，千年商港”文化的大剧，开展永嘉学派的专题研究，并精心打造南戏文化园。[①]

温州市下辖的鹿城、龙湾、瓯海区和瑞安、乐清市及永嘉、洞头、平阳、苍南、文成、泰顺县，也结合本地区的实际情况开展宋韵文化的研究宣传与传播转化。兹择要介绍。

1. 鹿城：在江心屿打造“宋韵文化”全沉浸式体验场景

温州市鹿城区作为千年古城，素有“东瓯名镇”之称，南宋时期

① 《让千年“宋韵”在温州“流动” 宋韵瓯风文化传世工程专题研讨活动举行》，温州网，2022年6月10日。

更是有“一片繁华海上头，从来唤作小杭州”的美誉。南宋建炎四年（1130）宋高宗赵构来到古城温州，驻跸江心屿 16 日，后到达州治（今温州市广场路小学）。驻跸州治内后，遂改州治衙门为行宫，州治住宅为宫禁，谯楼为朝门，在温州一共停留了 55 日。有学者研究认为，正是高宗的驻跸，使原来偏处东南沿海一隅的温州，成为“次辅郡”，推动了温州政治、经济、文化的发展。让千年宋韵在新时代“流动”起来、“传承”下去，鹿城区在凸显宋韵文化方面做了如下计划。①在江心屿打造“宋韵文化”全沉浸式体验场景。以江心屿“宋园”为核心，真实打造展现宋代生活场景，着汉服、玩穿越，进勾栏瓦舍，逛古风集市，品宋代四艺，寻江心宋迹，通过游玩游戏，体验传播文化。②举办以体验展示宋朝雅致生活为主的文化游园会。开展宋雅生活体验、宋风市集游玩、汉服方阵游行、乡射礼礼仪展示等活动。③策划举办宋式古风相亲会。以宋制汉式婚礼为蓝本，在宋园专设“姻缘阁”，“穿越千年，只为遇见”。会同区文明中心、民政部门策划“诗屿有爱，云日辉映”中式集体婚礼，既能弘扬传统文化又能倡导时代新风，还可为市民朋友带来一场宋韵文化饕餮盛宴。①

2022 年 1 月 20 日，一场宋韵文化学生研学活动在温州市鹿城区藤桥镇岙底村开展。来自藤桥镇各文化礼堂国学班的孩子们在一场场沉浸式体验中，感受宋韵文化魅力，传承宋韵文化薪火。在当天的宋式趣味运动会上，孩子们分组参与蹴鞠、投壶等中国古代传统体育竞技项目。青石板铺就的广场上，竹球翻滚跳动，彩色衣袍翻飞，孩子们都沉浸在游戏中。国学公益班教师谢丽丹说：“杭州亚运会即将到来，所以我们选取了这些传统体育项目，让孩子们同时感受宋韵文化

① 《鹿城解码宋韵文化：让千年宋韵在新时代“流动”起来“传承”下去》，凤凰网 · 浙江温州，2021 年 10 月 18 日。

与传统体育文化的魅力。”①

2022 年 1 月，江心屿“宋园”开工布展，面积 420 平方米，以“宋韵”为主题，结合现有建筑构造进行布展功能划分，从空间格局、家居形制、文人生活习惯等方面展现宋代家居陈设观念及当时温州历史文化特点。

2022 年 9 月 7 日，“温州鹿城区江心屿西园改造提升工程开工暨江心屿‘宋园’开园仪式”举行。漫步宋园，这里的建筑风格重现了具有中国气派、瓯越特质的南宋遗韵。为让“南宋概念”软着陆，宋园整合提炼两宋文化的历史智慧、社会价值观、创新精神、经验态度和审美情趣，复刻宋代生活场景，用文化传播、王朝记忆等展陈项目，着重向观众展现经世致用、格物致知的精神，艺术与器物的极致之美，以及南宋人的休闲趣味生活，高水平打造宋韵文化传承展示中心。②

2. 苍南：打造“南宋状元第一县”

苍南虽建县于 1981 年，但地域历史悠久、人文荟萃，尤其在宋代，先后走出了文武状元 8 人，榜眼 3 人，探花 4 人，进士 400 余人，且绝大多数出自南宋 152 年间，其中武状元数量居全国第一。南宋年间，他们或奋勇杀敌、精忠报国，或见识不凡、政绩卓著，在中国历史的长河中留下一个个响亮的名字。

2021 年 10 月 22 日，“‘宋韵文化在苍南’状元群体现象主题研讨会”在苍南书城举行。10 多位温州历史文化研究专家围绕“宋韵文化”及苍南状元群体现象研究展开多角度讨论，依托苍南状元文化背景，提出打造“南宋状元第一县”。研讨会前，与会人员利用半天时间，走访考察了灵溪镇桃湖村文状元徐俨夫和藻溪镇元店村武状元林

---

① 《温州鹿城：快乐研学体味“宋韵”》，新华网，2022 年 1 月 30 日。

② 《厚植宋韵文化沃土　江心屿西园改造工程开工》，温州鹿城发布，2022 年 9 月 7 日。

管、林时中故里遗址以及县城新区状元公园武状元章梦飞纪念馆，实地了解苍南的宋代遗存。研讨会上，各位专家学者追溯苍南历史，就“状元群体”现象产生原因，如何梳理和传承苍南状元文化，如何利用和打造苍南特有的文化 IP，如何挖掘和延续历史文脉解码文化基因，如何塑造文化标识做强文旅产业等方面展开热烈讨论。

温州市社科联原副主席洪振宁认为，苍南状元群体现象与宋代重视教育、重视文化，永嘉学派提倡自由讲学风气以及福建的移民等因素有关。南宋时期出现大量文武状元、进士，这是苍南地域最辉煌的一页，需要通过群体塑像、史实考证等载体形成“可观可考”的苍南状元文化。同时还要精准定位、借力做大、上下梳理、加强宣传、协作联手，在全国打响“南宋状元第一县”的文化品牌。

《温州市志》主编张声和表示，立足苍南自身的地域特点，状元群体现象研究可进一步扩大文化视野，以打造浙南闽北状元或科举之乡文化地标为目标，抓住重点做好可观可考的状元文化，结合科举制度、教育、南宋学术等文化背景加以研究，并深入挖掘苍南方言、诗歌等本地文化特色，以扎实的文化研究为“宋韵文化”提供有力支撑。

《温州日报》副刊部原副主任孙金辉认为，苍南地处浙闽交界处，此地吴越文化和闽越文化交汇，具有自身的特异性，且地域历史悠久、人文荟萃，具有深厚的文化底蕴。他用“一匹狂奔的野马”形容苍南地域的特点。对于状元精神及状元文化的研究，他认为首先还需从其作品着手，通过着重挖掘状元故事，弘扬状元精神，来鼓舞和激励更多当代人。

温州大学人文学院教授林亦修提出，状元作为人物，其研究具有一定的特性及局限性，可考虑从科举物册、志书、著作、功名功业及民间传说等方面的资料着手，了解研究其为家族和地方带来的荣誉感、行为及事迹的教育意义。而对于状元群体现象的研究，可从时代、移民、经济、教育、政坛生态等背景进行考察，深入分析状元群体现象出现的原因及特点等。

《瓯风》杂志主编方韶毅认为，在当前全省文化工作背景下，苍南要充分调动借助县内外优秀学人的力量，借机借力做好一篇深度挖掘苍南文化的文章，以更精准的定位打造苍南特有的文化符号。要少炒“冷饭”，切实提高专业性和审美意识，在推动形成文化传播效应的同时，让文化展现形式更时尚、更年轻化，真正提升文化吸引力，促进文化产业发展。

苍南县委常委、宣传部部长邱智强表示，近年来，苍南县委、县政府高度重视本地历史文化的挖掘、收集和保护。当下苍南紧紧围绕“宋韵文化”，通过不断挖掘，发现了状元群体这个特色，可以说“状元文化”是苍南新时代文化高地根脉韵味的表达之一，是各美其美的突出表现。他希望，能以此次主题研讨会的举办为契机，追溯苍南历史，抓住机遇，以特色打造盘活历史文化资源存量，凸显城市的历史记忆和传统魅力，为苍南的发展注入文化这个更基本、更深沉、更持久的动力，让苍南更有底蕴，更具文化自信。通过坚持以文化人、以文培本，进一步推进以人为核心的苍南现代化建设，为实现共同富裕注入强劲的文化动力。①

2022 年 11 月 11—12 日，由浙江省社会科学院、温州市社科联联合主办，由苍南县委宣传部、县社科联、藻溪镇联合承办的“景熙故里·共富苍南——2022 浙江（苍南）宋韵文化高峰论坛”在苍南藻溪

① 《“宋韵文化在苍南”状元群体现象主题研讨会举行　提出打造“南宋状元第一县”》，搜狐网，2021 年 10 月 23 日。

镇举办，探究林景熙生平及诗作，以及当地文武状元荟萃等现象，力争变现文化资源，赋能共富苍南。论坛现场，近40名专家学者经前期论证、实地考察，提交论文报告29篇，并作交流发言。浙江省历史学会副会长周膺建议，不妨围绕林景熙传奇人生打响“南宋传奇诗雄故里藻溪”文化品牌，构建宋韵遗民文化景区，建设林景熙文化馆、宋韵遗民诗史公园等地标，打造中国宋代遗民诗史研学基地；温州市社科联原副主席、温州市文史研究馆官员洪振宁提出，捡拾帝骨的林景熙等同乡知识群体大多是未仕之士，却有“以天下为己任”的集体情怀，这一区域文化值得提炼；浙江安防职业技术学院高职教育研究所所长伍红军认为，温州状元群体蔚为大观，其中历史可查的武状元人数占据全省近一半，可以综合开发武状元文化，形成除杭州以外另一条以“精忠报国”为主题的“宋韵精品研学路线”。此次活动举办当日，“宋韵苍南”数字地图上线，成为一个对外展示当地宋韵资源的重要平台。①

据悉，林景熙，生于平阳林坳（今属苍南县藻溪镇），南宋末期著名爱国诗人，被当代学者誉为“温州第一诗人”。咸淳七年(1271)，由进士入仕。宋亡后不仕，隐居于平阳县城白石巷。元世祖至元二十二年（1285），元朝西藏僧人挖掘绍兴宋帝陵墓，林景熙与同乡人冒死前往捡拾帝骨葬于兰亭附近，并作《冬青花》等诗作以书忠愤。他从事著作、教授生徒、漫游江浙，诗作被后人编为《霁山集》。此外，林景熙家族还涌现有南宋武状元林管、林时中等人才。

2023年5月19日，由浙江省社会科学院与浙江省社科联提供学术指导，温州市社科联主办，苍南县委宣传部、县社科联承办的

① 《浙江苍南宋韵文化高峰论坛举行　解码“景熙故里”IP助力共富》，温州网，2022年11月13日。

“2023浙江（苍南）宋韵文化论坛”在苍南县灵溪镇召开。来自浙江省委党校、浙江省社会科学院、浙江工商大学、温州大学、温州市社会科学院、台州市社会科学院等机构的专家学者共30余人参加。与会专家学者围绕浙江“宋韵文化传世工程”，以主旨发言、学术研讨、实地考察等多种形式，为苍南宋韵文化、科举文化、状元现象等在新时代的传承发展出谋划策、探寻方向。浙江省社会科学院党委委员、办公室主任华忠林在论坛开幕式上致辞。他指出，从宋韵文化角度看，苍南在宋代文运雄发，历史上的8位文、武状元出自南宋年间，是“宋韵文化在苍南”的最大亮点。本次论坛以状元文化为主题，解读“苍南状元群体现象”，探究“苍南状元文化”当代价值，抓得准，很有地域特色。要以宋韵文化为切入点，着眼浙江文化、山海文化、农商文化，聚焦苍南地域文化、红色革命文化、爱国奋斗文化，进一步挖掘苍南文化资源，突出苍南文化特色，提炼苍南文化动力，以苍南文化丰富温州文化、浙江文化乃至中国文化。要对焦三个“一号工程”，深入思考如何以新时代创新文化促进经济新飞跃，如何推进地方文化创造性转化和创新性发展，如何传承红色革命文化，如何发展文化产业、文旅产业，如何增进新时代“浙学”和浙江文化的传播力、影响力，为苍南、温州、浙江乃至全国经济社会发展作出文化学者的独特贡献。

在随后举行的宋韵文化学术研讨会上，与会专家学者围绕“宋韵文化的特质”“南宋苍南状元群体现象与当代价值”等论题进行研讨，为打造苍南县域宋韵文化品牌凝聚共识、贡献智慧。浙江省社会科学院哲学研究所副所长张宏敏研究员作为论坛召集人与主持人，提交了论文《宋韵与宋韵文化溯源》。[①]

① 《我院提供学术指导的“2023浙江（苍南）宋韵文化论坛”举办》，浙江省社会科学院官网，2023年5月22日。

3. 永嘉：启动并实施“宋韵永嘉”文化品牌工程

南宋时期，永嘉文化盛极一时，孕育了“永嘉学派”“永嘉四灵”“永嘉医派”等系列文化名片，历史文脉和古村落建筑群流传至今，并留下了1万多首诗歌，尤其是倡导“经世致用”的永嘉学派，成为“温州模式”的文化根源。

2022年4月4日，永嘉县举办“永嘉宋文化研讨会暨‘宋韵永嘉’文化品牌云发布仪式”，旨在通过认真落实新时代文化浙江工程，加快推动永嘉宋文化传承发展，打造“宋韵永嘉”文化品牌。近年来，永嘉县高度重视宋韵文化品牌打造，围绕楠溪江宋韵文化传承发展积极探索实践，相继成立楠溪江宋文化研究院和永嘉学派研究院，启动“宋韵永嘉”文化品牌工程。尤为值得关注的是，围绕文旅融合发展，当地将楠溪江山水与宋文化有机融合，打响了以诗歌、瓯窑、戏曲和耕读为代表的“宋韵永嘉”文化品牌，提炼出“永嘉SONG”文化概念。据介绍，接下来，永嘉县将围绕楠溪江文旅融合发展，重点通过四大音乐节和两大艺术营、艺术驻村、夜游楠溪等载体，全力打造“江南宋村”“楠溪江乡村音乐漫都”两张文旅金名片。深入实施“宋韵文化传世工程”，努力形成宋韵文化挖掘、保护、提升、研究、传承的工作体系，高水平推进宋韵文化创造性转化、创新性发展，助力当地全域旅游建设，推动永嘉打造共同富裕示范区县域样板。①

在“永嘉宋文化研讨会暨‘宋韵永嘉’文化品牌云发布仪式”上，浙江省人民政府参事、咨询委员会委员，浙江省宋韵文化指导委员会成员、宋韵文化研究传承专家咨询委员会召集人胡坚，就“从全省来看，‘宋韵文化传世工程’要从哪些方面来打造?”“永嘉要如何传承宋韵文化，打造具有永嘉特色的传世工程?”等问题做出了详细

① 《浙江温州永嘉发布“宋韵永嘉”文化品牌》，新华网，2022年4月6日。

阐释，并提出打造“永嘉宋韵九章”的设想。

(1) 站在全省高度抓“宋韵文化传承”

什么是“宋韵文化”？为什么是“宋韵文化”，而不是“宋朝文化”？胡坚表示，宋韵文化不是简单等同于南宋文化，而是从宋代文化中传承下来的，经过历史扬弃的、具有当代价值和独特风韵的文化现象，包括思想理念、精神气节、文学艺术、雅致生活、民俗风情等。

省委文化工作会议提出实施“宋韵文化传世工程”，重点要抓好三件事。一是抓研究。要“跳出南宋看南宋、跳出浙江看南宋”，从思想、制度、经济、社会、百姓生活、文学艺术、建筑、宗教等方面全方位、立体化、系统性研究阐述宋韵文化，准确把握其文化精髓、历史意义和时代价值，组织提炼“宋韵”的核心特征。二是抓传播。要积极做好南宋皇城遗址综合保护，谋划建设“宋韵文化博物馆”，打造一批彰显宋韵文化、具有浙江气派的地标建筑，探索宋韵文化国际化传播的有效途径，打造面向世界、面向未来、面向大众、面向现代化的宋韵文化传承展示中心。三是抓转化。要做好包括永嘉学派在内的思想学派的新时代传承，积极打造具有浙江特色的标志性南宋文化品牌、文旅融合品牌；不能单纯地从经济发展的视角去推进，更要站在赓续中华文脉的高度去推进，深度挖掘当地的文化特色，打造独特文化金名片。

胡坚介绍，近期，浙江省要加强四个方面的工作。一是加强关于宋韵文化的基础性学术研究和课题研究；二是撰写一批通俗读物；三是加强应用性课题研究，创办《宋韵文化研究》期刊和《宋韵文化研究专报》；四是到各地和单位开展宋韵文化的专题策划活动，推动宋韵文化走向社会生活，推动经济社会发展。

（2）详解宋韵文化“六大价值观”

宋韵文化究竟是什么？胡坚从“崇尚思想、精忠爱国、兴盛工商、繁荣艺术、安乐百姓、风雅生活”这六大价值观维度对其进行了详细解读。

第一，崇尚思想。南宋是一个充满思想的朝代，是理学思想的成熟期，也是三教合流思潮的盛行期。这得益于宋朝的治国理念——不得杀士大夫及上书言事者。从门阀制度下解放出来的读书人，凭借经济发展带来的社会繁荣，依靠印刷技术带来的丰富藏书，纵贯古今，横论百家，将我国古代的学术文化事业推进到了空前的高度。第二，精忠爱国。南宋造就了许多爱国志士、民族英雄。中华民族一到民族危难的时候，总是把宋人的诗词和语录作为激励国人的强心剂。如文天祥的“人生自古谁无死？留取丹心照汗青”，李清照的“生当作人杰，死亦为鬼雄。至今思项羽，不肯过江东”等。第三，兴盛工商。不同于唐朝封闭式的管理模式，宋代准许居民破墙开店，开夜市，对城市商业贸易采取较为自由的政策，发展出住宅与店肆混合的“市坊合一”商业格局，是中国古代唯一长期不实行“抑商”政策的王朝。南宋的经济总量大约占到全世界的60%。第四，繁荣艺术。宋代是艺术大繁荣的时期，词、诗、散文、话本小说、戏曲剧本、滑稽剧、杂技、傀儡戏、皮影戏、绘画、雕塑、建筑、戏艺空前兴盛，还在青瓷、铸铜艺术、瓷器艺术、漆器艺术、玉器雕刻、木雕、竹刻、漆器、铜器、金银器、牙角器、碑帖、印章、笔墨纸砚等方面都有极高的造诣。第五，安乐百姓。随着城市经济社会的繁荣，出现了大批手工业者、商人、小业主，逐渐形成了新的市民阶级。南宋临安的瓦舍（游乐商业集散场所）、勾栏（歌舞场所）、酒肆和茶楼，不仅盛极一时，而且颇具影响。第六，风雅生活。风雅的宋人，最爱琴棋书画词酒花茶香石，人称“十雅”。延伸开来，就是音乐、对弈、书法、美术、诗词、品酒、观花、饮茶、悟香、赏石等十大风雅生活。

（3）深挖永嘉宋韵文化资源

崇尚思想是宋韵文化的核心。永嘉学派是南宋的重要思想流派之一。北宋庆历年间，王开祖、丁昌期等人开创永嘉学派，主张“经世致用，义利并举”，重视经史和政治制度的研究，主张通商惠工、减轻捐税，探求振兴南宋的途径。在哲学思想上已体现出“唯物”思想，曾与理学派、心学派鼎足而立。

胡坚表示，历史表明，只有在思想上有所突破，才能获得进一步发展。无论是温州还是永嘉，想要再创辉煌，必须在思想上有所突破，将永嘉学派的精华为今天的发展需求所用。永嘉历史上有一批精忠爱国的将士。比如芙蓉村的抗元英雄陈虞之，为了让太子安然离开温州到福建去，他引兵退往楠溪，故意诱敌深入。由于寡不敌众，在坚持抗争了三年之久后，最终跳崖。族众 780 余人，也紧随其后，全部跳崖牺牲。这样的英雄事迹完全可以打造成精彩的文艺作品。

永嘉的宋代诗词灿若繁星，米塑等非遗及民间艺术源远流长，它们都是宋韵文化的重要组成部分，值得挖掘和传播。永嘉宋代村落、建筑和水利设施独树一帜。“浙江省大部分古建筑是徽派建筑，而永嘉保留了真正的南宋建筑，永嘉应该发挥这一优势，在古建筑保护和修整中保留好南宋建筑的特色元素。”胡坚还特别提到了永嘉古井，称它们“既是永嘉历史的有力见证，又是楠溪江地域文化的重要承载”，建议为古井做书，将散落的古井打造成网红打卡点。永嘉还有历史悠久的美食。渠口文化遗址发掘出 6000 多年前的陶器堆积层，说明当时的永嘉先民已经有了固定的餐具与炊具，人工取火、烧烤等烹饪技艺相当娴熟。永嘉麦饼已经有 1000 余年的历史，在宋代时就很有名，应继续传承与发展。

（4）建议打造“永嘉宋韵九章”

永嘉有大量“宋韵文化”的资源，近年来文化传承工作也卓有成效，如从山水文化、非遗文化、名人文化、古村文化、瓯窑文化等一系列旅游文化符号中提炼出“SONG”文化概念，以江南宋村和楠溪江音乐小镇打造为核心，做足宋文化和音乐赋能文章。

但对于外界来说，“宋韵永嘉”仍缺乏一个整体统一的品牌认知。对此，胡坚提出了打造“永嘉宋韵九章”。这一方面有利于让游客很快记住永嘉宋韵文化景区，形成永嘉宋韵文化旅游的特色亮点与知名品牌；另一方面可以将永嘉现有的文化旅游重点景区穿珠成链，构成一条永嘉文化旅游的金项链。至于具体是哪“九章”，胡坚提出了一个参考性思路：“八章”围绕思想、制度、经济、社会、百姓生活、文学艺术、建筑、宗教，再加一个综合反映“永嘉宋韵九章”的展示馆，其中，特别是要用数字技术来展示“永嘉宋韵九章”的美景与故事，并绘制“永嘉宋韵九章地图”，方便旅客游览。

胡坚建议，邀请有关专家学者对永嘉宋韵文化作进一步的调研，梳理“永嘉宋韵九章”的主要展示点与区域，提出理念性的策划，并邀请专业团队突出各区域的重点，统一思想、统一设计、统一品牌，擦亮“永嘉宋韵”的独特名片。①

2022 年 6 月，浙江省政协温州瓯文化政协委员会客厅、温州市政协文化文史和学习委员会、温州市社科联组织政协委员、文史专家、学者等走进永嘉县枫林镇，就挖掘千年古镇宋韵文化开展调研，并召开了座谈会。调研组一行考察了惠日寺、浦亭街、徐定超纪念馆、圣旨门街、延龄公祠，实地走访千年古城建设区块，听取了古城复兴进

① 《永嘉要如何建好特色传世工程？建议打造“宋韵九章”》，温州网，2022 年 4 月 6 日。

展情况介绍并围绕规划编制、文物保护等积极建言献策。据了解，宋朝时，枫林镇有醉经堂书院、法慧书院、黄氏学馆、慥堂书院等教育设施，是孕育永嘉学派经世事功学说的一块沃土，同时，文人墨客举行的牡丹诗会闻名乡间。温州许多知名学者在枫林留下游学的踪迹。北宋中期，宋代“皇祐三先生”之一的丁昌期，在枫林镇东郊山居建立醉经堂书院从事讲学，其学术思想通过“元丰永嘉九先生”周行己、刘安节、刘安上、许景衡等人，影响了许多温州著名学者。[①]

6 月 29 日上午，浙江省宋韵文化研究中心（永嘉）学术与实践基地揭牌仪式暨宋韵永嘉文化传世工程专题研讨活动在永嘉县大若岩镇举行。该基地是省宋韵文化研究中心的首个县级学术与实践基地，也是唯一的县级学术与实践基地。此举将高水平推进宋韵永嘉的创造性转化、创新性发展，推动永嘉打造共同富裕示范区县域样板。浙江省宋韵文化研究传承专家咨询委员会召集人胡坚，温州市委宣传部部长施艾珠、副部长曾伟，永嘉县委副书记张贤孟、县委宣传部部长周旭丹见证了省宋韵文化研究中心（永嘉）学术与实践基地成立。

活动现场，宋韵文化专家代表、温州大学人文学院方韶毅教授发布了“宋韵瓯风十二章”，从学术、文艺、科技、城建等方面为大家展开了一幅宋韵瓯风的全面图景。这十二项宋韵瓯风元素将成为温州市深入实施宋韵瓯风文化传世工程的抓手。“宋韵文化的价值观核心之一是崇尚思想，这种风气与宋朝的士大夫群体密不可分。”浙江省钱塘江文化研究会副会长安蓉泉从士大夫气节是什么，从何而来，产生了什么影响，以及对当今社会的启示几方面，分享了其深度研究成果。关于永嘉如何进一步深入实施“宋韵文化传世工程”，浙江大学中国海洋文化传

① 《浙江温州市政协委员建言“千年古城”复兴 挖掘宋韵文化大做巧做文章》，人民政协网，2022 年 6 月 10 日。

播研究中心主任李杰教授作出了顶层谋划和重点突破，高屋建瓴地绘制了一张“工程架构图”，提出了总体目标和阶段性成果，并规划了六大行动。浙江省历史学会副会长周膺研究员则从宋韵永嘉的概念提炼和元素植入角度，借鉴“他山之石”，为永嘉提出了“瓯乐+瓯窑”和“宋服饰化妆+‘风雅四事’体验”两条融合发展新思路。

施艾珠部长表示，要细心研究和感悟宋韵文化的时代价值，要深度挖掘和呈现宋韵瓯风的丰富内涵，要着力塑造和运用宋韵瓯风的市域品牌，展示市域软实力，尤其在宋韵瓯风传世工程的打造当中，要将之打造成无可替代的，也无法超越的独特的市域品牌。此次基地落户在温州永嘉，希望“宋韵文化传世工程”能够在温州热起来，让更多人关注温州，关注永嘉；希望能够火起来，建立完善好常态化运行机制，常态化开展各种各样的有效的、有意义的、老百姓喜闻乐见的各种活动。希望能够用起来，增强宋韵瓯风的应用性，为产业、文化、形象和生活品质不断提高赋能；希望能够强起来，通过这个基地的挂牌和有效的运作，深度挖掘和呈现宋韵文化，打响宋韵瓯风世界品牌影响力。胡坚认为，宋代在中国历史上具有特殊的地位，对浙江产生过深远的影响，与中华文脉传承息息相关，且自身也是一个博大精深的宝库。他勉励永嘉通过做好思想传承、文学艺术打造、文化提升城乡品牌、提升百姓生活、与旅游相结合、打造文创产品、与精神文明建设相融合，传播永嘉文化品牌等 8 件事，凝聚“乡土风雅 · 宋韵永嘉”的品牌内涵。[①]

4. 平阳：提炼总结平阳宋韵文化“四大亮点”

2021 年 12 月 31 日，平阳县政协文史委、县文广旅体局、县史志

① 《浙江省宋韵文化研究中心（永嘉）学术与实践基地揭牌》，浙江之声频道官网，2022 年 6 月 30 日。

办在南雁荡山朱子学堂，举办“平阳宋韵文化研究座谈会”，谋划平阳宋韵文化研究工作。来自平阳、苍南、龙港三县（市）的文史专家，围绕平阳宋韵文化挖掘、亮点提炼及成果应用等，进行了深入探讨，提出了许多建设性意见与建议。会议最后提炼总结了平阳宋韵文化“四大亮点”：平阳是中国武状元之乡，是浙派古琴艺术发源地，是永嘉学派重要源头与传播中心之一，是温州诗歌发展史的巅峰重镇。据悉，平阳县下一步将重点围绕“四大亮点”，深入研究平阳宋韵文化，推动文旅融合发展，努力打造浙南闽北文旅融合示范地。①

四　湖州：传承“湖学”精神，讲好湖州的宋韵故事

在湖州市中心苕溪大桥下的商业广场上，有一尊雕像立于此，雕像上的人物是一位老者，仿佛在传道授业，他就是在湖州开创了“湖学”辉煌的北宋著名思想家、教育家胡瑗。在“湖学”影响下，从宋至清，江南儒学蔚然成风，胡瑗也成为“宋韵文化”的开创者，他的学术被后人归结为“明体达用”。而“明体达用”四个字，早已深沉厚重地含蕴于湖州的鱼米丝瓷、书剑茶酒之中。对于宋韵文化在湖州的弘扬与传承发展，湖州将进一步致力于传承湖学精神、发扬湖学品格，讲好湖州的宋韵故事。

2021 年 12 月 8 日，由中国哲学史学会、浙江省社会科学界联合会、复旦大学哲学学院、南京大学泰州学派研究中心、苏州大学顾炎武研究中心和湖州学院联合主办的“太湖论学”高峰论坛暨“湖学”与江南儒学研讨会在湖州举行。

湖州市委书记王纲代表市委、市政府对与会嘉宾的到来表示欢

① 《文史文旅史志部门邀专家座谈　提炼平阳宋韵文化四大亮点》，平阳新闻网，2022 年 1 月 5 日。

迎，向大家长期以来关心支持湖州改革发展和文化事业表示感谢。他说，湖州是一座有着 4700 多年文明史、2300 多年建城史的国家历史文化名城，这里孕育了绵延千年的优秀文化，滋养了灿若星河的名人巨匠，演绎了富甲一方的商贾传奇。北宋著名思想家、教育家胡瑗在湖州首创的以“明体达用”为精髓的“湖学”，奠定了宋韵文化的思想基础，成为宋韵文化的源头。从文脉演进看，“湖学”是中华优秀传统文化的璀璨明珠；从文化浸润看，“湖学”深刻影响着湖州大地的历史变迁；从文明传承看，“湖学”必将成为推动共同富裕的持久力量。我们追溯“湖学”之渊源，就是重估“湖学”之价值，再现“湖学”之荣光。相信此次论坛，一定能够碰撞出璀璨的思想火花，形成丰硕的智慧结晶，深度发掘出“湖学”的历史价值、时代价值、实践价值，推动“湖学”文化在保护中传承、在传承中创新、在创新中发展，为弘扬中华优秀传统文化作出时代贡献。

浙江省委宣传部副部长、省社科联主席盛世豪在致辞中说，近年来，省委聚焦文化强省、文化树人，全面实施新时代文化浙江工程，加快打造社会主义先进文化高地，文化浙江成为文化强国的生动缩影。湖州是丝之源、笔之源、茶之源、瓷之源，有着深厚的文化“家底”，尤其是胡瑗创立的“湖学”，开辟了江南儒学的新境界。下一步，希望在各级各有关部门和广大专家学者的共同努力下，以“湖学”为代表的江南儒学能够在研究上有新突破，在平台载体构建上有新举措，在传承上有新形式，在转化上有新思路，推动传统文化在新时代焕发新的光彩。

清华大学国学研究院院长陈来发来视频，他说：“‘湖学’是从胡瑗在湖州进行教育改革说起的，胡瑗的教育改革总结为一句话就是‘明体达用’。‘明体’的‘体’是道德仁义或仁义礼乐，因此‘明体’首先强调的是价值观的教育，价值的教育是教育的根本。”其次是重视实践能力的培养，“达用”就是措之于天下事业，要用我们的价值理念、价值观指导我们的实际工作，要培养有实际工作能力的人。所以，胡瑗的教学宗旨很突出德才兼备的思想，这对解决我们今天培养什么样人的问题很有意义。

在随后的“太湖论学”阶段，来自复旦大学、杭州师范大学、华东师范大学、南京大学、苏州大学、湖州师范学院、湖州学院等高校和研究机构的专家学者，围绕胡瑗对江南儒学的影响以及“湖学”与元代理学、“湖学”与明代儒学、“湖学”与马克思主义现实立场等主题开展交流研讨，在深度挖掘“湖学”价值中汲取奋进的智慧和力量。其中，复旦大学哲学学院何俊教授指出，宋韵文化最核心的东西是宋代的学术思想，而在宋代学术思想的源头，留下重要印记和推动作用的就是湖学。他说：“胡瑗在湖州采用‘明体达用、分斋教学’，创办了经义斋、治世斋，培养了大批科举士子，也使湖州在此后涌现出水利专家潘季驯、火器专家茅元仪等专技人才。在‘湖学’影响下，从宋至清，江南儒学蔚然成风，胡瑗也成为‘宋韵文化’的开创者和正脉。”①

2022 年 4 月 22 日晚，女性大历史小说的优秀代表作家蒋胜男做客湖州图书馆，举办了一场名为“悦读之美·宋韵文化赏析”的线上主题讲座，与湖州读者分享了自己作品中的宋韵文化元素及其背后的历史选择，探讨了宋韵文化的品牌价值。以往对宋韵文化的解读，多是从学术或者生活美学的角度出发，而用长篇小说的方式来展现宋韵

① 《“太湖论学”高峰论坛暨“湖学”与江南儒学研讨会在湖举行》，澎湃新闻网，2021 年 12 月 8 日。

文化的可谓凤毛麟角，蒋胜男的新作《天圣令》刚好弥补了这一空白。[①]

2022年8月9日，“宋词之州：2022中国词学高峰论坛”在湖州吴兴开幕。来自北京大学、浙江大学等20余所国内知名高校的专家学者，以及30余名本地词学学者、研究爱好者，以“宋词之州”为主题，重点围绕吴兴的词学资源与文旅开发、朱祖谋与晚清民国词学等主题进行交流分享。宋词是宋韵文化的重要载体。湖州作为宋代词人的集聚之地，现存大量多种形式的宋词文化资源，包括与湖州相关的近千首词作，以及大量宋词非物质文化资源。据悉，为了让千年宋韵在新时代“鲜活”起来、“流动”起来、“传承”下去，近年来，湖州市通过筹建中国词学馆，打造可观、可游、可赏的“宋词之州”精品旅游线路等，积极拓展词学阵地建设，促进文旅融合。该市还在清末“四大词家”之一的朱祖谋家乡吴兴区埭溪镇打造了“彊村词学馆”，以全息影像、数字虚拟技术等数字展陈形式，向参观者展示朱祖谋生平、词学成就、人物影响等内容，使游客沉浸于宋韵文化场景中。[②]

2023年8月25日，“德清县新市古镇运河与宋韵文化研讨会”在湖州德清举行。诸多专家与业界代表集聚一堂，旨在探索如何保护、传承以及利用好宋韵和运河文化。会上，浙江省社科联党组成员、秘书长刘东表示，习近平总书记深刻指出要推进文化自信自强，铸就社会主义文化新辉煌。近年来，从出台《浙江省大运河世界文化遗产保护条例》到全面建设大运河文化公园，从提出实施“宋韵文化工程”

---

① 《赏读宋韵小说〈天圣令〉，听作家蒋胜男解读宋韵文化及背后的历史》，《扬子晚报》2022年4月23日。

② 《中国词学高峰论坛在吴兴举行》，《浙江日报》2022年8月10日。

到杭州国家版本馆的盛大开幕，文化的一次次出圈，嬗变为浙江共同富裕示范区建设的有形之局。本次研讨会以“新市运河和宋韵文化”破题，期在赋能小城镇发展，意义深远。

“文化的传承和展示必须要有实物载体，我们现在走在新市，更多的是依靠他人的讲解。”复旦大学陈学明教授说，文物古迹作为历史、政治、经济、文化的连接点，是非常重要的实物例证，也是传承文脉的重要载体。“沿着古镇看文化古迹，让人很震撼。江南的古镇有很多，但像新市这样有1700多年历史，运河文化、宋韵文化都很鲜明的古镇，还是让我印象深刻。让它能够以原汁原味的风貌‘复出亮相’，让人们看到千百年前的韵味和风采，更有现实意义。”[①]

此外，为推动湖州宋韵文化的挖掘与传播，湖州在线“南太湖号App”推出了“宋韵湖州”系列文章，比如：2021年10月2日的《胡瑗与“湖学”》，2021年10月16日的《苏东坡眼里的湖州》，2021年10月31日的《一页宋版，一两黄金——湖州的宋刻本》，2021年12月4日的《燕家景致，随目可爱》，2021年12月11日的《追寻湖州笔工》，2021年12月18日的《不老词人张先传奇》，2022年4月2日的《宋代湖州铜镜的逆袭之道》。[②]

五　嘉兴：挖掘宋韵文化，助力古城文化复兴

嘉兴，一座因水而兴、因水而盛的历史文化名城。大运河流淌千年，近千年前，被视为南宋最有作为皇帝的宋孝宗赵昚诞生于此。由于大运河在南北交流上的特殊作用，南宋初期大量北方人口迁居嘉兴，为嘉兴注入中原文化基因，对嘉兴经济文化发展产生极大的影响，

① 《“新市运河与宋韵文化”研讨会在德清举行》，浙江省社科联，2023年9月18日。
② 相关信息来源于“湖州在线”（http://www.hz66.com/）。

南北方文化在宋代的嘉兴得到充分涌流与发展。嘉兴积极开展宋韵文化研究、传承和保护工作，围绕天籁阁复建，着力打造文化艺术交流中心，实现“宋韵文化传世工程”中最具深厚文化底蕴的代表项目、之江文化艺术长廊连接沪苏的核心板块、长三角地区具有高辨识度和特色功能的国际化文化艺术中心目标定位。

为了详细阐释“宋韵与嘉兴，又有着怎样的故事”，2021 年 12 月 30 日，“大运河（嘉兴段）与宋韵文化研究”学术研讨会在嘉兴市图书馆举行。2022 年 1 月 14 日，《嘉兴日报》“江南周末”“读嘉人文”推出《宋“韵”嘉禾双人谈》，宋史专家金纲与嘉兴市社会科学院文化研究所副所长崔泉森深入解读嘉兴的宋韵文化。

2022 年 2 月 11 日起，《嘉兴日报》“江南周末”推出“宋韵禾风”系列报道，追寻先人足迹，走访宋之遗迹，关注嘉兴宋韵之人物、地理、风俗、思想、文化等。相关篇目有：《乡土嘉禾中的宋韵传承》《宋韵嘉禾，数风流人物》《走读宋韵遗踪：宋代的“行政中心”和商业街》《衣冠南渡兴嘉禾，文脉大盛启后世》《俊彦辈出的宋代嘉兴人》《往来嘉兴者，星光熠熠》《风雅至极的宋朝人吃什么?》《有宋一代留下多少民俗印记?》《宋代嘉兴人怎么过年?》《走读宋韵遗踪：一个皇帝两处足迹》。[①]

2022 年 2 月 25 日，嘉兴市委书记张兵对《嘉兴日报》“江南周末”推出的“宋韵禾风”系列报道作出批示，要求嘉兴在“古城文化复兴过程中，注意挖掘宋韵文化”。《嘉兴日报》记者走访嘉兴各界人士，听他们讲述了自己心中的宋韵文化，为宋韵风华再现各抒己见。

首先，嘉兴的宋韵风华何在？

嘉兴各方人士对于宋韵文化有着各自的理解，但他们中的大多数

---

① 相关信息来源于“嘉兴在线”（https://www.cnjxol.com/）。

人认为，宋韵文化是历史上嘉兴文化发展中的高潮。

嘉兴地方文化学者崔泉森以为，南宋对嘉兴来说尤为重要，宋代是嘉兴城市发展的第一个繁荣期。衣冠南渡的世家大族为嘉兴注入中原文化基因，对嘉兴经济文化发展产生极大影响。嘉兴科举的第一个高峰在南宋时期，考取的进士状元大多来自南宋初随宋高宗南渡的北方仕族家庭；第二个高峰在明中叶后，一直延续到清代，南渡家族也成为科考的大赢家，如嘉兴的项氏、屠氏、包氏等都是科举大家族。嘉兴的城市格局也在宋代形成并基本稳定。

嘉兴市社会科学院文化研究所副所长杨自强认为，宋代嘉兴的经济、文化都达到前所未有的高度。嘉兴的经济和文化，也是从宋代开始在全国领先，举其大者而言，宋时嘉兴有位于杭州湾北岸的澉浦港与乍浦港，位于吴淞江沿岸的青龙港，这使得嘉兴成为海上丝绸之路的重要节点。海外贸易带来的东西方文化经济交流，养成嘉兴开放包容、创新进取的海洋文化特质，这是嘉兴宋韵文化的一个重要组成部分。宋室南渡，大量北方官僚、士人落户嘉兴，“衣冠人物遍东南”，明清时期嘉兴的许多文化名人，溯其祖上，大多是当年“扈跸”的官员。嘉兴名门望族众多，他们代表了嘉兴文化的高度和厚度，并呈现出地方化及家门化的特征。这也是宋韵文化给予嘉兴的深远影响。

嘉兴市文史研究馆馆员、《南湖区志》主编董雄也认为，衣冠南渡对嘉兴文化发展起了关键性作用，特别是南宋时，嘉兴作为都城边上的重镇，地理位置起了质的变化，出了皇帝，行政级别提高，这都促使嘉兴经济、文化迅速发展。吴越国和南宋是嘉兴发展的两个高光时刻，为后世嘉兴的发展打下坚实基础。

嘉兴市社会科学院文化研究所于能研究员认为，宋代的蓬勃朝气，对嘉兴非常重要，两宋尤其是南宋，是嘉兴发展最繁荣的一个高潮。当时，嘉兴社会开放、包容，老百姓生活富庶、丰富多彩，嘉兴人爱读书、藏书、刻书，在南宋时已在全国鼎鼎有名了。从文化生活来讲，两宋酝酿和形成的清雅、大气、精美的风格及审美取向，开启了后世的繁荣局面，勤善和美的人文精神一直在传承。

其次，如何挖掘嘉兴宋韵文化？

崔泉森以为，宋韵在嘉兴主要集中在子城中心区和运河文化带。宋韵文化要讲好子城和运河的故事，子城中心区在城市品质大会战中，将城市发展与古城文化复兴相结合，对宋韵文化部分有所体现，运河沿线分布着嘉兴众多的宋韵文化遗存，从城北开始，有落帆亭、杉青闸、北丽桥、月波楼、西丽桥、三塔塘，在西丽桥附近还有宋代水驿和金明寺，对宋韵文化的挖掘要和大运河国家文化公园建设结合起来。

对此，董雄也认可，在禾城文化复兴中，特别是在大运河规划中，一定要把宋韵文化放在突出的位置，不要各自为政，要作为整体来规划，城区段的精髓就是宋韵文化。他不主张恢复所有的宋代遗址，但要造一两个标志性的建筑，就如明朝天籁阁一般，宋代可恢复通越门和月波楼。通越门跟西水驿结合，以展示宋韵文化为主，向西延伸可到三塔茶禅寺，向北便是月波楼，月波楼和金鱼池结合，成为嘉兴新名片，既是商品，有产业价值，也有宋韵文化的内涵。不管是现有宋韵遗存还是恢复重建，要结合起来考虑，互为补充，把古城作为一个景区，用不同的线索穿起来，就像嘉兴东门的“新时代重走一大路”一样，嘉兴名胜古迹不算少，最大的问题是珍珠散落，要穿起来。

董雄和于能同时提出，打造宋韵文化要讲好人的故事，要把宋孝宗作为灵魂人物拎出来，通过他可以串联落帆亭、杉青闸、兴圣寺乃至东塔寺。还有金鱼池、三过堂、花月亭等重要的文化遗存，特别是南湖畔宋代园林潘师旦园，这是嘉兴有记载以来最大的私家园林，园中有会景亭，亭内有十景，张尧同《嘉禾百咏》有记，《会景亭记》是赵孟頫所写，很有文化内涵，可在南湖滨建些宋代亭台楼阁。

杨自强认为，宋韵之“韵”内涵十分广泛，如果停留于生活层面，如烧香点茶、斗草插花之类，或者偏重于艺术，如琴棋书画、诗词歌赋之类，只能说体现了宋韵文化的表层。宋韵文化气象，应该是全面体现在思想、制度、经济、社会、生活、艺术、宗教等各个方面。我们固然可以从三过堂、杉青闸等文化景观，从苏轼、吴潜、岳珂的诗文中去寻找宋韵，也可以从更高的层面来挖掘宋韵文化精神实质、提炼宋韵文化的当代价值。

最后，宋韵文化能否激发嘉兴人共鸣？

挖掘宋韵文化，要先摸清家底，对嘉兴宋韵遗迹、遗存做一个系统的摸排，这几乎是所有被访者的共识。

嘉兴市文保所所长张青以考古为依据、以子城为例进行说明。根据考古发现，嘉兴子城的宋代地层保存较好，比较考究，可见宋代嘉兴的地位以及当时的财力。目前已设露天展示区，可看到各个朝代子城地层的变迁。如今提禾城文化复兴，主要的精力应放在考古挖掘及研究方面，关于和宋韵文化关系比较紧密的子城遗址公园二期的各项工作，文保所主要配合嘉城集团、文广旅局等有关部门共同推进。

嘉兴市文保所张谦介绍，在嘉兴东门（春波门）瓮城旧址考古勘探中，新发现了宋代夯土基础、水井，目前这口宋代水井的井壁砖等构件收储在文保所，在条件允许的情况下，或可作为宋韵遗存展出。

嘉兴博物馆副馆长吴海红作为文博工作者也有着同样的认知，她认为，对历史文化的挖掘要有考古叙事，要以文物为依托，并结合文献史料。每一件文物都有其产生的时代背景、社会环境及赋予文物之上的人际关系、思想观念、审美价值等，这就是文物背后的故事。目前，嘉兴博物馆对馆藏宋代文物进行初步梳理，有 40 多件宋代文物，博物馆将以“话说馆藏宋韵文物”的方式对其一一研究解读，并在微信公众号上陆续推出。嘉兴博物馆希望通过对馆藏宋代文物的解读，进一步丰满对宋韵文化的认知，做好宋韵文化的传播。

嘉兴市规划设计研究院有限公司规划研究院副院长张颖敏介绍，规划院遗产保护研究中心跟踪嘉兴名城建设十多年，对历史文化遗存持续摸排，评估遗存保护利用现状、价值特色，挖掘历史文化遗存内涵，站在嘉兴名城保护及展示体系构建的角度对历史文化遗存展示利用布局实施提出建议。关于如何挖掘宋韵文化，张颖敏觉得，运河沿线如岳王祠、落帆亭的景观设计、展陈优化尚有余地，可以考虑在微更新时做宋韵文化的挖掘；血印禅寺周边区块可统一筹划，作包括宋韵在内的系统展示；已经不存在的遗存，譬如苏东坡与嘉兴关系的展示，除了茶禅寺，嘉兴还有几处煮茶亭可综合考虑，结合实际，建议集中展示。文化遗产要保护好，更要活化利用好，比如壕股塔虽是复建，但与宋韵有关，建议系统梳理，加强文化展示，形成特色文化线路。另外在大运河文化带上，我们也可以呼吁建设大运河博物馆，梳理整个文化脉络，包括宋韵文化，以多元手段展示出来。

嘉兴市嘉城建设发展有限公司副总经理王震认为，做文化项目首先要植根于文化，更大的意义在于保持长盛不衰的生命力，要有向未来看的文化复兴的历史担当。在文化复兴中挖掘宋韵文化关键还是要摸清家底，摸清哪些 IP 是可以深耕的，是可以持续发展、能够迭代更新的，“文化项目一定要考虑生命周期”①。

2023 年 8 月 30 日，“嘉兴宋韵文化研讨会”在嘉兴市文史研究馆

① 《如何挖掘宋韵文化？争鸣!》，《嘉兴日报》2022 年 3 月 12 日。

举行。市政协副主席、市文史研究馆馆长王登峰出席活动。2023 年 4 月，嘉兴市政协文化文史和学习委与嘉兴市社科联共同开展宋韵文化论文征集，共收到论文 46 篇。会上，嘉兴市文史研究馆馆员、大学教授、机关干部、基层文化工作者、在校学生等齐聚一堂，围绕宋韵文化的发掘、研究和转化展开热烈讨论。

王登峰指出，在浙江省委明确提出实施“宋韵文化传世工程”两周年之际，举行此次研讨会，对更好地挖掘嘉兴宋韵文化具有非常深远的历史意义和重要的现实作用，体现了文史研究工作围绕“国之大者”立论建言的基本职责、工作要求和目标立意。围绕“怎么看——立场方法”“看什么——精神实质”“干什么——立论建言”三方面，他对宋韵文化研究作了进一步阐述。他强调，文史研究工作是党的意识形态工作的重要组成部分，对宋韵文化的研究要准确把握方向，坚持马克思主义历史观，要以大历史观来研究宋韵，在研究中保持敬畏心、坚持客观性、找到规律性；坚持马克思主义国家观，跳出嘉兴地域、跳出浙江地域，甚至跳出中国地域来看待宋韵文化，要在国家和世界背景下看宋韵；坚持马克思主义民族观，要在宋韵文化研究中挖掘增进中华民族共同体意识的宝贵财富，梳理中华民族与世界其他民族和谐共处的有力史据和有益借鉴；坚持马克思主义文化观，要把宋韵文化放到其所处的政治经济社会背景下考察，弘扬文化精华，揭示于今天有积极作用的深刻本质。

王登峰表示，下一步，要转化利用好此次研讨会成果，进一步研究提炼嘉兴宋韵文化基因，保护传承嘉兴宋韵文化，为中国式现代化嘉兴新篇章赋予优秀传统文化的深厚底蕴和现代力量。[①]

2023 年 11 月 20 日，“嘉兴宋韵文化：传承与创新”研讨会在海

① 《嘉兴宋韵文化研讨会在市文史研究馆举行》，“嘉兴市政协”微信公众号，2023 年 9 月 1 日。

盐召开。宋韵文化研究传承中心专家委员会召集人胡坚对研讨会进行总结点评，浙江省社科联秘书长刘东，嘉兴市社科联副主席胡勤芳，海盐县委宣传部部长徐胜娟出席会议并致辞。本次研讨会由浙江省社会科学界联合会指导，嘉兴市委宣传部、嘉兴市社会科学界联合会、海盐县委主办，海盐县委宣传部、海盐县社会科学界联合会、海盐县澉浦镇承办。来自宋韵文化研究传承中心、浙江大学、浙大城市学院、上海师范大学、中国计量大学、嘉兴学院等多所高校和科研机构的60多位专家学者参加会议。

刘东代表浙江省社科联向研讨会举办表示祝贺，并指出此次研讨会的召开是深入贯彻落实习近平文化思想和浙江省委十五届四次全会精神的重要举措，也是嘉兴传承和挖掘宋韵文化，打造城市文化名片的重要抓手。她对嘉兴如何深入推进宋韵文化的传承与创新提出三点看法，一是深入开展学术研究，加强顶层设计，谋划项目布局，开展有组织科研，充分利用地域特色及优势，打造具有嘉兴辨识度的标志性研究成果，增加宋韵“动力”；二是广泛聚合多方力量，统筹协调好各区域、各部门、各单位的资源和人才优势，做好宋韵文化研究、遗址保护等“六大行动”，不断提高“含宋量”，形成宋韵“引力”；三是持续打造标志名片，不断产出文化精品，打造鲜活的宋韵文化载体、宋韵潮流产品、宋韵文艺节目等，让宋韵走到百姓身边，展现宋韵“魅力”。

胡坚表示，本次研讨会进一步提升了研究者对宋韵文化的认识，进一步全面梳理了嘉兴宋韵文化的资源，进一步明确了今后嘉兴宋韵文化传承创新的方向，也进一步为浙江省宋韵文化传承创新提供了嘉兴样板。他指出，嘉兴在宋朝的作用举足轻重，是宋代大运河的枢纽、重要港口、经济重镇、皇家的根脉之地和重要军事要塞。宋韵文化源于宋朝，经过历史扬弃，与当下思想潮流高度契合，深刻影响如今文化发展。要以习近平文化思想为指导，立足长三角一体化发展的站位高度，传承发展好宋韵文化这一宝贵遗产，助推浙江和嘉兴的经济、文化和社会发展。

胡勤芳指出，嘉兴是南宋都城临安的近畿之地。从五代入宋，嘉兴的城市发展进入了一个新的时期，使之成为宋代经济、文化等传承发展的重要区域，为嘉兴宋韵文化挖掘研究留下了“富矿”。做好宋韵文化的研究、传承与创新，既需要在坚持嘉兴特色基础上放眼全省，进行系统的解析、归纳与判断，又需要回溯历史，立足宋韵文化而超越宋韵文化，在传承宋韵文化的基础上不断服务于当下。希望嘉兴的广大社科工作者以此次研讨会为契机，进一步深化包括宋韵文化在内的地方历史文化研究，推出更多有影响力和嘉兴辨识度的研究成果，为推动嘉兴社科事业的繁荣发展，建设中华民族现代文明的嘉兴实践作出应有贡献。

徐胜娟代表海盐县委、县政府，向到会的专家、领导和嘉宾表示热烈欢迎。她在致辞中表示，海盐是宋韵文化的繁荣地之一，海盐的宋韵文化为嘉兴和浙江的宋韵文化添上了浓墨重彩的一笔。此次研讨会将开启海盐地方文化研究的新局面，也将为宋韵文化的挖掘、传承与创新提供更加广阔的平台。

在研讨会主旨报告环节，浙江大学传媒与国际文化学院李杰教授，浙大城市学院历史研究中心副主任何兆泉教授，嘉兴市社科院文化研究所副所长崔泉森，海盐县政府文化顾问金纲、朱岩，上海师范大学硕士研究生杜可心等 6 位专家分别作主旨发言。

李杰结合宋韵文化资源和红色文化资源的关系，作题为“嘉兴宋韵传世工程的三大支点”的发言，以人文资源、文化思想和人文经济为 3 个支点，深入探讨了嘉兴如何以习近平文化思想为指引，将红色文化资源与宋韵资源有机结合，在宋韵文化研究、传播和赋能转化上抓住机遇、开展工作。

何兆泉作题为“宋韵文化：嘉兴何为”的发言，从中国认同广泛、文化发展高峰与深远国际影响三方面，阐述了两宋的历史价值以及嘉兴宋韵文化传承与发展的基础，并对嘉兴宋韵文化如何传世提出了要在融入广泛时空范围背景下，深入挖掘山水之中寄寓的家国深情和滨海地域蕴含的创新精神等意见建议。

崔泉森在题为“两宋时期运河航运与嘉兴经济文化发展”的发言中指出，嘉兴地处中国东南水上运输咽喉，两宋时期，在北方中原士族南迁和大运河航运推动下，嘉兴城镇经济和文化高速发展，文化主体意识逐渐形成，这些奠定了嘉兴宋韵文化的基本面貌。

金纲以文化托命之人为中心，作题为“北宋南渡的文化史意义”的发言；朱岩以“常棠《澉水志》的编纂及其意义”为题，深入解读了中国第一本镇志《澉水志》；杜可心作题为“从嘉兴沿革看宋朝地方行政区的升格”的发言，阐述了五代至两宋嘉兴地区行政区升格的历程、原因和特点。

研讨会上，还举行了嘉兴宋韵文化传承研究工作专家聘任仪式，10 位专家被嘉兴市社科联聘为嘉兴宋韵文化传承研究工作指导专家。[①]

此外，嘉兴下辖的县市区也根据所属地域遗存下来的宋代历史文化资源，开展宋韵文化的挖掘、研究与宣传推广。

1. 桐乡：加快推进“千年古城·宋韵崇福”建设

嘉兴市下辖的桐乡市，也在积极开展宋韵文化的挖掘与研究传承工作。[②]

---

① 《“嘉兴宋韵文化：传承与创新”研讨会在海盐召开》，浙江省社科联，2023 年 11 月 22 日。

② 俞尚曦：《宋韵文化在桐乡》，嘉兴在线，2021 年 12 月 3 日。

2022年3月6日，“千年古城·宋韵崇福”大运河风雅汇在桐乡市崇福镇中山公园内启动，来自桐乡市的38名女画家齐聚崇福，分别以水彩、粉画、国画、油画等不同的画风呈现千年古城宋韵崇福的魅力。宋韵风雅，在千年古城中汇聚，形成了崇福独特的传世宋韵；运河之风，在历史长河中沉淀，孕育出崇福灿烂的运河文明。据介绍，崇福镇作为大运河畔的千年古镇，有着得天独厚的历史文化资源禀赋。南宋时期，南北融合在这里结出了丰硕的文化果实，留下了一系列动人故事，诞生了众多文人志士。运河贯南北，文脉承古今，崇福的运河文化和宋韵文化赓续千年，在繁荣的车水马龙里，在纵横的古街古巷中，在崇福人民的精神生活中不断沉淀，凝结成独具崇福特色的文化艺术，形成了当前“宋韵崇福”的内韵外涵。接下来，“千年古城·宋韵崇福”大运河风雅汇系列活动将紧紧围绕崇福镇千年运河古城城市发展定位和“风雅桐乡”十二乐章宋韵崇福文化发展主题，分别通过重塑崇文宋礼、厚植崇德学风、丰富诗词文颂，打造“礼学”主题篇章；通过体会宋时风采、发扬非遗匠心、传承千年名士，打造“珠玉”主题篇章；通过复兴宋韵茶艺、品味舌尖宋宴、重建河市雅集，打造“风物”主题篇章；通过演绎文化新潮、创编主题舞乐、发展书画文艺，打造“艺文”主题篇章，生动奏响“宋韵崇福”十二雅韵，以文化风雅内化宋韵之韵，加快推进“千年古城·宋韵崇福”建设，让千年宋韵文化、运河文化成为崇福镇最具标志性的文化名片。[①]

2. 平湖：持续深耕“孟坚文化”研究与传承

嘉兴市下辖的平湖市也围绕地域文化开展相关的宋韵文化传承。

---

① 《擦亮“宋韵崇福”金名片！今天，“千年古城·宋韵崇福”大运河风雅汇启动》，嘉兴在线，2022年3月6日。

2022年2月14日上午，“宋韵闹元宵寻宝探古镇：广陈镇2022年元宵活动”在平湖农开区（广陈镇）明月山塘景区举办。平湖市广陈镇党委委员盛晓春表示，此次活动以宋韵文化为主题，以元宵佳节为载体，同时开启了今年广陈镇“我们的节日”系列活动的序幕。除了传统节日，宋韵文化也是我们中华优秀传统文化重要的组成部分，更是具有浙江辨识度的重要文化标识。在活动现场，主办方还发布了农开区（广陈镇）宋韵文化活动年的“第三届全域旅游文化节”“孟坚文化研究会”“中秋诗词大会”等六大具体活动。据悉，平湖市农开区（广陈镇）将在接下来的日子里围绕“千年宋韵·孟回农开”主题，构建“宋韵之雅”“民俗之美”“研讨之风”“悦读之韵”四大板块，通过演绎、体验、研讨、赛事等形式，以更全面更多样的各类活动向大家展现宋韵文化的魅力所在。同时持续不断深挖宋韵文化的传承，持续深耕“孟坚文化”的研究，凝聚共识，形成更大发展合力，为农开区（广陈镇）打造新时代乡村振兴广陈模式绘就绚丽的文化底色。[①]

六　绍兴：全力打造宋韵文化节点城市

绍兴城市因宋而得名，是南宋的“行在”所在地，也是南宋的皇陵所在地，是名副其实的宋韵地标。绍兴古城至今仍保留了宋代传承下来的历史空间格局和城市整体风貌，许多特色古街、古巷、古桥、古塔等，都与宋朝息息相关。大量宋时风韵，向人们传承、展示了当时的自然地理、历史文化、社会风情、生态环境等信息，构成了一幅原生态的绍兴宋史文化长卷。绍兴还形成了以伟大爱国主义诗人陆游

① 《传承宋韵文化，闹好元宵佳节！平湖农开区举办“宋韵闹元宵寻宝探古镇”活动》，嘉兴在线，2022年2月14日。

为代表的绍兴宋时名士群，构成了宋韵文化的精神高峰。总之，绍兴是两宋文化重要承载地，让千年宋韵在新时代“流动”起来、“传承”下去，成了当下绍兴的时代命题。

2021 年 9 月 5 日，由绍兴文理学院、绍兴市陆游研究会、绍兴市宋韵文化研究中心联合举办的“爱国诗人陆游与宋韵文化传世工程专家座谈会”在绍兴咸亨酒店举行，专题研讨绍兴“宋韵文化传世工程”的规划与实施，盘点绍兴在宋韵文化建设传承和研究方面的资源和优势，为绍兴宋韵文化研究开展提供指导建议。①

浙江大学宋学研究中心主任陶然教授认为，“宋韵”实际上代表着中国传统文化、古典精神的最高峰，传承“宋韵”文化实际上就意味着传承和发扬中国最精华、最优秀的文化遗产。绍兴作为宋代浙东首府，在南宋时代均成为宋韵文化的重镇和核心地域。作为身在浙江的研究者，应该有足够的格局，将宋韵文化的地域性与全局性、地方特色与普遍价值相结合，开展研究。

绍兴市城建档案馆原馆长、研究员屠剑虹认为，绍兴作为南宋的临时首都，后又成为南宋的陪都，自然是南宋的地标。绍兴宋代地名是一部极具韵味的南宋绍兴史。皇渡桥、凤仪桥、八字桥、会龙桥、酒务桥、宫后弄、香粉弄、东大池等都与宋有关。宋代保存至今的大量地名，犹如一幅历史长卷，向人们展示了当时的自然地理、历史文化、社会风情、生态环境等大量信息。这些地名的出典和渊源，凝聚着宋代绍兴人民的精神与情感、思想与道德、智慧与价值。现在，我们可通过“二维码连接地名背后的故事和相关信息”的方式，使人们了解地名历史文化，让人们在走街串巷时“扫一扫”就能欣赏宋代风

① 《打造文化标识 传承千年宋韵——爱国诗人陆游与宋韵文化传世工程专家座谈会成功举办》，绍兴文理学院官网，2021 年 9 月 7 日。

韵。绍兴更要以敬畏之心保护好各类文物和历史建筑，要以绣花功夫修复古城形态，修复南宋时一些著名的景点，保护“三山万户巷盘曲，百桥千街水纵横”的古城水城风貌，营造人文与自然相得益彰的优美生态环境，把好山好水好风光的宋韵水城引入城市当中，让古城宋韵流芳。

浙江工业大学学术委员会副主任、中国韵文学会会长肖瑞峰认为，宋韵文化研究项目要贯通古今，要将宋韵文化研究与浙江诗路文化研究有机融合。浙江诗路文化的时间跨度应该纵贯于唐以前及唐以后，我们的研究触角也应该下延，贯通各个历史朝代，赋予浙江诗路文化研究更浩瀚的时空和更具有张力的经纬度。

绍兴市社联副主席王晶认为，绍兴宋韵文化有一种特有的风骨，那就是强烈的爱国精神、忧患意识，集中体现在陆游、王沂孙等人的身上。陆游除了诗词，还有文章，还有书法、藏书等。他的诗歌记录了大量绍兴的民风民情和经济社会方面的内容，以这样更综合的视野来进行研究挖掘，可能会有别样的收获。做好宋韵文化研究，要古为今用，观照现实。

绍兴市文广旅游局文物处负责人马峰燕博士认为，“宋韵文化传世工程”要充分挖掘宋代文化的精髓，要实施一些精品工程作为支撑。绍兴除了要把宋六陵考古遗址公园建设好外，还应该做好陆游三山故里文章，对三山故里应采取保护措施，充分利用。与陆游有关的遗存，需要尽快调查研究保护利用，从中提炼以天下为己任的治世精神，以传承爱国主义精神。

浙江省文物考古研究所副研究员、宋六陵考古发掘项目负责人李晖达说，南宋皇陵代表的是那个时代国家最高礼制的一部分——皇家的丧葬与国家祭祀。南宋皇陵有个“五音姓利”原则，这是北宋皇陵的基本准则，北宋的“五音姓利”，体现了赵宋时期的人与自然的关系。在南方重现“五音姓利”原则，其实强调的是一个王朝、一个政权的延续性。南宋皇陵延续了北宋的传统，标识的是故国的传统。南宋皇陵反映的是整个时代，从皇帝到士大夫群体所持有的强烈的文化认同和坚守。宋六陵遗址公园最重要的作用，就是它曾经作为南宋祖宗陵寝所在地的这 100 多年历史的标识。南宋皇陵延续了 100 多年，并没有因为元初的毁坏，就一切归于尘埃了，它最终重新汇入了中华民族文化的洪流中，并继续影响着后人。

绍兴文理学院人文学院党委书记、绍兴市宋韵文化研究中心主任高利华教授说，打造宋韵文化，绍兴有三大优势。一是绍兴千年古城的优势。二是南宋皇陵所在地的优势。南宋皇陵是江南地区最大的皇陵群，在考古等方面有无可替代的价值。三是陆游文化的优势。陆游代表着宋韵文化的精神高度。这些是绍兴宋韵文化最宝贵、特有的资源财富。绍兴“宋韵文化传世工程”将充分发掘这三方面的优势，不断实现宋韵文化研究和打造的新突破。①

2021 年 9 月 6 日，《绍兴晚报》发文《绍兴：打造宋韵文化中最动人的风景》，对绍兴宋韵文化内涵予以介绍。浙东考古基地负责人、宋六陵考古发掘项目负责人、省文物考古研究所副研究员李晖达表示，宋六陵是宋韵文化的重要标志，是浙江重要的文化印记。南宋灭亡后，宋六陵成为南宋的一个代表性符号。宋六陵陵区占地 2.25 平方公里，东傍青龙山，南接紫云山，西依五虎岭，北靠雾连山，四面青山，如同护卫守护着宋六陵。整个宋六陵地区气象万千，山水交融，风景如画。宋六陵包含了北宋徽宗，南宋高宗、孝宗、光宗、宁宗、理宗、度宗 7 座帝陵及昭慈孟太后等 7 座后陵。可以说，南宋的历史，

① 《绍兴如何实施“宋韵文化传世工程”？专家这样说》，浙江新闻客户端，2021 年 9 月 19 日。

差不多都埋在了宋六陵。宋六陵是反映宋代皇家陵寝制度及其演变的重要遗址，继承了北宋皇陵的规制和传统。专家们认为，绍兴要加大力度推动宋六陵考古发掘工作，要全面了解南宋皇陵的规模、原来的建筑布局，揭示南宋帝陵的排序。宋六陵是南宋文化的核心抓手，它不是简单的南宋古迹和绍兴地方的遗址，而是南宋时期中央王朝政治、文化、经济的集中表现。南宋初年，绍兴一度成为南宋都城。相关机构可通过考古发掘，向人们展示当时的政治形式、文化面貌和最高礼仪等情况。绍兴可通过浙江考古基地落户宋六陵，依托考古发掘工作，加快推动国家考古遗址公园的建设，打造好宋韵文化中最动人的风景。绍兴市委宣传部副部长、市文化广电旅游局局长何俊杰说，浙江文化工作会议提出将全力打造宋韵文化，宋韵文化是两宋文化的精华和精彩所在，是在物质和非物质遗产中表现出来的进步思想、高尚情操、哲学理念、美学观念、文学造诣、艺术格调、匠心精神和生活风尚等文化价值，它在绍兴能找到精致典雅、诗情画意的人文特色。绍兴要加快做好南宋文化的历史研究、考古发掘、项目建设等工作，还要唤醒市民的美学意识、引领大众崇文向善，构建出绍兴古城、宋六陵遗址等独特的宋韵文化，使之成为可与世界对话的好的生活方式。[①]

2021 年 9 月 28 日起，绍兴“越牛新闻”连续刊登绍兴文史专家冯建荣撰写的“绍兴宋韵”系列文章——《陪都府治之气韵》《教育科举之雅韵》《思想文化之意韵》《社会生活之趣韵》《南宋皇陵之遗韵》，主题思想是：最是宋韵在绍兴，绍兴是宋韵文化的集大成者。这是因为，绍兴先是南宋事实上的首都，后又是南宋事实上的陪都，宋韵文化因此而兴于绍兴，传于绍兴。南宋为绍兴增添了无以复加、

① 周能兵：《绍兴：打造宋韵文化中最动人的风景》，《绍兴晚报》2021 年 9 月 6 日。

无可企及的荣光。这种荣光，不仅仅是使绍兴拥有了一个熠熠生辉、映照至今的好名字，而且还在于为绍兴留下了一座寰宇罕觏、天下独绝的好城市。而这座城市最令人着迷的，自然是她所独有的非同凡响的气度与韵味。①

2021 年 10—11 月，绍兴市委、市人民政府与浙江省委宣传部，杭州市委、市人民政府共同主办了“2021 宋韵文化节”。其中，绍兴依托丰富的南宋历史资源，推出丰富多彩的宋韵文化主题活动，以展陈、故事会、美食、诗歌集等形式，全方位、宽视角、深层次、多样化打造极具绍兴气质的宋韵文化系列主题活动，包括宋韵寻迹——绍兴宋代民间收藏展、宋韵寻味——绍兴“宋宴”美食展、宋韵寻声——“南宋轶事”故事会、陆游诗歌集等。①绍兴城市之名，与南宋密不可分，绍兴曾是南宋的都城，也是南宋皇陵所在地，绍兴城市到处都流淌着宋之韵味。②绍兴宋代民间收藏展精品如云，有关宋文化的瓷器、铜器、钱币、造像等百余件展品带领人们领略千年宋韵，市民朋友通过收藏展一饱眼福，了解宋人日常生活踪迹、造物之美，领略民间收藏的别样魅力。③“宋宴”美食展推出了一场舌尖上的风雅南宋宴，还原宋代雅食，体味大宋风华，再现文人墨客吟诗作对，淑女佳人风吹罗裙舞霓裳，江湖食客津津乐道的古风美食盛宴。④“南宋轶事”故事会以线上线下同频共振的方式，围绕“南宋故事”开展全市书场共讲南宋故事活动，让宋韵文化走近身边、走进生活、映照现实。迎恩门水街越红非遗客厅、沈园双桂堂剑南书苑、稽山公园迎岚阁稽山书场、八字桥下守望亭同时开讲，引来数千观众驻足赏曲，感受宋韵文化魅力。⑤陆游诗歌会以陆游文化为主题贯穿诗歌节，通过“陆游诗歌会”“陆游雅集”“放翁游园会”“宋风音乐会”，品

---

① 相关文稿内容详见“绍兴网”（http：//www. shaoxing. com. cn/）。

读宋代诗词之美，沉浸式体验宋韵美学。总之，一条钱塘江，将杭州与绍兴连在一起，共承宋韵文化。让宋韵文化在新时代“流动”起来、“传承”下去，对讲好绍兴故事、展现绍兴形象都具有十分重要的意义。今后，绍兴将继续做好宋韵文化的研究、传播、转化，为“在共同富裕中实现精神富有，在现代化先行中实现文化先行”作出绍兴贡献。①

2021 年 11 月 13 日，欣逢南宋诗人陆游诞辰 896 周年，“2021 首届陆游诗歌节”在绍兴市越城区皋埠街道陆游祖居（吼山风景区坝头山村）举行。此次诗歌节以“宋韵越城·诗绎乡村”为主题，旨在弘扬宋韵文化、推荐陆游祖居，推动乡村振兴、实现共富先行。绍兴市委常委、宣传部部长丁如兴表示，“陆游作为宋韵文化领域里最有识别度的一座高峰，留下了诗意倾城的丰厚遗产，尤其是反映浙东生活的乡村诗，更是研究宋代乡村的巨大宝库”。据悉，打造陆游祖居，是绍兴市越城区正在筹划的一场先行共富大戏！根据规划和运营设想，陆游祖居将打造陆游书院、风情宋街、诗圣殿、放翁山庄、荷花伊梦、鳌游乐园、陆家蔬圃、陆家果圃、陆家花圃等众多文旅研学节点，并将陆游诗歌铺满大地，强力推动研学旅行。同时将策划陆游诗歌节、家风文旅节、稻田古风音乐会等活动。此次首届陆游诗歌节，正是陆游祖居 IP 打造的一次策划，被列为浙江宋韵文化节的一项重要活动。②

2021 年 12 月 6 日，以“宋韵流芳　绍兴有戏”为主题的第七届绍兴非遗集市在绍兴开市。绍兴市文化广电旅游局相关负责人介绍，希望能够通过绍兴非遗集市的活动表达和参与共享，来讲好“非遗故

---

① 《宋韵流存　风雅绍兴——绍兴进入“宋韵时间”》，搜狐网，2021 年 11 月 11 日。

② 《弘扬宋韵文化　2021 首届陆游诗歌节开幕》，人民网·浙江频道，2021 年 11 月 14 日。

事”，唱响“绍兴有戏”，助力传承与弘扬“宋韵文化”。下一步，绍兴将抓牢文旅融合发展的有利时机，守正创新，深入挖掘非物质文化遗产的时代价值，提炼展示其精神标识，赋予非物质文化遗产新的时代内涵和现代表达，开展广泛的推广与传播，聚力擦亮“首批国家历史文化名城”和“东亚文化之都”两张金名片。①

2022年3月8日，绍兴市委召开文化工作会议，市委常委、市四套班子主要领导出席。市委书记盛阅春在讲话中强调，要系统梳理文脉，深挖宋韵文化，进一步提升绍兴文化在中华文化、浙江文化版图中的地位，在历史文化弘扬上求突破、攀高峰。

2022年3月24日，《绍兴晚报》以《最是宋韵在绍兴》为题刊登了一组专家学者对“绍兴宋韵文化”予以解读的采访稿。

中国陆游研究会副会长、绍兴市宋韵文化研究中心主任高利华指出，宋韵文化优雅其表、忧患其魂，绍兴文化的精神气质是宋韵的。绍兴宋韵文化的精神特征有厚植于心的家国情怀和民族精神；有经世致用、胸怀天下的历史使命；有忧国忧民、居安思危的忧患意识；有清正廉洁、慎独慎微的人格操持。绍兴的宋韵文化在中国宋韵文化中具有核心地位。绍兴宋韵文化是具有中国气派和浙江辨识度的重要文化标识，具有多元并蓄、百工竞巧、追求卓越、风雅精致的行业风范，对于社会百业都有当代价值。绍兴要打造宋韵文化，重点要做好宋六陵、古城和陆游三篇大文章。绍兴是南宋皇陵所在地。南宋皇陵是江南地区最大的皇陵群，是一代王朝留在绍兴的遗存，是反映了宋代皇家陵寝制度及其演变的重要遗址，无法复制，不可模拟，具有无可替代的价值。宋六陵是宋韵文化的重要标志，现已列入《大遗址保护利

① 《宋韵流芳　绍兴有戏：第七届绍兴“非遗集市”集纳100余非遗项目开市》，凤凰网·浙江，2021年12月6日。

用“十四五”专项规划》。绍兴应加大力度，将宋六陵建成国家考古遗址公园，使之成为宋韵文化最动人的风景。绍兴真正意义上的城市规划是从南宋开始的，如今，绍兴城市依然是南宋的格局和风韵。古城之中，留给今天可感可触摸的宋韵文化十分丰富，包括绍兴府治、宋时街巷、宋时桥梁、宋时园林、宋时水门、宋时城池遗址等，我们要让宋韵在古城“活”起来。伟大的爱国主义诗人陆游代表着南宋的精神高度，是宋代心忧天下、爱国爱乡的代表人物。绍兴要做好宋韵文化，就要发挥陆游文化的优势。陆游留给绍兴的东西太多了，如三山故里、沈园、快阁、云门寺、梅山、吼山等，让这里的宋韵成为沉浸式体验的“未来乡村”。绍兴要实施“宋韵文化传世工程”，就要从宋六陵、古城和陆游故里这三个方面破题，向世人展示绍兴宋韵文化高峰。

绍兴市文史研究馆副馆长李永鑫认为，宋韵文化是当下十分热门的话题，实际上这是新时代文化复兴的标志。韵是优雅的文化。绍兴的宋韵文化能做一篇大文章。绍兴是南宋的“行在”，南宋迁都至临安后，绍兴仍是南宋十分重要的城市。南宋改越州为绍兴，就是为了“绍奕世之宏休，兴百年之丕绪”，将绍兴当成自己的精神之都。孟太后绍兴元年就葬在绍兴，赵构在绍兴“卧薪尝胆”，使宋又存活 152 年。当时，绍兴的传统文化、人文精神都传至临安乃至全国，整个南宋都以绍兴为精神之都。绍兴也是南宋的物质之都。当时，绍兴的物质文化极其丰富，领先世界。绍兴还是南宋的人才之都，重要文臣大多是绍兴人，临安的大量科技人员、各种手工艺匠都来自绍兴。宋六陵是中华文脉的绍兴标识，也是南宋历史文化的集中呈现。宋六陵透露出博大的文化信息，是绍兴宋韵的独特之处。绍兴宋韵遗迹古迹不灭，民俗民风绵延，实物长存，无处不在。绍兴宋韵具有广泛性、普遍性、实物性、高端性，在全国宋韵文化中首屈一指。绍兴要做好宋韵文章，就要从精神之都、物质之都、人才之都寻找突破点。

浙江省社会科学院陈野研究员指出，以“绍奕世之宏休，兴百王之丕绪”为意涵的“绍兴”古城之名，宋高宗驻跸时长仅次于临安的“行在”之地，江南地区著名的皇家陵园宋六陵遗址，南宋著名文学家陆游以及目前尚遍布绍兴城乡的宋时印痕等，既是南宋时期的重要史迹，也是南宋文化的当代回响，为浙江实施“宋韵文化传世工程”，提供了来自绍兴的积淀深厚、层次丰富、类型多样的资源。陆游是令我们永远敬仰和怀想的南宋名人代表，他一生以慷慨报国为己任，怀抱“位卑未敢忘忧国”的爱国济世精神。其诗词作品饱含激昂慷慨的爱国热情和壮志未酬的沉郁悲愤，于南宋嘉定二年（1210）与世长辞时，仍留诗《示儿》“死去元知万事空，但悲不见九州同。王师北定中原日，家祭无忘告乃翁”。梁启超曾有诗赞云：“诗界千年靡靡风，兵魂销尽国魂空。集中什九从军乐，亘古男儿一放翁。”陆游深切的时代关怀、深刻的社会思考和深沉的思想结晶，蕴含着江山社稷、家国一统、文明延续等严肃主题，悲愤沉郁，壮怀激烈，体现了小情小调难以取代的深重严肃的家国情怀，是文学艺术社会功能的典型反映。宋韵文化历史根脉深远，地理网络庞大，内在逻辑井然，沛然生长，蔚然成风，以其具有文化创造价值和历史进步意义的文明成就，汇聚成两宋文化精华之所在，淬炼出灼灼光华，闪烁于中国古代文明的历史星空。绍兴与之关系紧密，不仅是积极参与者、重要贡献者，更是宋韵文化的集大成区域，也必将是今天宋韵文化绍续、兴盛的创新之地。

浙江师范大学江南文化研究中心陈国灿教授认为，从南宋的临时都城到陪都，绍兴见证了南宋社会的变革，也见证了宋韵文化的兴起与繁盛。最是宋韵在绍兴，绍兴可以说是宋韵文化的集大成者，是宋韵文化的见证者，宋韵文化是与绍兴分不开的，许多宋韵文化的显著特点，都能够在绍兴找到明显踪迹。这种见证，首先体现为宋韵文化中的“雅俗一体化”，宋代是雅文化下沉，不再曲高和寡，俗文化上升，不再湮没于乡间的一个重要变化时期。这可以从陆游诸多诗词中得到证明。其次是乡村商品经济的变革，南宋是封建社会商品经济非常繁荣的时期，那时候，古鉴湖流域一带的农村商品经济也开始繁盛起来，这在南宋时期是非常明显的。此外，在绍兴的宋韵文化中，还有被忽视的航海文化，虽然南宋时期的航海业已经衰落，但依旧存在，并由此带动了绍兴不少与航海相关的产业、文化发展。比如海洋渔业养殖的发展、对外贸易的持续进行等，当时的绍兴，有一条与宁波相连的对外贸易航线，绍兴有不少特产都被销往了海外。南宋时期的绍兴农村，其实就是这样一番美丽的景象，老百姓改变了日出而作、日入而息的生活方式，农村里花草繁盛，人们的审美显著提升，整个乡村展现出一番劳逸结合、欣欣向荣的景象，这在当时许多文人墨客的诗句中就可见一斑。从这方面来说，宋韵文化有着非常强烈的时代气息，与新时代的美丽乡村建设，有着异曲同工之妙。宋韵文化兴于绍兴，传于绍兴，也繁于绍兴，在宋韵文化的蓝图中，必然有着绍兴浓墨重彩的一笔。①

2022 年 4 月 14 日，绍兴市纪委、市监委驻市府办纪检监察组在《绍兴日报》发文《接续与建构具有绍兴辨识度的宋韵文化》，指出，宋韵文化是具有中国气派和浙江辨识度的重要文化标识，其质其韵既成于历史的运行轨迹，也来自后人的诸般解读与传承引领。创造性转化和创新性发展宋韵文化其质其韵，为区域发展、社会进步、文化传

① 《最是宋韵在绍兴》，《绍兴晚报》2022 年 3 月 24 日。

承和共同富裕示范区建设提供持续恒久的营养，是当代呈现与传承宋文化精华流韵之所需，也是接续、建构具有绍兴辨识度的宋韵文化之时代课题。千年宋韵中的人文理念、伦理道德、人格修养、为人处世等，积淀着中华文明深层的精神追求、独特的精神标识，对培育人民价值信念、培养大众文化情怀、提升公民文化素养等具有很高的营养价值。要从精神层面加以引领，把宋韵文化中核心的爱国精神与“胆剑精神”、治水精神等融汇，唤醒激活越地优秀传统文化，激发人们的认同感和情感共鸣。这是最应传承之处。①

2022 年 4 月 19 日，绍兴市宣传思想工作会议召开。会议提出，绍兴要“争当节点，高水平打造宋韵文化传承标识”：“推进宋六陵考古发掘和考古遗址公园建设，加快推动陆游故里等一批宋韵文化项目谋划建设。推进宋韵文化文献研究，举办宋韵文化节、陆游诗歌节等活动，打造沈园夜游等宋韵人文景观，推出一批宋韵题材文艺作品，全力打造宋韵文化节点城市。”②

2022 年 5 月 18 日，是第 46 个国际博物馆日，由绍兴市委宣传部、绍兴市文化广电旅游局、绍兴市文史研究馆主办的“风雅宋——最是宋韵在绍兴”文物大展在绍兴博物馆开幕，用文物中的风雅“宋”，来诠释“最是宋韵在绍兴”的内涵。此次“最是宋韵在绍兴”展览以宋代绍兴历史为脉络，分为“宋城风韵”“皇陵余韵”“胜迹神韵”“名士和韵”“名篇清韵”“风物雅韵”6 个单元，展出宋代瓷器、陶器、金器、银器、铜器、玉器，以及砖瓦、印章、钱币、碑刻拓片、古籍文献等各类文物 332 件（组），其中一级文物 38 件，浙江省文物考古研究所提供的宋六陵、兰若寺大墓最新考古发掘的文物近百件，

① 《接续与建构具有绍兴辨识度的宋韵文化》，《绍兴日报》2022 年 4 月 14 日。

② 《全市宣传思想工作会议召开：勇攀绍兴宣传文化工作新高峰》，绍兴宣传，2022 年 4 月 19 日。

70%以上的文物展品首次与观众见面。[①]

2022年6月6日，浙江越秀外国语学院张节末教授在《光明日报》刊文《论“宋韵”的美学向度》，指出，“宋韵”是一个界定于宋代的文化美学概念，意在统括提挈两宋历史的本质，并区别于古代其他时代如唐代。“韵”是一个关于艺术和人格的美学标准，它是虚的，在它前面加上一个实的“宋”作历史界域，于是虚实结合，“韵”概念就被宋代风格化了，不再是孤立的艺术审美经验与评鉴，而“宋韵”则获得了宏观的、历史的品格。所以说，“宋韵”是一个关于宋代文化的美学理想，它切近生活，比历史虚柔，比理学深至，展现为一个活色生香的文化主体，成为中国古代史上具有鲜明的文明创新、转折意义的历史阶段之标志，开启了所谓的“近世”历史。说它实现了魏晋美学突破以后再一次以某一具体历史时代为界的美学突破，可能不会过分。[②]

2022年6月24—27日，由浙江省委宣传部、浙江省文学艺术界联合会、绍兴市人民政府主办，浙江省书法家协会、绍兴市委宣传部、绍兴市文学艺术界联合会、绍兴市文旅集团有限公司承办的“第六届中国书坛兰亭书法双年展·‘宋诗宋韵’全国名家百家展暨兰亭雅集42人展”在浙江展览馆开幕。兰亭精神和宋韵文化是构建浙江当代文化的重要元素。此次展览将兰亭精神与宋韵文化相结合：“‘宋诗宋韵’全国名家百家展”由组委会商议提名、在全国范围内特邀100位中国当代书坛在篆、隶、草、行、楷五体中有突出成就和影响力的书家代表，共同书写描写浙江的宋诗宋词宋文等；“中国书坛兰亭书法双年展兰亭雅集42人展”参展作者，除了统一要求书写《兰亭序》

① 《国际博物馆日“风雅宋——最是宋韵在绍兴”特展开幕》，浙江在线，2022年5月20日。
② 张节末：《论“宋韵”的美学向度》，《光明日报》2022年6月6日。

外，另一件作品的内容为描写浙江的宋诗宋词或宋文。总之，本次展览以浙江的宋诗宋词宋文为书写内容，充分展示当代书坛创作的艺术成果与艺术风貌，彰显浙江宋韵文化自信，提升兰亭雅集文化品位。[①]

2022 年 7 月 8 日，绍兴市社会科学界联合会、绍兴文理学院联合发布《绍兴文化研究工程 2022 年度重大项目〈绍兴宋韵文化研究〉系列丛书子课题招标公告》。该公告指出，绍兴是北宋浙东首府、南宋陪都，拥有丰富、独特的宋韵文化资源，是浙江省宋韵文化的重要组成部分。为充分发挥绍兴千年古城、南宋皇陵所在地和陆游文化的潜在优势，大力实施省“宋韵文化传世工程”，绍兴市推出 2022 年度重大招标项目《绍兴宋韵文化研究》系列丛书子课题，向省内外学术界公开招标。本次公开招标的课题为绍兴文化研究工程 2022 年度重大项目《绍兴宋韵文化研究》系列丛书，共 22 项子课题，每项子课题都同时列为绍兴文化研究工程重点课题，各课题名称为：“陆游文学渊源与影响研究”“日本汉籍中陆游诗歌研究资料整理与研究”“宋代绍兴经学著述考”“宋代绍兴士人尺牍整理与研究”“宋代绍兴文赋整理与研究”“北宋绍兴籍士大夫文学研究”“陆游与南宋士大夫精神文化研究”“宋代绍兴文人行迹与创作研究”“宋代绍兴进士家族研究”“宋代绍兴幕府文学研究”“宋代绍兴民间文学与习俗研究”“南宋越中书法风尚研究”“宋代绍兴古城研究”“宋室南渡与古越方言演变研究”“宋代绍兴知州知府与地方治理研究”“宋代绍兴书院与寺院文化研究”“南宋皇陵史”“宋六陵志”“绍兴山川景观的宋代形塑”“绍兴大族宗谱中的宋韵文化研究”“绍兴宋韵文化概览”“绍兴宋韵文化地图平台建设”。每项课题资助金额为 25 万元人民币，完成书稿原则上不少于 25 万字。课题成果最终由绍兴市社会科学界联合会与绍兴文

---

① 《杭州：兰亭雅集宋韵百家》，浙江在线，2022 年 6 月 25 日。

理学院组织专家终审，符合出版质量要求后，在国家一级出版社公开出版，出版费另计。[①]

2022 年 7 月 11 日，由绍兴市越城区委宣传部、越城区教体局主办的“宋潮新生代”之“宋韵在越地”行走学堂启动仪式在绍兴市少儿艺术学校举行。活动旨在通过线下行走学堂、线上云学堂、“宋潮小大使”选拔等方式多元化、立体式地宣传弘扬宋韵文化，带领同学们成为“宋潮新生代”。其中，“宋韵在越地”线下学堂即为宋韵文化进校园活动，越城区各中小学将在暑期托管期间，结合各校特色，组织校内外专业老师开展“词韵在越地”“礼韵在越地”“茶韵在越地”“曲韵在越地”“棋韵在越地”“书画在越地”这六大主题的特色教学，带领同学们边走边学边实践，实现在学中做和在做中学。“宋韵在越地”线上云学堂则包括“宋韵在越地”行走学堂系列主题视频课程、宋韵文化小题库等内容。[②] 2022 年 10 月 22 日，“宋潮新生代”系列活动圆满落幕。

2022 年 7 月 14 日，绍兴市发布“宋韵大展成果”，开启“线上宋韵大展”，启动“古城最宋韵”打卡活动。活动邀请人民网、新华网、光明网、中新网、央广网等全国主流媒体代表和一批网红达人，通过“坐地铁、游绍兴、品宋韵”的形式，感受绍兴宋韵魅力。绍兴市文旅部门特地推出特色宋韵游线路，让媒体代表和网红达人到沈园体验宋韵文化，赴宋六陵观赵氏祭祖仪式，在“南宋集市”品尝宋“潮”

① 《绍兴文化研究工程 2022 年度重大项目〈绍兴宋韵文化研究〉系列丛书子课题招标公告》，浙江省社科联，2022 年 7 月 8 日。2022 年 9 月 22 日，绍兴文化研究工程 2022 年度重大项目《绍兴宋韵文化研究》立项课题名单正式公布，详见《关于公布绍兴文化研究工程 2022 年度重大项目〈绍兴宋韵文化研究〉立项课题的通知》，社科越读，2022 年 9 月 22 日。

② 《让千年宋韵文化流动起来　绍兴越城区启动“宋韵在越地”行走学堂活动》，《新民晚报》2022 年 7 月 11 日。

市井百味，至绍兴博物馆观宋韵大展、赏宋代文物，去戴葆庭钱币文化博物馆观宋韵钱币特色展览，游柯桥古镇体验宋韵生活，并沉浸式体验茶道、花道、香道、曲艺、琴艺、诗词、书画、服饰等宋韵文化，让媒体代表和网红们展现和传播好绍兴的宋韵遗风，以独特视角总结、提炼好宋韵文化的绍兴样本，为绍兴打造宋韵文化高地凝聚更多共识与合力。近一年来，绍兴深入实施“宋韵文化传世工程”，以保护为前提，有序推进宋六陵等一批宋韵文化遗址的考古工作，成立宋韵文化研究中心，解码宋韵文化基因；以活化为导向，与杭州联办宋韵文化节，推出酒店民宿、主题景区、特色线路等一批宋韵文化产品；以共享为主线，打造大型交响诗《惜怀岳武穆》等一批宋韵文化艺术精品，并建设宋六陵考古遗址公园、陆游故里等一批南宋文化新地标，让宋韵文化从历史走进生活，成为人人可触、可感、可享的独特生活体验，奋力在浙江省“两个先行”中彰显绍兴文化的力量。浙江省文化和旅游厅宣传工作领导小组办公室主任杜毓英说，在绍兴，宋韵文化是古籍、文创、主题公园、非遗集市和故事会，贯穿人们的衣食住行各个方面。绍兴搭建了宋韵的文化空间和体验圈，再现了两宋时期的都市生活风貌。期望绍兴文旅继续围绕“宋韵”和“亚运”两大主题，创新活动载体，多样化打造极具绍兴特质的宋韵文化系列主题活动，继续深度解码宋韵文化，开发宋“潮”文创，深挖宋文化之美，发挥文旅优势，提升宋韵文化传播融合度。①

2022 年 7 月 15 日，由浙江省委宣传部、浙江省文化和旅游厅指导，浙江省文物局主办的“国音承祚：宋六陵考古成果展”在西湖博物馆总馆南宋官窑馆区正式启幕。据悉，“国音承祚：宋六陵考古成

① 《绍兴：穿“越”古城宋韵　寻觅宋“潮”风韵》，学习强国・浙江学习平台，2022 年 7 月 15 日。

果展”是2022年度浙江省“宋韵文化传世工程”项目之一，本次展览，共分为“祖宗故事”“江南无双”“陵攒杂用”3个部分，展出出土遗物159件（套），展览为期3个月，全面展示了近10年来的考古发掘情况，深刻解读宋代丧葬礼仪与山陵制度、宋六陵遗址建筑复原研究成果，生动揭示宋六陵背后的历史事件及故事。以展览为桥梁，将南宋王朝最核心、最具代表性的两处文化遗存连接起来，呈现出宋韵文化深厚的文化底蕴与独特魅力。本次展览，旨在通过对10年以来宋六陵考古成果的梳理与回顾，结合出土的官用瓷器、瓦作构件、石制遗存和对皇陵宫殿建筑、陵园结构、整体布局等方面的科学复原，让观众沿着时间的轴线，真实体验南宋皇家陵园庄严肃穆的恢宏气象，体会它蕴藏的山河一统的政治理想，切实理解南宋皇陵的政治、文化价值。浙江省文化和旅游厅党组成员、省文物局局长杨建武在致辞中对展览的举办表示祝贺，并称本次展览是浙江省“宋韵文化传世工程”的一个标志性项目，也是杭州、绍兴两座城市唱好“双城记”，共促宋韵文化研究传播的一台好戏。希望两地文物系统多沟通、多商量、多来往，互促互助，早日形成“宋韵文化传世工程”的体系性、标志性成果，为今后联合申报世界文化遗产提供充分依据，奠定扎实的基础。[①]

2022年7月22日，绍兴文理学院宋韵文化研究中心研究员聘任仪式举行，来自杭州师范大学、浙江省考古研究所、沈园文化旅游发展公司、绍兴市城市档案馆、柯桥区文保所等单位的研究人员以及绍兴文理学院人文学院古代文学学科、古典文献学科的部分教师参与。绍兴文理学院宋韵文化研究中心高利华教授向参会人员介绍了绍兴市

---

① 《宋韵遗珠　江南无双：〈国音承祚——宋六陵考古成果展〉在杭州正式启幕》，央广网，2022年7月17日。

宋韵文化研究中心在管理建设、发展基础、研究力量等方面的基本情况和下一阶段的研究规划，宣读聘任文件并为方爱龙、李晖达、周玉儿、屠剑虹、葛国庆等宋韵文化研究专家颁发聘书。随后，杭州师范大学方爱龙教授介绍了自己近几年在两宋书法史研究方面的相关成果及今后结合宋韵主题继续深化的研究规划。浙江省考古研究所李晖达研究员围绕宋六陵考古研究谈及了相关出土文献、文物展出及今后的研究重点和成果形式。沈园文化旅游发展公司周玉儿研究员介绍了沈园如何利用景区优势，积极追求创新，普及宋韵文化，其主题鲜明而多样化的活动形式获得了良好的社会反响。柯桥区文保所葛国庆研究员讲述了与宋文化相关的文物研究、实地遗迹考察等方面的工作成就。[①]

2022 年 8 月 29 日，绍兴市宋文化研究会成立。在绍兴市委宣传部、市社联、市民政局、市文史研究馆的指导下，绍兴文理学院发起并推动了宋文化研究会的成立。绍兴文理学院人文学院党委书记高利华教授当选为绍兴市宋文化研究会会长，绍兴文理学院人文学院教授刘亮、绍兴博物馆馆长何鸣雷、绍兴鲁迅纪念馆副馆长周玉儿当选为副会长。高利华表示，宋文化研究会将实施好重大学术课题研究，做好宋韵文化普及工作，特别是在大学生中传播好宋韵文化，推动宋韵文化在绍兴“落地”“落实”。

绍兴文理学院副院长寿永明说，绍兴文理学院与宋韵渊源深厚，其前身“绍兴师专”旧址就在宋六陵，如今那里已成为传承宋韵文脉的重要基地，学院一直是南宋地域文学研究重地，特别是陆游研究，学术薪火代代相传。绍兴市宋文化研究会将在更为宏观的层面整合历

① 《绍兴市宋韵文化研究中心聘任仪式在我院举行》，“绍兴文理学院人文学院”官网，2022 年 7 月 23 日。

史、考古、哲学、文学、艺术、建筑等各方面的文化资源和人才资源，开拓理论研究，加强文化创意、应用研究，推动宋韵文化的创造性转化和创新性发展。

绍兴市委宣传部副部长杨颂周说，新成立的市宋文化研究会，要调动各方面资源，形成强大的研究合力，更好地谋划研究宋韵文化的重大课题，更深层次地解码绍兴宋韵的“文化基因”，更好地阐述宋韵文化当代价值，推动产出高质量的研究成果，构建起市内外、省内外乃至国内外的宋韵文化研究学术交流平台。

绍兴市文史研究馆馆长冯建荣说，绍兴宋韵文化研究，要在历史文化弘扬上求突破攀高峰；让古城宋韵流芳，重点要做好宋六陵的考古挖掘研究和推动遗址公园的建设，推动陆游三山故里的保护，并让宋韵与浙江诗路文化研究有机融合，拓展研究视角，探寻更浩瀚的历史时空，整合研究资源，夯实研究基础，学以致用，为当下社会服务。[①]

2022 年 9 月 28 日，由绍兴市社会科学界联合会和绍兴文理学院联合主办的“宋韵文化的传世价值”第七届绍兴文化峰会在绍兴饭店举行。绍兴市人大常委会副主任马国灿在开幕式上讲话，他指出，宋韵文化是沉淀在 2500 多年绍兴文脉中最鲜明的文化印记。绍兴拥有宋陵、宋诗、宋人、宋物等丰富的物质与非物质文化遗产，是南宋王朝最具代表性、最重要的历史见证。要全面实施“宋韵文化传世工程”，牢牢扛起文化使命。大力谋划推进古城整体申遗、宋六陵国家考古遗址公园建设、陆游故里改造提升等工作。扎实推动宋韵文化重要研究项目，持续打响宋韵文化品牌，进一步彰显绍兴文化在全国文化版图

① 《应“韵”而生　引“韵”活城　绍兴市宋文化研究会成立》，浙江新闻客户端，2022 年 8 月 29 日。

中的地位。希望全市社科文化界以此次峰会为契机，瞄准精品立世目标，全方位系统性研究阐述宋韵文化，不断取得标志性成果，加快打造宋韵文化研究新高地。

浙江省社科联党组成员、副主席谢利根在开幕式上讲话，强调发掘绍兴宋韵文化底蕴、助推“宋韵文化传世工程”，需要做好以下三点。一是要站在省域一体化的高度认识宋韵文化。宋韵文化蕴含着浙江优秀传统文化的精神内核，绍兴要积极进行省市联动、区域联动，开展特色研究，和全省宋韵文化的整体研究形成优势互补。二是要以全方位的视角研究宋韵文化。宋韵文化是多元、开放、包容的，应借助宋韵文化研究平台和团队，系统研究宋韵文化的精神内核、形态特征和历史价值，再从中提炼出绍兴元素、绍兴特色。三是要塑造文化标识，创造文化精品。创新宋韵文化传承模式，开展绍兴文化研究工程重大项目“绍兴宋韵文化研究系列丛书”等系列文化艺术精品项目，解码宋韵文化基因，全面展示宋代文化的魅力。

绍兴文理学院党委书记汪俊昌代表举办单位致欢迎辞，他指出绍兴文理学院一直是南宋地域文学研究重镇，特别是关于乡贤陆游的研究，学术薪火，代代相传。今天，“宋韵文化的传世价值”第七届绍兴文化峰会的隆重召开，意味着更多的学术力量已经凝聚，将共同致力于绍兴宋韵的理论研究、应用研究、文化创意等，形成挖掘、保护、提升、研究、传承的体系，让绍兴宋韵“活起来”。

南京大学莫砺锋教授以“宋韵文化研究的重要意义”为题作主题报告，他指出绍兴作为南宋皇朝的陪都，拥有得天独厚的宋韵文化资源，绍兴研究宋韵文化是对新时代文化浙江的精准定位和理论创新，也是对宋代文化精神内蕴的探骊得珠，可谓得其地理。浙江大学肖瑞峰教授以“宋韵文化视域中的陆游”为题作主题报告，他从宋韵文化的视角重新审视陆游的诗歌创作，从记梦诗、咏梅诗、哲理诗及闲适诗入手梳理，挖掘宋韵文化的精神特质。中国人民大学包伟民教授以“从陆游诗作看南宋时期山会平原的农业经济及其区域地位”为题作主题报告，他敏锐地抓住了陆游笔下那巨细靡遗的对乡村生活的描摹，以全新的视角向我们介绍了南宋绍兴地区的农业经济和地方管理。四川大学王兆鹏教授以“古籍智能化的进展——以陆游为中心”为题作主题报告，数字化应用给人文社科研究带来了巨大的驱动力，他以陆游为中心，向我们展示了古籍智能化取得的最新进展。复旦大学朱刚教授以“宋韵文化与士大夫文学”为题作主题报告，他指出宋代士大夫是宋韵文化的创造主体，文人士大夫作为社会精英阶层，在宋韵文化的创造过程中可能起到了关键性作用。浙江大学陶然教授以“关于宋韵研究的一点思考”为题作主题报告，他分析了宋韵文化研究的内在逻辑、宋韵文化的精神载体与物质载体、宋韵文化研究的整体性与地域性、宋韵文化研究的当下性与长远性。

“宋韵文化的传世价值”第七届绍兴文化峰会还有两个分论坛。分论坛一是“宋韵文化的传世价值”专题论文研讨会，邀请20位论文作者代表就其论文内容畅所欲言、各抒己见，为接续、建构具有绍兴辨识度的宋韵文化积极建言献策、添砖加瓦。分论坛二是“绍兴宋韵文化研究”重大项目开题报告会，邀请专家学者为“陆游文学渊源与影响研究”等22项子课题把脉，以推动绍兴文化工程重大项目顺利实施，力求推出精品力作，取得标志性成果，把浙江省党代会提出的“实施宋韵文化传世工程”这篇大文章做深做实做出成效。这次绍兴推出“绍兴宋韵文化研究”课题，设计了22个子课题，向全国招标，以解码宋韵文化基因。每个子课题都具有独立的学术价值，合在一起则充分体现出整体性的学术含量。如“宋六陵志”和“南宋皇陵史”，前者着重探究南宋皇陵自身的具体情形，后者则着眼关于宋陵的史学书写，相得益彰。又如“宋代绍兴古城研究”和“绍兴山川景观的宋代形塑”，前者聚焦绍兴宋城的“营造法式”，后者则是对稽山镜水的历史文化考察。最能体现“宋韵文化”之独特韵味的研究对象，当推宋代文学，如“宋代绍兴进士家族研究”“北宋绍兴籍士大夫文学研究”“宋代绍兴文人行迹与创作研究”“宋代绍兴民间文学与习俗研究”等。此外，绍兴还推出经学、方言、书法、佛教等“宋韵文化”研究。①

2022 年 11 月 13 日，由中国作家协会诗刊社、中国诗歌学会、绍兴市越城区委、区政府主办的“2022 陆游文化节暨首届中国（绍兴）‘陆游诗歌奖’颁奖典礼”在绍兴市越城区举办。为聚焦宋韵文化创造性转化和创新性发展，活动开幕式上发布了一批宋韵文化研究与创新成果。活动充分利用陆游 IP，现场首发全球首款陆游 IP 数字纪念品，珍藏版卡牌和限定版徽章精妙无比，以数字藏品呈现绍兴宋韵，讲好陆游的文化故事。《宋韵越城地图》与《陆游诗词地图・绍兴卷》也同步发布，经宋韵文化专家精心梳理的数百个宋韵越城地标与陆游诗词打卡点，以图谱形式亮相，为游客带来一站式的文化导览。

在“陆游的诗文传统与当代诗歌精神”主题论坛上，诗人们齐聚陆游祖居，解读陆游之于当下诗歌写作的深刻意义。与会嘉宾一致认为，我们要重新认识古典诗歌的价值，重新理解我们和传统的关系，重新去读陆游。陆游的诗歌具有很强的社会传记性，属于史诗性的写作，陆游将个人命运置于时代，书写个人的生活经验和历史巨变。陆游的诗体量巨大，他属于真正意义上的诗人。陆游是处理个人与时代

① 《“宋韵文化的传世价值”第七届绍兴文化峰会顺利举行》，社科越读，2022 年 9 月 28 日。相关学术信息还见《宋韵文化在绍兴如何打造传世价值？专家学者纷纷献策》，《绍兴晚报》2022 年 10 月 6 日。

关系的标杆，他的悲欢离合、他对生命和自然的理解、他的写作姿态都深刻影响着后人。[①] 据悉，“中国（绍兴）·中华诗词大会”在全国开展海选，经过300进30的复赛，30进10的半决赛，总决赛在陆游文化节现场开展，全国十强以诗会友，以词对垒，展现了一场高水平的文化盛宴。

2022年11月30日，“守望——两宋皇陵考古成果展”在绍兴博物馆开展。这是绍兴南宋皇陵（宋六陵）与河南巩义北宋皇陵考古出土文物的首次联展。展览以一脉相承的两宋陵寝制度为主线，以考古时间为顺序，以文物类型为单元标识，分为“规制承继”“刻度承合”“匠心承韵”“护陵承继”4部分11个单元，系统展示了一幅宋代皇陵营建、规制、陪葬品、保护修缮的全景图。展览共展出两宋皇陵考古出土文物371件（套），其中，首次对外公开展出宋六陵三号和四号陵园最新考古发掘文物13件（套），再现了大宋皇陵的布局、形制和埋葬制度，揭开了两宋皇陵不为大众熟知的陵寝制度。主办方表示，两宋皇陵一脉相承，以皇陵为媒介将北宋和南宋连接起来，用文物说宋韵，重现宋人百工竞巧的建筑遗存、典雅质朴的瓷器、庄严肃穆的皇家礼仪，这对于激活文物资源、传播宋韵文化，是非常有意义的探索和尝试。[②]

2013年1月11日，莫砺锋在《中华读书报》上发表《绍兴宋韵文化研究的重要意义》，对“绍兴宋韵文化研究”课题组设计了22个子课题的学术意义予以说明。最能体现“宋韵文化”之独特韵味的研究对象，当推宋代文学，本课题立项数量最多的子课题即顺理成章地集中于文学方面，如“宋代绍兴进士家族研究”“北宋绍兴籍士大夫

① 《2022陆游文化节暨首届中国（绍兴）“陆游诗歌奖”颁奖典礼举行》，海外网，2022年11月15日。

② 《两宋皇陵考古成果展在绍兴举行》，《浙江日报》2022年12月5日。

文学研究”“宋代绍兴文人行迹与创作研究”三者和“宋代绍兴民间文学与习俗研究”，分别从雅、俗两个维度对宋代绍兴的文学写作进行研究，不但观照全面，而且主次分明。宋代文学的文体门类齐全，“宋代绍兴文赋整理与研究”与“宋代绍兴士人尺牍整理与研究”就关注到不同的文学体裁。取得宋代绍兴文学的最高成就者首推陆游，本项目中特列三个子课题即“陆游文学渊源与影响研究”、“陆游文学与南宋士大夫精神文化研究”和“日本汉籍中陆游诗歌研究资料整理与研究”，都是在陆游研究领域具有良好前景的学术生长点。此外，充分凸显“宋韵文化”特征的子课题还涉及经学、方言、书法、佛教等领域，具有极为丰富的内涵。两个在研究视野上涵盖全局的子课题也很有意义，“绍兴宋韵文化概览”对整个项目进行提纲挈领的总览，而“绍兴宋韵文化地图平台建设”则为项目提供数字检索手段的技术支撑。总之，整个课题设计视野广阔，内容丰富，而且点面结合，结构合理，是一份体大思精的学术研究规划。①

2023 年 9 月 15 日，由绍兴市文史馆组织编撰的《宋韵绍兴》（中国文史出版社出版）正式发布。该书首次系统展示作为南宋陪都的绍兴城，以生动的笔触诠释了何为“最是宋韵在绍兴”。该书由绍兴文史研究馆馆长冯建荣作序，副馆长李永鑫、何俊杰主笔。全书共 42 万字，分为“何处青山是越州”“稽山鉴水形胜地”“会稽天下本无俦”等 11 个篇章，从古城政治、经济、水利、教育等方面梳理了绍兴与南宋的历史渊源。②

绍兴市委党史研究室主任朱全红说，《宋韵绍兴》是全面展示绍兴宋代优秀历史文化的厚重之作，也是利用地方志对绍兴传统文化进

---

① 莫砺锋：《绍兴宋韵文化研究的重要意义》，《中华读书报》2013 年 1 月 11 日。

② 《最是宋韵在绍兴》，绍兴网，2023 年 9 月 18 日。

行阐释研究的精品新作，是新时代绍兴地方志应用的重要成果，也为地方志工作者进一步强化读志、用志、修志树立了榜样。清华大学新闻学院教授沈阳表示，《宋韵绍兴》这本书是一幅跳动着明色与情感的历史画卷，它以绍兴为舞台，以宋代为背景，用文字编织出一件璀璨的多维艺术品，不仅是一部深度剖析绍兴历史与文化的学术著作，更是一部兼具情感与智慧、理性与浪漫的综合艺术品。它以一种几乎诗意的笔触，重新定义了人们对宋代、对绍兴，乃至对整个中华文明的认识和感受。这不仅是一本书，更像是一场穿越时空的精神之旅。中央党校哲学部教授王杰认为，《宋韵绍兴》把优秀传统文化中的宋韵文化精神标识提炼出来、展示出去；把优秀传统文化中具有当代价值、世界意义的宋韵文化精髓提炼出来、展示出去，展示了中华文化的独特魅力。《宋韵绍兴》一书的编撰作为绍兴市大力实施“宋韵文化传世工程”的基础性工程，不仅是一项浙江省的重大文化工程，也是一项中华民族的宏大文化工程。中国社会科学出版社社长赵剑英认为，《宋韵绍兴》体大思精，荟萃了最新的研究成果，树立了绍兴文史研究的新范式。①

七　金华：传承“八婺宋韵”，打造浙中文化新高地

悠悠婺州府，千年宋韵城。自东汉设县，三国分郡，隋代建州，金华府城孕育了无数英雄豪杰，传唱了万千千古诗篇。南北朝时期的谢灵运、沈约，唐代的孟浩然、李白，宋代的陆游都在金华留下足迹和诗篇。李清照避难金华写下大量诗词，那首登临八咏楼留下的“千古风流八咏楼，江山留与后人愁。水通南国三千里，气压江城十四

① 《〈宋韵绍兴〉16日发布，首次向世人全面系统地展示绍兴宋韵》，《绍兴晚报》2023年9月16日。

州”更成为绝唱。金华诗楼八咏楼，是天下诗人的向往地。“诗路金华”是金华一张名副其实的金名片。双龙之水天上来，汇入婺江西到海。而今，这些丰厚的文化资源穿越千年，化作山水文墨，蘸尽诗韵风雅，成为这座历史文化名城探路新征程的丰沛给养。千百年来，从儒学、理学到婺学，千年宋韵孕育了璀璨夺目的文化星河。

说起宋韵文化在金华，金华人首先想到的是古子城。南宋迁都临安后，金华作为“后花园”，一时文人云集。比如古子城里的八咏楼，就因李清照的一首诗而名扬天下。现在的古子城，围绕李清照寄居的酒坊巷，以八咏楼为核心，迁建了一批与南宋文人有关的历史建筑，打造了南宋文化风情街。宋韵文化并不局限于杭州一地，还包括婺学发源地金华。金华人吕祖谦就是婺学的代表人物，他在金华创办了丽泽书院。而早在800多年前，磐安榉溪村因孔氏“扈跸南渡”与儒家结缘，目前，榉溪村已成为婺州南孔文化传承和研究的重镇。

2021年9月20日，磐安县委宣传部部长陈新森在《金华日报》上发文《解码婺州南孔传承千年宋韵》，认为，发源于南宋初年的婺州南孔文化，既是儒家文化在浙中地区的活态演进传承，也是宋韵文化的重要组成部分。我们要牢牢把握实施“宋韵文化传世工程”的有利契机，推动婺州南孔文化创造性转化、创新性发展，在新时代“流动”起来、“传承”下去，成为浙江宋韵文化金名片上浓墨重彩的一笔。婺州南孔文化精髓有自强不息、艰苦创业的奋斗精神，耕读传家、尊师重教的治学传统，仁孝为本、谦和守礼的家风传承，修齐治平、为政以德的德治追求，仁民爱物、以时禁发的生态理念。婺州南孔文化在历史发展中，积淀了丰富的道德规范，蕴含着厚重的价值理念，为新时代加强社会治理、推进道德建设、培育时代新人等提供了丰厚滋养。解码婺州南孔文化，“解”是上半篇文章，“用”是下半篇文章，要贴近时代特点，围绕群众需求，挖掘榉溪人文内涵，汲取儒学生命活力，持续擦亮“婺州南孔人文榉溪”文化品牌，为磐安打造共同富裕山区样板县提供文化滋养和精神力量。[①]

2021 年 12 月 22 日，浙江师范大学人文学院召开“宋韵文化跨学科合作研究暨论著结撰启动会”，相关专家就宋韵文化的跨学科合作研究、《千古泽被：浙风宋韵的多维审视》的编撰工作进行了商讨。据悉，《千古泽被：浙风宋韵的多维审视》由浙师大人文学院院长葛永海主持编撰。该书立足于文、史、哲、艺四个维度，从物质基础到文学艺术，以至思想特质，将宋韵分解为“城市之韵、通俗文艺之韵、词之韵、诗文之韵、艺术之韵、思想之韵”六个方面，对其进行深入的学理透视。通过探讨不同形态的文化类别所表现的重要特征，揭示其在宋代所确立的范型意义以及对于后世的深远影响。[②]

2022 年 1 月，为响应浙江省委、省政府“解码南宋文化基因、传承千年宋韵文化”的号召，金华首家沉浸式宋韵非遗主题文化餐厅——“宋韵 · 婺州府”在金华古子城开业。“宋韵 · 婺州府”餐厅以“餐饮+宋韵文化”相融合的形式，通过衣、食、游、赏等不同体验，全方位还原南宋时期文人墨客的生活饮食场景，传承南宋美食文化，重现“风雅处处是平常”的生活美学。为增加顾客对于宋韵文化的沉浸体验感，餐厅邀请范仲淹的后人现场为蒲扇作画，让来宾在墨香中感受宋韵文化所带来的魅力，还提供宋服换装体验、免费拍照、宋朝特色团扇展示等活动，并为顾客赠送点茶、插花、焚香等体验。此外，餐厅还有专门的“婺州古城文化游”导览服务，工作人员化身导游，以宋韵 · 婺州府为起点，通过四条不同线路的游玩展示带领来

① 陈新森：《解码婺州南孔传承千年宋韵》，《金华日报》2021 年 9 月 20 日。

② 《浙师大举办宋韵文化跨学科合作研究暨论著结撰启动会》，浙江师范大学新闻网，2021 年 12 月 24 日。

宾一览古子城的风貌。金华市文化广电旅游局相关负责人表示，“宋韵·婺州府”承袭了金华八婺美食文化基因，以美食、休闲的方式传承宋韵生活美学，这不仅仅是文化传承，还是古今相融的创新与发展，金华将力争将其打造成金华本土餐饮文化、人文风情的新地标。①

2022 年 1 月 27 日，为打响宋韵文化兰溪金名片，由金华市文化和广电旅游体育局、兰溪市委宣传部、兰溪市文化和广电旅游体育局主办的“八婺宋韵·金熠银辉——金华地区馆藏金银器展”作为“宋韵‘寅’春·文雅兰溪”春节系列活动之一，在兰溪市博物馆举行了开展仪式。这是金华地区首场以“宋韵文化”为主题的展览。展览整合了金华、兰溪、义乌、浦江、东阳等博物馆馆藏宋代金银器精品共计 116 件（套），涉及从日常生活用品、配饰到佛教金银器等方方面面，展现了八婺大地多元包容、百工竞巧、风雅精致的宋韵文化气象。展览中还加入宋代文人宴饮场景，设置了宫灯长廊，营造了一种古代游园雅集的氛围。② 此外，兰溪历史悠久、人文荟萃。既有金履祥、范俊、徐良能、范钟等历史名人，也有南宋密山棉毯、大云山宋墓、北宋壁画墓等诸多文物资源。兰溪的宋韵文化底蕴深厚，在推动传承宋韵文化、打造“宋韵文化传世工程”上具有得天独厚的优势。

2022 年 2 月 24 日，金华市第八次党代会召开，金华市政协文化文史和学习委主任吴远龙在听了党代会报告后，感到很振奋、很提气。关于金华宋韵研究的开展，他认为，当前，应在抓紧推动金华美术馆、图书馆、音乐厅等标志性文化设施项目建设落地的同时，着力打造具有金华辨识度的宋韵文化标识，努力形成一批有质量、有影响、可传世的历史文化研究成果，坐实并打响婺学的“浙学源头”名号，彰显

① 《品味婺式宋宴，金华首家宋韵非遗主题文化餐厅来了》，浙江新闻网，2022 年 1 月 23 日。

② 此条信息改编自《宋韵“寅”春：兰溪市博物馆开启宋韵文化之旅》，搜狐网，2022 年 1 月 13 日。

金华文化自信；把婺学倡导并力行的经世致用、事功务实、兼容并包、敢于批判、创新求变等思想价值与“双星争华，奋楫争先”的人文精神贯通融合，不断发扬光大；抓紧谋划启动南宋四大书院之一“丽泽书院”的重修复建，使之成为浙江“宋韵文化传世工程”中最具地标意义的文化高峰；借力借势省内外知名高校、研究机构，策划举办“吕祖谦与浙学”高端国际学术论坛，进一步扩大金华文化的对外影响力，为中国文化走出去贡献金华力量。①

2022 年 3 月，婺城区行政服务中心发布《金华市吕祖谦公园项目方案设计及初步设计招标文件预公示》。根据招标文件的公告信息，该项目的定位是利用现有场地资源，以宋韵为主题，深入挖掘金华地区宋韵文化特色，打造具有金华地域特色的宋韵文化综合公园，展现城市出入口形象。②

2022 年 3 月 8 日—5 月 10 日，为深入贯彻《中共浙江省委关于加快推进新时代文化浙江工程的意见》，落实金华市婺城区第八次党代会提出“奋力提升文化能级，打造浙中文化新高地”的精神，由浙江省文化产业创新发展研究院作为指导单位，金华市婺城区委宣传部主办了“2022‘婺风宋韵’第三届诗路婺文化创意大赛”，旨在通过举办大赛深入挖掘婺城文化内涵，吸引各界创意人才齐聚婺城，为钱塘江诗路文化带建设添砖加瓦。推动文化创意设计与金华特色产业、乡村振兴、农旅文创等领域融合发展，力求推出一批体现婺城特色、展示婺文化内涵、繁荣婺城文化产业的地方标志性文创产品和项目，形成竞争力较强、产业链较全的文化产业集群，焕发“浙江之心、双星

① 《从这个春天出发！专家学者谈党代会：号角已吹响，奋斗正当时！》，金华发布，2022 年 2 月 25 日。吴远龙还撰有《宋韵文化传世工程：金华方位与响应》的文稿（刊登在《陈亮研究》2022 年第 1 期），指出：“金华作为‘江南邹鲁、八咏圣地’，在‘宋韵文化传世工程’中理应而且必须作出有力的响应，把金华打造成‘宋韵文化’的独特标识地。”

② 《吕祖谦公园即将开建　主题词是宋韵》，网易网，2022 年 3 月 5 日。

争华”精神，打响“浙里说婺·宋韵文化”“心写婺城”“视觉婺城”等特色品牌，生动诠释“金星与婺女争华”的精神意志，凝聚起奋楫赶超争先的强大力量。

2022年8月2日，由浙江省委宣传部指导，浙江省文化和旅游厅、浙江日报报业集团、浙江省文联主办，《宣传》半月刊杂志社、兰溪市委宣传部、兰溪市融媒体中心、兰溪市文旅集团承办的“发现和培育宋韵文化区域传承案例暨‘画’说宋韵‘边走边画’走进兰溪活动”在兰溪市诸葛村大公堂举行，活动邀请了来自省内外的30多名艺术家参与。8月2—8日，中国美院夏克梁副教授率领的“边走边画”团队将陆续走进诸葛镇、游埠镇、黄店镇等地，感受当地的古韵今风，并在现场进行艺术创作。①

2022年10月18—30日，由金华市文化广电旅游局、上海市嘉定区文化和旅游局、兰溪市文化和广电旅游体育局主办，金华市博物馆、上海韩天衡美术馆、兰溪市博物馆承办的“回眸两宋——士人一日之迹巡展”在兰溪市博物馆举办。展览以宋代士人的一天为视角，分为“黎明即起”“西园雅集”“贤聚夜宴”三个篇章，实景布置宋代家具、服饰、日常用具、文玩，展现宋代恣意高雅的士人文化与丰富多彩的娱乐生活。展览期间，观众在展区内打卡合影，穿梭古今，体味宋人生活意趣，深度感受宋人风骨与宋韵风雅。②

为充分挖掘金华宋韵及“婺学”中的人文精神，自2022年3月起，金华市社会科学界联合会在《金华日报·婺江潮·理论周刊》开辟“双星争华八婺争先”专栏，组织婺学研究专家撰写了一系列社科普及性质的“理论笔谈”，诸如《永康学派“经世致用”的思想与精

---

① 《“画”说宋韵“边走边画”活动走进兰溪》，兰溪市融媒体中心，2022年8月3日。

② 《“回眸两宋——士人一日之迹巡展”走进兰博》，兰溪文旅，2022年10月18日。

神》《吕祖谦：婺文化新纪元开启者践行者》《范浚：行君子之清正发婺学之先声》《北山四先生：绍朱学之正统 扬婺学于千秋》《宋濂：振婺学于未坠 托文史以经世》《章懋：重振浙中学统 首倡婺学三担》等。

八　衢州：千年宋“潮”，衢州有“礼”

宋韵文化，灼灼其华；浙西衢州，有礼之城。衢州的千年宋韵文化在山水、在诗词、在古迹、在非遗，在精致而典雅的情境中，是衢州宝贵的历史文化遗产和重要的文化标识，更是中华民族优秀传统文化的重要组成部分。

“南孔圣地”发轫于悠远宋世，彰显了厚重的文化自觉和文化自信。南宋建炎二年（1128）的秋天，宋高宗于扬州行宫郊祭，孔子四十八代孙、衍圣公孔端友及从父、中奉大夫孔传奉诏侍祀，扈跸南渡，经历了漂泊流离和兵荒马乱，终在次年因功赐家寓居衢州，绍兴六年（1136）之后以府学为家庙。《明史》称曲阜孔子后裔为北宗，衢州孔子后裔为南宗。“靖康之变”后，孔氏大宗南迁，直接带动了江南地区儒学的传播发展与学术繁荣，从某种意义上说，从 800 多年前起，作为宋韵文化的重要组成部分，南孔圣地的内涵底蕴就已注入了文脉肌理，伴随着一代代人成长，成为历史时空中引领地区发展和社会秩序的精神坐标。

2021 年 9 月 16 日，衢州市委宣传部袁航在“衢州传媒网”发表《南孔圣地：宋韵文化独树一帜的文化标识》：时过境迁，泗淛同源；苍柏无言，宋韵万千。南孔圣地弄潮于时代窗口，书写着活化利用和创新发展的宋韵篇章。传承宋韵文化是关乎未来的大事要事，不是杭州一城一地的事，也不能单纯从经济发展的视角去推进，对于创新弘扬南孔文化同样如此。在大力实施南孔文化基因解码工程的基础上，孔氏南宗、北宗开展深度合作，儒学国际交流日益密切，南孔文创体系持续拓展，数字化文化体验层出不穷，南孔圣地持续释放出文旅融合、IP打造和文明实践的品牌红利，在打造具有浙江特色的南宋文化品牌上蹚出了一条新路子。我们始终牢记，南孔圣地是宋韵文化谱系必不可少的那抹亮色；我们始终看到，南孔圣地正是浩渺星河中闪亮的那颗星。①

为充分挖掘弘扬衢州宋韵文化，2022年3月7日起，《衢州日报·人文周刊》陆续推出“千年宋‘潮’起，风雅衢州行”专栏，解码宋韵文化流传至今的潮流密码，发掘、构筑独特的文化基因。《儒风润泽九百年，宋韵新谱，“有礼”赓续城市血脉基因》一文指出，以衢州孔氏为中心的“南孔”，是孔子后裔中的一支特殊宗族。它的“特殊”缘于北宋王朝倾覆之际的一缕血色残阳。孔子第48代嫡长孙孔端友应诏，随宋高宗一同南渡。他背负着孔子弟子子贡雕刻的“孔子及亓官夫人楷木像”等传家珍宝，率领部分近支族人随驾南渡。宋高宗赵构驻跸临安（杭州）后，念孔端友一族“扈从之劳”，遂敕赐庙宅于浙江上游未遭兵燹而经济文化发达的衢州。至此，南宗定居衢州，中国形成了南北两座孔子家庙的格局。衢州逐渐成为中国南方的儒学文化中心，被誉为“东南阙里、南孔圣地”。衢州孔氏家庙也责无旁贷地成为人们推崇孔子思想的物化象征。衢州南孔文化发展中心副主任占剑强调，衢州应当牢牢把握实施“宋韵文化传世工程”的有利契机，从深度、广度、厚度乃至影响力等多角度去推进南孔文化穿透性的研究。要实现南孔文化的创造性转化和创新性发展，使之在新时代“流动”起来、“传承”下去，才能形成具有衢州辨识度的文化

① 袁航：《南孔圣地：宋韵文化独树一帜的文化标识》，衢州传媒网，2021年9月16日。

标签和独具特色魅力的文化高地，成为浙江宋韵文化金名片上浓墨重彩的一笔。[①] 孔子第 76 世孙孔令立长期关注宋韵文化的流动与传承，他认为，南孔文化既是儒家文化在衢州的活态演进传承，也是宋韵文化的重要组成部分。宋韵文化内涵丰富，各地根据历史文化渊源、地域个性资源等进行深化研究，才能为后续转化活化提供基础。当前，浙江正加快打造新时代文化高地，对宋韵文化等文化标识的培育建设提出了更高要求。孔令立建议，擦亮宋韵文化 IP，需立足地域特色，要遵循“深化、转化、活化、品牌化”的逻辑链条，进行“一盘棋”谋划。

2022 年 4 月 8 日，衢州市委书记高屹在题为《牢记殷殷嘱托加快追赶跨越为高质量发展建设四省边际共同富裕示范区而不懈奋斗》的衢州市第八次党代会上的报告中要求，“开展新时代儒学文化研究，深化南孔北孔合作交流，让南孔文化成为‘宋韵文化传世工程’的璀璨明珠”。4 月 10 日，衢州市第八次党代会闭幕。4 月 14 日，衢州市知识分子联谊会二届六次会长会议组织展开“衢州市第八次党代会精神学习分享会”。分享会上，浙江省政协委员、衢州市知识分子联谊会副会长、孔子第 76 世孙孔令立结合衢州南孔儒家文化畅谈了学习心得和体会。他指出，自孔氏大宗南渡之后，儒家文化在江南迅速发展，形成非常有特色的“宋韵文化”。衢州以南孔文化为引领，也有精彩纷呈的“宋韵文化”，要深入挖掘，通过新闻、艺术、展览等手段进行展现，做好文化的宣传和传承工作。孔令立还分享了衢州市第八次党代会报告中的精彩一段内容：“衢州是一座有着悠久历史、深厚底蕴的城市，东南阙里、儒风浩荡，四省通衢、五路总头，造就了这座城市曾经的辉煌。进入新时代，全市上下自强不息、奋力拼搏，创造

① 《儒风润泽九百年，宋韵新谱，“有礼”赓续城市血脉基因》，《衢州日报》2022 年 3 月 7 日。

了担当作为、勇于创新的崭新业绩，拉开了转型发展、追赶跨越的历史帷幕。”①

2022 年 7 月 21 日，衢州市委召开新闻发布会，正式向社会发布“崇贤有礼、开放自信、创新争先”的新时代衢州人文精神。8 月 6 日，衢州市委党校宋韵文化研究中心研究员余士忠、开化县委党校教师郑凌红合作撰文《新时代衢州人文精神的宋韵文化阐释》指出，在浙江全省实施“宋韵文化传世工程”的背景下，从宋韵角度对新时代衢州人文精神进行阐释也变得十分必要。作为南孔文化发源地，衢州崇贤有礼的文化渊源、开放自信的历史渊源、创新争先的历史脉络，在宋代就已经充分展现出来：①有宋一代衢州南孔儒风吹出“崇贤有礼”；②有宋一代衢州水畅地通带来“开放自信”；③有宋一代衢州多元包容造就“创新争先”。②

2022 年 7 月 27 日，由衢州市委宣传部、衢州市文化广电旅游局、文化高地金名片暨城市品牌工作专班主办的“‘三衢宋韵’衢州宋代文物展”，在衢州市博物馆举行启动仪式。此次展览围绕“三衢宋韵”主题，以孔氏大宗南渡为开端，分为万世开太平——名臣与良将的涌现、仓廪实而知礼节——经济与商贸的发达、为往圣继绝学——儒学与文艺的兴盛、心中闲而义理出——生活与艺术的交融共四个单元，从政治、经济、文化、社会生活四个方面，全面展示宋代衢州的发展水平与文化精神，凸显衢州宋韵文化的生命力、创造力和凝聚力，旨在让文物“活”起来，宋韵“流动”起来。文物展全景式呈现衢州宋韵文化的精髓，彰显宋韵的历史与时代价值。据了解，此次展览共展出宋代金银器、铜器、玉器、陶瓷器以及碑刻拓片、古籍文献等各类

① 《孔令立在衢州市知联会学习党代会报告分享会上谈心得》，搜狐网，2022 年 4 月 14 日。

② 余士忠、郑凌红：《新时代衢州人文精神的宋韵文化阐释》，新浪财经网，2022 年 8 月 6 日。

文物 200 余件，其中有 11 件为国家一级文物，部分精美文物为首次亮相。①

2022 年 8 月 4 日晚，“宋韵七夕”游园会活动在衢州水亭门历史文化街区拉开帷幕。活动现场分“宋式相亲会”“宋式游园会”两大主题，七夕会面、红绳定缘、交换信物，还原了宋朝男女七夕相亲交友的场景，宋服巡演、投壶、乞巧、点茶等独具宋韵文化的项目，则给市民、游客带来了沉浸式的宋韵文化体验。接下来，衢州将把南孔文化和宋韵文化有机结合，以文化点燃城市夜经济，以文化撬动经济发展。②

2022 年 9 月 5 日，“2022 南孔文化季启动仪式暨第三届南孔文化创造性转化、创新性发展研讨会”在衢州举行。衢州市委书记高屹在致辞中说，文化是一座城市的气质和灵魂，而南孔文化就是衢州的鲜明特色和城市之魂。要抓住此次“文化季”的难得机会，认真听取各位领导和专家的意见建议，主动加强沟通对接、争取更多关注支持，把四省边际文化文明桥头堡谋得更准更实，把衢州文化建设的基础打得更加扎实牢固，真正实现“办好一次活动、形成一批成果、推动工作更进一步”的目标，让南孔文化更好地重重落地，成为“宋韵文化传世工程”的璀璨明珠。③

另外，在衢州市的常山县，以常山历史为大背景的宋韵文化，正在宋诗之河上“流动”起来，宋诗元素已经融入现代城市建设。从公元 758 年起，浙江常山县与江西玉山县分别归属浙赣两省时，常山就是浙江西大门，到北宋两浙路时，常山成为八省通衢的“两浙首站”。常山

① 《“三衢宋韵”衢州宋代文物展开展》，《衢州日报》2022 年 7 月 28 日。

② 《浙江衢州：“宋韵七夕”游园会沉浸式感受宋韵文化》，中国广播电视总台浙江总站，2022 年 8 月 5 日。

③ 《南孔圣地·崇贤有礼：2022 南孔文化季启动》，衢州发布，2022 年 9 月 7 日。

县的区位优势，使南来北往的人们早已认识常山，当然，人文墨客诗词雅士也自然足迹斑斓于这域土地。杨万里、曾几、陆游、辛弃疾、范成大、朱熹、吕祖谦、周必大等数十位诗人，经常来回于常山江航道，并写下数以百计的诗词美篇。尤其是宋室南渡，建都杭州，常山几乎成了宋都后花园。大批宋廷大臣及士大夫们携家眷与随从迁居常山，如：宋皇七世孙赵伯偕族弟赵伯鲤、赵伯鳞一起迁居常山，其孙赵希被封信安郡王，成了常山县城父子五登科的宋韵文化典范，其府被皇帝赐予“传芳堂”之名；赵鼎、魏矼、范冲迁居常山，常在常山永年寺与了空和尚唱和，彰显了常山寺庙林立时的禅悦文化盛况，也突出表现了大批士大夫寓居寺院的南宋文化现象。《常山县志》还记载了司马光之后司马彪随翰林侍读学士范冲迁居常山；兵部尚书、徽州人胡正迁居常山；孔氏第52代孙孔诏归隐常山；宋宰相执中子陈伦迁居常山并成旺族；河南节度使徐幸隆及子徐大兴一族迁居常山等。数十位官宦迁居常山，使常山城乡如开封汴京一样，整个县域洋溢着浓厚的宋韵文化。[①]

自2018年始，在衢州市委、常山县委的高度重视下，“宋诗之河”文化品牌建设得到了快速发展。穿越1000多年的历史，常山县沉淀着的宋韵文化依旧在熠熠生辉。目前正在建设常山江宋诗文化长廊，新修建文昌阁、文峰塔等文化地标，谋划实施“定阳里·宋诗城”、“中国宋园·三衢石林”、宋镇芳村未来乡村、赵鼎考古文化公园等重点项目。到2025年，常山县将把建设“宋诗之河”文化标识，作为强特色、重亮点的全县性工作，融入全省“宋韵文化传世工程”，推动宋诗文化元素在项目、产业、场景、业态之间互相交融，让宋诗之河文化标识深入人心、走向全国。

① 本段内容主要摘录自王春国《“宋诗之河”，浙江宋韵文化的金名片》，新浪网，2022年6月13日；赵璐洁、徐云飞《“中国常山·陈力农水墨作品展”开展在即 带您走进常山江“宋诗之河”》，《浙江日报》2022年6月16日。

九　舟山：挖掘昌国宋韵遗存，探究诗书渔火流韵

南宋定都杭州以后，给南方地区带来了大量北方的先进技术和文化。舟山群岛离国家的中心更近，受到的辐射影响也就更大。两宋期间，盐税是国家的重要收入来源。其间，昌国县，也就是现在的定海，盐业发展进入了黄金阶段。宋代著名词人柳永曾任晓峰盐场的盐监，写下了七言古诗《煮海歌》，描写盐民生活，也让千年后的我们，看到了这位“偎红依翠”的才子，关心民疾、为民请命的一面。如今，晓峰岭下，柳永文化广场建立，成为定海一张旅游新名片，全方位、多角度地记录、展现定海旅游文化。

舟山是浙江海上门户，其宋韵文化的家底到底有多少？宋韵文化能不能成为舟山文化的新高地？2021 年 12 月，在舟山市文联、市文艺评论家协会主办的“宋韵文化与舟山发展”学术研讨会上，专家学者一致认为，舟山的宋韵文化底蕴深厚，应尽快进行系统性研究开发，让它们在新时代动起来，活起来，以文化的力量，助推舟山市谱写高质量发展新篇章。舟山的宋韵文化主要体现为以下几个方面。①

1. 唐宋海上丝路在舟山的历史回响

唐宋时，浙江以宁波为中心，有一条通达东北亚、东南亚的海上丝绸之路，其海上门户便是昌国（舟山在宋朝时为昌国县），它促进了舟山经济繁荣，提高了普陀山的知名度。

舟山市文联主席杨亚儿认为，宋韵代表着中华文明创造的极致，代表一种雅正的思维文化，代表一种社会性的审美，将世俗的生活最大限度提升为艺术。舟山的宋韵文化底蕴比较深厚，包括海上丝路在内的一系列历史大事件，构成了舟山经济、文化大繁荣的绚烂画卷，

---

① 《昌国论道 · 解码舟山宋韵文化基因》，浙江新闻客户端，2021 年 12 月 3 日。

海洋文化是这画卷最大的特色。这些厚植于历史中，带有鲜明舟山辨识度的历史之韵，包含着开放包容、敢干实干、激流勇进、挺立潮头的时代精神，是舟山千年延续的文化之脉，在新时代舟山发展中，舟山人要牢牢把握宋韵文化传世的时代价值，丰厚舟山文化底气，增强舟山文化自信，奋力谱写高质量发展新篇章。

浙江国际海运职业技术学院副院长夏志刚从风向、潮水、摇橹航速等方面对这条航线进行了科学而细致的考证，指出，舟山本岛北部海域，存在一条东北亚海上丝绸之路古航线。这条航线清晰地描述了唐宋时期东北亚海上丝路的开放、包容，是古人留下的宝贵财富，是当今海洋文化历史底蕴的重要构成。日本名僧成寻于熙宁五年（1072）春来华，留下了这条航线的详细记录。他进入舟山群岛海域后，依次经过苏州石帆山、大七山，明州别岛徐翁山、小均山，明州黄石山、大均山、随稍山、袋山、东茹山、马务山、烈港山、加门山，然后从游山入镇海。在舟山停留的数天，成寻还记下了商业、宗教活动等情形，显示当时的舟山经济已比较繁荣。

舟山市文艺评论家协会主席倪浓水认为，从宋开始，中国开始有了真正意义上的海防建设。宋代时候，为了防御金兵从海上入侵，朝廷开始经营当时有“北洋要冲”之称的洋山防线，并且大力发展海军。而舟山也从那个时候开始成为“海防要地”。普陀山观音道场在宋代得以确立。南宋朝廷把普陀山列入“五山十刹”之中，这是从“政策”上确立普陀山皇家禅林的地位，是普陀山观音道场得以确立的标志性事件。从某种意义上说，没有宋代就没有舟山。宋室南渡后，大量北方高素质人口南迁，促进了舟山在经济、文化、教育等领域的大发展，舟山渔场也正式形成。开放包容、海纳百川，是舟山宋韵文化的一大特征。两宋对于舟山文明化进程的历史意义，需要大力研究。

浙江国际海运职业技术学院研究员孙峰指出，唐宋浙东“海上丝路”的兴起，使普陀山成为福建、宁波等地商船赴日本、朝鲜半岛的经停港，南宋名宦史浩则对南宋普陀山观音道场的形成有重要影响。绍兴十八年（1148），史浩由余姚尉改任昌国西监盐监，掌管当时舟山的盐业生产。史浩普陀礼佛一事，记载于他自己写的《留题宝陀禅寺碑偈》中。向来以禅师为友的史浩，到普陀山的一个重要愿望就是去访高僧，当时的宝陀寺住持是弁至澜，即后来被史浩称为“澜长老”的高僧。两人一见如故，研究佛理，讨论《楞严经》中文殊选取圆通童子入法界的事，不亦乐乎。可以说，他在普陀山的“奇遇”，为普陀山增添了许多历史传说方面的宣传，不少与普陀山相关的地方史志，后来都把史浩的一些传说、故事加入其中，这也说明南宋后期人们都接受了史浩的思想，同时扩大了古代普陀山的影响力。

浙江省作协主席团委员来其指出，“宋韵文化传世工程”是浙江省的一项重大文化计划，已上升为浙江省目前最重要的文化工程。它的边界也已从学术研究拓展到在演绎中“活化”，即把文献的内容转化为具象的东西，把看不见摸不着的内容转化为可感知可体验的实物，使宋韵文化成为一种可以触摸的“活化体”。考量“宋韵文化传世工程”中的舟山题材，是做好舟山“宋韵文化传世工程”的前提和基础。

2. 诗书渔火流韵的海洋文化内涵

诗书渔火是舟山有别于其他地方的又一宋韵文化内涵。南宋的舟山，其海洋文化成果令人瞩目，同时也影响了后世。如清代的经学大师“二黄”，与宋学的关系非常之大。

浙江海洋大学师范学院院长韩伟表在研究黄式三和黄以周的过程中，发现两人在经学、史学方面的众多研究在学界均有非常大的影响力。他说，通过对黄氏父子的易学研究可知，宋代杨万里开创的以史学研究为主的易学流派，对黄以周产生了非常大的影响，而宋学的研究对黄以周的影响非常大。黄以周在世时，曾出版其父亲在周易方面的研究，他们父子俩在易学上的研究其实是相辅相成的，黄式三的研究更多是理论性的、研究性的，黄以周在其父亲的理念指导下，做了很多实证工作。他们的易学思想主要受到朱熹的影响，在他们易学方面的著作中，收集有400多位易学家的研究成果，其中，初步统计有50位左右是宋朝易学家，而引用最多的实际上就是朱熹、杨万里等。看黄式三撰写的《易释》，明显能感受到他把朱熹的地位提得非常高，其引用的朱熹关于易学方面的研究成果所占篇幅很大。

浙江海洋大学教授程继红指出，1881年，黄以周在浙江书局领衔整理并刊刻李焘编纂的北宋编年史巨著《续资治通鉴长编》（浙局本），后又主持编纂《续资治通鉴长编拾补》，用120万字的篇幅补齐了《续资治通鉴长编》残缺部分，而使之成为研究北宋史的最基本史料之一。作为清代浙粤派“汉宋兼采”的代表性经学大师，黄以周的代表作《礼书通故》对朱熹礼学多有征引。他本着“实事求是，莫作调人”的学术立场，超越乾嘉以来汉宋门户之争，对南宋朱熹礼学给予了正反两方面的客观评价，代表了清代后期礼学界对朱子学接受与批评的新高度。而黄式三在42岁时完成《论语后案》，这是他汉宋会通思想的代表作。

舟山市历史学会顾问石一民的发言指出，南宋昌国人王文贯是朱熹三传弟子，精通《毛诗》，为四明《诗》学之大家，在传承、弘扬朱学方面起着承前启后的重要作用。王文贯一生以教育为己任，弟子众多，其中最著名的要数黄震和汪元春。黄震是慈溪人，学者称于越先生，南宋后期著名的学者和思想家。汪元春是奉化人，受《诗》学于王文贯，时间上要先于黄震。这两位高弟皆以《诗》学登进士第，而黄震在传承、弘扬朱熹之学方面更是作出了突出的贡献。两人的成就，与王文贯的教诲有着直接、重要的关系。王文贯在当时和后世的影响虽远不如其弟子黄震，但在四明朱学传播上贡献甚大。

舟山市历史学会副会长夏重也指出，南宋时，昌国士大夫在朱熹学说成为官学、四明朱熹学说形成过程中，都起到了不小的作用。在朝为高官的余天锡、应徭等人，对宋理宗的影响非常大，他们也是朱熹学说在理宗朝被定为官学过程中的两位关键人物。在今宁波范围内，是舟山人最早问学于朱熹，舟山的翁洲书院又是最早奉朱熹为先贤的书院，而岱山书院则一直维持着朱熹之源，并在继承中创新发展，成为宋末元初朱熹学说的守正地之一。总的来说，在四明地区朱熹学说形成过程中，舟山有开源之功、昌明之功、守正之功，这也与历任官吏、乡贤的大力倡导、发展教育是分不开的。

舟山市历史学会副会长周苗认为，自宋朝开始，嵊泗洋山海域因盛产大黄鱼，一直被视为“黄鱼渊薮”，宋《宝庆四明志》记载“三四月，业海人每以潮汛竞往采之，曰洋山鱼”。两宋时期的舟山渔业，正处于“自产自销、地产地销的近海生产”阶段，这是中国海洋渔业向近海发展的关键时期，为中国传统渔业的发展奠定了基础。而两宋时期在洋山形成大黄鱼渔场，并由此产生“洋山鱼”“洋山汛”等历史名词，是中国海洋渔业发展的必然结果。同时，透过洋山鱼，可以将舟山群岛视为整个中国宋代海洋渔业的缩影，隐约可见宋代海洋渔业的壮阔波澜。

舟山市文艺评论家协会主席倪浓水补充道，两宋时期，舟山渔场正式形成。这可以从“砂岸海租”制度的施行得到证明。“砂岸海租”实际上就是一种海洋渔业税。南宋朝廷当时在舟山的秀山、洋山和花鸟岛都设立有“砂岸海租”征收和管理机关，可见此时整个舟山渔场都已经被大规模开发。

3. 以爱国主义为核心的昌国士大夫精神

宋代，舟山人“学而优则仕”的踵接可以说明，在昌国士大夫身上，同样有“为天地立心，为生民立命，为往圣继绝学，为万世开太平”的千年之韵流淌。

倪浓水指出，宋代舟山文化教育事业十分发达。舟山的官学和虹桥书院、翁洲书院、岱山书院等，都建于那个时候。另外，舟山学子科举考试屡获成功，据志载，自绍熙四年至咸淳四年的75年间，昌国一县共有33人登第。

舟山市历史学会副会长兼秘书长楼正豪指出，定海城北擂鼓山南宋石像的艺术特征与宁波东钱湖南宋石刻公园的石像一致，从而论证舟山石像的墓主可能为南宋参知政事余天锡。具体理由如下。首先，能够享有此规格墓道石像的南宋舟山人，只有余天锡与应傜。应傜墓地位置明确，而擂鼓山旁的真武山大墓有可能是余天锡墓，其在临安去世后归葬故乡。其次，余天锡与四明史家关系深厚，石像应在宁波制作完成之后运搬入舟山。再次，余天锡之弟、南宋兵部尚书余天任墓道石像现存东钱湖，与舟山石像雕刻技艺属于同一系统。最后，余天锡墓志上大概刻有“吏部侍郎、户部侍郎、同知枢密院事”等官职及谥号“忠惠”。

其他一些专家在发言时认为，舟山在南宋时期出了很多有情怀、有担当的士大夫，擂鼓山石像说明舟山的宋朝历史遗存需要进行抢救性保护、挖掘、研究。爱国主义是舟山宋韵文化的核心内容，宋高宗避乱舟山、中国海防史形成、宋末舟山海上抗金斗争，无不闪现着爱国主义的光芒。再如县令葛洪等人任职昌国期间的贡献，都是尽忠报国思想的具化。而南宋著名大臣黄龟年多次弹劾秦桧及其党羽，最后隐居于朱家尖，则同样是士大夫气节的高度体现。据志载，舟山在南宋共出了33名进士，对这些科举精英的为官作为，应该作系统性考证，和在舟山任职的名宦如史浩、王阮、葛洪等人形成一个系列，彰显以爱国主义为核心的舟山南宋士大夫精神，赋予其时代意义，古为今用，传递正能量，激励后人。

4. 典雅敦厚的生活美学

在古代美学达到巅峰时期的宋朝，具有海洋气息的哲学、美学涛声响起，逐渐形成了具有舟山独有的生活美学。

嵊泗县作协主席金瑛指出，以文化之岛花鸟岛为例，它与宋韵文化很有内在的一致性。首先是花鸟岛的文化营构，有自然之美，建设上有文化追求（如诗歌岛、艺术岛），民宿有文化品位。其次是花鸟岛风情中的宋韵情调，一是宋韵文化讲究一个“韵”字——风韵之美，花鸟岛的文化建设、民宿格局，就讲究这个风韵情调；二是“雅”字——人文雅事，花鸟岛正在成为诗歌之岛、艺术之岛，所以在风雅情调上，花鸟岛与宋韵有相通之处；三是“闲”字，追求日常生活的质量。以南宋文化为代表的宋韵文化，在追求风雅、风韵的同时，还非常讲究日常生活中的休闲美学，这与花鸟岛以“慢生活”为基调的休闲养生格局又具有内在的一致性。

舟山市作家协会理事陈瑶认为，宋韵文化之“韵”，具有丰富的内涵，既包括宋代辉煌的文学艺术之风韵，也涵盖宋代人格气象的神韵，更指向宋代时代精神的气韵。宋代是舟山历史发展极其重要的时期。或者说，舟山的人文精神，归根到底源自两宋时代。之前可以说是草莽时代，到了宋代特别是南宋，舟山经济、政治、文化才有了全面性发展。就总体经济水平而言，那个时代大陆与海岛的差异，如同两个完全不同的级别，但物质文明的极度差异性，似乎并没太影响舟山文化的繁荣，两者居然能够开展共同的精神对话，这是舟山历史上一个非常有意思的文化现象。

5. 如何传承发展舟山的宋韵文化

宋代繁荣的经济、文化对后世影响十分深远，如何将宋韵文化打造成新时代舟山文化新高地，成为专家学者关注的焦点。

来其认为，舟山前期的宋韵文化研究，依赖一批专家学者的自发性努力，已有大量成果，挖掘出了许多为海岛所特有的、呈现舟山特色的宋韵文化内容。但这种研究，目前基本上还是呈现单个化、零散化状态，缺乏系统性和完整性。因此，系统归纳舟山宋韵文化的内容和特色，梳理其发展和演变的脉络，揭示其对后世的影响以及在当下的意义，是个很有意思的课题，也是舟山宋韵文化研究最需要填补的一处空白。除了重视宋韵文化在舟山的地域特性，研究舟山宋韵文化的地域性内容和特色外，探究舟山宋韵文化在历史上的积淀、渗透和传承过程，也是这个课题的一个重要方向。

舟山市作家协会副主席孙和军指出，目前定海双桥街道“紫微庄”农文旅融合项目正在建设之中，应将宋韵文化的传承融入其中。“紫微庄”的打造，遵循文献史料与民间传说两条线，体现真龙天子宋高宗与神话故事锦线女龙两条线的融合，以紫微版“宽巷”和“窄巷”的并行串联，解读“紫皮岙”成“紫微岙”、“狭门”变“龙门”的地名精蕴。前期以茶人谷（北端）、里回峰寺（南端）一线为打造中心，后期可以延伸到侯家（隶属于紫微村）和浦东（隶属于南山村，紧靠侯家），从而使双桥街道的西北一整块全部纳入农文旅融合的“紫微庄”美丽乡村。

舟山市文艺评论家协会秘书长王燕强调，宋韵中雅俗共赏的审美意识、开放包容的传播格局、趋于民间化的文化生态、先天下之忧而忧的家国情怀是我们这个时代需要的宝贵精神资源。舟山宋韵中以柳永作品为代表的文学创作、以三大书院为代表的文教事业、以昌国士大夫为代表的爱国志士正体现了以上这些品格，同时，舟山宋韵还独具海纳百川、开放进取、独立潮头的海洋气息。为此，应通过对宋代舟山“海上丝绸之路”等历史遗存的挖掘和探讨，呈现出一个较为完整的舟山宋韵研究脉络，建立舟山在宋代历史时间里的独特坐标。同时，通过各种文化交流形式传递宋代雅俗共赏、简约雅致的人文价值，让舟山宋韵走向民间，融入生活，提升市民的文化生活品质。

舟山市文艺评论家协会副主席马鲁纤认为，在某种程度上，对于“宋韵文化传世工程”来说，90 后、00 后群体是舟山宋韵“走出去”最该征服的“星辰大海”。舟山的宋韵文化产业转化尤其要深挖地域特色，以差异化的海风宋韵，凸显其迥异于江南繁华的开拓气质和包容胸怀。回顾近年的传统文化复兴热潮，我们会发现这是多元主体共同协作的复杂系统。政府以“文化自信”铸其魂、文化精英以研究成果承其重、互联网以媒体流量助其威，三方合力推动使传统文化呈现出复兴之“形”，但复兴之“实”，离不开民间力量大规模参与传统文化体验和文化消费。关于宋韵的文旅文创研发，应雅俗双线并行，覆盖高复购率和高附加值的多元目标群体，发展复合型海风宋韵推广场景，赋予城市“第三空间”全球海洋中心的独特气质。

2022 年 4 月，舟山市作家协会联合定海区茶文化研究会组织开展“千年宋韵”之寻迹定海山茶文化采风活动，邀请部分舟山本土作家走进定海茶场，探寻宋韵文化印记，打响定海“茶文化”品牌。[①]

2022 年 5 月 17 日，舟山市普陀区融媒体中心推出“宋韵文化之

① 《“千年宋韵”之寻迹　定海山茶文化采风活动开展》，定海新闻网，2022 年 4 月 15 日。

普陀印迹”专栏，通过挖掘普陀宋韵文化的特质内涵和当代价值，进一步展现宋韵文化魅力，传承弘扬宋韵文化，让宋韵文化“飞入寻常百姓家”。[①]

十 台州：以“台州味”来呼应“浙江韵”“中国风”

台州是北宋两浙路、南宋两浙东路的重要州府，甚至在南宋曾短暂取得陪都地位，为“宋室迁居”之地，经济文化鼎盛一时，达到了文化发展的巅峰，为宋韵文化积淀了丰富的成果。近年来，台州各地不断挖掘城市的宋韵元素，与当地文化研究和文旅结合，将当年的神韵再现于城市生活当中。如黄岩区重修了柔川书院，修复了存有“宋服之冠”的赵伯沄墓等。未来，台州会继续通过文化研究的形式发掘台州的宋韵文化，并将之更加紧密地融合于文化、旅游、产业等众多领域。

2021 年 10 月，台州学院人文学院李建军教授执笔的《关于推进台州宋韵文化研究的建议》，获得台州市委书记李跃旗的肯定性批示。李建军在该建议中提出，台州作为北宋两浙路、南宋两浙东路的重要州府，在两宋时期尤其是南宋达到了文化发展的巅峰，为宋韵文化积淀了丰富的成果；深入挖掘和阐扬台州丰富的宋韵文化，对于打造以宋韵文化为代表的浙江历史文化金名片具有重要意义。在宋韵研究的具体路径上，李建军提出谋定而后动，研究先行；相关研究可从以“唐诗之路”为代表的诗韵文化、以“台学传承”为代表的儒韵文化、以“佛宗天台”为代表的佛韵文化、以“南宗道源”为代表的道韵文化、以“非遗项目”为代表的艺韵文化、以“文物遗存”为代表的物韵文化等六方面展开，深入挖掘相应文化的特色韵味，以“台州味”

---

① 《宋韵文化之普陀印迹① 马秦遗诗青山风骨》，网易网，2022 年 5 月 17 日。

来呼应“浙江韵”“中国风”。①

2021 年 11 月 25 日，由台州市社科联举办的“和合文化百场讲坛——千年古郡、三台宋韵”活动在黄岩博物馆举行。活动邀请到浙江省社会科学院副院长陈野、台州学院人文学院院长李建军、黄岩历史学会顾问张良、临海历史文化名城研究会会长马曙明、黄岩博物馆馆长罗永华等几位专家，同现场观众一起品味千年宋韵文化。②

2022 年 2 月 25 日，《今日临海》刊登杨吕富撰写的《宋韵文化在台州民俗和工艺领域中的衍绎初探》一文，文章认为，诠解和梳理浙江宋韵文化的民俗，如民间艺术层面的台州“十里红妆”和朱漆器艺术的渊源和史实，是有很大的现实意义和必要性的，这是提供民族文化自信力的鲜活的历史教材。浙江宋韵文化“十里红妆”和朱漆器艺术自宋上溯各朝代无文字和史料、实迹可考，有史可据者，唯北宋雍熙年间台州临海桃渚芙蓉村黄百万借雨伞嫁女和南宋康王赵构南渡于台州临海章安金鳌山避难事可以做佐证。起源于台州，盛行浙东南的“十里红妆”文化和朱漆器艺术，是最能体现浙江宋韵文化的民间艺术，是民俗方面最丰富多彩、最直观的具体存在。它从宋朝走来，发端、发展、展演至今不衰，受众普遍，深入人心。它的文化内涵、民俗执守、口头文化、技艺经验、艺术语言等传承至今，对文化艺术、民间工艺的启迪和继承熠熠生辉，是民俗学、社会学、艺术学等相关学科的重要组成部分。③

2022 年 4 月 28 日，由台州市文广旅体局主办，临海市文广旅体

---

① 《李建军〈关于推进台州宋韵文化研究的建议〉获市委书记批示》，台州学院新闻网，2021 年 10 月 26 日。

② 《台州市举办“和合文化百场讲坛——走进千年古郡、品味三台宋韵”》，台州智库网，2021 年 12 月 15 日。

③ 杨吕富：《宋韵文化在台州民俗和工艺领域中的衍绎初探》，《今日临海》2022 年 2 月 25 日。

局、市文旅集团、市博物馆共同承办的“宋韵台州大雅府城——首届台州府城宋韵文化艺术特展”在古城街道赤城路9号开展。本次特展共展出诗词书法作品、国画作品、宋代文物展品和雅草盆景等展品共190余件，以“曲径幽雅”为主线，以宋诗宋词书写为契合点，通过当代台州的一批著名诗人、书画家、收藏家的所藏所珍，系统呈现当下台州文艺家队伍接续奋斗、敢想敢为、繁荣蓬勃的创作景象，同时搭配宋代器物和盆景之雅，展示宋朝的风雅文化、风貌人情，市民徜徉于古典家具、园林旧雕、萋萋芳草之间，观古今、寻宋迹、传宋风、品味宋韵文化。[①]

2023年3月28日晚，原创民族交响情景音乐会《宋韵台州》（小剧场版）专场演出在台州市图书馆报告厅上演。《宋韵台州》音乐会以宋韵为主题精心策划，乐曲以南宋时期的音律为素材，音乐的曲式结构采用复二部、复三部、分节歌及回旋曲、变奏曲、联缀曲牌等多种形式，力求多元呈现宋韵风采。[②]

台州下辖的黄岩、椒江、路桥三区，仙居、三门、天台、玉环四县，临海、温岭二市，也各自围绕所在地域的宋韵文化历史资源开展了相关的研究与宣传工作。其中以临海市、黄岩区的“宋韵文化”研究最为突出。

1. 临海：打造“宋韵临海”文化品牌

临海文化繁盛于宋，传承于宋，也得益于宋，临海很多世家大族的先祖就是在宋时迁入的，临海今天的文化发展，也大多从宋代开始传承积淀。仅从府城文化旅游的格局来说，是宋代开辟了东湖园林，是宋代美化了城楼，也是宋代形成了紫阳街的街巷格局，就连街名也

① 《宋韵台州大雅府城——首届台州府城宋韵文化艺术特展开展》，浙江在线·临海新闻网，2022年4月29日。

② 《小剧场版〈宋韵台州〉原创音乐会 每月都能听》，潮新闻，2023年3月31日。

是为纪念宋代紫阳真人而命名。因此，宋韵文化对于临海来说不仅具有非凡的历史意义，更具有重大的现实价值。

2021 年 9 月 27 日，为贯彻落实浙江省委关于大力推进宋韵文化研究、传承和转化的重要决策部署，临海市组织召开“宋韵文化在临海”座谈会。来自全市文史、文化、文艺领域的 10 多位专家参加座谈会。与会专家结合各自的研究领域，从政治发展、经济建设、社会进步、文化繁荣、艺术传承、制度变迁等宏观层面，以及百姓生活、文学艺术、文物遗存等具体方面出发，就“宋韵”的内涵、外延及核心特征发表了意见。专家们围绕如何挖掘、保护、提升、研究和传承具有临海辨识度的宋韵文化，使千年宋韵在临海创造性转化、创新性传承，形成展示“重要窗口”独特韵味，成为临海文化的重要标志之一，加强理论研究，展开了充分研讨。大家一致认为，当前，宋韵文化研究传承的工作意义重大，对于临海打造与社会主义现代化先行市相适应的新时代文化高地，争当高质量发展建设共同富裕示范区的城市样板具有积极作用。与会专家还认为，应结合多种形式开展宋韵文化的传播与普及活动，多元化地做好宣传与推广工作。①

2021 年 11 月 21 日，由临海市委宣传部、市文广旅体局、市社科联主办，市收藏家协会承办的“宋韵文化”品鉴会在紫阳街“临海生活体验馆”举办。活动通过展示越窑、龙泉窑、耀州窑、建窑等经典藏品，让参观者深入了解宋代人们的文化、艺术、生活的历史印记。②

2022 年 1 月 14 日、21 日、28 日，林大岳在《今日临海·括苍周刊》上发表《宋韵临海：州城雅韵和千年风华》上、中、下三篇，对“什么是宋韵文化？为什么要传承宋韵文化？它对临海有什么意义，

---

① 《打造文化名片　传承千年宋韵　我市召开“宋韵文化在临海”座谈会》，《今日临海》2021 年 9 月 28 日。

② 《2021 年 11 月 25 日图片新闻》，临海新闻网，2021 年 11 月 25 日。

又对我们的具体生活有什么影响呢?”这三个问题予以解读。文章认为，宋代文化代表着中华文明创造的高峰。在中华五千年的文明中，宋代文化素以“文雅”著称，形成的宋韵文化具有独特的人文风韵、美学意韵和风神气韵，这种韵味是多元的、个性的、美学的，也是世俗的、平民的、大众的。宋韵文化的本质是一种优雅的精神气质和生活美学，它的基本特征表现为：雅俗相济、和美相谐、精简相宜、内外相养。总之，宋韵是从宋代传承下来的文化底蕴、精神气质、人文智慧和生活情趣，宋韵文化所体现的审美和精神气质，一直影响着我们的审美观和价值观，具有很高的审美和生活价值，与人们追求美好的生活相契合，对于提升我们的生活品质和思想境界都大有裨益。千年宋韵文化是浙江最具标志性的文化金名片，也是千年府城临海的重要文化遗产和个性特征。临海有 2000 多年的设县置郡历史，但一直偏居海隅，社会经济发展长期以来都比较缓慢，直到宋代，尤其是南宋时成为“浙左股肱”的王畿辅郡之后，一跃从“海邦僻左”迅速发展成为社会安定的“浙中乐郊”、人才集聚的“人物渊海”、教育发达的“富教名区”、学术崛起的“东南邹鲁”、文化繁荣的“文献之邦”，百姓由物质的“富乐”向精神的“风雅”迈进，孕育了包含高尚人生境界、健康审美情趣、雅致生活文化的独特人文魅力。台州府城的宋韵文化要从文化挖掘、文物保护、文脉传承、文旅融合等角度入手，实现活性传承和活化应用，在有表述、有展示、有遗址上下功夫，实现可观、可感、可亲近、可传承的呈现，以此提升人们的生活品质和境界，使宋韵文化在府城“流动”起来、“传承”下去，为建设新时代文化发展高地、塑造城市人文精神、实现共同富裕提供强大文化支撑。[①]

① 林大岳：《宋韵临海：州城雅韵和千年风华》，《今日临海 · 括苍周刊》2022 年 1 月 14 日、21 日、28 日，分上、中、下三篇连载。

2022年2月，临海两会召开期间，临海市政协委员何薇薇说，台州文教始于唐，兴于宋，尤其南宋一朝，台州成为畿辅之地。临海作为台州府治所，历来是台州的政治、经济、文化中心，宋代也成为临海在历史上的高光时期。但综观当下，临海在宋韵文化挖掘、文物保护、文脉传承、文旅融合上还存在诸多不足。她建议，加快推进宋韵文化研究升级，推出“宋韵临海”系列文化精品，提炼“宋韵临海”的核心要义、文化价值和当代意义。同时加强宋代遗存考古挖掘和保护展示，打造“宋韵临海”文化品牌，打响“宋韵临海”的文旅品牌，讲好讲活“宋韵故事”。①

2022年2月24日，新华网推出“东海宋韵”系列直播活动，首站走进临海。临海市文旅集团相关负责人介绍，台州府城一直维持着宋代以来的规制布局和民俗风情，是一座“活着的”古城。如今，我们借助现代数字科技再现千年前的宋时繁华，带领广大市民及游客沉浸式感受“活着的”宋韵文化，让其更好地“流动”起来、传承下去，为临海建设历史名城厚植文化底蕴。②

2022年9月28日，临海市举行台州府城宋韵·诗路文化体验馆开馆仪式。据悉，台州府城宋韵·诗路文化体验馆依托新华智云文旅大数据平台，以临海历史文化和历代诗词为数据基础，运用短视频实时生成技术、人工智能大数据、虚拟数字人、XR、裸眼3D、智能算法等数字技术，推出“科技夜游”、“洞天日月”裸眼3D剧场、“夜半霞色”智能剧场等沉浸式体验项目，旨在打造成一个“老物焕新生”的旅游打卡地和新型临海全域旅游集散中心。临海市委常委、宣传部部长高佐明说：“体验馆以宋韵元素为灵感，依托临海浙东唐诗

① 《代表委员话发展》，临海新闻网，2022年2月18日。

② 《新华网推出“东海宋韵”系列直播　首站走进临海》，临海新闻网，2022年2月25日。

之路重要节点与枢纽地的深厚文化积淀，通过可听、可看、可触摸、可互动的数字化体验，全方位展现千年府城的独特文化魅力，是浙江省迄今为止落成的诗路展馆中整体面积最大、互动方式最丰富的展馆。”①

2023年7月20日，“临海市宋韵文化研究会成立大会”在临海市博物馆举行。宋代的临海，名士辈出、风雅富庶，是其在传统社会的一个巅峰时代。《宋史》统计，浙江籍凡136人入传，临海籍的占有10人。更有一皇后（谢道清）、父子教育家（徐中行、徐庭筠）、兄弟四进士（商飞卿、商逸卿四昆仲）、五宰辅（谢廓然、陈骙、谢深甫、钱象祖、谢堂）、八位客籍并终老临海的宰辅（吕颐浩、范宗尹、陈与义、翟汝文、贺允中、王之望、钱端礼、杨栋）。这是一个值得研究、值得讴歌、值得传承的时代。临海市宋韵文化研究会的成立，对挖掘当地宋韵文化的时代内涵、思想意义、价值维度，进一步提升临海文艺界的凝聚力和促进文化事业高质量发展，有着重要推动作用。②

此外，台州市社会科学界联合会主办的《台州社会科学》也有“宋韵文化研究”的专栏，刊发与台州有关的宋韵文化研究论文。比如2022年第6期的《台州社会科学》上刊登王英础的《朱熹在台州的遗迹及开发》、江雨佳的《朱熹来樊川书院讲学的千古佳话》。

2. 黄岩：实施黄岩文化复兴战略，全力打造黄岩宋韵文化展示区

黄岩是一座有着1300多年建县历史的千年古县，人文底蕴深厚，咏橘文化、儒释道文化、宋韵文化、青瓷文化、书院文化、和合文化等源远流长。宋韵文化是黄岩最具辨识度的文化标识，也就是说，黄

---

① 《台州府城宋韵·诗路文化体验馆开馆》，《台州日报》2022年9月29日。

② 《临海市宋韵文化研究会成立：研究发掘宋韵文化，大有可为》，望潮客户端，2023年7月20日。

岩有着十分丰富的宋代文化遗存。如国家级重点文物保护单位瑞隆感应塔、沙埠青瓷窑址就是宋代遗存；赵伯沄墓出土的整套丝绸服饰被称为“宋服之冠”；建于北宋初年的灵石寺塔出土了大量吴越国至北宋佛教文物；理学大师朱熹驻节黄岩讲学，其弟子杜烨、杜知仁兄弟创立南湖学派，目前朱熹讲学的樊川书院遗址和南宋右丞相杜范读书的灵岩洞犹在。此外，黄岩还有许多保留有宋韵元素的历史遗存。如黄岩区委、区政府作为一号城市建设工程打造的官河古道沿岸保留了五洞桥、孔庙、桥上街、司厅巷、徐昌积宅等；黄岩还拥有道教“第二洞天”委羽山洞、“第四福地”东仙源等。

全面建设共同富裕区域标杆，黄岩将文化复兴作为重要一环，以实施“宋韵文化传世工程”为重点，建设新时代宋韵文化展示区。近年来，黄岩全面实施文化复兴战略，以“宋韵文化传世工程”为抓手，以擦亮“宋韵黄岩”品牌为着力点，以人文之美助推精神共富，全力打造文化润富高地。目前，一批标志性成果已经形成——官河古道、沙埠窑青瓷遗址公园、宋韵服装时尚设计大赛、话剧《贤相杜范》4 个项目被写入浙江省“宋韵文化传世工程”。

2021 年 12 月，黄岩区十四届一次党代会报告指出，要实施黄岩文化复兴战略，坚定不移把文化复兴作为内在动能，以擦亮宋韵黄岩品牌为重点，实施文化基因解码、文化空间拓展、文明实践浸润等工程，以人文之美助推精神共富，全力打造浙江宋韵文化展示区。①

2021 年 9 月 12—14 日，黄岩区委书记陈建勋赴沙埠镇、东城街道、西城街道和北城街道调研文化事业发展工作。陈建勋强调，全区上下要深入贯彻习近平新时代文化建设思想，全面落实省委文化工作会议精神，大力实施“宋韵文化传世工程”，高水平打造更具辨识度、

① 《文化复兴战略》，《台州日报》2022 年 3 月 26 日。

显示度的“宋韵黄岩”，形成展示重要窗口独特定位、文化浙江建设成果的黄岩标识，奋力建设新时代文化高地，为高质量发展建设共同富裕先行区注入深沉持久的文化动力。其中，在9月14日上午召开的“宋韵黄岩”座谈会上，陈建勋与黄岩区文化界代表进行了深入探讨交流。陈建勋指出，黄岩历史文化悠久，积淀底蕴深厚。在宋代尤其是南宋，黄岩无论在政治、经济方面，还是文化、教育等领域均取得了长足进步，成就了“东南小邹鲁”的美誉。各地各部门要围绕省委“在打造以宋韵文化为代表的浙江历史文化金名片上不断取得新突破”的部署要求，高水平打造“宋韵黄岩”，全面唤起黄岩人的文化自信，用文化的力量凝聚人心，汇聚成推动黄岩高质量发展的强大动力。打造“宋韵黄岩”要把握好基本原则。要彰显地方特色。多层次、全方位挖掘提炼黄岩独有的文化精髓和内涵，尤其要深挖青瓷文化、服饰文化（宋服之冠）、商贸文化、书院文化、名人文化等资源，通过解构重组，绘制“千年永宁”文化谱系，努力在浙江宋韵文化中找到黄岩坐标。“宋韵黄岩”重点打造三大标志性工程。一是官河古道商贸文化圈。将沿线的历史遗存，特别是展现南宋文化精髓的历史节点穿点成线，融合现代商业、休闲、旅游等业态，打造以宋韵文化为主题的特色文旅新地标。二是沙埠青瓷文化园。加强对沙埠青瓷的研究，挖掘青瓷文化的内涵和价值，打造黄岩新的文化名片。三是江北名人文化带。深入挖掘以翠屏山为核心的儒学文化内涵，进一步整合江北历史文化资源，加强文化成果转化利用。①

2022年1月12日，《今日黄岩》刊发《实施黄岩文化复兴战略全力打造浙江宋韵文化展示区——七论深入学习贯彻区十四届一次党代

① 《高水平打造更具辨识度的宋韵黄岩，奋力建设新时代文化高地》，今日黄岩，2021年9月15日。

会精神》，其中指出，在诸多黄岩传统文化中，宋韵文化是最为光彩夺目的。黄岩历史上有进士275人，其中南宋就有182人，占了2/3；在黄岩博物馆珍藏的101件国家一级文物中，属于宋朝的就占了一半多。宋室南迁后，辅郡内的黄岩逐渐兴旺起来，商贸日兴、市井繁华、文风鼎盛，被称为东南小邹鲁。因此，我们要把文化复兴作为重要一环，以实施“宋韵文化传世工程”为重点，深入开展文化基因解码、文化空间拓展、文明实践浸润等行动，以人文之美助推精神共富。擦亮“宋韵黄岩”品牌。要在宋韵黄岩的内涵挖掘上进行不断深化，在遗址保护立体呈现上进行活化展示，在艺术呈现创新利用上进行转化，在多元宣介一体打造上塑造品牌，为实现文化共富、精神富有注入来自历史的智慧和力量。要深入挖掘宋服文化、青瓷文化、传统村落和街巷文化、书院文化、名人文化、红色文化等底蕴，梳理形成黄岩文化基因库，与推动城市有机更新、文化设施升级、文创产品创新、文旅活动提质相结合，深入推进文化基因解码工程，打造特色文化标识。宋韵文化是黄岩最具辨识度的文化标识，我们要擦亮“宋韵黄岩”品牌，实施“宋韵黄岩”建设“六个一”工程，高品质打造永宁江、官河古道、孔庙、沙埠青瓷窑址、委羽山道文化公园、江北名人文化带等，整理出版“宋韵黄岩”丛书，制作“宋韵黄岩”系列视频，开展“宋韵黄岩”系列展览，举办“宋韵黄岩”理论研讨会及文艺演出，推动“千年宋韵”在黄岩“流动”起来、“传承”下去。①

2022年1月29日，位于黄岩区南城街道的宋韵古道修复工程基础设施建设完工。据悉，宋韵古道始于宋代，位于黄岩区南城街道方山下村，南通方山五峙堂，北通方山双塔。古道两旁，柏树成荫，古

① 《实施黄岩文化复兴战略　全力打造浙江宋韵文化展示区——七论深入学习贯彻区十四届一次党代会精神》，《今日黄岩》2022年1月12日。

道全长约1000米，海拔高约400米。由于年久失修、部分道路过于陡峭，2021年10月黄岩区南城街道启动宋韵古道修复工程。为赋予宋韵古道更多宋韵文化的内涵，古道沿途共设置三左亭、二彭亭、云影亭三座凉亭，并依靠山体设置一座悬空观景台和两处摩崖石刻。三座凉亭以方山下村宋代著名乡贤左纬父子，彭椿年、彭龟年兄弟和朱熹的“天光云影共徘徊”而得名。[①]

2022年3月9日，“黄岩论坛”发布的一篇论文《千年永宁宋韵悠远：“宋韵黄岩”解读》，作者认为，相对封闭、枕山襟海的地理环境决定了“宋韵黄岩”鲜明的地域特色，同时，其受儒释道三教融通和浙东学派经世致用思想影响，开拓创新意识强烈，和合思想薪火相传。“宋韵黄岩”的精神气质体现在以下7个方面。①“宋韵黄岩”体现了以天下为己任的家国情怀。家国情怀是流淌在黄岩人血液里的精神基因。“宋韵黄岩”所体现的最美精神气质就是关注民生、以天下为己任的家国情怀。如宋代黄岩的文学以诗词最具审美情趣，涌现了左纬、戴复古、谢希孟、严蕊等著名诗人、词人，特别是布衣诗人、旅行家戴复古曾师从陆游，成为“江湖诗派”领袖。他著有《石屏诗集》《石屏词》等，其中有不少反映民生疾苦和抒发爱国情感的作品。再如右丞相杜范的侄子杜浒追随文天祥抗元，终成文天祥的臂膀而为国捐躯，名垂青史；茅畲牟大昌明知必死，仍响应文天祥抗元英勇牺牲。他们都很好地体现了浩然正气、家国情怀，正能量满满。②“宋韵黄岩”体现了“三气”汇聚的鲜明品格。历史上的黄岩地处宁波和温州之间的台州区域，东濒东海，北、西、南三面环山，永宁江、金清港由西向东蜿蜒入海，独特的地理小区域造就了鲜明的地域特质，兼具海的大气、山的硬气和江的灵气。无论是宋代黄岩城的规划建设，

① 《浙江黄岩宋韵古道修复工程完工》，中国新闻网，2022年1月29日。

还是兼具航运、排涝、灌溉等多种功能于一体的官河体系的构建，以及黄岩人的总体性格特征，无不体现“三气”汇聚的鲜明品格。在黄岩籍名人身上，这些品格更是体现得淋漓尽致。如杜范在南宋末期以清正廉洁、忠君爱国的凛然气节，忧国忧民、改革内政的担当精神鞠躬尽瘁，死而后已，成为一代贤相。③“宋韵黄岩”体现了正心诚意的理学传统。北宋时，理学家徐中行、徐庭筠父子隐居委羽山讲学，开创黄岩儒学传播之先河。南宋淳熙二年（1175），理学大师朱熹驻节黄岩翠屏山讲学，台州各地的名士纷纷拜其为师。从此，黄岩文风蔚然，科举登榜者激增，仅南宋时期黄岩籍进士便多达 182 人，赢得了“东南小邹鲁”的美誉。其中朱熹弟子杜烨、杜知仁兄弟创立了南湖学派，传承有序，成为朱子理学在浙江传承的重要学派，代表性的人物有右丞相杜范，史学家赵师渊，理学家杜烨、杜知仁、车若水、黄超然等。传之明清，产生了文史大家陶宗仪、哲学家黄绾、经史学家王棻及弟子群体等。从南宋中叶至清末民初，南湖学派在台州南部传承了近 800 年，每个朝代都有著名人物和代表著作，在浙江产生了重要影响。④“宋韵黄岩”体现了经世致用的事功思想。永嘉事功学派对黄岩影响较大，其代表人物陈傅良、叶适经常来往于黄岩与温州之间，尤其是永嘉学派集大成者叶适曾多次寓居黄岩，交游广泛，培养了一批传承衣钵的弟子，使经世致用思想在此落地生根。其主张功利之学，反对空谈性命，是“温台模式”创业创新精神的思想发端，也是黄岩民众创业创新的精神源泉。⑤“宋韵黄岩”体现了开放包容的海洋意识。两宋时期，海外贸易繁荣，海上丝绸之路成为主要通道，孕育了开放包容的海洋意识和进取精神。位于黄岩东城的柏树巷，旧称新罗坊，即五代以来新罗（今朝鲜）商人居住地。他们向黄岩地域进口瓷器、纺织品、纸笔、药材、茶叶，还有佛经及各类书籍等。所以，黄岩在两宋时期对外交流频繁，是海上丝绸之路的重要节点之一。黄岩沙埠窑生产的青瓷、温黄平原织造的精美丝织品等，多从官河运抵永宁江、灵江沿岸各港口出海。⑥“宋韵黄岩”体现了精致典雅的审美范式。从赵伯沄墓出土的精美丝织品、铜镜、投龙玉璧、水晶璧、香料等文物，就可反映文人士大夫的日常风雅和精神生活。伴随市民阶层的兴起，反映民众衣食住行的市井文化发生了深刻变化，逐渐趋于世俗化、平民化。灵石寺塔出土的戏曲人物画像砖，生动反映了五代北宋时期黄岩戏曲艺术的滥觞。始建于北宋元祐年间的五洞桥，虽多次重建，仍保持宋代形制。⑦“宋韵黄岩”体现了求真务实的科学精神。在宋代，黄岩人秉承求真务实的科学态度，取得一些令人骄傲的科技成就。其中陈景沂著有《全芳备祖》，被誉为“世界最早的植物学辞典”；徐似道著有《检验尸格》，成为我国第一部司法验尸技术专著；名医陈衍著有《宝庆本草折衷》，是南宋一部重要的医学著作等。特别是在唐代即成为贡品的蜜橘，至宋代乳柑被誉为“天下果实第一”，其中的关键技术“黄岩蜜橘筑墩栽培系统”被列入中国重要农业文化遗产。总之，深入研究“宋韵黄岩”的基本形态，准确阐释其精神气质，目的是站在历史的视野、文明的高度去发掘提炼其当代价值，为实施黄岩文化复兴工程、打造共同富裕区域标杆提供历史启迪。“宋韵黄岩”上承汉唐，下启明清，源远流长，意蕴深刻。此中包含着丰富的当代价值，即担当有为的家国情怀，精致典雅的生活追求，多元包容的开放意识，敢闯敢冒的创新精神，求真务实的科学态度等。弘扬宋韵文化，打造“宋韵黄岩”，让千年宋韵在新时代“流动”起来、“传承”下去，这是历史留给每一个黄岩人的全新课题和使命担当。[1]

2022 年 3 月，黄岩屿头乡“宋韵文化园”配套建设工程开工。屿

① 《千年永宁宋韵悠远：“宋韵黄岩”解读》，黄岩论坛，2022 年 3 月 9 日。

头乡党委委员杨萍说道："我们想要将宋韵文化园和沙滩老街还有'演太线'串联成宋韵文化的一条精品路线，进一步弘扬、传承宋韵文化，助推文旅共富。"下一阶段，屿头乡将着眼宋韵文化传承发展，坚定不移支持黄岩文化复兴战略工作。通过不断挖掘宋韵文化元素，深入开展文化基因解码、文化空间拓展、文明实践浸润等行动，多方位全面展示宋韵文化价值，以人文之美助推精神共富，全力以赴干出项目加速度、跑好共富新征程。据了解，早在2016年，浙江省文物考古研究所和黄岩区博物馆就在屿头乡前礁村抢救性发掘了距今800年的南宋赵伯沄墓。屿头乡对此高度重视，邀请到上海同济大学杨贵庆教授团队对其进行整体设计与抢救性开发。团队以古墓为核心，设计打造宋韵文化园，促进宋韵文化传承。①

2022年6月26—27日，浙学论坛2022"宋韵与浙学：文化基因的新时代解码与传承"学术研讨会在黄岩区举行。本次论坛由浙江省社会科学界联合会、浙江大学共同主办，浙江大学宋学研究中心、浙江大学文学院（筹）、台州市委宣传部、台州市社科联、中共台州市黄岩区委、台州市黄岩区人民政府联合承办，来自海内外知名高校、研究机构的百余位学者线上线下参加了会议。论坛以"宋韵与浙学：文化基因的新时代解码与传承"为主题，围绕浙江宋韵文化概念的内涵与外延，浙江宋韵文化基因的阐释与弘扬，浙江宋韵文化的表现形态与特征，宋韵文化、浙学的地域特征与周边影响，浙江宋韵文化的当代价值等，通过阐释宋韵文化概念、分析宋韵文化表现形式、解析宋韵文化构成基因、揭示宋韵文化当代实践价值等多重视角，探索浙江"宋韵"文化的优秀基因、充分挖掘丰富的"宋韵"文化资源与历史遗存，推动"宋韵"文化研究在新时代的创造性转化和创新性发

① 《黄岩：宋韵文化园配套建设工程开工》，中国蓝新闻网，2022年3月2日。

展，为新时代文化浙江建设发展提供强大精神动力和思想资源。台州市黄岩区委书记包顺富，浙江大学副校长何莲珍，浙江省社科联党组书记、副主席郭华巍在论坛开幕式上分别致辞。包顺富在致辞中指出，宋代是黄岩文化发展黄金期，宋韵是黄岩文化的亮眼标识。论坛聚焦宋韵文化开展学术研讨、思想碰撞，必将为推进浙学的传承和发展，深入实施浙江“宋韵文化传世工程”、打造新时代文化高地提供强大助力。黄岩将以文化复兴战略为动能，以擦亮“千年永宁·宋韵黄岩”品牌为重点，着力推进全域文化繁荣、全民精神富有，全力打造浙江宋韵文化展示区。论坛发布了杭州国际城市学研究中心、浙江省城市治理研究中心关于浙江省宋韵文化传承发展研究现状的最新调研成果。浙江省社会科学院课题组院发布了关于黄岩区文化复兴战略专题规划最新研究成果。①

2022 年 8 月 12 日，由浙江省委宣传部、中国纺织服装教育学会指导，中国丝绸博物馆支持，台州市委宣传部、台州市文广旅体局、台州市黄岩区委、台州市黄岩区人民政府联合主办的“‘华夏衣裳·宋韵时尚’2022 年全国宋韵服装时尚设计大赛启动仪式”在杭州中国丝绸博物馆举行。本次大赛从台州市黄岩区赵伯沄墓出土的 76 件丝绸织物出发，以服装设计为桥梁，深度挖掘黄岩“宋服”的历史人文价值，致力在传统文化与现代时尚的碰撞融合中创作出当代精品。据悉，此次大赛将面向全国设计创新者，包括但不限于线上及线下设计师品牌主理人、艺术家、企业设计师、高校设计专业的学生、设计工作室和企业等公开征集具有黄岩宋韵元素的服装创新设计作品。参赛者可通过大赛报名平台注册、报名，或关注浙江省创意设计协会公众号，

① 《解码宋韵文化基因，传承浙学文脉底蕴：“浙学论坛 2022”海内外学者共会黄岩》，浙江省社科联，2022 年 6 月 29 日。

获取最新赛事信息，参与大赛相关活动。启动仪式现场还举行了“宋韵与时尚文化发展”主题论坛。张良、李加林、李杰三位专家分别以“低调的奢华，宋服之冠解读”“宋韵中的织锦文化”“作为精神符号与时尚消费的宋韵”为题进行了主旨讲座，从服装、文化、产业发展的高度，为赛事提供理论支撑与有益探索。[①]

2023 年 10 月 14 日，大型原创民族交响情景音乐会《宋韵台州》，在浙江省人民大会堂进行专场演出。该音乐会由台州市和黄岩区共同出品，包含 11 首曲式、体裁、风格、形式迥异的乐曲，充分吸收了台州本地的民间小调、民歌、戏曲以及南宋诗词等元素，以沉浸式的舞台、古朴典雅的风格、动人心弦的音乐、优美迷人的吟唱以及人物情景的再现，生动展现了一幅南宋时期台州的人文生活景象，让现场观众身临其境、陶醉其中。这是《宋韵台州》继德国演出后，再一次在重要舞台上献演，也让“宋韵台州”“宋韵黄岩”的魅力再次出圈。[②]

总之，历史文化是源，城市发展为流，源远才能流长。近年来，黄岩始终致力于复兴宋代传承下来的历史文化和人文精神，通过推进“宋韵文化传世工程”，将丰厚的历史积淀化古为新，让宋韵文化成为黄岩最基础、最深厚、最持久的核心竞争优势之一。

3. 天台：开展天台宋韵文化研究

2022 年 5 月 30 日，天台县社科联牵头召开“天台县宋韵文化研究座谈会暨政协提案会商会”。来自天台县委宣传部、天台县文广旅体局、天台县文联等相关部门领导及县政协文史文旅体育组委员出席，天台山文化研究会相关专家及天台文艺界专家参加座谈。座谈会上，天台山文

① 《挖掘黄岩“宋服”历史人文价值：全国宋韵服装设计大赛在杭州启动》，光明日报客户端，2022 年 8 月 12 日。

② 《大力推进宋韵文化传世工程，持续提升“宋韵黄岩”品牌 黄岩打造文化润富高地》，《浙江日报》2023 年 10 月 17 日。

化研究会专家及文艺专家分别就天台宋韵文化研究的前期成果、当前方向、具体内容及成果转化运用开展探讨，并介绍了各自的相关研究计划，四家县级部门参与了探讨并达成了一定共识：由天台县文广旅体局牵头请天台山文化研究会对宋韵文化遗存进行梳理汇总，开展保护修复，在专家研究计划基础上结合县委、县政府工作需要，由各个部门确定研究重点项目给予支持，并继续要求天台山文化研究会专家继续主动开展天台宋韵文化研究，为天台文化建设和文旅发展提供理论支持。[①]

4. 温岭：举办“东屿书院与宋韵温峤”主题研讨会

2022 年 9 月 29 日，温岭市社科联主办的“宋韵今寻——东屿书院与宋韵温峤”主题研讨会在温岭市温峤镇的温岭街和合书院举行，当地社科工作者约 40 人参会。会上，台州学院胡正武教授作了题为“宋韵与临海峤的诗和远方”的主旨演讲，台州博物馆副馆长张峋作了题为“宋韵温峤话书院”的主旨演讲。温峤镇、温岭市历史文化研究会、温岭市儒学学会等多家单位就东屿书院重建设想和宋韵文化传承等内容进行了交流讨论。大家一致认为，要进一步挖掘传承当地丰厚的传统文化资源和内涵，打造出一张独特的宋韵文化金名片。[②] 据悉，温峤是一座历史悠久、文化底蕴深厚的千年古镇，拥有宋代浙东知名花园丁园，温岭最早见于记载的书院东屿书院就坐落在其中，曾吸引朱熹、叶适、陈亮等名人造访。

十一　丽水：实施“宋韵丽水”活化计划，建设“处州宋韵”十大文化地标

丽水，古称处州，文脉悠远绵长，在历史发展中受到宋韵的深刻

① 《天台县召开宋韵文化研究座谈会》，浙江省社科联，2022 年 6 月 1 日。

② 《温岭市社科联开展“宋韵今寻——东屿书院与宋韵温峤”研讨活动》，“台州社科”微信公众号，2022 年 10 月 11 日。

影响，留下了值得深挖和传承的宋韵文化。在丽水大街小巷，不经意间，你便能看到宋时留下的影子，市区的应星楼、烟雨楼、少微阁、莺花亭均是宋时首建，藏有印度高僧舍利的延庆寺塔，儒释道融为一体的时思寺都是两宋的建筑，龙泉留槎阁至今留有苏轼题写的阁名。这些宋韵文化基因一直融合在丽水人的内心中，为了更好追溯，丽水未来将建设“处州宋韵”十大文化地标，打造环南明湖文化圈和环櫂山文化圈，建成瓯江文苑民办博物馆群，为“丽水山居图”注入处州宋韵全域“雅”文化的内涵。

丽水市政协委员、丽水日报报业传媒集团副社长胡建金认为，处州（丽水）宋韵文化在七个方面有很强的时代价值。①心怀天下的报国之志。爱国主义是每个时代的主题，两宋的处州有一大批名臣效忠国家，发奋图强，先后出过两位宰相五位副相十多位尚书及一位太子，时人有南宋中期“处多贵胄”“栝苍达官最盛”的说法。宋徽宗的老师、宰相何执中是北宋朝五位封王的文官之一，管师仁有勇有谋、能文能武，宋徽宗褒奖他说：“有臣如此，朕复何忧！”宋神宗称赞“政事何琬，文章叶涛”。宋末文天祥曾路过丽水招兵勤王，爱国主义的思想一直在处州大地流淌。②报效桑梓的乡贤情怀。宋代丽水乡贤的很重要的一个特点是热爱家乡，如何澹奏请朝廷派兵修建通济堰，而胡纮是庆元人千秋感念的置县功臣。情系桑梓的乡贤情怀，至今仍影响着一代代的丽水人，如今青田华侨虽漂洋过海，但依然乡音不改乡情不断，回报家乡。③重教崇学的社会风尚。宋代全国文教兴盛，书院林立。据不完全统计，处州历史上共有进士 1148 人，其中宋代有 959 人，其总量在全省排名第三，仅次于温州、宁波，这对于人口如此少的丽水来说，实在难能可贵。郑克宽、蔡仲龙、蒋世珍、沈佺考中榜眼。青田赵氏三代八进士，缙云赵氏五代十八进士，丽水蔡氏一门十四进士，遂昌周氏一门九进士，庆元大济吴氏一家 20 多位进士，千古传为佳话。④精益求精的工匠精神。如今市区比较知名的建筑如应星楼、烟雨楼、南园、少微阁、莺花亭等，都是宋时首建。通济堰在南宋华丽转身，木筱改为石头、建起“水上立交桥”、制定了堰规。丽水堪称“百工之乡”，精益求精的工匠精神，体现在当下的各行各业之中。⑤诗山词水的文化氛围。在中国文学的汪洋里，宋词是一颗璀璨的明珠，宋代的处州，在宋词的珠光里闪闪发亮。被尊为婉约派“一代词宗”的秦观曾在丽水写出《千秋岁》《满庭芳》等名篇，南宋著名爱国诗人陆游两度来到丽水，“西昆体诗派”代表诗人杨亿、“词中之冠”的周邦彦都曾在丽水担任知府，“中兴四大诗人”中的范成大主政处州，“宋词四大家”之一的姜夔游历丽水，宋代“四大女词人”之一的张玉娘是松阳人，“江湖诗派”代表叶绍翁是龙泉人。此外，李之仪、沈括、王十朋、楼钥等无数诗人词人都到过丽水，为这片土地留下千年传唱的宋韵经典。⑥敢为人先的首创精神。处州大地向来有改革的土壤，创新的精神。北宋时酒税从包税到定额，南宋时创义役法，在全国都有影响，吴三公因发明人工栽培香菇技艺而被称为世界香菇之祖，松阳稻一年双熟是农业发展的重要事件，龙泉青瓷形成的“哥窑”“弟窑”风格是瓷业的伟大创新。⑦精致细腻的风雅生活。丽水人喜欢茶酒，其在宋代就盛行。宋时丽水酒业非常发达，朝廷专门设立监酒税，作为朝廷贡品的金盘露以及栝滩清、绿衣黄酿都是当时的名酒；宋代处州每年都要向朝廷进贡茶叶，北宋时遂昌已是全国 40 个著名茶场之一，朝廷还在处州府及青田、遂昌设茶场并派驻管理茶叶的“茶事官”；龙泉青瓷温润如玉，器形优雅，早在宋代就通过海上丝绸之路与世界连接，为丽水打开开放大门，也深深影响着人们生活。青瓷餐具、茶具、酒具以及装饰，使精致细腻的风雅渗透在丽水人的日常生活之中。①

2021 年 10 月 14 日，“辛丑（2021）年中国仙都祭祀轩辕黄帝大典”在丽水市缙云县仙都黄帝祠宇举行。② 唐风宋韵，是此次祭典的一大特色。浙江歌舞剧院编剧、文学总监陈晶说：“此次舞台演出打破了时代观念，从服饰、音乐、色彩等各方面对唐风宋韵进行了一个融合。比如，音乐中的丝竹声，就体现了宋韵文化的特点，而每套服饰的花纹样式中，也都融进了宋文化的特征。”总之，仙都黄帝祭典核心区的乐舞和氛围营造，都结合了宋韵文化来打造，展现给大家的是一场唐风宋韵相结合的祭典活动。③

2021 年 10 月 22 日晚，“处州忆夜”——2021 瓯江山水诗路“非遗购物节·文旅消费季”在处州府城、应星楼、南明湖等区域同时启动。原汁原味的处州历史风情和市井生活画卷，生动讲述瓯江山水诗路文化故事，开启了一场梦回千年的奇妙之旅。在著名导演、跨界艺术家罗可歌的执导下，一场全新的情景融合的沉浸式体验秀现场开“秀”。这场融合宋韵文化的沉浸体验从一个楚楚动人的故事开始，观众跟随情景人物“楚楚”寻找“处士星君”，从处州府城到应星楼，从“画中游《山水有相逢》”到“诗词会《诗路汇应星》”。体验秀通过一步一景的细节设计、全感官体验的沉浸式空间，生动描绘出一幅动态呈现的丽水版“清明上河图”，如梦如幻！④

2021 年 10 月 28—30 日，“第四届世界青瓷大会·第十二届龙泉青瓷龙泉宝剑文化旅游节”在龙泉举办。在为期三天的活动中，龙泉将宋韵文化的展示作为重头戏打造。“天下龙泉·风华宋韵”大型沉

---

① 胡建金：《处州大地，宋韵犹存，等你来品》，《联谊报》2021 年 11 月 30 日。

② 《辛丑（2021）年中国仙都祭祀轩辕黄帝大典举行》，浙江发布，2021 年 10 月 14 日。

③ 《中国仙都祭祀轩辕黄帝大典彩排：融合唐风宋韵展现时代气息》，浙江新闻客户端，2021 年 10 月 12 日。

④ 《惊艳！一步一景动态呈现浙江丽水版〈清明上河图〉》，天目新闻，2021 年 10 月 26 日。

浸式演出借鉴多媒体高新科技，让瓯江山水与青瓷文化交相辉映，为游客带去了一场身临其境的互动体验情景。在龙泉西街街道，“知否・宋韵”文化游[①]、“寻宋・西街”宋韵生活节也凭借浓浓的古韵特质吸引了众多游客前去打卡。“青玉案・遇见龙泉”——浸没式传统文化雅会、“剑瓷春秋”国潮音乐街区市集等场景式、沉浸式、互动式活动，也通过人、器物、历史、场景以及剑瓷文化、宋韵文化超越时空的对话，让文化走进生活，让生活充满艺术。[②]

2022 年 1 月 14 日，青田县社科联组织召开“宋韵文化课题研究及地方文化挖掘工作座谈会”。来自县党史和地方志研究室、县委党校、县刘基研究会的 10 余位青田本土研究专家，就青田“宋韵文化”的丰富内容、选题方向及青田地方文化挖掘的工作思路展开探讨。与会专家一致认为，青田的“宋韵文化”异彩纷呈、底蕴深厚，宋代的青田文化名人辈出，涌现出百名进士，其中不乏被立为皇太子的赵与愿、官至宰相的汤思退等著名历史文化人物，还出现了对中医具有巨大贡献的陈言等历史名人，可发掘、利用的内容颇丰。会议指出，要提高定位精心谋划，以青田地方文化研究赋能经济社会发展；要结合青田地方文化特色，分类梳理研究重点，细化研究板块，系统化推进；要发挥政府和民间、县内和县外各方力量，全社会共同推进青田县域的宋韵文化研究。[③]

2022 年 2 月 28 日，丽水市文化和广电旅游体育局发布《丽水市文化和广电旅游体育局 2021 年工作总结和 2022 年工作思路》，指出丽水市在 2022 年要实施“宋韵丽水”活化计划：完成处州历史文脉梳

① 《浙江龙泉“知否・宋韵”文化游真实还原宋人生活美学》，人民网浙江频道，2021 年 10 月 30 日。

② 《让“宋韵”文化走进百姓生活》，浙江新闻网，2021 年 1 月 8 日。

③ 《青田县召开“宋韵”文化课题研究及青田地方文化挖掘工作座谈会》，浙江省社科联，2022 年 1 月 17 日。

理及发布，谋划十大文化地标建设项目前期，持续擦亮好川文化、黄帝文化、摄影文化、剑瓷文化、石雕文化、廊桥文化、畲族文化、华侨文化等地域特色文化金名片，进一步凸显中国南方黄帝祭祀中心地位。努力塑造“万年处州”和“宋韵丽水”这两个具有中国气派、浙江辨识度和丽水特质的 IP 标识。①

2022 年 4 月 24 日，丽水市庆元县召开“《宋韵庆元》编纂作家专家座谈会”。来自文史领域的专家、学者聚集一堂，为庆元县如何更出彩地打造宋韵文化工程出谋划策。庆元县有着丰富的宋韵文化资源，上溯南宋 800 多年建县文脉，庆元片区龙泉窑天青夺目，庆元香菇世界闻名，豹隐洞书院培育众多进士，不一而足，它们都在宋朝书写了庆元地域文化的辉煌。《宋韵庆元》书籍大致由豹隐群英、天青翠色、廊桥遗梦等 7 个篇章构成，各篇章都由一名专家和一名作家组成。每个章节再细分，遵循“历史性、文学性、可读性”原则，力求创作精品文化成果。②

2022 年 5 月 17 日，丽水市博物馆举行了“‘处州宋歌’系列文创首发沙龙”，现场发布 4 款主题文创产品，并对宋朝历史文化进行了一次漫谈追溯和歌颂追忆，在古典与青春的碰撞中刮起一阵“宋韵风”“国潮风”。沙龙现场，青年大学生现场演绎展示了充满国潮特色的文创产品。“处州宋歌”系列文创产品在设计风格上，主打最能代表宋韵文化的市博物馆三大镇馆之宝龙泉窑粉青象钮盖罐、龙泉窑青黄系双釉盘口瓶、天庆观铜钟相关图案，同时还搭配了充满宋韵气息的卡通标志等，通过现代新潮设计，让宋韵文化“飞入寻常百姓家”。据了解，为进一步传播推广宋韵文化，丽水市博物馆在 2022 年主打宋

---

① 《丽文广旅体〔2022〕1 号关于印发〈丽水市文化和广电旅游体育局 2021 年工作总结和 2022 年工作思路〉的通知》，中国丽水网，2022 年 2 月 28 日。

② 《〈宋韵庆元〉编纂作家专家座谈会召开》，中国蓝新闻，2022 年 4 月 24 日。

韵丽水主题，举办“从宋朝出发——龙泉窑的前世今生”“梦回大宋——宋代士人生活日记”“绝妙好瓷——丽水市博物馆馆藏龙泉窑精品瓷器展”“绝妙好词——丽水市宋代诗词书画展”等4项主题展览。同时，还计划推出宋茶、宋礼、宋词、宋乐等宋韵主题研学活动，助力宋韵文化成为浙江文化金名片。①

2022年9月8日，由丽水市博物馆与上海韩天衡美术馆联手策划的“梦回大宋——士人生活日记”特展在丽水市博物馆开幕。展览集中展现了宋代韵士闲适生活背景下的物趣、匠心与风尚，折射出宋代文人的心灵世界与审美趣味。本次展览以场景再现的方式，用生动鲜活的视听语言，以轻松活泼的叙事方式，着眼宋代士人别样丰富的日常生活，聚焦金、银、铜、瓷、玉、石、木、漆等不同材质、不同工艺的宋代精品器物278件（组），写真宋代别致的文化流行元素，阐释宋代文人的审美与风骨，让观众进一步感受中华文化中优秀的文明元素与内在精神。丽水市文化和广电旅游体育局相关负责人表示，“梦回大宋——士人生活日记”特展不仅是一场特展，更是一次融合的美学宣传和产业思维的激活，是丽水站在新的历史方位，对有效推动宋韵文化在丽水的创造性转化、创新性发展的探索之举，让丽水成为浙江“宋韵文化传世”的重要地理坐标。②

2022年10月20日，为助推丽水市深入实施“宋韵文化传世工程”，丽水市政协举办了“宋韵处州文星灿灿”主题学习沙龙活动。活动中，丽水市政协委员胡建金作了“为处有才”的主题分享，细说了宋代处州的“那些人那些事”，多角度分析了处州宋韵文化具有的时代价值，并结合处州士人的文化特征、宋代的教育制度，畅谈了丽

① 《“处州宋歌”系列文创产品在市博物馆发布》，《信息新报》2022年5月18日。

② 《宋韵丽水，文润处州：“梦回大宋——士人生活日记”特展来了》，《丽水日报》2022年9月9日。

水如何以人才之力赋能新时代发展。文史专员卢朝升作了题为“宋韵与生活”的主题分享，从宋词、宋瓷、宋食，到宋代的琴棋书画，生动地向听众描述了宋代官民的风雅生活，处州的宋韵文化完全可以与开封、杭州相提并论。陈敬东委员建议，丽水大力弘扬处州宋韵文化，应增加宋韵文化的感召力、增强宋韵文化的话语力、扩大宋韵文化的生产力及提升宋韵文化的传播力。与会的市政协委员畅所欲言，分享了各自对宋韵文化的理解，畅谈了对于丽水挖掘弘扬宋韵文化的建议；深入挖掘宋韵处州文化内涵，不仅可以增强丽水的文化自信，也可以为当下浙江奋力打造“重要窗口”赋能。①

2022 年 10 月 31 日，由中国工艺美术协会、中国陶瓷工业协会、浙江省经信厅、浙江省文旅厅和丽水市政府共同主办，龙泉市委、市政府承办的“第五届世界青瓷大会”在浙江省人民大会堂开幕。泰国驻华大使阿塔育·习萨目及夫人美苹·习萨目、国际陶艺学会 IAC 理事—中国区代表万里雅、中国文物学会会长单霁翔、中国工程院院士高翔，浙江省人大常委会副主任史济锡、副省长成岳冲、省政协副主席陈小平，丽水市市长吴舜泽、丽水市委宣传部部长李一波等出席大会。

成岳冲副省长在致辞中说，世界青瓷大会在龙泉创办以来，不断创新办会理念和方式，始终保持着前行活力，为促进当代龙泉青瓷守正创新、传承发展，发挥了不可替代的作用。本次大会以“宋韵青瓷·品质龙泉”为主题，聚焦年轻化、数字化、产业化，使千年龙泉青瓷吟唱出“宋韵今声”的当代表达，值得充分期待。他希望，龙泉市与广大青瓷领域的艺术家、企业家、爱好者们共同携手，依托龙泉特色文化资源，围绕传播中华文化、传承传统技艺、促进富民增收等

① 《宋韵处州，文星灿灿！市政协主题学习沙龙精彩纷呈》，《丽水日报》2022 年 10 月 21 日。

多重目标，推动青瓷与科技、艺术、文化、旅游等多业态融合，努力赋予青瓷更为广泛深刻的时代内涵，真正将其打造成新时代文化艺术的重要标识，让青瓷这一古老瓷种“活”起来，让文明流动起来，让文脉传承下去。丽水市市长吴舜泽在致辞时说，丽水是习近平总书记“绿水青山就是金山银山”理念的重要萌发地和先行实践地、“丽水之赞”光荣赋予地、浙西南革命老区所在地，也是海上丝绸之路的重要起始地。早在宋元时期，大量精美的龙泉青瓷从瓯江起航，漂洋过海走向世界各地，成为中国对外经济、文化交流的重要载体，在 16 世纪的欧洲也获得了“雪拉同”的美誉。龙泉青瓷也在 2009 年成功入选联合国非物质文化遗产，成为目前世界上唯一入选的瓷器产品。他表示，期待各方力量共商新时期青瓷发展大计，在更深维度、更高水平上推动青瓷技艺革新，助力青瓷产业在更宽领域、更广范畴实现更好发展，持续擦亮龙泉青瓷这张世界名片。

开幕式分为瓷之魅力、瓷之润力、瓷之活力 3 个篇章。在瓷之润力环节，主办方特邀了 4 位嘉宾分别讲述了他们与瓷行天下的故事。其中，“南海一号”博物馆副馆长黄刘生介绍了“南海一号”打捞及在其中发现的龙泉青瓷情况，向大家讲述了龙泉青瓷曾经的盛世年华故事。现代以来，随着龙泉青瓷传统烧制技艺被列入《人类非物质文化遗产代表名录》，龙泉青瓷在进入新时期后，也焕发出新活力。龙泉也通过产业推动、平台建设、文旅融合等措施推进龙泉青瓷品牌的发展，将青瓷艺术推向了更高境界。为了褒奖今年获得中国工艺美术大师、正高级工艺美术师、浙江工匠等的剑瓷匠人，开幕式上主办方还向卢伟孙等 14 位杰出匠人颁发了“不灭窑火”纪念杯。[①]

① 《宋韵青瓷·品质龙泉：第五届世界青瓷大会在杭开幕》，《丽水日报》2022 年 10 月 31 日。

第四章
对推动“宋韵文化”深入研究、传播、转化的建议

对推动“宋韵文化”深入研究、传播、转化，尤其对推动宋韵文化在学术界的深层次研究以及在大众生活、网络媒体、省外乃至海外的广泛传播与转化，可以从学术研究与大众传播相结合、纸质出版与新媒体传播相结合、省内传播与省外传播相结合、实物展陈与文创转化相结合这四个“相结合”的维度来把握。

一　学术研究与大众传播相结合

如前文所述，2021 年 8 月浙江省委文化工作会议召开以来，浙江省内 2021 年、2022 年、2023 年公开出版发行的报刊上出现了不少篇名中含有“宋韵”“宋韵文化”的新闻报道（以《浙江日报》《钱江晚报》《杭州日报》为主），也包括一些学术论文。但是学术界对“宋韵文化”作为一个学术命题的“容受”还是受到限制。

作为学术范畴的“宋韵”已进入宋代文学、美学的研究领域，但其学术内涵的影响力尚未得到充分挖掘，故而“宋韵”的学术影响力也是仅限于“宋词”领域；宋史学界、文化学界、中国哲学（思想）史界并未对“宋韵”“宋韵文化”的研究有较多投入与关注。某种意

义上说，"宋韵""宋韵文化"在浙江省内的宣传理论界，尚存有一种"自说自话""孤芳自赏"的舆论倾向。而让"宋韵"充分进入传统文史哲等基础学科视域的场景中，尚有很长的"路"要走，而这就要依靠宋史学界、宋代文学界、民俗学界乃至宋代思想史、宋代哲学史界等学术同人的充分关注与勠力同心。"宋韵""宋韵文化"在浙江乃至在长三角的江南文化场域中的落地生根乃至开花结果，仍有待省内外理论界、文史界、社科学界的努力。

但一个重要的问题是，把"宋韵文化"从舆论宣传界导入学术界之后，它的学科归属在哪里？置于文学学科（中国古代文学中"宋词"）、历史学学科（中国古代史即断代史中的"宋史"，中国思想史中的"宋学"）、哲学学科（中国哲学史中的"宋代理学""道学"），还是作为一门综合性学科的"文化学"（这里，需要从"宋代文化""两宋文化"的角度来界定）？这是亟须判明的一个学术话题。而"从思想、制度、经济、社会、百姓生活、文学艺术、建筑和宗教等方面全方位立体化系统性研究阐述宋韵文化"，就是要从中国思想史、政治制度史、经济史、社会学、民俗学、文学、艺术学、建筑学、宗教学，以及文化学、新闻传播学等多学科出发，来进行学科大交叉、大融合，进而把握宋韵文化的精髓、历史意义和时代价值。尤其需要对"宋韵文化"这一概念所涉的内涵与外延给出一个"官方版"的明确界定。同时，应对"宋韵文化"八大形态所涉学科、专业的属性及内涵外延进行充分调研，进而形成共识，并在省级主流媒体或国家级主流报刊媒体（诸如《光明日报》《中国社会科学报》）上公开发表，以作为下一步研判"宋韵文化"传播、转化规律的学术遵循。

在宋韵文化的深入研究与学术传播上，要在浙江省文化研究工程已推出的“宋学研究系列”基础上，策划实施“宋韵文化在浙江（地市卷）”“宋韵文化通论”“宋学文献集成”“宋韵文化研究大系”等系列课题，依托省内外乃至海外高校科研机构继续加大对宋韵文化的综合研究。要撰写“宋韵文化研究年度报告”，及时汇编省内外宋韵文化研究、传播的新进展及对未来一段时间的预测与展望。

宋韵文化不应局限于学术研究、师生课堂传授，要推动宋韵文化在社会各阶层、公共文化场馆的广泛传播，让千年宋韵“飞入寻常百姓家”。一是建议各地市的少年宫（青少年活动中心）、博物馆、图书馆等公共文化传播场地，以文学书法绘画创作、文物展陈、图书收藏流通等多种形式进行宋韵文化的大众化传播。博物馆应安排常设性的宋韵文化主题展。浙江图书馆可考虑与国家图书馆等合作举办“宋韵文化大讲坛”，也可以腾讯会议等形式开展线上线下的学术交流；各市县（区）图书馆可酌情开设宋韵文化学术沙龙、读书会等。二是建议在杭州机场、高铁站、地铁站、公交车站台等公共场所以及省内高铁、地铁车厢、公交车内部，以喷绘、图文、标语等形式适度加大对宋韵文化的宣传。三是建议围绕南宋皇城遗址、太庙遗址、六部桥、凤凰山、南宋御街、鼓楼、南宋名人园、杭州孔庙、西湖苏堤、岳庙等宋韵文化场景，运用文旅平台，打造系列宋韵文化精品旅游体验线路。要编写宋韵文化旅游景点绘本，投放于上述各游览场所供游客取阅。

要在深入研究提炼宋韵文化基本精神的基础上，以活化宋韵文化为抓手，适度开展宋韵文化进机关、进校园、进社区、进农村活动，让宋韵文化充分融入“15 分钟品质文化生活圈”。宋韵文化进机关，可以向各级党政机关办公室赠阅《宋韵文化简读》《宋朝的 365 天：宋韵日记》《宋风物语》等形式进行。宋韵文化进校园，可在省内有条件的中小学适度开设“宋韵文化第二课堂”，周末课外作业可以布置为寻找课本中的宋韵，如苏轼《望湖楼醉书》、林和靖《山园小梅》、陆游《临安春雨初霁》、杨万里《晓出净慈寺送林子方》的创作吟咏地。有条件的学校可以编写宋韵文化的校本教材。鼓励有条件的高校成立大学生宋韵文化研究会，并在暑期社会实践活动中寻找家乡的宋韵文化（杭州的苏堤、永康的陈亮墓、金华的吕祖谦明招书院、温州的叶适纪念馆等）并撰写调研报告。宋韵文化进社区、农村，建议充分利用社区休闲广场、文化公园，农村文化礼堂、农家书屋的空间，以图文、视频、墙绘等多种形式加大与本地有关的宋韵文化宣传力度。同时，建议省市社科联组织的“社科普及周”中增设宋韵文化展示，并在杭州陆游纪念馆、绍兴沈园、温州永嘉学派馆、衢州南孔家庙、永康五峰书院等增设宋韵文化省级科普传播基地。

二　纸质出版与新媒体传播相结合

为展示宋韵文化已有的研究成果，博库书城、南宋书房辟有宋韵文化书柜，推介《宋画全集》《两宋王朝史》《宋朝简史》《宋韵文化简读》等，建议省内各地市的新华书店、城市书房适度开辟宋韵文化书柜。为大力推广省内的宋韵文化遗存，《浙江日报》推出“寻宋解韵”系列报道，建议各县市的党报期刊适度开设宋韵文化专栏，刊发本地文史工作者撰写的本地宋韵文化稿件。还可以考虑在中国国家版本馆杭州分馆开设宋版书及宋韵文化研究学术成果展示厅。

要加大宋韵文化的媒体传播力度。2022 年央视春晚推出的创意音舞诗画《忆江南》、舞蹈诗剧《只此青绿》与《富春山居图》《千里江山图》进行了创意融合，是传播宋韵文化的典范。要发挥省文联直属协会（如省舞蹈家、戏剧家、音乐家协会等）以及中国美术学院、浙江音乐学院等高校师生的积极性，继续策划创作与宋韵文化有关的舞台剧。建议浙江卫视策划拍摄与宋韵文化有关的电视剧或专题纪录片，开播宋韵文化大讲堂、“文化的力量：宋韵文化季”等栏目。

宋韵文化的创新性传播，离不开数字赋能。可在新建的南宋博物院探索运用全息、AR、VR、裸眼3D、数字5D等现代化高科技手段，全方位呈现南宋时期临安都城的繁华。要利用新媒体平台，联合宋韵文化本土网络主播，打造宋韵网上文化节，通过抖音、直播等网络平台以更贴近年轻人的时尚手法传播宋韵文化。

浙江省宋韵文化研究传承中心已经成立，省内有关高校也成立了宋韵与文明互鉴研究中心，建议相关宣传部门与上述中心合作创办“中国宋韵网”，开设“中国宋韵文化”微信公众号，推出系列“宋韵文化微视频”，及时传播省内外宋韵文化活动及相关研究成果。建议浙江在线、杭州网、宁波网、温州网等浙江网络媒体开设“宋韵文化”专栏，条件成熟的还可以在“学习强国”浙江地方学习平台上增设“宋韵文化”栏目。

三 省内传播与省外宣传相结合

宋韵文化的传播展示不应局限于杭州、绍兴、宁波等宋韵文化集聚的主要城市，要树立全省宋韵文化挖掘、传播“一盘棋”的思路，鼓励省内各县市（区）宣传部、社科联、文联等机构广泛动员本土文史专家与有关高校科研机构合作，对本地的宋韵文化进行研究、传承与传播，可以考虑成立设区市乃至县区一级的宋韵文化研究会，以打造县、市（区）域的宋韵文化金名片。比如，桐庐可以围绕富春江、严子陵钓台传播范仲淹文化，衢州的宋韵文化可以围绕南孔家庙做文章，永康的宋韵文化可以围绕方岩做文章。各地市可酌情组建“8090”宋韵文化宣讲团，采用生动活泼、喜闻乐见的形式，把宋韵文化搬到农家院坝、村社广场、田间地头。

传播宋韵文化不应局限于省内，要加大宋韵文化在省外以及海外的传播，建议实施“宋韵文化走出去”的传播工程。关于宋韵文化在国内的传播，杭州要继续与开封轮流合作主办“两宋论坛”，同时也要围绕与浙江有交涉的两宋历史文化名人合作开展研究、共同传播宋韵文化。比如，可以与福建、江西、安徽合作举办“朱熹文化节”并推进相关的朱子学研究，可以与江西合作推进王安石、陆九渊的研究，可以与四川等地合作轮流举办“苏东坡文化节”，还可以联合中国宋史研究会打造“国际宋韵文化高端论坛”。

关于宋韵文化在海外的传播，要围绕共建“一带一路”国家做文章，建议在由义乌始发的“中欧班列”上适度喷绘与宋韵文化有关的标识。杭州、宁波机场起飞落地的国际航班上可以投放宋韵文化绘本等图册。可以借助青田、文成的侨乡优势聘请宋韵文化海外传播使者，通过华侨在海外传播宋韵文化。要切实发挥省宋韵与文明互鉴研究中心及有关高校外语院系的科研优势，推动《宋韵文化简读》《陆游的乡村世界》《宋朝简史》《两宋王朝史》等宋学研究高质量著作的外译。建议浙江电视台国际频道组建专家团队，打造宋韵文化类专题节目并向海外华侨华人传播宋韵文化。同时，要充分利用杭州第19届亚运会这一重大运动盛会，在开幕式节目编排、亚运村场景乃至相关运动场馆中适度展示、传播宋韵文化。[①]

① 本段文字完成于2022年3月14日（详见拙文《三个“相结合”推进宋韵文化传播》，《浙江日报》2022年3月14日）。2023年9月23日晚，在以“潮起亚细亚”为主题的杭州第19届亚运会开幕式上，“宋韵文化”元素得以充分体现：整场开幕式通过演绎“水”的万千变化彰显“潮”的澎湃向上，集科技、温度、文化、创新于一体，将杭州5000多年文明史、千年宋韵文化与数字之城的特色融合展现。详见《亚运开幕式“国风雅韵”惊艳，中国传统色彩尽显江南“宋韵”》，澎湃新闻，2023年9月25日。

四　实物展陈与文创转化相结合

省内宋韵文化遗址的集中展示区是杭州的南宋临安城遗址（德寿宫、太庙广场、鼓楼、通玄观、南宋御街、皇城墙）、八卦田、凤凰山圣果寺遗址、“忠实”石刻、南宋官窑博物馆等，西湖风景区内的岳庙、苏堤等，以及绍兴的宋六陵等。外地游客、本地市民在参观、寻访宋韵乃至游玩西湖之余，也有购物消费的需求，这就需要宋韵文化文创产品。

要做好“宋韵文化+”的系列文创传播，可以借鉴北京冬奥会的“冰墩墩”吉祥物以及故宫开发的文创产品，政府部门与相关文创设计团队等联合开发与宋韵文化有关的吉祥物、食品、茶具等旅游纪念品，恢复宋代食品、舞蹈、音乐、服装等，扩大宋韵文化传播的覆盖面。

要在南宋御街、清河坊等宋韵文化集中展示地，开设宋韵文化文创产品旗舰店，还可通过网络直播代销相关的文创产品。也可以在杭州国际动漫节、西湖国际博览会、世界休闲博览会、世界互联网大会上，结合南宋皇宫大内、中央官署、御街、河坊街等历史文化遗迹，举办宋韵文化推介会，把杭州的宋韵文化打造为沉浸式的文化场景、可体验的风雅生活，这就是宋韵文化品牌的塑造与可视化传播。

结　语

南宋以杭州为都城，历史和现实交汇出独特韵味。

今天的浙江，提倡“宋韵文化”的研究传承，与杭州（确切说是南宋时期作为都城的“临安”）作为一座历史文化名城，也是一座创新活力之城，呈现出来的“一种历史和现实交汇的独特韵味”有密切关联。也可以这么说，“宋韵文化”就是“南宋文化”的一个衍生词。在中国特色社会主义进入新时代，浙江高质量发展建设共同富裕示范区的今天，充分挖掘“宋韵文化”这一登峰造极的两宋文明的内涵与外延，努力将浙江建设成新时代文化高地和在建设中华民族现代文明上积极探索，借此推动中华传统文化的创造性转化和创新性发展，有着重大的学术价值与现实意义。

总而言之，“站在赓续中华文脉的高度”去推进宋韵文化的研究传承与发展，“做好浙东学派、永嘉学派、金华学派等的新世代传承，积极打造具有浙江特色的标志性南宋文化品牌、文旅融合品牌，持续扩大影响力和穿透力”，对于浙江的哲学社会科学理论工作者而言，使命在肩，任重道远。这也是“宋韵文化”被视为一张重要的历史文化金名片，在浙江高质量打造新时代文化高地、推进共同富裕示范区建设的征程中出场的一个“契机”。

附　录
理学：宋韵文化的思想形态

宋代理学，是继先秦子学、两汉经学、魏晋玄学、隋唐佛学之后，酝酿于公元10世纪、崛起于11世纪、鼎盛于12—13世纪的一座中华传统思想学术高峰。理学作为宋韵文化的思想形态，是儒学发展到宋代以后所形成的一种思辨性、重义理的学术形态，抑或说是宋代哲学的主流存在样态。由于这一学术形态在长期的发展演变过程中形成了不同的思想派系，对它的称谓也因时代与立场的不同而有“宋学”“道学”“新儒学”（为方便表述，三种提法在本篇姑且通用）等。

宋代理学家通过对儒家经典的阐释而有义理、性理、心性之学，它们是以儒学为主，“援道入儒”、“援佛入儒”、三教会通融合的思想体系。依照理学家所关注的哲学本体论范畴，后世学者对宋代理学群体做出了理学（二程、朱熹主张“性即理”“所谓理，性是也”）、心学（陆九渊认为“心即理”）、气学（张载以“太虚之气”为“万物之源”）、数学（邵雍以为“神生数，数生象，象生器”）等形态的析分。理学、心学、气学、数学等新儒学诸形态在宋代的历史展开，也显示出理学发展的内在逻辑。

宋代理学也是一种地域儒学、地域学术（“地方性知识”）的综合体，依照“理一分殊”“一本万殊”的解读方式，基于一个“圣人之学”、一个“理”、一个“道”，进而析分出濂、洛、关、闽、浙、蜀、朔、湖湘、江西等诸学。同时，基于学统、学脉、师统而有不同学派的传承，进而构成了超越地域与时空的二程学派、朱子学派、象山学派、湖湘学派、浙东学派等。

今天，阐释、解读宋代理学的基本特征、历史地位和当代价值，可以帮助我们更好地理解“宋韵文化”的其他表现形态，这也是推进宋韵文化传承发展的基础性学术研究工作。

一　宋代理学的基本特征

宋代儒学家尽管学派林立，但“百虑一致”“殊途同归”，均以诠释儒家经典的范式为源于先秦的儒家思想提供宇宙论、本体论、工夫论的合理论证，并以儒家圣人为理想人格，进而以实现圣人的精神境界（诸如“孔颜乐处”）为人生的终极目标，还以“存天理，灭人欲”为道德实践的基本原则。借此，宋代理学在产生、发展和演变的过程中呈现出批判创新、三教融通，体系恢宏、学派纷呈，文教发达、辩论自由，通经明理、经世致用，“浙学”崛起、鼎足而三等 5 个方面的基本特征。

（一）批判创新，三教融通

理学的产生有其深刻的文化背景和学术渊源。它直接导源于宋初儒学家群体勇于疑经、批判佛老的儒学复兴运动。

宋学反对汉唐经学恪守家法的章句训诂，主张从义理出发直接解释经典，“以异于注疏为学”，并自成新说。易言之，范仲淹、胡瑗、孙复、石介、欧阳修、李觏等北宋中前期儒者（以宋仁宗庆历年间为主）勇于对传统经典的作者、形成时代、传承历史等提出颠覆汉唐经学的全新观点，这种“疑传”“疑经”风气大大推动了传统学术思想形态的演变。比如，范仲淹不满《春秋》“三传”，对汉唐注疏亦多否定；欧阳修怀疑《易传》作者而著《易童子问》，以“得其大者可以兼其小”为范式来解读《周易》，与他在《诗经》研究中坚持的“得其本而通其末”的方法异曲同工，共同构成了“尚俭反繁”的经学学风；胡瑗著《周易口义》以取代王弼注、孔颖达疏，撰《洪范正义》以批判伪孔《传》；孙复反对《春秋》“三传”而作《春秋尊王发微》，进而号召天下鸿儒硕老重注六经。

理学在宋代的发生，还与来自佛老超越层面的追求，存在分不开、割不断的联系。吕思勉《理学纲要·理学之原》云：“理学者，佛学之反动，而亦兼采佛学之长，以调和中国之旧哲学与佛学者也。”[①] 先是，唐代实行三教并存的文化政策，儒、释、道三教独立发展。面对佛教和道教的发展，儒学（儒教）受到了很大的挑战。唐中叶以后，韩愈、李翱、柳宗元等率先复兴儒学。韩愈批判佛教，提出以“仁、义”为儒学之“道”，以尧、舜、禹、汤、文、武、周公、孔、孟为儒家的传授谱系，自己还以继“道统”自任，而开儒学讲“道统”之先河。柳宗元以“阴阳元气”为“天道”、以“仁、义”为“人道”，由此建构了一个以“道”为核心范畴的合天地宇宙自然、社会伦理纲常一体化的理论体系，实开“理学”之端绪。而韩愈、柳宗元等人企图建立一个能融汇“百家之学”而取代佛、道的理想，经由以周敦颐、邵雍、张载和程氏兄弟等为代表的理学家“融通”儒佛道三家之学，到南宋的朱子才将“理学”整合为一种较为精致的儒家哲学理论形态。

易言之，也正是在排斥佛老的过程中，理学家们通过“援道入

① 吕思勉：《理学纲要》，上海三联书店，2014，第3页。

儒”“援佛入儒”的方式，不自觉地促成了会通三教、三教融通的学术局面，进而建构了一个充满思辨色彩的、哲理化的理论框架。梁启超《儒家哲学》就认为：“（宋代）儒家道术，很有光彩，可谓之三教融通时代，亦可谓儒学成熟时代。”[①]“宋儒无论那一家，与佛都有因缘，但是表面排斥。宋儒道学，非纯儒学，已非纯佛学，乃儒佛混合后，另创的新学派。”[②]

（二）体系恢宏，学派纷呈

如上所言，传统儒学发展到宋代而演变为理学的新形态。宋代可以说是一个儒家学派“百花齐放”“百家争鸣”的时代，理学体系恢宏，理学家所探讨的主题范围广泛、包罗万象，包括哲学、伦理、政治、教育、身心修养、社会治理、商业准则等；其讨论的哲学范畴则主要有理气、心性、格物、致知、主敬、主静、知行、未发已发、道心人心、天理人欲、天命之性气质之性等。

宋代理学，学派纷呈。北宋初期的胡瑗、孙复、石介，合称“宋初三先生”，是理学的先驱。他们都是教育家，“学徒数千”，他们的传授，不仅为理学准备了人才，也掀起了复兴儒学的热潮。全祖望《宋元学案》卷首“序录”有“庆历之际，学统四起”的提法：“齐、鲁则有士建中、刘颜，夹辅泰山（孙复）而兴。浙东则有明州杨、杜五子（杨适、杜醇、楼郁、王致、王说），永嘉之儒志（王开祖）、经行（丁昌期）二子；浙西则有杭之吴存仁，皆与安定（胡瑗）湖学相应。闽中又有章望之、黄晞，亦古灵（陈襄）一辈人也。江楚则有李觏。关中之申（颜）、侯（可）二子，实开横渠（张载）之先。蜀有宇文止止（宇文之邵），实开范正献公（范祖禹）之先。筚路蓝缕，

① 梁启超：《清代学术概论·儒家哲学》，天津古籍出版社，2003，第144页。
② 梁启超：《清代学术概论·儒家哲学》，天津古籍出版社，2003，第155页。

用启山林。”①

《宋元学案》对两宋时期著名的儒家学派、学派传承情况进行了系统梳理，主要有：胡瑗的安定学派、孙复的泰山学派，范仲淹的高平学派，王安石的新学学派（亦称荆公学派），司马光的涑水学派（亦称朔学学派、温公学派），苏洵、苏轼、苏辙的蜀学学派，张载的关学学派，二程的洛学学派（含二程后学及道南学派），邵雍的百源学派，周敦颐的濂学学派，朱熹的理学学派（含朱子后学诸派），陆九渊的心学学派（含甬上四先生），胡安国、胡寅、胡宏、张栻的湖湘学派，吕祖谦的金华学派（亦称吕学、婺学），陈亮的永康学派，薛季宣、陈傅良、叶适的永嘉学派等。特别要提到，南宋朱熹是理学的集大成者，后人以“致广大，尽精微，综罗百代”来概况他的学术成就。朱熹著述极丰，他为“四书”（《论语》《孟子》《大学》《中庸》）编著的《四书章句集注》，奠定了与传统“五经”并驾齐驱的经典体系，成为元明清三代科举考试的指定教材。

（三）文教发达，辩论自由

宋代文教发达，以学校教育为例。科举制度的调整完善推动了学校教学的普及，中央有官学，地方则有州县学、书院以及乡塾村校。详而言之，京师设有国子监、太学等，开设律学、算学、画学、书学、武学、医学等课程。宋仁宗以后，朝廷还鼓励各州县兴办学校，至宋徽宗时，全国州县学生人数就有十五六万人，这种情况在当时世界上是绝无仅有的。除官办学校外，私人讲学授徒亦蔚然成风，其中，书院的兴盛最为引人注目，可谓“道林三百众，书院一千徒”。

北宋庆历年间，一代名儒胡瑗来浙江湖州授徒讲学，提出了“致

① 沈善洪主编、吴光执行主编《黄宗羲全集》第3册，浙江古籍出版社，2005，第28页。

天下之治者在人才，成天下之才者在教化，教化之所本者在学校”的至理名言，四方学者云集湖州，为一时之盛。对此，《（万历）湖州府志》云：“东南文学之盛，实自胡瑗始。”在湖州讲学授徒期间，胡瑗首创析分“经义”“治事”二斋的“实学”教学法，是为传统中国教育史上分科教学之先河，人称“湖学”。

南宋理学家大多有很深的书院情结，他们以书院为大本营，研讨学问，创说立派，培养传人，使得“书院”和“理学”从形式到内容相互渗透交融，形成一种互为依托、互为表里的结构形态。张栻有《重修岳麓书院记》；吕祖谦创办明招书院，并讲学其中；朱熹为石鼓书院作“记”，在白鹿洞书院发布《招举人入书院状》，并有《白鹿书堂策问》，尤其是《白鹿洞书院揭示》颁行天下后，书院更有了共同的准则。这种自觉的举措，是书院制度走向成熟并最终确立的标志。书院是理学的基地，理学则为书院的精神，是为南宋书院的最大特色。

宋代思想限制宽松、学术氛围自由活泼，不同的思想学说可以相互交流、切磋、辩难。北宋后期，王安石新学、二程理学、司马光朔学、三苏“蜀学”，四者之间已经展开了激烈辩论。进入南宋，朱熹理学同陆九渊心学展开“无极太极之辩”“鹅湖之辩”，是为历史上著名的“朱陆之辩”。陈亮与朱熹之间展开的“王霸义利之辩”，引起了整个南宋思想界的关注和思考，促进了南宋浙学与程朱理学分庭抗礼格局的最终定型。

总之，教育普及、书院讲学，既是宋代学术文化高度发展的重要标志，也是宋代学术文化取得重大成就的重要原因。

（四）通经明理，经世致用

钱穆《中国近三百年学术史》认为，“北宋学术，不外经术、政事两端”[①]。吕思勉《理学纲要·序》指出：“理学特色在于躬行实践，非如寻常所谓哲学者，但厌好奇之心，驰玄远之想而已。”[②] 可见，两宋时期的文治武功，大多系理学家所为。宋代的儒家士大夫群体，格外强调“通经致用”，将儒家理论应用于改造客观世界以造福百姓，特别注重以夏商周三代为理想模式而推行政治改革，以达到富国强兵的目的。如，李觏研治《周礼》，不是把《周礼》作为顶礼膜拜的教条，而是欲通过对“礼之本”“礼之友”“礼之别名”的分析，找到解决当时宋代中前期所面临的种种问题的办法。

范仲淹上疏宋仁宗，推行“庆历改革”“议兵屯、修京师外城、密定讨伐之谋”等七事，并奏请扩大相权，由辅臣兼管军事、官吏升迁等事宜。同时，首倡“先天下之忧而忧，后天下之乐而乐”的担当精神，并有“宁鸣而死，不默而生”的箴言名句。他敢于秉公苦谏，纠补朝政阙失，时有奋不顾身之举。范仲淹忧国忧民、先忧后乐的忠臣品格，也为同时代及后世的儒家士大夫所称赞，王安石赞道：“呜呼我公，一世之师。由初迄终，名节无疵。”[③] 朱熹认为：“本朝忠义之风，却是自范文正公作成起来也。”[④] 纪昀则称赞他：“行求无愧于圣贤，学求有济于天下，古之所谓大儒者，有体有用，不过如此。”[⑤]

欧阳修积极参加范仲淹、韩琦、富弼等人推行的“庆历新政”，是革新派的中坚力量，提出了改革吏治、军事、贡举法等一系列革新主张。被誉为“中国11世纪的改革家”的王安石，把《周礼》作为推行政治改革的典据；他所领导的“熙宁变法”，根本目的在于增强对外防御能力，改变北宋建国以来积贫积弱的局面。苏轼一生都处在

① 钱穆：《中国近三百年学术史》，商务印书馆，1997，第5页。
② 吕思勉：《理学纲要》，上海三联书店，2014，第2页。
③ （清）范能濬编集，薛正兴校点《范仲淹全集》，凤凰出版社，2004，第959页。
④ （清）范能濬编集，薛正兴校点《范仲淹全集》，凤凰出版社，2004，第1048页。
⑤ （清）范能濬编集，薛正兴校点《范仲淹全集》，凤凰出版社，2004，第1436页。

政治斗争的风暴中，在新旧两党的夹击中为实现自己的政治理想、改革主张而奋斗；苏洵、苏辙、曾巩亦积极参政、议政，写下大量优秀的政论。张载提出“为天地立心，为生民立命，为往圣继绝学，为万世开太平”的儒者使命，成为集中体现儒家通经明理、经世致用思想的箴言。南宋事功学者陈亮认为，应该注重汉唐历史的经验，以汲取南宋政治经济社会危机的教训；永嘉学派的集大成者叶适，推崇“义利并举”，反对脱离具体实际效果而空谈道义。这都是宋儒为实现“内圣外王”的终极理想而进行的努力奋斗。

（五）“浙学”崛起，鼎足而三

两浙是南宋思想文化活动最活跃的中心区域。金华的吕祖谦与朱熹、张栻齐名，号称“东南三先生”，他所创立的金华学派，亦称吕学、婺学。吕祖谦又与朱熹、张栻、范浚、陈傅良、叶适、陈亮等为友，且“博诸四方师友之所讲，融洽无所偏滞”，遂以家学为根基，融会贯通“浙学”“闽学”，又以“中原文献之统润色之”，这是宽容、开放和多元的一种儒家典型，最终形成了具有自家特色的“金华学派”（亦称“婺学”）。

永嘉学派盛于南宋，渊源于北宋的王开祖、林石、丁昌期等“皇祐三先生”和周行己、许景衡、刘安节、刘安上、蒋元中、沈躬行、戴述、赵霄、张辉等“元丰九先生”。清代学者赵一清《浙学源流考》指出：“永嘉之儒，王开祖倡道学于伊洛未出之先，林石讲《春秋》于王氏心学之际。确乎不拔，真人豪也！”周行己、许景衡等学于王安石的新学、吕大临的关学、程颢程颐的洛学，并将诸说带回浙东永嘉。南宋时期，薛季宣开创经制事功之学，继之者陈傅良，集大成者叶适，由于是永嘉籍学者发祥传播，故称“永嘉学派”。郑伯熊、郑伯英、蔡幼学、徐谊等永嘉学者，也属于永嘉学派成员。

永康学派是以陈亮为代表的事功学派，因陈亮为婺州永康人，故名“永康学派”。其与以朱熹学说为代表的“格物穷理”之理学相对立，主张“义利双行，王霸并用”（朱熹评语）。陈傅良认为，陈亮之学的特质是：“功到成处，便是有德；事到济处，便是有理。”[①] 全祖望《宋元学案·龙川学案序录》称“永嘉以经制言事功，皆推原以为得统于程氏，永康则专言事功而无所承”[②]，故学界又称永康之学为事功之学。陈亮力图使儒家学说切于实用，“开物成务”，一时从学者众。永康学派的主要成员还有喻民献、喻偘、喻南强、吴深等。

南宋浙东金华学派、永嘉学派、永康学派在反对片面强调身心修养而忽视改造客观世界的经世致用、重视史学研究吸取历史经验、重视制度改革、坚决恢复北伐统一中原等重大议题上达成了共识，奠定了南宋“浙学”（或“浙东学派”）的思想基础和组织基础，与朱熹理学、陆九渊心学鼎足而三，成为具有全国影响力的思想流派，形成了浙江思想学术史上的一个高峰。

二　宋代理学的历史地位

（一）理学是传统学术发展的一个高峰

宋代建立的理学即新儒学传统影响了近世中国800余年。陈寅恪在《邓广铭〈宋史职官志考证〉序》文中，从中国文化演进角度出发，指出“华夏民族之文化，历数千载之演进，造极于赵宋之世”，又说将来学术之发展，“可一言蔽之曰，宋代学术之复兴，或新宋学之建立日已”。[③] 邓广铭则从时间序列中来论宋代，宣称：“宋代文化的发展，既超越了居于它之前的唐代，也为居于它之后的元明两代之

① （南宋）陈傅良著，周梦江点校《陈傅良先生文集》，浙江大学出版社，1999，第460页。
② 沈善洪主编，吴光执行主编《黄宗羲全集》第3册，浙江古籍出版社，2005，第39页。
③ 陈寅恪：《金明馆丛稿二编》，上海古籍出版社，1980，第245页。

所不能及，这却是无可争辩的事实。”①

具体来说，异彩纷呈、创见迭出、派系林立、争论不休的理学家群体以儒家经典诠释为中心，通过对佛、道二教进行的内在性的批评、扬弃与消化，以一种“文化自觉”的样态重建了中国人的宇宙本体论和心性修养论，重构了儒家道德形上学的理论体系，进而解决了中国人的精神信仰问题及超越追求与现实关怀的关系问题。

而从中国传统哲学的历史进程来看，正是北宋理学的兴起，使得中国传统哲学进入了一个新的发展阶段，其后元代哲学乃至明代哲学的演绎与发展，实际上都是以北宋时期兴起的理学为起点与根基。以明代为例，陈献章、王阳明发展了程颢、陆九渊一系的心学传统，而有江门白沙心学、姚江阳明心学；王廷相、罗钦顺继承、发展了张载的气学，到王夫之而建立了体系最完善的气本体论哲学。尽管考据学在清代乾嘉时期勃兴，但清代的官方哲学依旧为程朱理学。

“问渠那得清如许，为有源头活水来。”20 世纪以来，以牟宗三、杜维明等为代表的海外新儒家倡导“儒家三期说”：第一期是以孔、孟、荀为代表的儒学铸造期；第二期是“宋明儒之彰显绝对主体时期，此则较为消极的、分解的、空灵的，其功效见于移风易俗”；第三期则是当代新儒学。牟宗三《从陆象山到刘蕺山》一书将宋明理学的发展区分为“三系”：“五峰、蕺山系”、“象山、阳明系”和“伊川、朱子系”。“三系”的形成既标志着宋明理学的历史发展，同时也反映出“三系”理学在宋明理学发展中的历史地位与理论价值。而当代新儒家学派的形成也是从宋明理学中汲取思想资源，比如牟宗三关于宋明理学“三系”论的理论旨趣在于道德哲学，而为其“道德的形上学”提供立论基础。冯友兰“新理学”的建构也是上接程朱理学，

① 邓广铭：《宋史十讲》，中华书局，2015，第 185 页。

并与西方新实在论相贯通，以构筑富有思辨性的思想体系。贺麟“新心学”是以黑格尔、新黑格尔主义为根干，融合唯心论与实在论、观念论与感觉论、程朱理学与陆王心学，以心理合一、心物合一、心性合一、体用合一为形态的“理想唯心论”。

（二）理学是近世东南亚文明的共同体现

宋代学者所开创的理学在影响传统中国800余年的同时，也播及域外数百年，在朝鲜半岛、日本列岛，以及越南、马来西亚、新加坡等东南亚地区有着一定的影响，进而成为整个东亚、东南亚地区的精神文明源泉，也可谓前近代即近世东亚、东南亚文明的共同体现。陈来《宋明理学》一书就认为，理学不仅是中国的思想文化，也是韩国、日本、越南的思想文化，韩国、日本、越南的儒家学者都曾在理学思想上做出创造性的贡献。

以12世纪在中国产生的朱子学为例。从历史发展来看，中国朱子学在13世纪末传入高丽朝末期的朝鲜和镰仓时期的日本，开始了走向“东亚”的历史进程。朱子学传入朝鲜以后，即受到朝鲜半岛统治者的高度重视，被确立为官方哲学。而经过历代学者的不懈努力，16世纪之后，朝鲜朱子学者深入理气心性等问题的理论内部，展开了一系列富有理论深度的哲学论辩，推动了朱子学的理论发展，是为“朝鲜朱子学”。

13世纪的日本镰仓时代，僧侣们便将朱子著作用于诵习，但对其中的义理之学并无过多关注。14—16世纪，日本朱子学摆脱禅学的束缚，并与日本原有的神道结合，走上了独立发展的道路，出现了研究朱子学的儒家学派。后来江户时代的德川幕府为了维护其封建统治，更是把朱子学奉为“官学”。从此，朱子学在日本进入了鼎盛时期。明治维新以后，许多日本思想家为了解决资本主义带来的各种社会问题，继续潜心研究朱子学，以寻找实现“道德之教”的良药。1890年，日本天皇公布《教育敕语》，确立了以儒家道德思想（理学思想）为主要内容的国民道德教育方针。

朱子学传入越南即受到官方重视，当时的陈朝还直接效仿中国以朱子《四书章句集注》取士的科举制度。而在后来的黎、阮两朝，统治阶级更是大力褒扬朱子学，并把朱子学立为官方哲学。朱子学也对越南社会产生了非常深刻的影响，现今保存的越南国史《大越史记全书》，就明显受到朱熹《资治通鉴纲目》史学思想的影响；朱熹的伦理道德思想更是渗透到越南人的社会生活中，成为他们日常行为的指南。

在不断传播中，朱子学开始影响到东南亚的新加坡、泰国及马来西亚等国。为了把儒家思想传播给下一代，华人在所属国创办华文学校，把“四书”“五经”列入当地华文学校的主要课程。新加坡政府甚至把“忠孝仁爱礼义廉耻”八德具体化，赋予现代化和新加坡化的内容，把其视作一以贯之的治国之道。20世纪中叶以后，东南亚更是兴起了一股朱子学研究热（以“世界朱氏联合会”的成立为标志），他们把朱子学作为解决西方物质文明给社会带来弊病的一剂良药，认为朱子学是治心之学，并加以推崇。

朱子学在海外传播并造成影响的历史过程，有力地证明了它具有强大的生命力与社会张力。而从历史视角梳理朱子学在朝鲜、日本、越南等地的传播和演变，我们可以看到中国文化和先贤哲人的思想在文明交流传播视野下展现着东方智慧，具有强大生命力和无穷魅力。

三　宋代理学的当代价值

“跳出南宋看南宋、跳出浙江看南宋”，了解宋代理学的思想体系，进而观照其历久弥新的时代价值，可以帮助我们更好地理解宋韵文化的丰富内涵，这也是推进宋韵文化传承发展的基础性研究阐释工作。我们认为，宋代理学的历史启示与时代价值，具体体现在以下4个方面。

（一）“涵养用敬，进学致知”的道德实践

修身正己立德是中国人为人处世、为官从政的根本遵循。理学作为心性义理之学，格外重视“格物穷理”“进学致知”“涵养用敬”“存心养气”的为学路径与道德实践。王安石在《洪范传》中提出了“修其心治其身，而后可以为政于天下”①的治国理政之道。意思是，君主包括士大夫要先修心治身，充实德行，而后才能理政治国平天下。

程朱的心性学说极为强调“涵养用敬”的治“心”工夫。二程说“入道莫如敬”②，朱熹也说“敬者，功夫之妙，圣学之成始成终者皆由此”③，进而总论“涵养须用敬，进学则在致知”④的理学工夫。据此，二程认为：“一心可以丧邦，一心可以兴邦，只在公私之间尔。”⑤大意是，当政者是否具有公心，关乎国家兴亡。这也启示新时代的党员干部，从事本职工作，要大公无私、公私分明、先公后私、公而忘私，只有一心为公、事事出于公心，才能坦荡做人、谨慎用权，才能光明正大、堂堂正正。

宋代理学家还有劝学、进学的传统，认为勤奋好学、格物致知是一种美德。欧阳修认为，“立身以立学为先，立学以读书为本”；苏轼不仅有“腹有诗书气自华”的劝学名句，还提倡“博观而约取，厚积

---

① 王水照主编《王安石全集》，复旦大学出版社，2016，第170页。
② （宋）程颢、程颐著，王孝鱼点校《二程集》，中华书局，2004，第66页。
③ （宋）黎靖德编，王星贤点校《朱子语类》，中华书局，1986，第207页。
④ （宋）程颢、程颐著，王孝鱼点校《二程集》，中华书局，2004，第188页。
⑤ （宋）朱熹撰《四书章句集注》，中华书局，1983，第141页。

而薄发"[1] 的读书法；二程对于"进学"，也有"君子之学必日新，日新者日进也。不日新者必日退，未有不进而不退者"[2] 的论述。宋太宗虽政事繁忙，仍不忘翻阅书卷，这种端正、勤奋的读书观，也勉励后人勤奋好学。

进学致知，行方思远。作为新时代的党员干部，有必要从"涵养用敬，进学致知"的理学工夫中汲取智慧，不仅要把学习作为一种自觉行动、一种美德来看待，而且要把它作为一种政治责任、一种精神境界来追求，及时更新和优化知识结构，提高自身素质，从而更好地担负起党和人民赋予的重任。

（二）"心忧天下，担当道义"的家国情怀

在中华传统文化中，"修身齐家治国平天下"既是道德教育和治国理政的基本准则，也是实现人生奋斗目标的最高境界。宋代理学强调通过知识储备、道德涵养以达成理想人格与成就事业的双重目标，这也强化了中华民族注重民族气节和道德操守、注重社会责任与历史使命的文化性格。

2016 年 4 月，习近平同志在知识分子、劳动模范、青年代表座谈会上的讲话中指出："天下为公、担当道义，是广大知识分子应有的情怀。我国知识分子历来有浓厚的家国情怀，有强烈的社会责任感。'修身齐家治国平天下'，'为天地立心、为生民立命、为往圣继绝学、为万世开太平'，'先天下之忧而忧，后天下之乐而乐'，这些思想为一代又一代知识分子所尊崇。"[3]

"先天下之忧而忧，后天下之乐而乐"，是北宋"庆历新政"主持

① （宋）苏轼撰，（清）王文诰辑注，孔凡礼点校《苏轼诗集》，中华书局，1982，第 222 页。

② （宋）程颢、程颐著，王孝鱼点校《二程集》，中华书局，2004，第 325 页。

③ 《习近平：在知识分子、劳动模范、青年代表座谈会上的讲话》，《人民日报》2016 年 4 月 30 日，第 2 版。

者范仲淹的经典名句。为改变北宋建国以来积贫积弱的时局，范仲淹给朝廷“条奏当世务”，提出了系统的政改方案。《宋史》本传评价他是“以天下为己任，裁削幸滥，考核官吏，日夜谋虑兴致太平”[①]。古往今来，举凡有作为的官员都以关心百姓疾苦为己任，为官就要有“先天下之忧而忧，后天下之乐而乐”的政治抱负，心无百姓莫为官。

“为天地立心，为生民立命，为往圣继绝学，为万世开太平”是宋儒张载的名言，用现在的话说，就是鼓励并要求知识分子为社会重建精神价值，为民众确立生命的意义，为前圣继承已绝之学统，为万世开拓太平之基业。2016 年 5 月，习近平同志在哲学社会科学工作座谈会上的讲话中再次引用了张载的这句经典，鼓励一切有理想、有抱负的哲学社会科学工作者都应该立时代之潮头、通古今之变化、发思想之先声，积极为党和人民述学立论、建言献策，担负起历史赋予的光荣使命。

此外，苏辙的学问以儒学为主，并关注民众的生活疾苦，他在《上皇帝书》中提出了“去民之患，如除腹心之疾”[②] 的论断。司马光也有“为政在顺民心，民之所欲者行之，所恶者去之”[③] 的顺民论。朱熹集孔孟儒学及两宋理学之大成，提出了“国以民为本，社稷亦为民而立”[④]“平易近民，为政之本”[⑤]“天下之务莫大于恤民”[⑥] 等一系列民本理论。朱熹有恤民之心，也擅安民之法。南宋淳熙八年（1181），浙东久旱不雨，饥荒百年不遇。朱熹到提举浙东常平茶盐公事任上，就拨米拨钱赈济灾民，减免缓收灾区赋税，奖赏救灾富户，

① （元）脱脱等撰《宋史》（简体本二十四史），中华书局，2000，第 8282 页。
② （宋）赵汝愚编《宋名臣奏议》卷一百三，文渊阁《四库全书》本。
③ （宋）赵汝愚编《宋名臣奏议》卷十九，文渊阁《四库全书》本。
④ （宋）赵顺孙撰《孟子纂疏》卷十四，文渊阁《四库全书》本。
⑤ （宋）黎靖德编，王星贤点校《朱子语类》，中华书局，1986，第 2690 页。
⑥ （宋）赵汝愚编《宋名臣奏议》“外集”卷十二，文渊阁《四库全书》本。

并惩办救灾不力者，多措并举，救民于水火。宋儒的民本理论与实践启示我们，加强党的政治建设，要一切以人民为中心，紧扣民心这个最大的政治，把赢得民心民意、汇集民智民力作为重要着力点。

总之，宋代儒家士大夫群体所彰显的“先天下之忧而忧，后天下之乐而乐”的政治抱负，“位卑未敢忘忧国”的报国情怀，“国以民为本，社稷亦为民而立”的为民情怀，“人生自古谁无死，留取丹心照汗青”的献身精神，都体现了中华民族的优秀传统文化和民族精神，我们都应该继承和发扬。

（三）“生于忧患，长于忧患”的忧患意识

北京大学邓小南教授认为，10—13世纪的宋代，其局势或可概括为“生于忧患，长于忧患”。是说诞生于忧患背景下的宋朝，在其300年历史中始终承受着北方少数民族政权的压力。

我们从宋代士大夫的章奏、诗文、信函中，就可以感受到宋人对于“忧患”的体味与感悟。苏轼《晁错论》开篇第一句就是：“天下之患，最不可为者，名为治平无事，而其实有不测之忧。坐观其变，而不为之所，则恐至于不可救。”[①] 是说，天下的祸患，最难以解决的，莫过于表面上平安无事，实际上却存在难以预料的隐患。这就启示我们，一个国家、一个社会、一个组织，生存和发展最主要的威胁，往往不是突如其来的重大灾难与变故，而恰恰是那些不易察觉、缓慢积累起来的倦怠与松懈。

宋仁宗时期，内忧外患，因循苟且、得过且过之风却不断滋长。欧阳修清醒地认识到国势处于“人心怨于内，四夷攻于外”的危急时刻，宜采取有效措施革除社会弊端、改革朝政。他在《新五代史·伶

① （宋）苏轼撰，（明）茅维编，孔凡礼点校《苏轼文集》，中华书局，1986，第107页。

官传序》中提出了“忧劳可以兴国，逸豫可以亡身，自然之理也”[①]的居安思危论。此外，欧阳修在《新唐书·褚遂良传》中也有“奢靡之始，危亡之渐”[②] 的告诫，这也是一种忧患意识。

（四）“崇尚事功，开物成务”的浙学精神

习近平同志在浙江工作期间对南宋浙东学派就有关注。2006 年 2 月，在接受人民网记者专访时，指出：“浙江在历史上有许多著名的学派，如以吕祖谦为代表的金华学派，以陈亮为代表的永康学派，以叶适为代表的永嘉学派……这些学派和人物在中国文化史上独树一帜，有较高的地位，他们的思想、观点已经成为浙江的文化基因，形成了浙江特有的人文优势。”[③]

浙江是南宋思想文化活动最活跃的中心区域。金华的吕祖谦与朱熹、张栻齐名，并称“东南三先生”。吕祖谦又与朱熹、张栻、陈傅良、叶适、陈亮为友，遂以家学为根基，融会贯通“浙学”“湘学”“闽学”，又以“中原文献之统润色之”，最终形成了具有自家特色的“金华学派”。南宋时期，永嘉籍学者薛季宣开创经制之学，继之者陈傅良，集大成者叶适，是为“永嘉学派”。永康学派是以永康籍学人陈亮为代表的事功学派。

崇尚事功、开物成务，是浙东学派的最大理想与政治抱负。南宋浙东学者在重视史学研究并吸取历史经验，借鉴古代的典章制度而为现实政治问题的解决寻找出路，坚决主张北伐、统一中原等重大议题上达成了共识，讲求经世致用、注重事功实学，这就奠定了南宋“浙

---

① （宋）欧阳修撰，（宋）徐元党注《新五代史》（简体字本二十四史），中华书局，2000，第 261 页。

② （宋）欧阳修、宋祁撰《新唐书》（简体字本二十四史），中华书局，2000，第 3220 页。

③ 董少鹏：《“八八战略”从头越：专访中共浙江省委书记习近平》，《国际金融报》2006 年 2 月 9 日。

学”的思想基础和组织基础。南宋事功实学就是传统儒学“实用理性”的充分彰显，是道德养成与事功实践的有机统一。朱熹所说的“多尚事功”的“浙学”与朱熹理学、陆九渊心学鼎足而三，成为具有全国影响力的思想流派，形成了浙江思想学术史上的一个高峰。

“浙学”的本质就是“事功实学”。“实”之一字，也是浙江精神的一以贯之之道。“十六字”浙江精神表述语中的“讲求实效”，“十二字”浙江精神表述语中的“求真务实”，习近平同志对浙江新期望中的“始终干在实处、走在前列、勇立潮头”[①]，浙江党员干部“唯实惟先、善作善成”的团队文化，党史学习教育中的“我为群众办实事”，均有一个“实”字。浙江要在建设中华民族现代文明上积极探索，为奋力谱写中国式现代化浙江新篇章注入强大文化力量，无疑需要传承和弘扬历史上浙学家崇尚事功、建功立业的“浙学精神”。

① 《习近平在浙江考察时强调　始终干在实处走在前列勇立潮头　奋力谱写中国式现代化浙江新篇章》，《人民日报》2023 年 9 月 26 日，第 1 版。

后 记

坦率地说，为这部《宋韵文化研究》写后记，是为了记述自己近年来独自一人实地寻访浙江省内（杭州上城区、拱墅区、西湖区、建德市，宁波鄞州区、余姚市，温州鹿城区、瑞安市、苍南县、文成县，绍兴越城区、上虞区，金华永康市、武义县，丽水莲都区、青田县，衢州衢江区、龙游县、开化县等地）宋韵文化遗迹的经历，以及驻足于浙江省博物馆之江馆区“宋韵文化馆”、浙江文学馆“宋代浙江作家经典作品场景体验展”之“宋韵文晖”、杭州博库书城文二路店、杭州新华书店庆春路店、杭州上城区南宋书房、杭州晓风书屋所设“宋韵文化”研究书柜并翻阅相关书籍的感悟，以及对政府、高校等官方新闻媒体关于“宋韵”“宋韵文化”的新闻报道、学术研究最新动态的留意、跟踪、搜集。

熟悉我的师友都知道，一直以来我的学术研究重心是“浙学”与“阳明学”。自2018年起就凭着自己的学术爱好，策划、编辑出版了《浙学研究年度报告》《阳明学研究年度报告》。我因编辑过《浙学研究年度报告》第四章“宋元浙学研究”第四节“南宋朝历史文化”的学术研究动态，故而对学术界关于“南宋史综合研究”“南宋都城临安研究”“南宋儒学综合研究”“衢州南孔文化研究”的最新学术成果也持续跟踪了若干年，进而萌发了编辑《宋韵文化研究》的想法。我供职的工作单位为每个研究所订购了《浙江日报》，通过《浙江日报》，我可以迅速了解省内宣传领域关于“宋韵文化”的宣传报道以及社科界关于“宋韵文化”的最新理论研究动态。我长期研究“中国哲学史”中的“宋明理学”，于是在2021年9月，参加了由浙江省社会科学院组织的《宋韵文化简读》编写工作，执笔书稿第一章“理一分殊的思想体系”，对作为宋韵文化思想形态的“理学”予以勾勒；2022年3月14日，应《浙江日报》“理论版”编辑之约，在《浙江日报》上撰文《三个“相结合”推进宋韵文化传播》，光明网、中国经济网进行了转载；2022年5月，为浙江省宋韵文化研究传承中心提供了题为《宋韵文化的学科属性亟需明确》的咨政稿件。2022年11月、2023年5月，作为学术召集人与论坛主持人，我与苍南县委宣传部合作策划召开了“2022浙江（苍南）宋韵文化高峰论坛”“2023浙江（苍南）宋韵文化论坛”，也主编出版了《林景熙与宋韵文化研究》《浙江苍南南宋状元群体现象研究》。

总之，尽管我是“宋史”“宋词”研究的门外汉，但基于对“宋学”的学术兴趣，我的的确确对“宋韵文化”的研究动态跟踪了两年多，也做了一些力所能及的学术推动工作，对于下一步如何推动“宋韵文化”的研究、传播、传承也有自己的看法，索性就集中精力用半年多的时间编纂了这本《宋韵文化研究》。希望读者朋友借此对浙江省“大力推进宋韵文化传承发展中心建设”、助力实施“宋韵文化传世工程”的最新动作与新近研究成果，予以关注和了解。

最后要说明的是，《宋韵文化研究》的编写体例由我自己构思，但在行文中参阅了不少媒体记者朋友公开发表的新闻报道以及学术同人的理论研究成果，为尊重和保护知识产权，在行文及页下注中均一一标识。至于本书编写中的疏漏与不足，则由我本人来承担。本书在出版资助评审阶段，有关评审专家，浙江省社会科学院学术委员会、科研管理部、办公室，社会科学文献出版社，为本书的最终出版付出了努力，在此一并致谢！

张宏敏

2022 年 5 月 18 日初记，2023 年 2 月 18 日补记；2023 年 6 月 2 日修改，2024 年 1 月 18 日定稿。

图书在版编目（CIP）数据

宋韵文化研究 / 张宏敏编著. -- 北京：社会科学文献出版社，2024. 12. --（中国地方社会科学院学术精品文库）. -- ISBN 978-7-5228-4068-0

Ⅰ. K295. 5

中国国家版本馆 CIP 数据核字第 2024V9609N 号

中国地方社会科学院学术精品文库 · 浙江系列

宋韵文化研究

编　　著 / 张宏敏

出 版 人 / 冀祥德
组稿编辑 / 宋月华
责任编辑 / 李建廷　杨春花
文稿编辑 / 张静阳
责任印制 / 王京美

出　　版 / 社会科学文献出版社 · 人文分社（010）59367215
　　　　　地址：北京市北三环中路甲 29 号院华龙大厦　邮编：100029
　　　　　网址：www. ssap. com. cn
发　　行 / 社会科学文献出版社（010）59367028
印　　装 / 三河市尚艺印装有限公司

规　　格 / 开 本：787mm × 1092mm　1/16
　　　　　印 张：25. 25　字 数：313 千字
版　　次 / 2024 年 12 月第 1 版　2024 年 12 月第 1 次印刷
书　　号 / ISBN 978-7-5228-4068-0
定　　价 / 138. 00 元

读者服务电话：4008918866